U0936496

庆祝中华人民共和国成立70周年

中交港珠澳大桥岛隧工程项目总经理部
中交悬浮隧道工程技术联合研究组
支持研究

悬浮隧道工程技术研究导论

Submerged Floating Tunnel Engineering and Technology Research Introduction

中交悬浮隧道结构与设计方法研究攻关组

CCCC Submerged Floating Tunnel Structural and Design Joint Team of Tackling Technological Problems

科学出版社

北京

内 容 简 介

本书对国内外悬浮隧道及相关领域文献进行系统调研与分析，对悬浮隧道的历史与概念发展进行了回顾，从其构造、设计（包括设计准则、设计方法、规范体系、运营监测、前瞻性管理与风险研究等）、作用、数值模拟、物理模型试验与施工等方面，论述了悬浮隧道建造与科研中需要解决的问题及相应问题的研究现状。本书的结构遵循悬浮隧道工程技术系统研究框架，每个章节都可作为悬浮隧道的一个研究方向或领域，部分章节给出了相关研究方向的解决思路与研究建议。

本书可供高等院校桥隧工程、结构工程、海洋和海岸工程等专业师生及相关专业工程技术人员参考。

图书在版编目（CIP）数据

悬浮隧道工程技术研究导论 / 中交悬浮隧道结构与设计方法研究攻关组编. —北京：科学出版社，2019.10

ISBN 978-7-03-062685-1

Ⅰ. ①悬… Ⅱ. ①中… Ⅲ. ①水下隧道－隧道工程－研究 Ⅳ. ①U459.5

中国版本图书馆 CIP 数据核字（2019）第 233766 号

责任编辑：郭勇斌 邓新平 / 责任校对：王萌萌
责任印制：张 伟 / 封面设计：黄华斌

科学出版社 出版
北京东黄城根北街 16 号
邮政编码：100717
http：//www.sciencep.com

北京中石油彩色印刷有限责任公司印刷
科学出版社发行 各地新华书店经销
*
2019 年 10 月第 一 版 开本：720 × 1000 1/16
2019 年 10 月第一次印刷 印张：18
字数：345 000

定价：118.00 元

（如有印装质量问题，我社负责调换）

本书编写组

编写成员： 林　巍　陈　进　孙南昌　梁恩彤

曾繁旭　刘傲祥　周卓炜　邹　威

韩小锐　宋　奎　刘凌锋

插图绘制： 吴静丽　陈淑莹

序

我的朋友山崎先生是桥梁专家，他陪我在日本考察过很多桥梁，为我的工作提供了许多便利与帮助。我们曾一同前往明石海峡大桥，这座世界最长的悬索桥，1988 年 5 月动工，1998 年 4 月建成，主跨 1991m，边跨 960m，两座主塔高 297m，主钢缆直径 1.12m、长达 4000m、重约 50 000t。大桥平均水深 110m，最深 160m，主墩位置水深 60m，基础直径 80m。大桥线位处于强台风走廊，横跨世界最繁忙的航道，处在世界主地震带中心。1995 年 1 月，日本发生里氏 7.3 级阪神大地震，这座桥被拉长了 80cm。在一家日本桥梁研究所考察时，我见到了主跨 2400m 悬索-斜拉协作体系桥的模型，我参加港珠澳大桥建设的时候，山崎先生在博斯普鲁斯海峡四桥的建设中实现了悬索-斜拉协作桥梁体系的梦想。之后，他去意大利，继续追寻建设世界最大桥梁的梦——意大利墨西拿海峡大桥。墨西拿海峡大桥处于强地震活动频繁区，主跨 3300m，塔高 380m，这座桥的实现将成为工程师在桥梁领域跨越的又一个极限。世界各地的工程师们已经研究了 50 年，出于技术挑战、巨额投资和风险方面的担忧，意大利至今尚未下决心建设。

明石海峡大桥主跨 1991m 的世界纪录已保持 20 年。其间，科技发展日新月异，创新创造层出不穷，我们进入了信息、数字、智能的时代。然而，在受到大自然侵扰与威胁的土木工程领域，想要取得一点突破仍需十分谨慎。尽管如此，就像过河需要船、城市需要马路、登月需要航天运载工具一样，跨越更宽、更深的水域，需要新的造桥方法。

意大利早期研究墨西拿海峡跨越方案时，设计师提出了阿基米德桥（悬浮隧道）概念，但未能实施。挪威已开始修建一条沿国家西海岸的通道，这条通道上有多个峡湾，峡湾通常水深千米、宽数千米。面对这种环境，人类更大跨越的脚步停止了多年。阿基米德桥的优势在于，让隧道悬浮，并从水中间穿越，借助水的天然浮力承载，从而获得一种经济、方便、快捷、不受水深限制、不受跨越宽度限制的全新“桥梁”形式。但凡事都有两面性，要建设悬浮的隧道，设计师需要精确描述隧道与水之间的相互作用，并对隧道内的车、隧道外的流体及隧道本身三者的耦合作用理解到足够的程度。桥梁在空气中会振动，例如，美国因此垮塌的塔可马桥，数千米的隧道漂浮在水中，是否会振动，如果会，振动规律怎样呢？能否控制悬浮隧道的振动，如何避免有害的振动？隧道架设过程中，悬浮隧道结构体系比完成时的约束更少，因而更不稳定，安全更难以保障，什么样的环境条件允许建造悬浮隧道？隧道运营时，如何减小隧道火灾风险？如何防止隧道因意外进水而沉没？如果悬浮隧道建在海中，还要考虑腐蚀，以及潜水艇和大型漂浮物撞击等问题。

近 200 年前，第一条过河水下隧道在英国泰晤士河建造。100 多年前，莱特兄弟发明了飞机。50 多年前，苏联加加林乘坐东方红 1 号宇宙飞船绕地球一周，完成了人类的第一次太空旅行。墨西拿海峡通道论证的同一年，人类第一次登上了月球，阿姆斯特朗说“这是个人的一小步，但却是人类迈出的一大步”。同时代，日本工程师依靠顽强意志，用 23 年征服了津轻海峡，挖通了连接本州青森和北海道函馆之间的 54km 长、最深达海底 140m 的青函隧道，33 条生命为此牺牲，1300 人伤残。在欧洲，英法工程师协同工作 8 年，连通英吉利海峡，勘探时采用大型海上石油钻机，虽然钻孔代价高昂，但是幸运地为隧道挖掘找到了一层十分理想的泥质软岩层；即便如此，英吉利海峡隧道工程花费了 100 亿英镑，超了预算一倍。

近 20 年，现代科技足以支撑工程师探索、超越和突破新的工程极限。社会的发展也迫切需要新的可选的跨越方式。现在已经到了我们向悬浮隧道构想发起挑战的时候了。2017 年，中国科学技术协会在科技界与工程界组织了一次面向未来重大科学问题和工程难题的征集，经数千名科学家论证，最后选定了 60 个问题，其中就包括悬浮隧道研究。中国交通建设股份有限公司具有交通基础设施、海工工程、大型港口海工装备等研发、设计和施工的优势。2015 年，公司将悬浮隧道研究列为重大研究项目。

《悬浮隧道工程技术研究导论》由中交悬浮隧道工程技术联合研究组的结构与设计方法研究攻关组编写。攻关组的成员来自中国交建集团系统内部企业、大连理工大学、北京理工大学珠海学院等单位，平均年龄不到 30 岁，这是一支朝气蓬勃的队伍。他们根据各自工作经验、专业领域与自身特长，参考已有悬浮隧道的公开出版物，借鉴沉管隧道、桥梁工程、海洋平台等领域知识，全面研究悬浮隧道的工程技术问题。他们夜以继日，兢兢业业、脚踏实地，该书是他们第一阶段工作的成果，该成果本身也用于指导和优化他们对悬浮隧道后续的研究工作。该书将悬浮隧道问题分解为 60 多个专题方向，从构造、设计、计算、试验、工法等方面系统介绍了国内外悬浮隧道的研究现状、已有的概念方案和分析方法，指出了重点和难点问题，并对部分问题给出了一些独有的思考，探讨解决构想。希望该书能为从事悬浮隧道工程技术研究及相关工程领域的研究者和工程师提供一些有益的参考。

林　鸣

2019 年 7 月 31 日于北京

目　　录

1 引　　言

1.1　悬浮隧道研究的历史与现状

第一条水下隧道建于4000多年前（Ingerslev，2010），而悬浮隧道（submerged floating tunnel，SFT）的概念是在150多年前甚至更早的时候提出的（Østlid，2010）。1860年土耳其铁路工程师S.Preault提出了跨越博斯普鲁斯的水下铁路方案，隧道长150m，位于水面下20m，支撑在桩上（Ingerslev，2010）。Anderson（1872）提出了一个水下隧道改进方案专利（图1-1a）。佩尔·哈尔（Per Hall）于1976年提出了一个更深的悬浮隧道方案，然而他的方案因环保问题（鱼类栖息地）变成了沉管隧道（Ingerslev，2010）。1886年英国的里德·詹姆斯爵士（Sir Reed James）与1924年挪威的特吕弗格·奥尔森·达勒（Trygve Olsen Dale）完整地阐述了悬浮隧道概念（Østlid，2010）。里德·爱德华（Reed Edward）于1882年提出了穿越英吉利海峡的悬浮铁路隧道方案，隧道置于沉箱上，但是英国议会因害怕入侵拒绝了该方案（Ingerslev，2010）。1940年安德鲁·查尔斯（Andrew Charles）做了一个位于华盛顿西雅图水深250m的普吉湾（Puget Sound）的悬浮隧道的初步设计（Kuesel，1986）；Andrew（1950）在图1-1b中展示了这个方案。20世纪60年代后半段做了一些针对悬浮隧道的小型研究项目，之后在意大利、日本、挪威做了较多研究（Østlid，2010）。1969年，阿兰·格兰特（Alan Grant）做了一个用于跨越5.3km、连接西西里和卡拉布里亚区、水深350m的墨西拿海峡的方案并获奖（Kuesel，1986）；Ahrens（1997）认为该方案对墨西拿海峡的跨越进行了认真的研究；Kuesel（1986）描述该方案与上文所述1940年的方案近似。1984年，墨西拿海峡方案被注册为叫作阿基米德桥的专利（Østlid，2010）。1984～1996年，意大利墨西拿海峡一共考虑了3个悬浮隧道的方案（还有一个单跨悬索桥方案）：第一个是1984年的公铁隧道概念，位于水面以下至少30m，由阿基米德（Ponte di Archimede）（墨西拿）公司提出；第二个是1990年几家联合体提给意大利当局的可行性研究报告；第三个是1994年的三隧方案——一条铁路隧道、两条公路隧道（双向六车道）由ENI团队（三家单位组成的联合体）提交给意大利当局（Ahrens，1997）。墨西拿海峡悬浮隧道方案持续细化，直到2010年左右，被桥梁所取代，原因据说是沉船（Østlid，2010）。墨西拿海峡悬浮隧道项目促使中-意联合体做出了3.3km长的金塘海峡方案及2004年的千岛湖悬浮隧道原型（Ingerslev，

2010，2012）。在日本和欧洲有一些选址和调研，并举办了一些研讨会。有一些研究项目启动了，并有一些研究成果发表出来（Østlid，2010）。挪威的赫格（Høgsfjord）海峡项目从 1985 年研究到 1994 年，做了大量工作，包括基础研究，请有资质的承包商分别提出了 4 个方案供选择，并辅以详细设计、完善标书（Østlid，2010；Ahrens，1997）。4 个方案都得到了挪威公路局的批准，并准备发包，最终，因政治决定而中止了。国际隧道协会于 1989 年成立了一个工作组，研究沉管隧道和悬浮隧道的最新进展，每年开一次会。日本对悬浮隧道显现出了相当大的兴趣，并于 1990 年在北海道成立了悬浮隧道技术研究协会，第一阶段悬浮隧道概念研究全面完成，并于 1995 年出版；报告总结了 5 年针对两条可能线路的悬浮隧道的研究成果，一条是在内浦湾（Uchiura），连接北海道和本州岛（研究了两个子案例），另一条也是在内浦湾，穿越室兰（Muroran）断裂带；考虑并分析了多种锚泊、基础和工法（Ahrens，1997）。2004 年中国与意大利签署了一个联合研究协定，合作伙伴包括中国科学研究院力学所，研究目标是建造世界第一座悬浮隧道，中国、意大利、挪威均有发表新文章（Østlid，2010）。2018 年中交悬浮隧道工程技术联合研究组成立，联合国内外多家科研机构与院校，首次在水池中进行悬浮隧道整体结构行为机理研究物理模型试验，一些概念和试验照片见图 1-2。

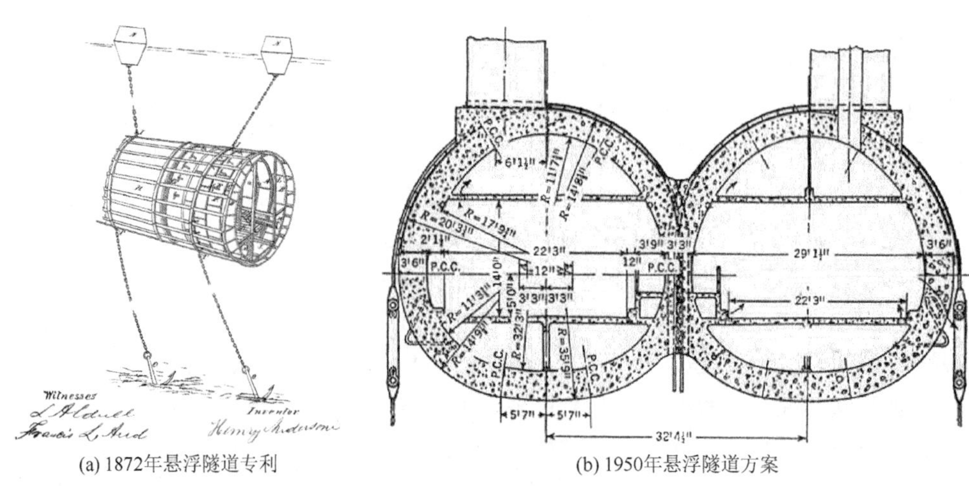

(a) 1872年悬浮隧道专利　　(b) 1950年悬浮隧道方案

图 1-1　早期悬浮隧道专利与方案

(a) 张紧线拉锚式悬浮隧道效果图

(b) 悬链线式六车道悬浮隧道效果图

(c) 浮筒式悬浮隧道效果图

(d) 悬浮隧道结构行为机理水池试验第一阶段物理模型

图 1-2　中交悬浮隧道工程技术研究效果图和物模照片

（编写：林巍）

1.2　主要工程技术评述

悬浮隧道的类型包括拉索式、浮筒式、自由式。已有悬浮隧道研究方案结构信息参数化总结见表 1-1。下面介绍其他研究者和工程师已有的观点。

Østlid（2010）探讨了较可能建设悬浮隧道的场景：①自由式（即无缆索、无浮筒、只接岸连接的形式）适用于行人隧道长度 300m，一般交通隧道长度 150m；②浮筒式适用于长度 1500～2000m 的隧道；③浮筒式双管（类似图 1-2c）适用于长度 3000m 的隧道；④浮筒式双管且带锚固系统，适用于长度 4000m 或更长的隧道；⑤拉索式水深不超过 200m 适用于任何长度的隧道；⑥拉索式水深超过 200m 适用于长度大于 4000m 隧道；⑦拉索式双管，水深超过 600m，适用于 4000m 或更长的隧道；⑧有火车通过的隧道，考虑拉索和浮筒结合的方式确保足够的竖向和水平刚度。

Østlid（2010）讨论了悬浮隧道竞争力的特点：①不可见；②隧道长度可只从岸到岸，并且直接与岸上段的隧道相连；③有时是渡轮唯一的替代方案，当水域非常深、非常广时，其他一些方案如沉管、盾构、桥梁都不适用，并且通过悬浮隧道的耗能最小；④纵坡可以做得很小；⑤两端与地下停车场连接；⑥两边接岸高程可非常浅，便于交通工程灵活设计；⑦施工可在少人区进行；⑧服务寿命终止移除、周转使用的可能性。未来的工程从经济和环保角度都越来越需要移除和周转使用

表 1-1　已有悬浮隧道研究方案概况与结构参数

名称	千湖岛	Funka 湾	赫格海峡	韩国湖南—济州高铁	加利福尼亚	数学研究	墨西拿海峡	松恩峡湾
悬浮段长度 L/m	100	1600/3000	1400	35 000	112 000	变量	4680	4083
锚固类型	钢缆	钢缆	钢缆	钢缆	钢缆	钢缆	钢缆	浮筒
水深 d/m	30	100	160	120	—	—	325	—
淹没深度 d_s/m	2.0～10	30	25	40	25	—	40	12～20
地质描述	见参考文献	—	—	—	见参考文献	—	—	—
基础	重力基础	—	—	重力基础	重力基础	—	—	—
结构描述	CSC	CS	—	CSC	DW	—	—	—
总高 B/m	43.9	22/23	11.3	13	12	15	15.95	12.6
总宽 W/m	43.9	22/23	11.3	16	12	32	15.95	52.6
B/L	—	—	—	—	—	—	—	—
净浮力 RB/(N/m)	35	1305	67	310	1109～1829	262	455	42.6/45.3
浮重比（BWR）	1.28	1.54	1.1	1.23	1.26～1.52	1.18	1.3	接近 1
刚度 $EI/(\mathrm{N \cdot m^2})$	370E+11	1.26E+14	1.20E+13	6.70E+12	7.37E+13	3.50E+13	4.90E+14	3.51E+13
$EI/L^4$①	3.70E+03	19/1.56	3.12E+00	4.46E–06	4.68E–07	—	1.02E+00	1.26E–01
缆索刚度 k_V/(kN/m)	—	2.5E+5/3.6E+5	—	—	—	—	—	2.04E+04
缆索刚度 k_H/(kN/m)	—	2.5E+5/3.6E+5	—	480	—	—	—	—
锚固系统间距 h/m	平均 33.3	100	264	20	50	—	72	205
$Kh^4/24EI$②	—	8.3	1518	0.0005	—	—	—	—
$k_V/(\mathrm{kN/m^2})$③	974	2500	117	24	—	505 000	—	100
$k_H/(\mathrm{KN/m^2})$	253	2500	—	—	—	—	—	—
自振频率	—	—	0.207（竖向），0.217（竖向），0.230（水平向）	—	—	—	—	—
参考文献	（Mazzolani et al.，2008，2010）	（Xiang et al.，2018）	（Indridason，2013）	（Seo et al.，2015）	（Faggiano et al.，2016）	（Tariverdilo et al.，2011）	（Di Pilato et al.，2008）	（Anette Fjeld，2016）

①EI/L^4 反映管体对悬浮隧道结构体系的除合抗弯刚度贡献；

②$Kh^4/24EI$ 是指锚固系统与管体对悬浮隧道结构体系抗弯刚度贡献的比值；

③该量的单位是指弹簧刚度在隧道纵向每延米均值。

结构和结构的子件；可以想象只要将悬浮隧道两端重新装上端封门，再用适宜的长度截断隧道，就可以将截成若干段浮运至其他地方，周转使用或销毁。Ingerslev（1998）认为悬浮隧道从本质上与沉管隧道近似，除了没有被埋入海床中，漂浮系统并非什么新概念。

Ingerslev（2010）提及第一条用作排污渠的沉管隧道在1893年建造，至今全球已经建造超过200条沉管隧道。知名的浮桥如美国西雅图华盛顿湖桥（Lake Washington Bridge）、胡德卡奈尔桥（Hood Canal Bridge），还有挪威Bergsøysundet桥和Nordhordland桥（Moe，1997）。

Østlid（2010）认为悬浮隧道未被建设的原因是：①结构较特殊且廉价，专家、政客、公众都意识到这一点，尽管一些特大事故鲜有发生，但的确会发生；②悬浮隧道四周被水包围着这一点警示着人们，虽然人们没有意识到坐船时有时会处于水面之下，但是对于悬浮隧道在水面之下还是非常在意；③另外一点是浮力用作承载交通的重量，隧道要用锚拽着，这可能令人费解、难以接受；④新结构类型通常收到非常明确的反应，要么接受、要么不接受，对于专家和公众来说都这样。进而总结了悬浮隧道值得进一步研究问题和需要增强竞争力的方面：①浮筒与管体间的弱连接；②浮筒的尺寸和形状；③超大水深额外锚固方式的研究；④极限水深研究；⑤悬浮隧道安装步骤；⑥深水基础工法；⑦缆索的间距与布置；⑧隧道运营期可能的缆索调节；⑨超大水深水平锚固系统；⑩隧道其他用途的可能长度的确定，如步行隧道、普通交通隧道、管体、锚索等。

（编写：林巍）

1.3 中交悬浮隧道工程技术联合研究——岛隧工程的延续

2015年，中国交通建设股份有限公司港珠澳大桥岛隧工程项目总经理部（以下简称岛隧总部）提出了开展研究悬浮隧道的设想。2016年，港珠澳大桥全线合拢后，开始策划并推动研究工作，确定与国内外单位合作。2017年，悬浮隧道研究课题列入中交集团重大科研课题，并于年底，岛隧总部通过中国航海协会向中国科学技术协会提交了“将悬浮隧道研究列入国家面向未来重大工程难题”的提案。随着课题研究工作的深入开展，研究团队进一步扩大。2018年2月，在港珠澳大桥岛隧工程交工后，岛隧总部代表中国交通建设股份有限公司成立了中交悬浮隧道工程技术联合研究组（以下简称总体组）。由岛隧总部牵头，荷兰隧道工程咨询公司&荷兰代尔夫特理工大学（TEC&TU Delft）、交通运输部天津水运工程科学研究院（TIWTE）、中交公路规划设计院有限公司（HPDI）、中交第三航务工程局有限公司（THEC）、中交第四航务工程勘察设计院有限公司（FHDI）等参加，后面又加入了大连理工大学（DUT）等知名院校，系统性地开展悬浮隧道工程技术研究。研究分为 11 个课题。

随着国家有关方面对悬浮隧道研究越来越重视，近期出台了多项措施，中交研究团队得到了更多的关注。结构与设计方法是悬浮隧道整体研究的主线，为了在变化环境中保证结构和设计方法研究不受影响，保持悬浮隧道研究整体协调推进，2019 年 6 月初，进一步整合资源，在珠海成立了结构与设计方法研究攻关组（以下简称攻关组），小组成员来自中交的各事业、科研单位及大连理工大学，专业涵盖隧道、结构、水动、建筑、科技管理。该小组的工作目标是通过 6 个月集中攻关：①推动总体组悬浮隧道整体研究进展；②提出成套悬浮隧道概念设计及相应的技术支撑性文件；③进而间接或直接促进我国悬浮隧道工程技术研究和发展在世界的引领地位。

工作分为调研、分析、设计、优化四阶段，总体计划见图 1-3。调研阶段的工作成果将指导后续研究方法和悬浮隧道的设计分析工作计划。调研阶段原计划投入时间 21d（SDJT，2019a），实际用了更长时间。攻关组的成员也从最初的林巍、陈进、孙南昌、梁恩彤 4 人，到文献分析工作终于完成时，达到了 15 人。下面简述文献调研与分析的方法。首先调研确定可能感兴趣的悬浮隧道文献约 500 篇，并将悬浮隧道有关问题分为 66 个专业方向（SDJT，2019b）进行调研（表 1-2）。通过阅读文献摘要，将已有文献归类，一篇文献可能属于多个类别（SDJT，2019c）。完成归类后，发现有 18 个专业方向无悬浮隧道参考文献，因而在后续工作中需着重补充文献（SDJT，2019d）。此外，提取文献关键信息，并对文献的知识贡献价值进行初步的预估打分。优先分析文献建议见表 1-3（SDJT，2019b）。随着文献分析、思想碰撞、思考的深入，对部分内容做了补充，对部分章节做了调整与合并，最终分类见本书目录。本书写作过程中，为了让各个章节更加立体、丰富、易懂，59 个章节，对于其中 20 多个关键、困难章节作者通过预约“窗口会”的方式与总体组和攻关组其他成员进行了讨论（图 1-4a 为会议邀请单样式）；其他 30 多个章节采用邀请组内同专业、非同专业审稿人义务审稿的方式进行了审视和润色（审稿单样式见图 1-4b）。

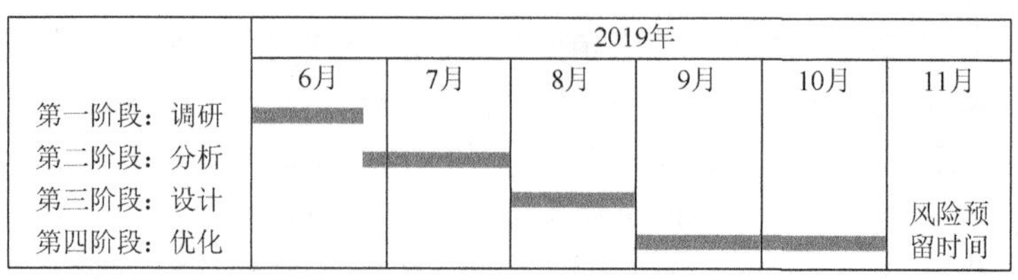

图 1-3　攻关组 6 个月工作总体计划

表 1-2　分专业调研初步规划

综述

构造及结构特征参数

- 基础
- 缆索
- 纵向结构
- 横断面
- 中间接头
- 接案接头
- 浮筒
- 消能

作用

- 自重
- 移动荷载
- 波浪
- 水流
- 内波
- 地震
- 风（仅浮筒式）
- 温度
- 船撞（仅浮筒式）
- 水体等级因素（钢筋腐蚀及摩擦）
- 爆炸
- 船行波
- 火灾
- 施工荷载
- 基础变形

模拟、分析

- 流固耦合
- 移动荷载
- 混凝土结构
- 钢混复合结构
- 整体结构计算方法
- 火灾工况设计计算方法
- 缆索
- 缆索疲劳
- VIV：稳定性、管体、缆索、互动
- 波流耦合
- 波浪
- 波流耦合
- 流场
- 内波作用
- 冲击荷载
- 接头
- 地震
- 基础

试验方法

- 结构
- 缆索
- 水动力
- 水弹性
- 移动荷载
- 地震
- 风
- 内波

风险

施工

其他

表 1-3　文献优先阅读参考建议

国家	期刊	专业报告	博士论文	会议、学位论文
挪威	影响因子≥0.5	全部优先	全部优先	—
日本	影响因子≥0.5	全部优先	全部优先	—
其他北欧国家	影响因子≥0.5	全部优先	全部优先	—
中国	影响因子≥0.5	全部优先	全部优先	—
其他亚美国家	影响因子≥0.5	2010 年以后	2015 年以后	2015 年以后

中交悬浮隧道结构与设计方法研究攻关组
会议邀请

6月10日 星期一	6月11日 星期二	6月12日 星期三	6月13日 星期四	6月14日 星期五	6月15日 星期六	6月16日 星期日
14:30-16:00	14:30-16:00	14:30-16:00 陈进 VIV调研进展	14:30-16:00	14:30-16:00	14:30-16:00	14:30-16:00
16:00-17:30	16:00-17:30	16:00-17:30 孙南昌 抗震调研进展	16:00-17:30 林巍 波浪作用调研进展（代邹威）	16:00-17:30	16:00-17:30	16:00-17:30
19:30-21:00	19:30-21:00	19:30-21:00	19:30-21:00	19:30-21:00	19:30-21:00	19:30-21:00

(a) 悬浮隧道研究总体组、攻关组“窗口会”邀请

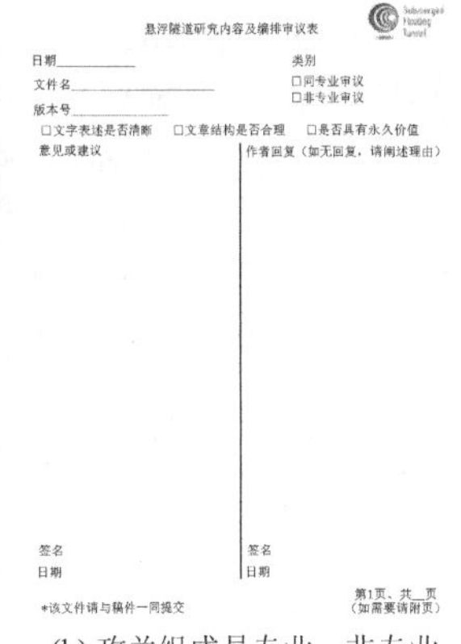

悬浮隧道研究内容及编排审议表

Submerged Floating Tunnel

日期__________　　类别

文件名__________　　□同专业审议　□非专业审议

版本号__________

□文字表述是否清晰　□文章结构是否合理　□是否具有永久价值

意见或建议	作者回复（如无回复，请阐述理由）
签名 日期	签名 日期

*该文件请与稿件一同提交　　第1页、共__页（如需要请附页）

(b) 攻关组成员专业、非专业审核通用单样本

图 1-4　两种内部“审稿”模式

本书的成稿首先应感谢港珠澳大桥岛隧工程的4600名建设者，是他们在港珠澳大桥建设中创造的工程奇迹将我们引向了未来，引向了前瞻工程问题悬浮隧道的研究。感谢岛隧总部林鸣、尹海卿等在攻关期间给予的指导。感谢为我们创造世界一流科研工作环境的岛隧工程的同志，让我们能有一个心无旁骛、勇往直前、纯粹的科研环境。这种环境曾成就了国家品牌工程港珠澳大桥，培养了一群具有匠心精神的工程师和专业人才，我们在同样的环境中奋斗与成长，将充分发挥才能、激发潜力，创造对社会最有价值的攻关成果。感谢 Kecui Ji 绘制悬浮隧道效果图。感谢总部傅秀萍、张月欣、石志文等提供后勤保障。感谢何萌协助撰写 4.3 节的内容。感谢赵梓含帮助查找风载有关文献。感谢刘扬协助修改水动力有关章节参考文献格式。感谢魏丽莹协助编写隧道最小宽度表。还有许多人为本书的成稿提供帮助，限于篇幅未能一一列出，在此一并表示感谢。本书只是攻关的第一步，我们将心存感谢，砥砺前行，为社会创造更多价值。

寄希望于这本书，让世界从“有界”变得“无疆”。

（编写：中交悬浮隧道结构与设计方法研究攻关组）

参考文献

Ahrens D，1997. Submerged floating tunnels—A concept whose time has arrived[J]. Tunnelling and Underground Space Technology，12（2）：317-336.

Anderson H，1872-09-17. Improvement in Sub-Aqueous Tunnels：No. 131 322[P].

Andrew C E，1950. Floating tunnel for long water crossings[J]. Proceedings of the American Society of Civil Engineers，75（3）：1-13.

Di Pilato M，Feriani A，Perotti F，2008. Numerical models for the dynamic response of submerged floating tunnels under seismic loading[J]. Earthquake Engineering & Structural Dynamics，37（9）：1203-1222.

Faggiano B，Panduro J，Rosas M T M，et al.，2016. The conceptual design of a roadway SFT in Baja California，Mexico[J]. Procedia Engineering，166：3-12.

Fjeld A，2012. Feasibility study for crossing Sognefjorden submerged floating tunnel[G]. Reinertsen Olav Olsen Group.

Indridason B，2013. Earthquake induced behavior of submerged floating tunnels with tension leg anchorage[D]. Trondheim：Norwegian University of Science and Technology.

Ingerslev C，2010. Immersed and floating tunnels[J]. Procedia Engineering，4：51-59.

Ingerslev L C F，1998. Water crossings—The options[J]. Tunnelling and Underground Space Technology，13（4）：357-363.

Ingerslev L C，2012. Innovations in resilient infrastructure design：immersed and floating tunnels[J]. Proceedings of the Institution of Civil Engineers，165（6）：52-58.

Kuesel T R，1986. Alternative concepts for undersea tunnels[J]. Tunnelling and Underground Space Technology，1（3-4）：283-287.

Mazzolani F M，Faggiano B，Martire G，2010. Design aspects of the AB prototype in the Qiandao Lake[J]. Procedia Engineering，4：21-33.

Mazzolani F M，Landolfo R，Faggiano B，et al.，2008. Structural analyses of the submerged floating tunnel prototype in Qiandao Lake（PR of China）[J]. Advances in Structural Engineering，11（4）：439-454.

Moe G，1997. Design philosophy of floating bridges with emphasis on ways to ensure long life[J]. Journal of Marine Science and Technology，2（3）：182-189.

Østlid H，2010. When is SFT competitive？[J]. Procedia Engineering，4：3-11.

SDJT，2019a. 中交悬浮隧道结构与设计方法研究攻关组会议纪要：SFT-SDJT-M-2019-1[G].

SDJT，2019b. 中交悬浮隧道结构与设计方法研究攻关组会议纪要：SFT-SDJT-M-2019-2[G].

SDJT，2019c. 中交悬浮隧道结构与设计方法研究攻关组会议纪要：SFT-SDJT-M-2019-3[G].

SDJT，2019d. 中交悬浮隧道结构与设计方法研究攻关组会议纪要：SFT-SDJT-M-2019-4[G].

Seo S，Ha H，2016. A numerical study on the effect of pressure relief ducts on the normal pressure in a preliminary design of Honam-Jeju Subsea Tunnel[J]. Journal of the Korean Geoenvironmental Society，17（8）：17-27.

Seo S，Sagong M，Son S，2015. Global response of submerged floating tunnel against underwater explosion[J]. KSCE Journal of Civil Engineering，19（7）：2029-2034.

Tariverdilo S，Mirzapour J，Shahmardani M，et al.，2011. Vibration of submerged floating tunnels due to moving loads[J]. Applied Mathematical Modelling，35（11）：5413-5425.

Xiang Y，Chen Z，Yang Y，et al.，2018. Dynamic response analysis for submerged floating tunnel with anchor-cables subjected to sudden cable breakage[J]. Marine Structures，59：179-191.

2 悬浮隧道构造与参数

悬浮隧道结构体系是一个不可割裂的整体，通过自身的结构联系相互影响，也通过周边水介质的影响相互影响。为了思考构造的理由和背后的关联，本章将悬浮隧道结构分为 8 个方面，逐一讨论，分别是基础、缆索、横向结构、纵向结构、接岸接头、中间接头、浮筒及运动能量的消散。

2.1 基 础

水下悬浮隧道可能涉及的基础主要为两类：其一是悬浮隧道端头与陆地接合部位的基础（参见 2.5 节），其二是采用缆索约束形式的水下悬浮隧道方案中将缆索固定到海床上的锚固基础。现今世界上还未有建成的悬浮隧道工程案例，作为水下建筑物，其锚固基础与海上建筑物的锚固基础可能有相似之处。现今全球建有超过 7000 座海上平台，从浅水到深水直至超深水均有分布，最深的操作平台 Petrobras America Cascade 海上浮式生产储油装置（floating production storage and offoading，FPSO）位于 2600m 的海域中，缆索在海上平台尤其是深水海上平台中应用广泛，锚固基础相关技术较为成熟，或许值得水下悬浮隧道工程借鉴。本节主要介绍水下悬浮隧道工程可能采用的锚固基础及相关特征参数。

锚固基础通常置于海床上，通过缆索与建筑物相连，约束建筑物在海洋风浪流等环境条件下的运动响应。根据锚固基础与海床面接触形式的不同，可以将锚固基础简单分为表面重力锚和嵌入锚。表面重力锚又称重力锚，是一类经典的锚固基础，典型的表面重力锚有箱锚和格栅-护道锚；嵌入锚埋入海床中，利用了海床土的抵抗力，相比表面重力锚能提供更为有效的承载力，常见的嵌入锚型式有锚桩、吸力沉箱锚、拖曳锚、吸力嵌入式板锚、可移动锚等。

箱锚是最简单的表面重力锚型式，为降低安装时的起吊要求，常将箱锚设计成空箱结构，安装到指定位置后，在空箱中填入大量重物（如填石或铁矿石等），箱锚主要提供竖向承载力，如图 2-1 所示。箱锚底部通常设肋条，肋条插入海床可以增加箱锚的抗滑能力。箱锚施工简便，适用于水深较浅的海域。澳大利亚西北大陆架海域的 North Rankin 海上平台采用 4 座箱锚作为锚固基础，安装水深 125m，单座箱锚尺寸为 19m×18m×6m，压载后重达 4000t（Randolph and Gourvenec，2011）。世界最长浮桥 SR-520 在近岸斜坡地形上安装了 8 座重力锚，单座重力锚尺寸为 12.19m×12.19m×7.01m、安装重量 420t、压载后重量 587t（WSDOT，2017）。Mazzolani 等（2010）建议千岛湖悬浮隧道设计方案选用钢筋混凝土外墙与混凝土填充物组合的箱锚作为基础。Faggiano 等（2016）在悬浮隧道概念设计中也选用箱锚作为基础，箱锚尺寸为 15m×25m×8m。

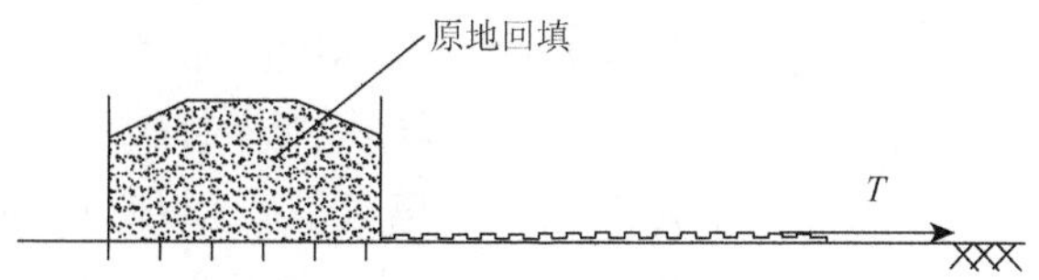

图 2-1 箱锚示意图（Randolph and Gourvenec，2011）

格栅-护道锚由埋入式格栅及上部填石或铁矿石护道组成，是一种特殊的表面重力锚，如图 2-2 所示，格栅常埋在护道尾端，当格栅开始失效时容易引起护道的移动。格栅-护道锚的设计较为复杂，需要考虑多种失效模式，如护道整体滑移、格栅被抽出、涉及非对称构造的组合失效等，此外，还需要考虑抵抗护道冲刷和侵蚀。澳大利亚西北大陆架海域的悬链锚腿系泊装置（catenary anchor leg mooring，CALM）浮子采用格栅-护道锚作为锚固基础，安装水深 50m，护道平面面积约 $27m^2$、高 3.35m，格栅长 20m、宽 10m（Randolph and Gourvenec，2011）。

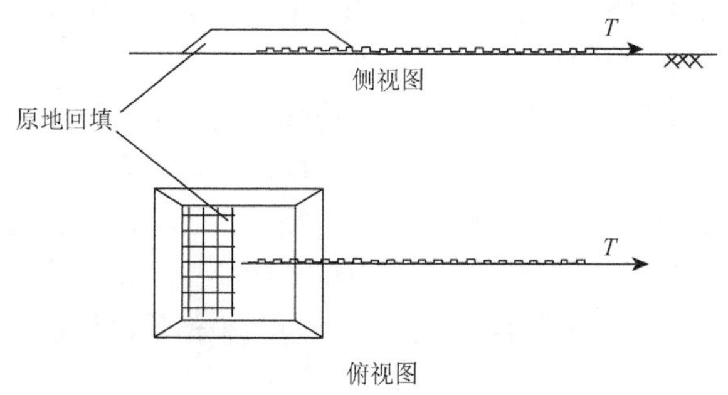

图 2-2 格栅-护道锚示意图（Randolph and Gourvenec，2011）

锚桩应用于承载力需求较大的情形，各类嵌入锚中，锚桩能提供最高的绝对承载力，能同时承受水平和垂向荷载，锚桩的承载力由桩与土的交界面摩擦力及土的侧向抵抗力提供（图 2-3）。锚桩通常为埋入海床的钢管，通过锤入方式或钻孔灌浆方式嵌入海床中，因而锚桩也分为锤击桩和钻孔灌浆桩。锤击桩直接通过水下敲击锤锤入海底。钻孔灌浆桩安装时先在海床上钻孔，再插入钢管桩，最后填满灌浆。岩石地基中锤击桩难以锤入，钙质沉积土中锤击桩轴向承载力低，在这些地质条件中，钻孔灌浆桩可以代替锤击桩。锚桩在各类海上建筑物中应用广

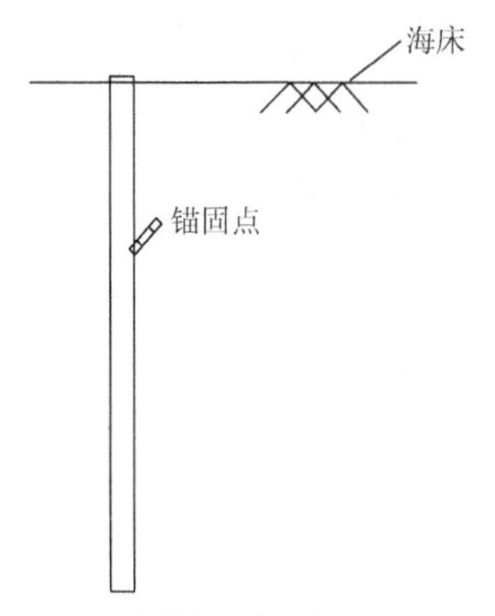

图 2-3 锚桩示意图（Randolph and Gourvenec，2011）

泛，适用于各类水深条件及各类地质条件；其缺点是锚桩的建造成本高，施工工期长（特别是钻孔灌浆桩），在水深超过 1500m 后，水下敲击锤敲击能量不足。墨西哥湾的 Ursa TLP 平台采用 16 根锚桩作为锚固基础，安装水深 1300m，单根锚桩直径 2.4m，锤入深度 130m（Randolph and Gourvenec，2011）。浮桥 SR-520 在近岸地质条件较差的湖床上安装了 5 个钻孔灌浆桩，单桩直径 3.05m，桩长范围 24.08～28.04m（WSDOT，2017）。Gao 等（2010）结合千岛湖初期地质勘探资料，发现千岛湖湖床多凝灰质砂岩，湖床面起伏不定多陡峭斜坡，认为锚桩是适合千岛湖悬浮隧道采用的基础方案，并通过商业软件 Abaqus 基于有限元法（finite element method，FEM）建模分析了锚桩的抗拔稳定性，计算选用锚桩长度范围 6.0～14.0m，锚桩直径范围 0.6～1.0m。

吸力沉箱锚也称为吸力沉箱或吸力锚，是一种新型锚固基础，相比传统锚固基础有许多经济优势（图 2-4）。吸力沉箱锚主要由大直径圆柱组成，圆柱直径通常为 3～8m，底部开口，顶部封口，长度与直径比 L/D 为 3～6，明显小于锚桩，后者 L/D 可达 60（Gourvenec and Clukey，2018）。大部分吸力沉箱锚选用钢材制成，直径与壁厚的比 D/t 约为 100～250。吸力沉箱锚定位到海床上后，在自重作用下沉降，水体集中到箱顶，通过位于顶盖附近的泵将箱内水抽出，使得箱内形成低压，箱体将受到整体向下的压力，使吸力沉箱锚继续下沉穿入海床直至抵达预设位置。吸力沉箱锚的竖向承载力主要由沉箱自重及箱体与土接触面的摩擦力提供，横向承载力主要由土体横向抵抗力提供。吸力沉箱锚连接缆索的孔板通常设在沉箱侧面，孔板的位置需要通过力矩平衡计算，使吸力沉箱锚在不倾覆的条件下能为缆索提供最优的侧向承载力。吸力沉箱锚现已广泛应用于海上采油平

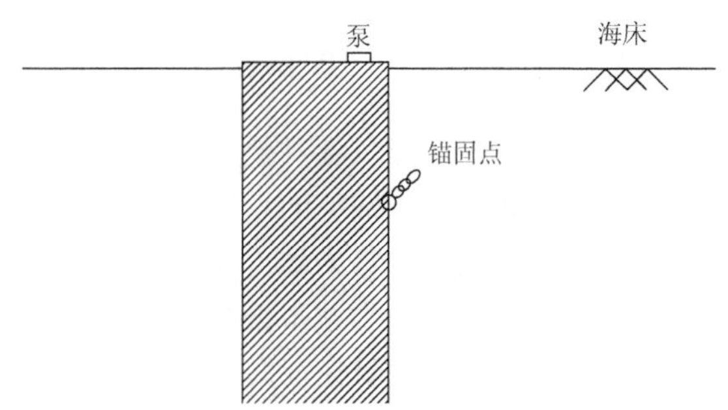

图 2-4 吸力沉箱锚示意图（Randolph and Gourvenec，2011）

台、钻井平台、风机平台等海上建筑物中。墨西哥湾的 Na Kika 半潜式生产平台采用 16 座吸力沉箱锚，安装水深 2200m，单个吸力沉箱直径 4.7m、长 26m；澳大利亚帝汶海 Laminaria FPSO 船采用的吸力沉箱单个直径 5.5m、长 12.7m、重 50t（Randolph and Gourvenec，2011）。

拖曳锚由船锚发展而来，采用宽板锚、锚杆、锚固点连接的方式组成，通过缆索拖拽进行安装（图 2-5）。传统拖曳锚重达 65t，锚板最大长度约 6.3m，承载力通常为 20～50 倍的自重。承载力通常由锚板前的土层提供，可超过 10MN。拖曳锚通常用于半永久缆索系统中，其承载力（仅水平向）主要由海床土体横向抵抗力提供，因而承载力大小直接与拖曳锚嵌入海床的深度有关，若将拖曳锚用于永久性缆索系统中，拖曳锚在土层中的运动轨迹不确定，会导致其所处深度及承载能力均不能确定，给基础稳定带来风险。竖向承载锚（vertically loaded anchor，VLA），也称为拖曳板锚，在传统拖曳锚的基础上将锚板与锚杆设计为铰接形式，使得拖曳板锚能提供竖向承载力，从而改进了传统拖曳锚的缺陷。拖曳板锚通常比传统拖曳锚小，锚板面积可达 $20m^2$，锚板长度可达 6m。巴西坎普斯湾的 Roncador FPSO 船采用 9 座拖曳板锚作为永久性锚固基础，安装水深 1600m，锚板面积 $14m^2$（Randolph and Gourvenec，2011）。浮桥 SR-520 在平坦湖床中安装 45 个板锚，单个板锚尺寸为 10.67m×7.93m×5.33m，重 107t（WSDOT，2017）。国外拖曳锚公司 Vryhof 在其编写的手册中详细介绍了拖曳锚的作用原理、各种型式及安装方法等（Vryhof，2015）。

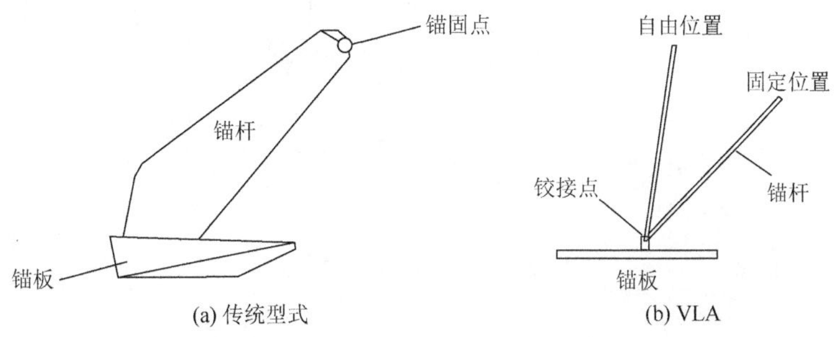

图 2-5　拖曳锚示意图（Randolph and Gourvenec，2011）

吸力嵌入式板锚（suction-embedded plate anchor，SEPLA，图 2-6）结合了吸力沉箱和板锚，安装过程为：①通过吸力沉箱将板锚安装到指定海床深度；②撤去吸力沉箱；③施加缆索张力，使得板锚旋转；④板锚旋转到与张力方向垂直，板锚定位完成。吸力嵌入式板锚通过吸力沉箱的定位，使得板锚所处的位置及海床埋深均是可控的，板锚可以设置得小巧轻便些，从而降低成本，作为永久性锚固基础时锚板平面尺寸可达 4.5m×10m，作为临时锚固基础时锚固尺寸较小。墨西哥湾和非洲西海岸水域常采用吸力嵌入式板锚作为短期设备的临时锚固基础。

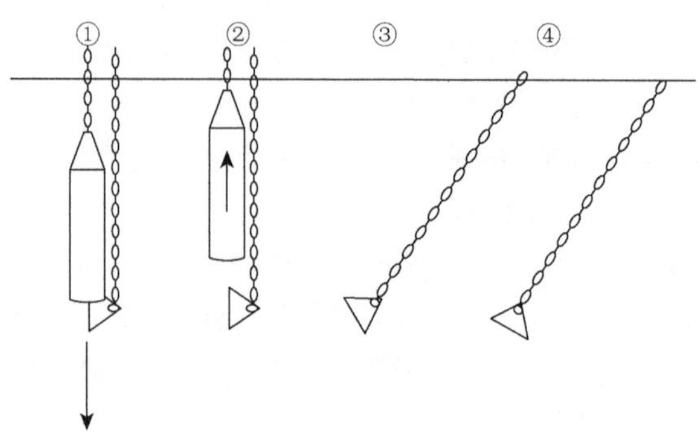

图 2-6　吸力嵌入式板锚安装流程

可移动锚（dynamically installed anchor）通过自重作用自由下沉穿入海床，使自身嵌入海床中（图 2-7）。可移动锚的使用不受水深的影响，不需要额外的安装措施，在深水中安装可以降低成本，若在地质薄弱地点，可以穿入更深的海床，因而承载力受地质影响较小。这类锚的主要缺点是安装形态不确定、最终海床埋深不确定、安装后锚头指向不确定等，从而使承载力难以确定，存在基础失效风险。此类锚典型直径范围 0.76～1.1m，长度 12～15m，重量 25～100t。

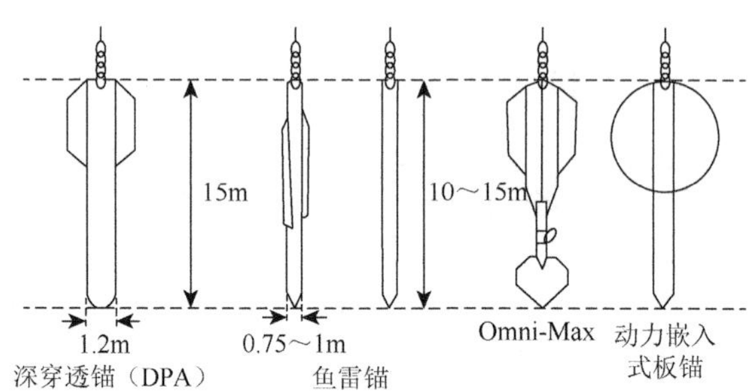

图 2-7　各类可移动锚型式

水下悬浮隧道的锚固基础可能需要选用适宜建设在深水中的永久型式。箱锚安装方便，能提供较大的竖向承载力；锚桩能提供充足的水平和竖向承载力；吸力沉箱锚容易定位安装，能同时提供水平和竖向承载力；吸力嵌入式板锚安装方便，安装成本低，结合吸力沉箱定位安装，能有效利用土承载力。这四类锚固基础或许较为适宜在水下悬浮隧道工程中采用，这四类锚固基础相关的设计及计算模拟问题将在第 5.2 节讨论。

（编写：周卓炜）

2.2 缆　　索

本节通过研究悬浮隧道一些已有案例的缆索，讨论缆索选型方面的问题，包括其截面特性、各种物理参数的选择、缆索材料的选择及规范使用等问题。悬浮隧道的缆索相对其主体结构的布置形式在2.4节介绍。

千岛湖悬浮隧道方案缆索的横截面面积0.002 49m^2，惯性矩6×10^{-7}m^4，名义直径60mm，缆索长度20～30m，设计轴向力强度1045kN（Mazzolani et al.，2010）。Lin等（2016）的参数振动研究中比较了钢丝绳和CFRP绳，见表2-1第2、3列。Cantero等（2017）在挪威E39项目研究中用的参数见表2-1第4列。Yan等（2016a）计算缆索水动力响应时的缆索参数取值见表2-1第5列。Lin等（2018）及Xiang和Yang（2017）计算车、流、隧耦合时用的缆索计算参数见表2-1第6列。

表2-1　已有悬浮隧道研究文献中的缆索参数

参数	钢丝绳1	CFRP绳	张力筋①	钢丝绳2	钢丝绳3
与地面夹角/(°)	60	60	90	60	60
绳长/m	161.66	161.66	400	69.284	231
直径/mm	489	489	1119	489	347
延米密度/(kg/m)	1474.23	313.63	—	1037.4	—
附加水质量/(kg/m)	193.06	193.06	（附加水质量系数$Cm=1$）	193.06	—
阻尼系数	—	—	1.5	—	—
阻尼比	0.0018	0.0018	—	0.0018	—
密度/(kg/m^3)	7850	1670	7800	7850	—
弹性模量/Pa	2.1×10^{11}	1.47×10^{11}	2.1×10^{11}	2.1×10^{11}	1.95×10^{11}
初张力/N	2.572×10^{7}	2.572×10^{7}	1.85×10^{7}	2.572×10^{7}	—
基频/Hz	—	—	0.1299	—	—
第2频率	—	—	0.2648	—	—
第3频率	—	—	0.4096	—	—

①孙胜男等（2011）还给出了同参数缆绳的水中固有频率0.420Hz，空气中的固有频率0.409Hz。

关于缆索材料选择方面的问题，已有文献对钢管（“刚性索”）、钢丝绳（“钢绞线柔性索”）和轻型化合物柔性索三种缆索的特点及其对于悬浮隧道的适用性进行了对比：①钢管抗弯刚度大，缺点是质量大、不易安装、弹性小、抗拉刚度较小；②钢丝绳在桥梁领域应用成熟，缺点是抗腐蚀差；③轻型化合物柔性索以芳族聚酰胺为锚索材料，抗腐蚀强、密度小、耐磨性好，缺点是其变形量有限、往复荷载承受能力有限，抗疲劳性较差（闫宏生等，2015；Yan et al.，2016）。此外，参考悬索和斜拉桥梁经验，不同缆索材料的截面特性参数比较见表 2-2（Yang et al.，2016）。

表 2-2　桥梁工程缆索截面特性参数比较

参数	HS 钢	CFRP	BFRP	B/CFRP（25%）	B/CFRP（50%）	B/SFRP（20%）	B/SFRP（40%）
密度/(kg/m^3)	7850	1512	1739	1582	1626	2447	3300
弹性模量/Pa	198	153	52	77	103	81	109
抗拉强度/MPa	1860	1950	1521	1628	1736	1169	1657
阻尼比①	0.0017	0.0088	0.0078	0.0081	0.0083	0.0066	0.0054

①钢结构的阻尼比通常假定 0.002。

与悬浮隧道缆索有关的工业规范，外海缆索标准可参考挪威 DNVGL-OS-E304 和 DNVGL-OS-E303，它们分别给出了钢丝缆索、接头及插销安全标准的最低要求，以及纤维缆索确保设计、制造质量且满足运输和服务期要求的规范。国内相关标准有《重要用途钢丝绳》（GB 8918—2006）和《粗直径钢丝绳》（GB/T 20067—2017），API Spec9A《钢丝绳规范》适用于石油天然气等工业。

一些与缆索的加工、连接和安装有关的配件包括索具设备、吊具、夹具、吊钩、吊环、卸扣、链条，可参见索具专业公司的产品目录。

（编写：林巍）

2.3　横 向 结 构

沉管隧道横向结构的设计主控因素是内部空间、重量平衡和结构抗力（林巍等，2018）。悬浮隧道类似，可能需要额外考虑外轮廓形状、重心和特殊的空间需求（锚固、调节荷载、逃生等）。

悬浮隧道管体内额外设置空间的一些考虑：①用于拉紧缆索的锚固房间及检修通道（Tveit，2000）。②用于调节管体的重量，例如，挪威概念方案中设置碎石间，随着管体的增重将部分碎石移出隧道（Tveit，2000）。③双道墙的构造用于降低内部、外部撞击的风险，并且两道墙之间的空间可用于管体的增重，如墨西哥 Baja 悬浮隧道的概念设计（Faggiano et al.，2016）；为了进一步加强管体的“不可沉没”性，可在两道墙之间预先填满轻质不透水泡沫（Markakis，1972）。④对于超长隧道设置“景观带”（Faggiano et al.，2016）。⑤设置隔离的逃生通道

(Larssen and Jakobsen，2010)。⑥在隧道两侧设置可分离式逃生间以增加隧道使用期间的安全性（Dong et al.，2010)。⑦安装喷气式激励器（Iijima et al.，1999)。

结构截面已有概念包括：①最常见的是混凝土结构，如琼州海峡概念及挪威的概念（Jiang et al.，2018；Larssen and Jakobsen，2010；Tveit，2000)，简洁、管体易预制、造价低，但是抗风险性能相对较弱。②在混凝土外侧加一层钢皮，如日本 Funka 湾隧道概念设计（Kanie，2010)。③“三明治”构造，通常是两边钢壳，中间夹混凝土，这时不考虑中间混凝土能止水，则仍是双道止水（Skorpa，2010)；一个特例是千岛湖悬浮隧道概念，外侧夹层是铝板，起到吸能、防腐的作用（Mazzolani et al.，2010)，该隧道内层钢板材质 S235、混凝土 C20/25，两者通过基于欧标 4 的连接件协同工作，外层铝板材质 6061-T6。④此外，管体上半部设置防护层，避免拖锚、落锚损害隧道（Skorpa，2010)。⑤上段所述的双墙结构也可看作复合截面。

外轮廓形状主要有圆形、椭圆形、八角形、方形，以及方形或圆形两端加三角形的引流罩，对外轮廓的评价指标有工程量、制造便利性、设计便利性（不便利的设计增加工程风险)、力的二次分配效率、抗冲击能力、涡街脱落、拖曳力、升力、压力分布（影响合力及合力矩)、流场。表 2-3 总结了已有研究对各种形状优缺点的评价。此外，还有一些关于双管截面间距的研究。挪威概念设计中取的是中心间距 40m（Eidem et al.，2017)。

表 2-3　外轮廓形状及研究评述

形状	评述	文献来源
方形	材料用量少、好预制、重量易设计	(Eidem et al.，2017)
方形 + 引流罩	水动力行为相比方形有所改良	(Faggiano et al.，2016)
圆形 + 引流罩	—	墨西拿海峡早期方案
圆形	拖曳力小、涡街脱落小、形状抗水压好	(Eidem et al.，2017)
	波浪力最大（基于 1∶60 水槽物理模型试验，同等建筑限界拟定外轮廓，下同)	(Li et al.，2018)
椭圆形	抗冲击能力最优	(Luo et al.，2018)
	高宽比小的截面扭矩大	(Li et al.，2018)
八角形	受到的波浪力较圆形较小	(Li et al.，2018)

悬浮隧道已有横断面形式总结见图 2-8（罗刚等，2012；Eidem et al.，2017；Faggiano et al.，2016；Grant，1972；Minoretti et al.，2016；Kanie，2010；Markakis，1972；Larssen and Jakobsen，2010；Seo et al.，2015；Jiang et al.，2018；Brandtzaeg，1972；Charles E. Andrew，1950；Mazzolani et al.，2010)。

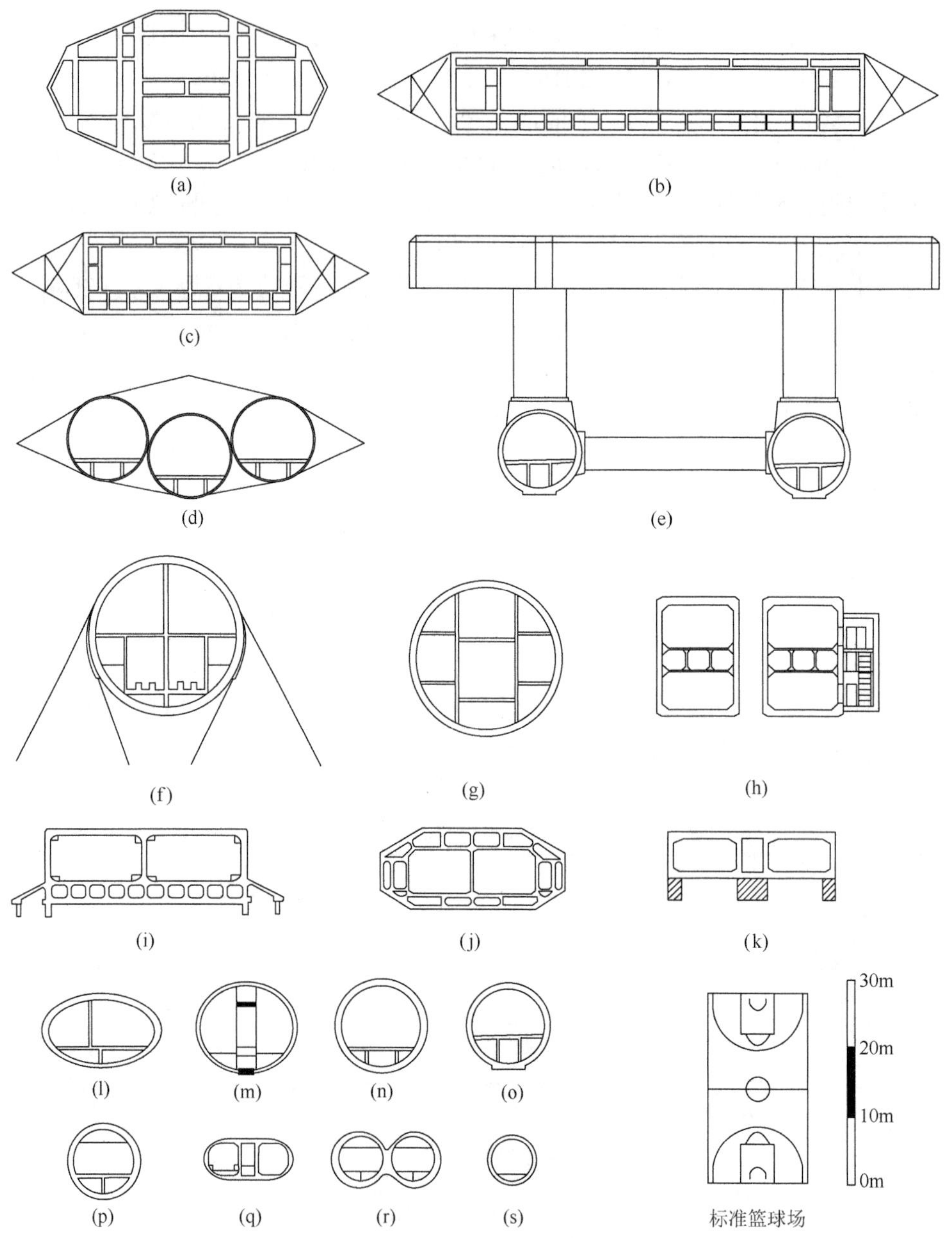

图 2-8 悬浮隧道概念方案横断面

（a）墨西拿海峡 1984 年；（b）Baja 墨西哥景观带断面 2016 年；（c）Baja 墨西哥典型断面 2016 年；（d）墨西拿海峡 1972 年；（e）比约纳峡湾挪威带浮筒断面 2016 年；（f）Funka 湾 2010 年；（g）赫格海峡 1984 年；（h）Digernessundet 挪威方案一 2017 年；（i）苏伊士运河 1972 年；（j）金塘海峡 2001 年；（k）Digernessundet 挪威方案二 2017 年；（l）赫格海峡挪威 2010 年；（m）韩国南海 2010 年；（n）琼州海峡 2018 年；（o）比约纳峡湾挪威单管断面 2016 年；（p）Bremsnes 峡湾 1972 年；（q）关岛国际机场-神户机场 1995 年；（r）普吉特海湾 1950 年；（s）千岛湖 2007 年

（编写：林巍）

2.4 纵向结构

相对于2.3节的横向结构，悬浮隧道的纵向结构介绍线形、锚索布置等问题。悬浮隧道的竖向线形是基本水平的（Mazzolani et al.，2010），当需要满足隧道的排水系统及控制温度升降产生的力时，需要稍微设置一点弧形或纵坡（Skorpa，2010）。张志刚等（2013）对各国隧道纵坡要求做了总结，见表2-4。隧道的部分或全部区段需满足通航船舶净空的要求，千岛湖悬浮隧道概念方案是2～10m，日本Funka湾30m，挪威某峡湾25～30m（Mazzolani et al.，2010；Kanie，2010；Skorpa，2010）。悬浮隧道的线形较深的另一个考虑是避开波浪、水流影响大的区段（Skorpa，2010；Eiden et al.，2017），或者避开水密度变化大的区段（Tveit，2000）。隧道两头浅，有利于路面接线的灵活设置（Østlid，2010）。最后介绍两种相对于“经典”悬浮隧道方案有所不同的提案：①悬浮隧道较长时通常需要系泊来让体系成立，而Tveit（2000）提出的下拱式悬浮隧道概念，适用于跨越1.5km宽的水域，并认为不需任何额外系泊措施，如能成立将是最经济的方案；②Faggiano等（2010）提出了可能适用于中等和较深水域的浸没倒立式斜拉桥方案。

表2-4　水下隧道最大纵坡规范与案例

各国家或地区规范		工程案例	
欧洲 Directive2004/54/EC	纵坡度通常小于5%；如在3%～5%的范围内，将要求采取辅助措施提高安全性基于风险评估；如<3%，不需要任何额外措施	港珠澳大桥岛隧工程，设计时速100km	路面设计最大纵坡2.98%
美国联邦公路管理局公路隧道	不大于3%～4%	日本东京湾临海公路沉管隧道，设计时速80km	最大纵坡4%
英国路桥设计手册	满足交通量和通风需求，超过6%的纵坡在实际中是不可行的	丹麦-瑞典厄勒海峡沉管隧道，设计时速90km	最大纵坡2.5%
挪威公路管理局公路隧道	由交通量决定，通常6%～8%	韩国釜山—巨济沉管隧道，设计时速80km	最大纵坡5%，设爬坡道
瑞典 VVTunnel2004	通常不大于5%；短距离经过专项审批后可适当提高	青岛胶州湾海底隧道，设计时速80km（城市道路）	最大纵坡3.9%
荷兰 SATO	设计速度90km/h，不大于4%；设计速度120km/h，不大于3%	台湾高雄过港隧道，设计时速50km	最大纵坡4.5%

悬浮隧道的平面线形与隧道体系的水平刚度有关。隧道体系的水平刚度取决于隧道的横断面、长度、横断面高度或宽度与悬浮隧道段长度的比值，以及与基床或水面的系泊方式。当这些方式都无法较适宜地满足隧道体系所需的刚度时，可采用一些加强隧道水平刚度的隧道平面线形和固定方式，见图2-9。

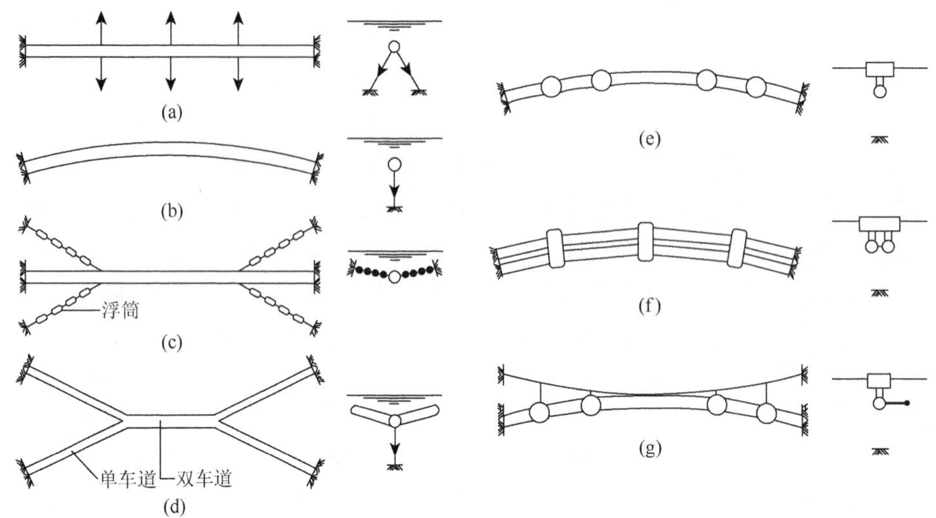

图 2-9　增强水平刚度的隧道线形和纵向结构的布置

（a）斜缆（Brandtzaeg，1972；Skorpa，2010）；（b）平面圆弧曲线，系于基床（Brandtzaeg，1972）；（c）浮筒＋斜锚链（Brandtzaeg，1972；Tveit，2000）；（d）八字形（Brandtzaeg，1972）；（e）平面圆弧曲线，“系”于水面（Skorpa，2010；Larssen and Jakobsen，2010）；（f）双管平面圆弧曲线，“系”于水面（Skorpa，2010）；（g）水平加强缆索体系（Skorpa，2010）

横向缆索常见布置形式见图 2-10。其中值得一提的是，图 2-10a 仅约束管体的竖向位移；图 2-10b、g 的竖向缆索只约束竖向位移，斜向缆索既约束竖向位移，也约束水平位移；图 2-10c 除了约束平动，对管体的扭转有着最强的制约作用；图 2-10i 组合了浮筒和缆索，可提供最大的竖向约束刚度，浮筒也可作为逃生通道或其他人造设施使用（但影响水面景观）。

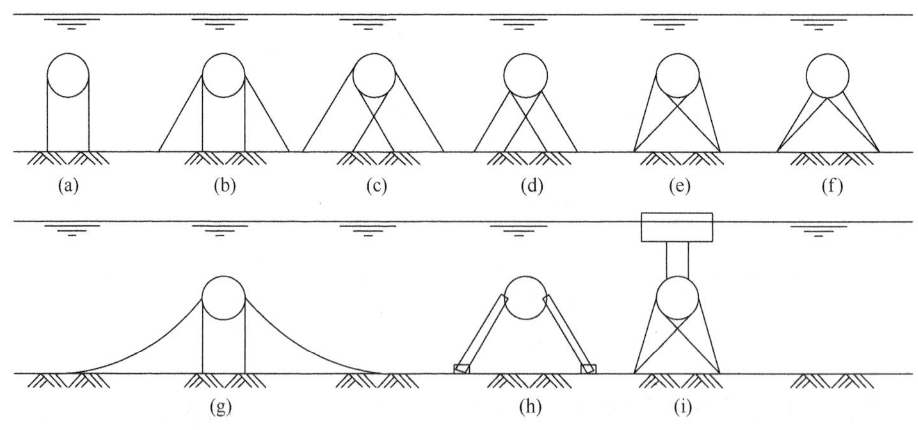

图 2-10　基床系泊横向布置（基础未示出）

（a～d）日本 Funka 湾概念设计张力腿比选方案（Kanie，2010）；（e）挪威概念设计（Larssen and Jakobsen，2010）；（f）墨西哥概念方案缆系布置方式（Faggiano et al.，2016）；（g）中交悬浮隧道整体结构行为研究水池模型试验方案之一；（h）金塘海峡方案（Mazzolani，2006）；（i）组合方案（Østlid，2010）

浮筒和张紧式缆索对结构体系竖向刚度的贡献见式（2-1）和式（2-2）[基于（Reiso et al.，2015）中的公式修改]，虽然两者截然不同，但对限制悬浮隧道竖向运动响应起的作用殊途同归。

$$k_{浮筒提供的竖向刚度} = \rho g A_w \tag{2-1}$$

$$k_{张紧式缆索提供的竖向刚度} \approx \frac{EA_{L,eff}}{L}\cos\theta \tag{2-2}$$

式中，ρ 为水密度；g 为重力加速度；A_w 为浮筒水线面积；E 为缆索有效弹性模量；$A_{L,eff}$ 为缆索截面有效面积；L 为缆索长度；θ 为缆索与（假设的）水平基床面的夹角。

关于系泊断面的间距，Skorpa（2010）介绍的挪威概念设计中浮筒和缆索式均是 300m，Jiang 等（2018）介绍琼州海峡方案中缆索间距是 50m，Reiso 等（2015）和 Fossbakken 认为 150～200m 的缆索间距是确保结构健壮性的最佳方案。易发现间距的确定离不开项目具体环境。此外，秦银刚等（2008）推导了悬浮隧道失稳的隐式判据公式（2-3），由此基于较多的输入参数可得到理论上结构体系不失稳的间距最大值上限。

$$\frac{2(C+C_f)EI}{3(m+m_a)}\left(\frac{n\pi}{l}\right)^4 \leqslant \sqrt{\frac{A}{2Il}}\frac{1-(-1)^n}{n}\rho D u^2 C_L \omega_s \operatorname{csch}\left(\frac{\omega_s l^2}{n^2\pi}\sqrt{\frac{m+m_a}{2EI}}\right) \tag{2-3}$$

式中，C 为结构阻尼系数；C_f 为水动力阻尼系数；EI 为管段结构刚度；I 为截面惯性矩；m 和 m_a 分别为管段单位长度质量和流体附加质量；A 为结构截面积；l 为支撑间距离；D 为管段直径；u 为洋流速度；ω_s 为涡激频率；C_L 为升力系数；n 为结构振动阶数。公式（2-3）推导过程及参数详细含义见文献秦银刚等（2008）。

（编写：林巍）

2.5 接 岸 接 头

接岸接头是悬浮隧道与陆地的生根部位，不但要承受较大的力，还要确保内部的通行，以及考虑可施工性。接岸接头的形式与地质和工法紧密关联。下面分硬岩、软土，以工法为主线介绍。

在硬岩地质下，最典型的接岸接头形式是挪威的概念。两边先做凿岩隧道打通到只剩最后一块石墙。当连接部位地形较平缓时，凿一个收集坑（图 2-11a），在主体结构（管体）连接前，用爆破的方式打通最后的石墙，石墙落入收集坑；当连接部位较陡峭时，直接爆破掉最后的岩石墙（图 2-11b）。进而完成管体对接准备工作。Tveit（2000）描述了整体管体的安装方法，将整个管体在海水寒冷的时节运输到隧道线位，这时管体长度最短。通过对管体压载，管体发生弯折，管体投影长度进一步“缩短”。就位后，释放管内的压载水，管体恢复原长度，在两边缆索的引导下，两端与岸边接头连接（图 2-12）。连接细节类似沉管隧道，见图 2-13（Tveit，2010）。

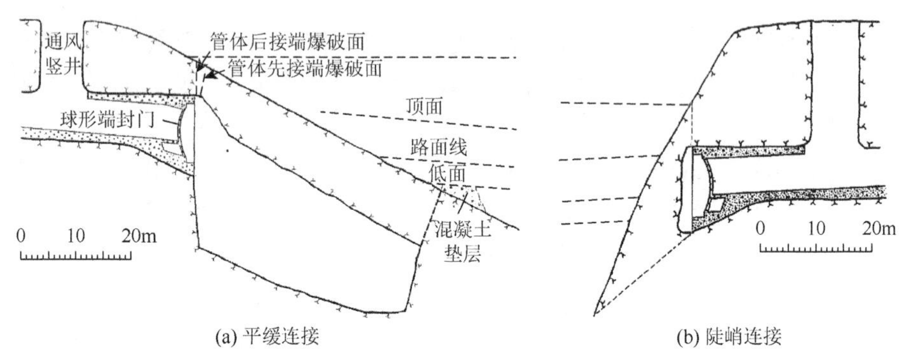

(a) 平缓连接　　(b) 陡峭连接

图 2-11　岩石接岸爆破处理

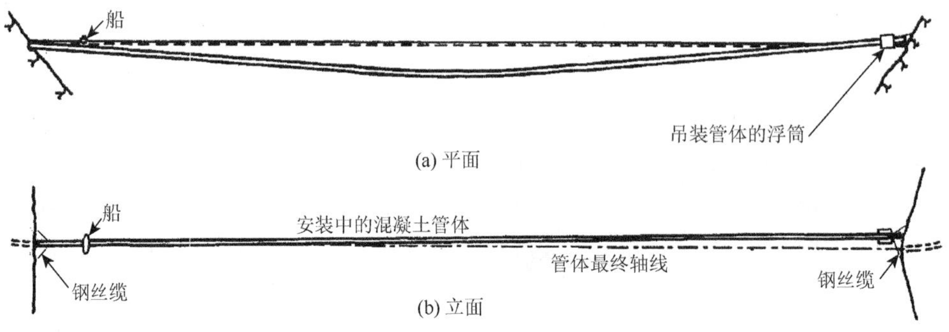

(a) 平面

(b) 立面

图 2-12　混凝土管体整体安装示意

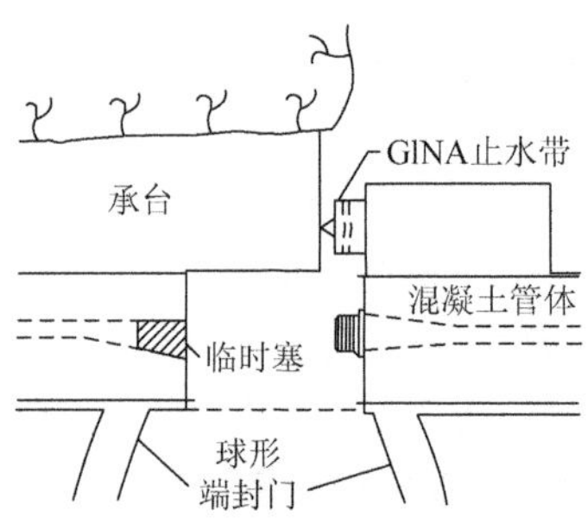

图 2-13　连接细节

挪威松恩海峡的可行性方案之一（Fjeld，2012）的接岸接头高程–12m，认为导致接岸接头出现峰值约束力矩的因素有潮汐荷载、分布式垂直荷载、波浪载荷，潮汐变化的影响认为可通过近海岸浮筒的可调压载水来缓解，但需要设计专门的主动压载方案。因此认为潮汐效应对悬浮隧道方案不利。接岸接头处的外径为14m，壁厚增为1.0m（图2-14）。

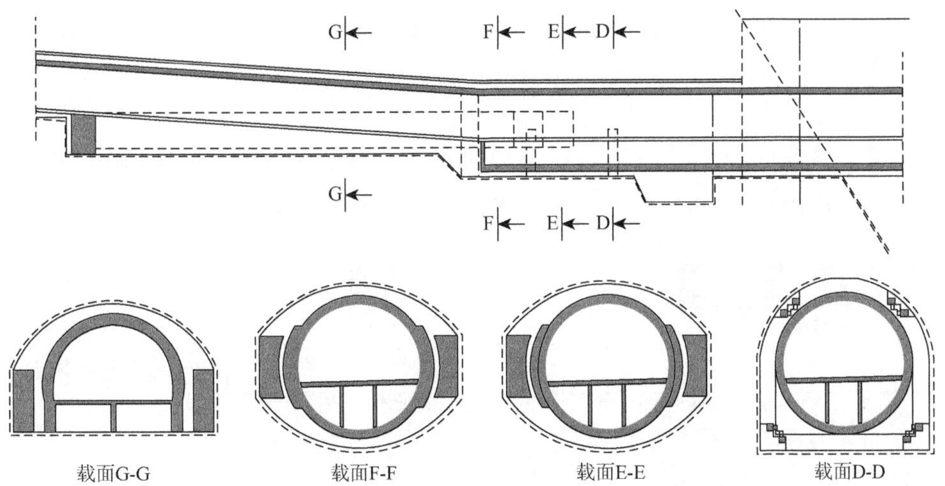

图2-14 松恩海峡悬浮隧道接岸接头纵、横断面

适用于软土的接岸接头有已建成的瑞典某水下隧道，见图2-15。与硬岩不同的是，先在岸端预制好混凝土结构的接收端，再将管体插入，浇筑连接部位的混凝土，完成永久止水和连接（Pöllath and Glückert，2012）。另外一个概念是先做好岸边的水下混凝土承台，管体的端部设置特殊的箱体，与承台匹配，完成安装（Bakker，2019），见图2-16。

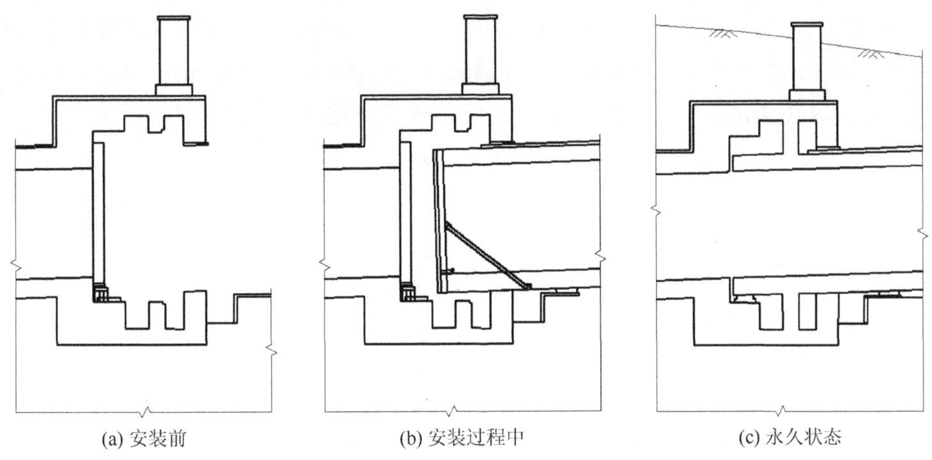

图2-15 瑞典某水下隧道的接岸接头细节

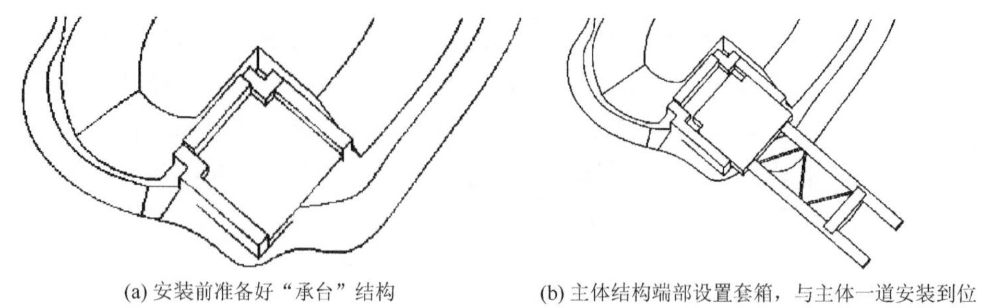

(a) 安装前准备好“承台”结构 (b) 主体结构端部设置套箱，与主体一道安装到位

图 2-16 预制式接岸接头概念

当采用分段顶推法施工悬浮隧道时，接岸接头即临时的分段顶推出发端（Donna，1996），见图 2-17，但是该施工概念的细节仍有待发展。

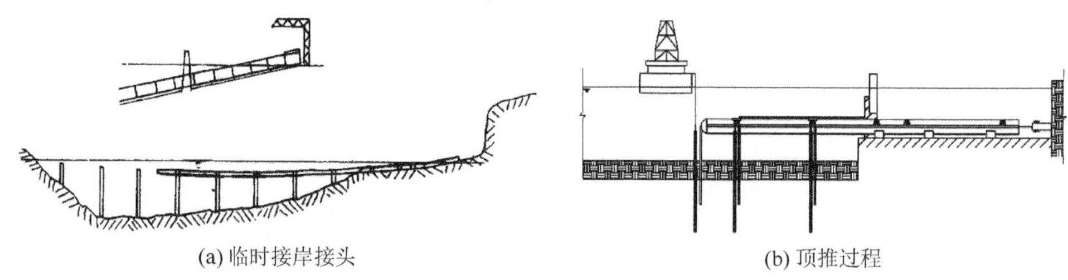

(a) 临时接岸接头 (b) 顶推过程

图 2-17 分段顶推工法

关于端部接头的力学性能，Bakker（2019）设计了固接和部分铰接概念，通过液压柱塞（hydraulic rams）和止水带让接头能适应转动；设计阶段应考虑多种可能，但从施工便利和维护角度倾向推荐固接连接方式。千岛湖悬浮隧道方案的接岸接头采用特殊设计，并要求两边接岸接头之一的力学行为必须是铰接；接头的轴向刚度较大，但是在极端情况如地震时，接头能够发生大塑性变形，并通过这种变形消耗能量；另外一端轴向自由，从而允许升降温时的结构伸缩（Mazzolani et al.，2010）。Martinelli 等（2016）在其抗震计算中也将隧道模型接头设置为铰接。

（编写：林巍）

2.6 中 间 接 头

2.6.1 概述

与沉管隧道类似，悬浮隧道的建设过程包括管体的预制和安装。在这个过程中，接头作为连接悬浮隧道管体的结构构件，在整个悬浮隧道结构中扮演着有至关重要作用的角色（Jiang et al.，2018）。根据接头位置和施工顺序，管段接头可分为接岸接头（又称岸边接头）、中间接头（又称沉放接头）和最终接头（管敏鑫等，1999；薛勇，2003）。接岸接头是指悬浮隧道与岸边竖井或岸边隧道之间的接头；中间接头是指普通管段之间的接头。根据不同的施工组织规划，水下或岸上有一个封闭段（合龙段），对应的接头为最终接头。一般地，中间接头需满足水密性、耐久性及安全性要求。接岸接头需能承受诸如纵向、竖向、水平和拉伸位移等，取决于设计（Panduro，2013）。由于隧道受到温度变化及三轴旋转的作用，最终接头的设计应允许轴向位移（Martire，2010）。

总体上，根据接头刚度和管段刚度之间的差异程度，接头分为刚性接头、柔性接头和半柔半刚性接头（李剑，2003；薛勇，2003；陈韶章，2002）。刚性接头主要由端钢壳、GINA 止水带、连接钢板和填有接缝槽的钢筋混凝土组成，如图 2-18 所示（薛勇，2003）。这种接头施工难度大，施工周期长，变形适应性差，一般只用于最终接头。柔性接头主要由端钢壳、GINA 止水带、OMEGA 止水带、剪力键和轴向限位装置组成，如图 2-19 所示（薛勇，2003）。随着水力压接法和 GINA 止水带的出现，这种接头以其施工方便、变形适应性强、防水效果好等优点被广泛应用于中间接头的处理，表 2-5 列举了刚性接头和柔性接头的区别（Zhang et al.，2010）。半柔半刚性接头是在柔性接头上加一定的钢构件，使接头具有一定的刚度。悬浮隧道两端应采用柔性接头或具有一定柔性的接头。地震区应采用半柔半刚性接头，使其具有一定的抗张、抗压、抗剪、抗弯综合能力。

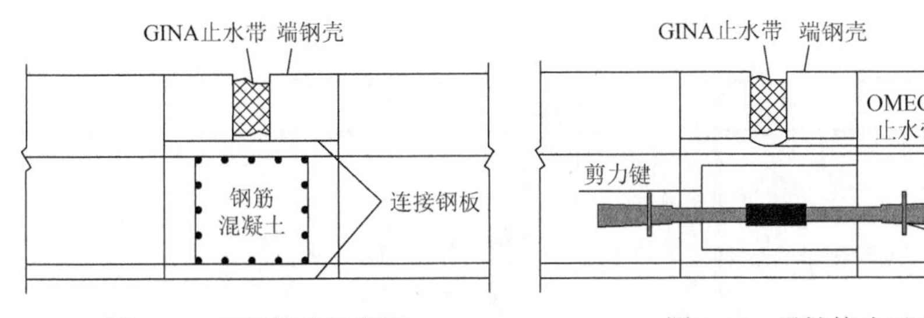

图 2-18 刚性接头示意图

图 2-19 柔性接头示意图

表 2-5 刚性接头与柔性接头对比

项目	刚性接头	柔性接头
结构组成	端钢壳，GINA 止水带，连接钢板，钢筋混凝土	端钢壳，GINA 止水带，OMEGA 止水带，剪力键，轴向限位装置
变形性能	变形性能差	变形性能好，可吸收温度变形和地震能量
施工性	施工周期长、难度大	施工便利
造价	低廉	昂贵
适用位置	最终接头	中间接头

2.6.2 构造

GINA 止水带的发明和水力压接技术的应用是沉管隧道施工方法上的重大革新，其优点为止水效果好，水下作业少，施工工艺简便，能节省接头造价和提高接头的施工质量。该产品和施工工法也为悬浮隧道的接头设计提供了可靠的技术保证（管敏鑫等，1999）。一般来说，悬浮隧道接头的构造设计应遵循以下 4 条原则（Zhang et al.，2010）：

①建设期和运营期不出现渗漏，保证足够的水密性和耐久性。

②设计简洁，受力明确，独立工作。

③施工阶段可以有效传递施工荷载且便于安装。

④施工阶段可以有效传递应力和变形，抗震性能好。

无论哪种类型的接头，都有许多可能的构造形式。以下调研将集中于一般中间接头结构。

（1）端钢壳

端钢壳是隧道中间接头的关键构件，设置在管段端部外围墙面上，由钢板与型钢焊接而成，锚固在管段端部混凝土内，与管节混凝土联为一体。端钢壳作为安装 GINA 止水带和 OMEGA 止水带而设置在管节端部的钢构件，是管节结构重要的永久性构件。典型的端钢壳结构如图 2-20 所示。

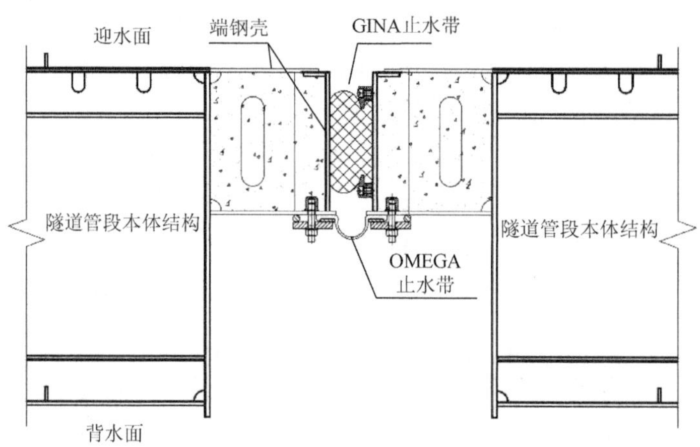

图 2-20 典型的端钢壳结构

端钢壳为其他接头构件提供了一个更强大、更精确的安装平台，对于空间相对狭窄、内力和变形要求较高的悬浮隧道中间接头来说，这是非常必要的。此外，端钢壳也是管段末端外防水系统的重要组成部分（谢立广，2007）。

由于其他连接件和各种埋件的影响，端钢壳受力比较复杂。端钢壳结构设计可参考沉管隧道的相关经验，进行控制段抗弯验算（图 2-21）。一般情况下，其他作用对端钢壳的影响很小，可以忽略，但是必须考虑一些重大的偶然作用（如沉船）。

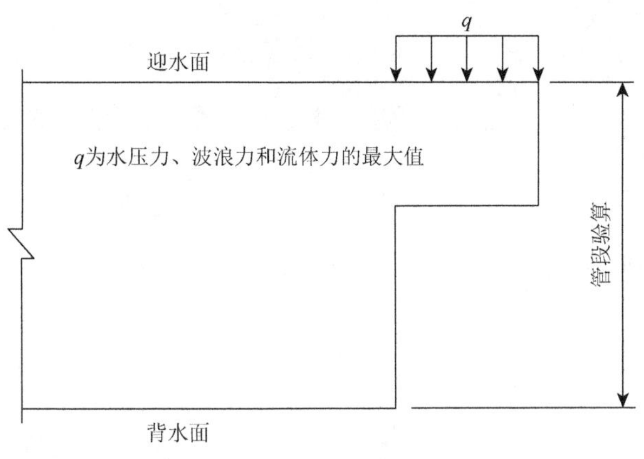

图 2-21　端钢壳结构验算的作用力

（2）GINA 止水带

GINA 止水带在 20 世纪 60 年代发明于荷兰，并逐渐应用于沉管隧道（Ning，2008）。实践证明，GINA 止水带止水效果及耐久性可靠。因此，GINA 止水带用于悬浮隧道的中间接头是一种合理选择。对于刚性接头，GINA 止水带安装于隧道壁外侧。柔性接头的结构相对复杂些，设置两道止水带：GINA 止水带及 OMEGA 止水带。接头位置的剪力通过剪力键进行传递，轴向力则通过轴向限位装置进行传递。GINA 止水带是中间接头防水的主要组成部分，是接头防水的第一道防线。同时，GINA 止水带也起到了压缩弹簧的作用（谢立广，2007）。

GINA 止水带有许多规格和类型（图 2-22）。应根据水力压接时的实际压缩量、保证水密性的最小压缩量、各种荷载下中间接头的变形、GINA 止水带的松弛、端钢壳的不平整度、管段混凝土的徐变、温度变化引起的变形、水力压接的安装误差等因素进行计算确定选型。

（3）OMEGA 止水带

OMEGA 止水带是柔性接头止水带的第二道防线。管段水力压接后，OMEGA 止水带安装在隧道内，主要受隧道长期运行时产生的轴向和水平变形的影响。一般采用受水压后与张力线相匹配的形状，如图 2-23 所示（陈韶章，2002）。

（4）剪力键

剪力键用以承受接头处几乎所有的剪切力，并限制管段之间的横向/竖向相对位移。在很大程度上保证了接头在各种荷载作用下的水密性。与沉管隧道相比（图 2-24），悬浮隧道管节接头的抗剪能力更为重要。

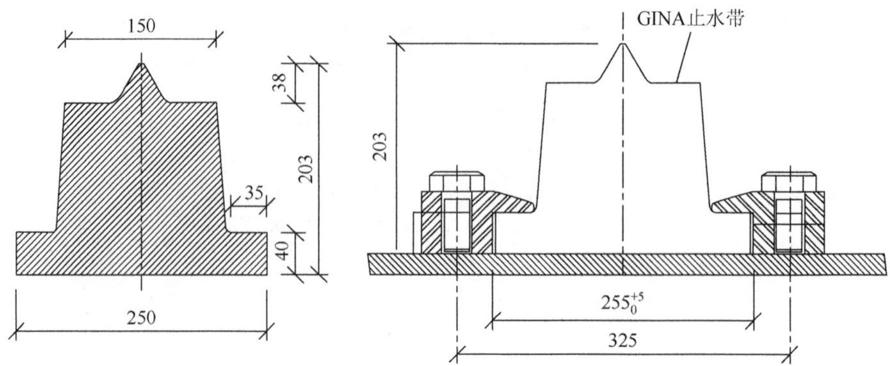

图 2-22　某种型号的 GINA 止水带（中交公路规划设计院有限公司，单位：mm）

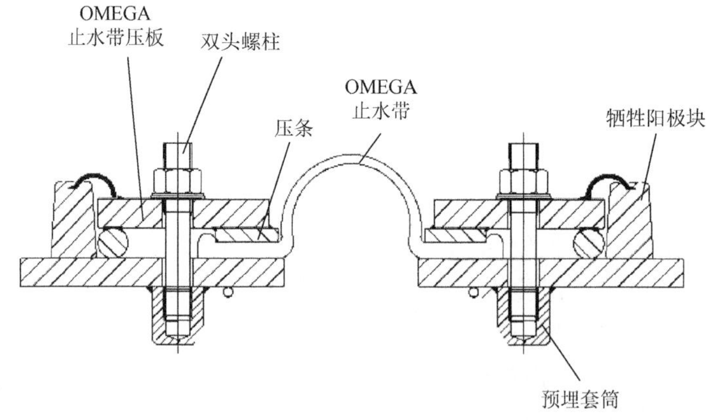

图 2-23　某型号的 OMEGA 止水带

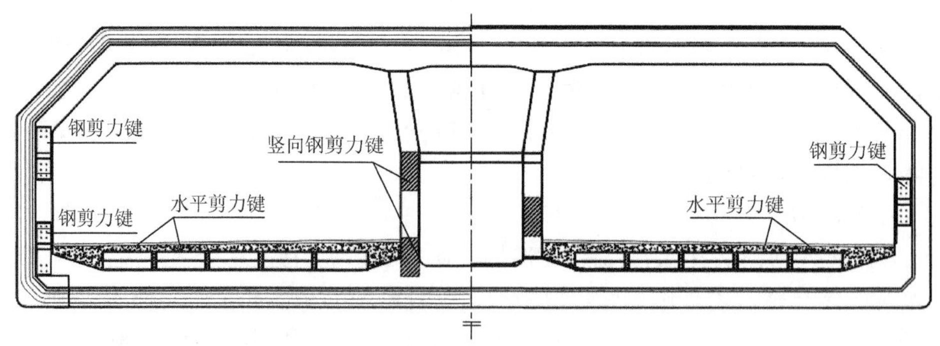

图 2-24　港珠澳大桥沉管剪力键横断面布置图

剪力键可分为竖向钢剪力键和水平剪力键，布置在隧道外缘墙和内隔墙的横截面上，一般为钢结构或钢筋混凝土结构；剪力键的布置和结构设计应考虑接头的总剪力尽可能均匀地分担。剪力键之间设有橡胶垫，使接头在剪切变形过程中具有一定的弹性。

（5）轴向限位装置

轴向限位装置是接头处的一部分，主要承受轴向拉力，限制轴向拉伸变形。与剪力键一样，它也是保证接头水密性必不可少的重要部件。

一般地，轴向限位装置有两种类型：波纹钢板和预应力钢索，其中波纹钢板广泛应用于国内外早期沉管工程中。然而，近年来，预应力钢索作为沉管隧道管节接头的纵向抗震约束装置在日本得到了广泛的应用。研究表明，预应力钢索与波纹钢板相比，具有较高的性价比：一方面，预应力钢索张拉时，不会对管节接头产生附加约束，避免产生有害的二次应力；另一方面，其工艺简单，质量有保证。考虑悬浮隧道动力特性较为明显，预应力钢索应是最佳选择（陈鸿等，2006）。

2.6.3 设计案例

（1）千岛湖

Mazzolani 等（2010）论述了千岛湖悬浮隧道原型设计中所面临的各种问题，对其线形选择、结构方案、锚固系统、中间接头、最终接头、逃生窗口及制造和安装程序等进行了介绍。其中，中间接头的设计为全强度连接，以传递隧道管段之间的极限力和力矩（The Authority of the Standards Policy and Strategy Committee，2005）。中间接头由两个相邻管段的环形端钢壳组成，采用高强度螺栓连接，在管段已经浸没时进行安装和组装。在外部铝层，管段之间挤压的止水带保证了接头的水密性。在外部铝层和刚层之间，设置一圈滑动橡胶，以适应因温度变化而产生的相对位移（图 2-25）。中间接头所受拉力由高强螺栓传递，而压力则由 40mm 厚的相邻端钢壳进行传递。设计剪力通过摩擦传递，而极限剪力假定通过螺栓中的剪切进行传递。每个中间接头使用 144 个螺栓，直径为 30mm，强度等级 10.9。

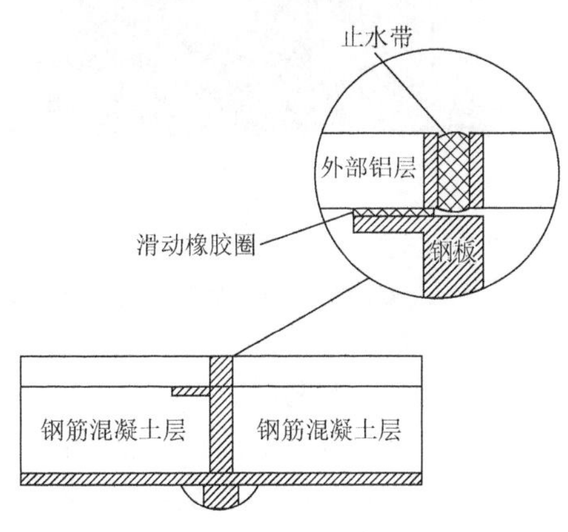

图 2-25 中间接头细节

（2）内浦湾

日本水下隧道调查研究会对张力腿式悬浮隧道进行了反复、深入的研究，并对调查研究成果进行了总结，形成《水下隧道》（水中トソネル）一书（水中トンネル研究調査会，1995）。该书由 2 册构成，

其中第 1 册为《自规划到设计、施工》，第 2 册为《事例研究法》。《事例研究法》中，内浦湾张力腿式悬浮隧道中间接头采用柔性接头，其构造见图 2-26。

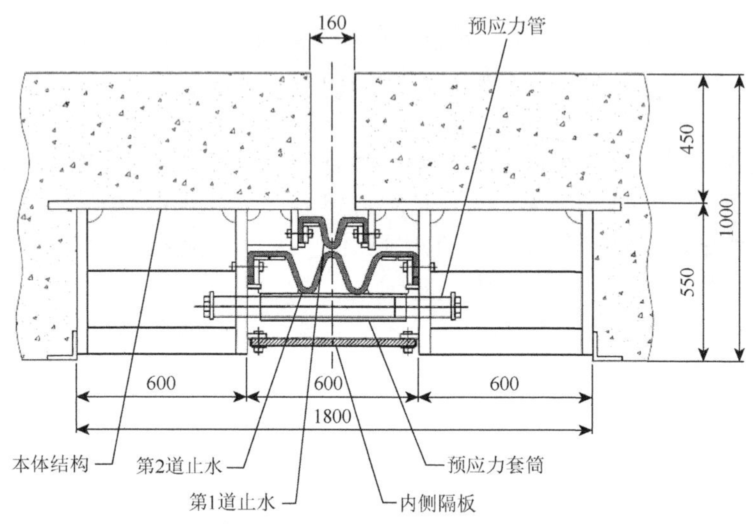

图 2-26　内浦湾悬浮隧道中间接头构造图（单位：mm）

由于中间接头处所承受的轴向荷载较高，为此专门开发了新型止水橡胶圈，其形状尺寸及压缩特性曲线见图 2-27 和图 2-28。

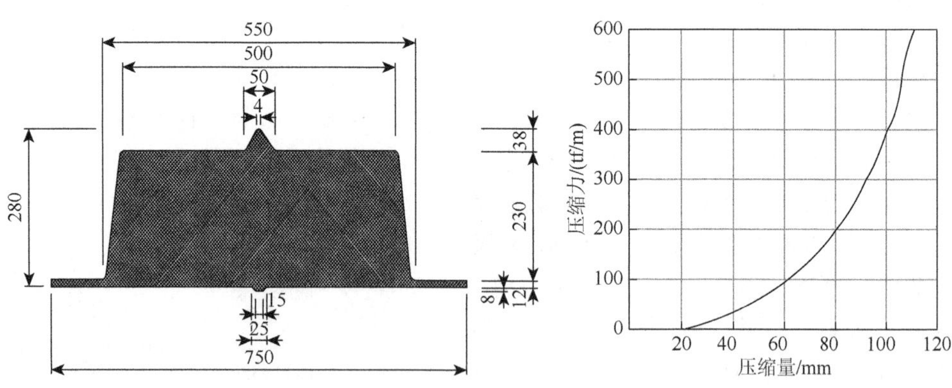

图 2-27　大型橡胶密封圈的形状尺寸图（单位：mm）　图 2-28　橡胶密封圈的压缩特性曲线

（3）琼州海峡

Jiang 等（2018）对比了悬索桥、海底隧道及悬浮隧道各自的优缺点，结合琼州海峡的位置特点及环境因素，推荐悬浮隧道作为跨越琼州海峡的最佳方案，并对悬浮隧道方案的横截面、锚固支撑系统、材料、中间接头、接岸接头及纵坡等进行了概念设计。通过 FEM 软件 ANSYS/Fluent 建模（图 2-29），对跨越琼州海峡悬浮隧道概念设计方案进行分析计算，验证了方案的可行性。对于中间接头，概念设计方案认为，刚性接头比柔性接头更合适，原因是悬浮隧道悬浮于水中，在纵向弯曲平面中可能受到较大的位移和旋转（Martire，2010）。对于接岸接头，其功能是将柔性悬浮隧道与岸边刚性更大的暗埋段隧道连接起来。这种接头应该能够抑制隧道管体的移动，从而避免造成任何不可持续的应力增加。此外，接岸接头必须具备水密性。需特别指出的是，琼州海峡位于地震区，岸边海底滑坡的风险需要进一步关注。

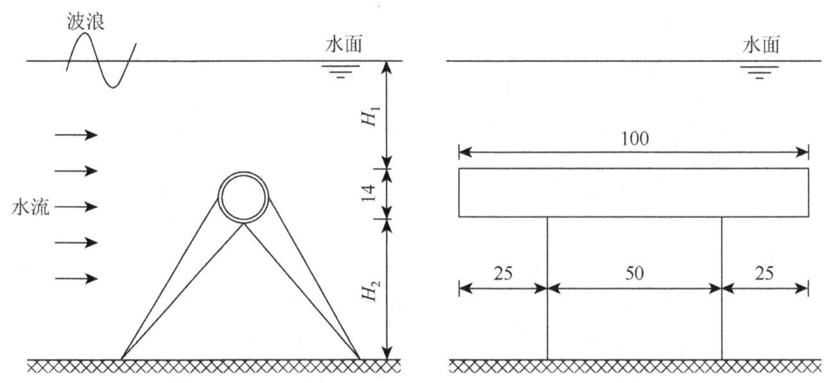

图 2-29 琼州海峡悬浮隧道概念设计方案有限元模型（单位：m）

（4）墨西拿海峡

Ingerslev（2010）从各个方面对沉管隧道与悬浮隧道的相似性和不同点进行了对比分析，包括地震荷载、沉船及落锚荷载、差异沉降、交通荷载、水流及波浪荷载、锚固系统、永不沉没设计概念、通风系统及最终接头等。Ingerslev（2010）认为，悬浮隧道的最终接头即接岸接头，其作用是将动态运动的悬浮隧道管段过渡到固定的陆地隧道，并且该过程必须在隧道使用者没有感知的情况下进行。实际上，除了桥接相对运动的功能之外，最终接头还需具备防震缝的功能。此外，最终接头的设计还应向悬浮隧道管体提供轴向阻尼，以弥补锚固系统可能无法提供的轴向约束。例如，墨西拿海峡悬浮隧道设计方案中，最终接头处设置了液压气动阻尼，其可兼作抗震接头，见图 2-30（Gursoy，1996）。由于拟建隧道位置下方存在活动断层，所以最终接头还需吸收永久轴向长度变化。

（5）新型连接接头

根据悬浮隧道的工作环境，Zhou 等（2012）设计了一种新型的悬浮隧道管段连接接头（图 2-31），并采用有限元方法分析了其在水环境下的力学性能和安全性。分析表明，提出的管段连接接头满足水环境下的安全要求，是悬浮隧道未来

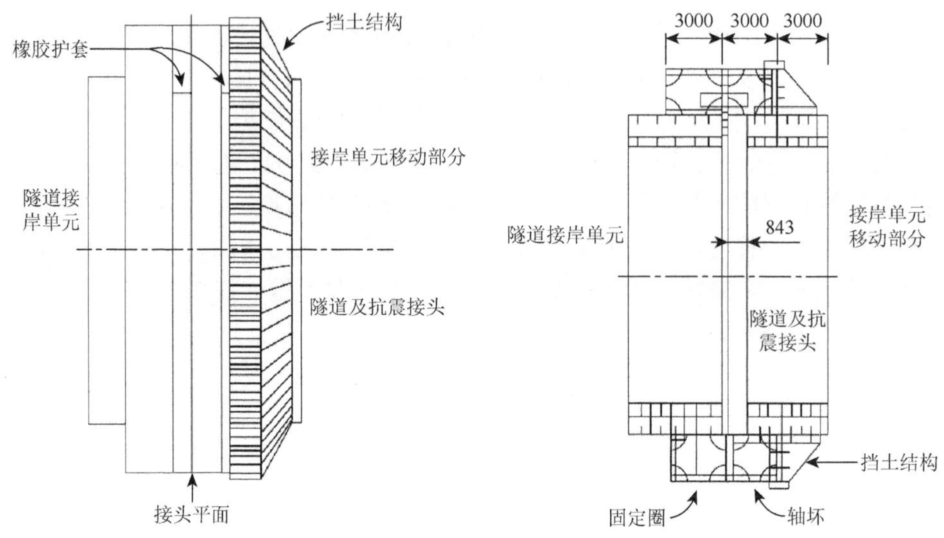

图 2-30 墨西拿海峡抗震接头（位于接岸位置，单位：mm）

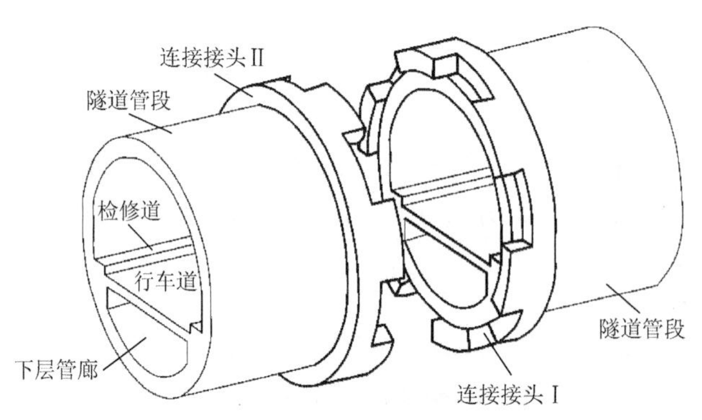

图 2-31 悬浮隧道连接接头

中间接头的新选择。值得注意的是，Zhou 等（2012）未对新型中间接头的构造进行详细描述，并且该连接接头并未考虑止水措施，其分析也只是从受力角度进行分析。

（编写：刘凌锋）

2.7 浮 筒

浮筒式悬浮隧道有一部分结构是露出水面的，增加了船撞的概率，同时对环境景观也造成了影响。但是，浮筒为悬浮隧道提供向上的正浮力，当管体密封失效时，浮筒的存在更能确保悬浮隧道整体不垮塌，从这个角度讲，浮筒式悬浮隧道对于结构安全的理念较好。下面介绍当前悬浮隧道的概念中的一些浮筒的设置，以及近似工程浮桥中的浮筒设置。

跨越挪威西海岸比约纳峡湾的悬浮隧道概念设计的浮筒平面尺寸25m×60m，吃水 4m，缆索与浮筒之间用钢架连接（Anon，2016）。另外一个三跨悬索桥的概念方案是在带张力腿的浮筒上布置中间两个桥塔（Villoria et al.，2017），该概念方案考虑了三种浮筒：钢结构整腿浮筒、钢结构四腿浮筒及混凝土浮筒。钢浮筒的排水是 111 753t，长 92m、宽约 82m、总高 56m，吃水 50m（图 2-32a）。混凝土浮筒排水约 173 000t，质量约 86 000t，采用轻质混凝土 LC50/55，密度 2000kg/m^3，浮筒由上下一小一大两个圆柱形空箱组成，外径分别为 31.6m 和 84.2m，总高 52～54m（图 2-32b）。

同在挪威西海岸的赫格海峡工程有 4 个方案，3 个方案都采用了浮筒，其一见图 2-33a（Larssen and Jakobsen，2010）。

松恩海峡概念方案（Fjeld，2012）有 16 个浮筒，每个浮筒纵向长度 26m、宽 80m（用于连接双管管体）、高 8m。浮筒与管体的竖向连接井外径 8m，高度最高达到 25.5m，见图 2-33b。为避免过大的船舶撞击力通过浮筒传递至管体，在浮筒与管体之间设置“弱连接”，撞击力过大时浮筒与管体可脱开。

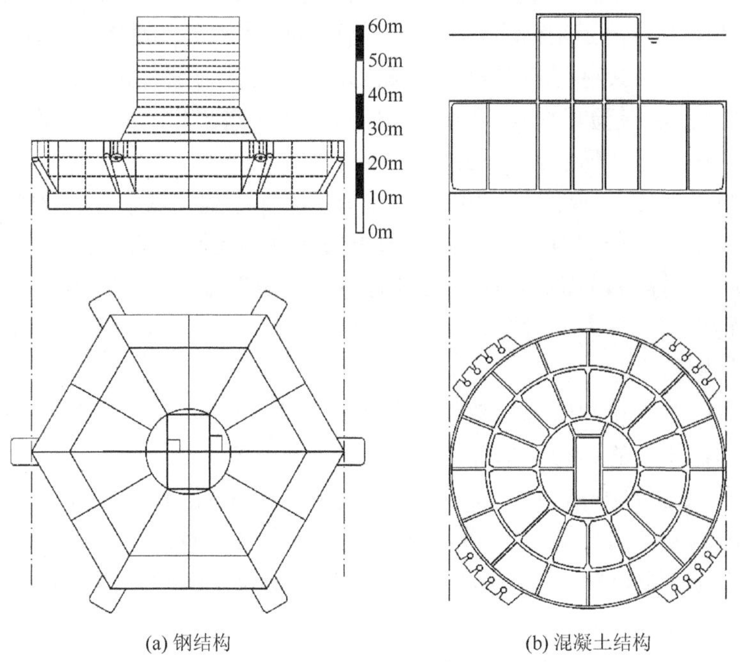

(a) 钢结构　　(b) 混凝土结构

图 2-32 悬索桥桥塔浮筒概念

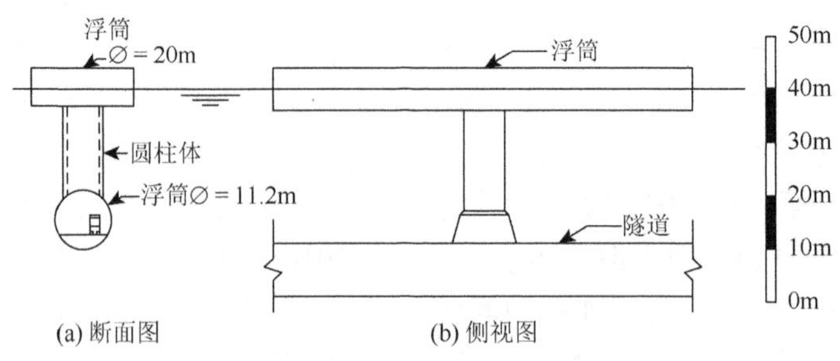

图 2-33　浮筒式悬浮隧道

（编写：林巍）

2.8　运动能量的消散

如果悬浮隧道振动时能很好的消能，它与自然外力发生共振的可能就会大幅度降低，结构体系不必做得太刚。进而，工程造价可大幅降低。

悬浮隧道运动时，能量消散发生在下面的过程中。

①结构阻尼：产生于结构物各部件之间相对运动引起的机械能的耗散，这些部件存在共同的连接部位。能量的耗散来自连接部位的摩擦力、碰撞或间歇接触（席尔瓦，2013）。悬浮隧道结构阻尼典型的例子是缆索与管体的摩擦（Tveit，2000）。

②内部阻尼：又称材料的阻尼，该阻尼来自材料内部各种各样微观和宏观过程的机械能耗散，起源于和微观结构缺陷有关的能量损失；相比结构阻尼，内部阻尼可以忽略不记（席尔瓦，2013）。

③水阻尼（Kvåle et al.，2016）：结构在流体中运动时，拖拉力和关联的动态相互作用引起的能量耗散，净阻尼效果由黏性拖曳和压力拖曳产生（席尔瓦，2013）。对于悬浮隧道而言，典型的是管体发生速度和加速度运动，令其周边的水体“迁徙”。

需要特别指出：

①缆索：对于拉索式悬浮隧道，缆索随着管体的运动而运动，并且带着一部分水体运动，缆索的运动及水体的运动都消耗了一些能量。

②专门设置的用以消除悬浮隧道整体结构运动能量的装置：如接岸接头（Martinelli et al.，2011；董满生等，2009）、U 形管或 S 形管水晃荡消能（Zeng and Yu et al.，2015；Jakobsen，2010）、喷气式激励器（Iijima et al.，1999）、管体下挂重物（Jakobsen，2010；Tveit，2000）。

③专门设置的用以消除悬浮隧道局部撞击能量的装置（Xu，2010）。

④浮筒式悬浮隧道：自由水、空气与浮筒的相互作用。

对悬浮隧道的运动控制可分为主动控制和被动控制。日本发明的概念喷气式激励器属于主动控制，即收集信息，并通过发力做出反馈。被动控制通过让能量在结构或结构的子件中耗散掉来实现，其优点是不需要监控和处理系统，被认为更加适宜于悬浮隧道（Martinelli et al.，2016）。

最后，介绍一些大型桥梁用的被动控制系的消能装置：①对于桥梁主结构，液压黏滞阻尼器在地震时起到消能作用，在平时却近似刚性传力构件，确保桥面纵横向不移动。墨西拿海峡液压黏滞阻尼器的总刚度达到 30MN/m，承载力 80MN，行程±2m，每年可承受 10^6 次的冲击类型循环荷载，适用温度–5～80℃，寿命约20～25 年（Colato，2008）。②对于桥索，常用的有油阻尼器、黏滞剪切型阻尼器、磁流变阻尼器等。

（编写：林巍）

参考文献

陈鸿，贺春宁，乔宗昭，2006. 上海外环沉管隧道设计（十一）——管段接头设计[J]. 地下工程与隧道，（1）：15-19.

陈韶章，2002. 沉管隧道设计与施工[M]. 北京：科学出版社.

董满生，董钢，汪忠明，2009-03-25. 水中悬浮隧道消能连接装置：CN101392537B[P].

管敏鑫，唐英，万晓燕，1999. 沉管隧道接头的研究与设计[J]. 世界隧道，（6）：9-16.

李剑，2003. 水中悬浮隧道概念设计及其关键技术研究[D]. 上海：同济大学.

林巍，刘凌锋，林明，2018. 沉管隧道的设计[J]. 水道港口，39（S2）：86-92.

罗刚，周晓军，张川，等，2012. 水中悬浮隧道合理截面数值模拟分析[J]. 铁道建筑，（12）：32-36.

秦银刚，周生国，周晓军，2008. 水中悬浮隧道合理支撑间距分析[J]. 水动力学研究与进展：A 辑，23（3）：309-313.

孙胜男，苏志彬，白卫峰，2011. 轴向激励下悬浮隧道锚索参数振动分析[J]. 工程力学，28（6）：170-175.

席尔瓦，2013. 振动阻尼、控制和设计[M]. 李惠彬，张曼，侯蕾，等译. 北京：机械工业出版社.

谢立广，2007. 水中悬浮隧道管段接头的力学行为分析[D]. 成都：西南交通大学：92.

薛勇，2003. 沉管隧道接头研究[J]. 特种结构，20（3）：4-8.

闫宏生，杨国彬，余建星，2015. 水下悬浮隧道选型研究[J]. 施工技术，44（7）：113-116.

张志刚，胡金平，刘洪洲，等，2013. 水下公路隧道最大纵坡取值研究[J]. 现代隧道技术，50（4）：8-14.

水中トソネル研究調査会, 1995. 水中トンネル[M]. [S.l.：s.n.].

Andersen K H，Murff J D，Randolph M F，et al.，2005. Suction anchors for deepwater applications[C]//Frontiers in Offshore Geotechnics：Proceedings of the International Symposium on Frontiers in Offshore Geotechnics（IS-FOG 2005），September 19-21，2005，Perth，WA，Australia. [S.l.]：Taylor & Francis Ltd.

Anon，2016. Bjørnafjorden submerged floating tube bridge K3/K4 technical report：12149-OO-R-310 [R]. [S.l.：s.n.].

Bakker L，2019. Submerged floating tunnels：The design of the end joint[D]. Delft：Delft University of Technology.

Brandtzaeg A，1972. Concrete underwater floating tunnel[Z].

Cantero D，Rønnquist A，Naess A，2017. Tension during parametric excitation in submerged vertical taut tethers[J]. Applied Ocean Research，65：279-289.

Colato G P，Infanti S，Castellano M G，2008. Special fluid viscous dampers for the Messina Strait Bridge[J]. AIP

Conference Proceedings，1020：1374-1380.

Dong M，Miao G，Zhu R，et al.，2010. The influence of the escaping device on the hydrodynamics of submerged floating tunnels under flow[J]. Procedia Engineering，4：325-331.

Donna A，1996. Submerged floating tunnels：A concept whose time has arrived[J]. Tunnelling and Underground Space Technology，11（4）：505-510.

Duan Y，2014. Application of suction caissons to submerged floating tunnel at Sognefjord in Norway[D]. Gothenburg：Chalmers University of Technology.

Eidem M，Minoretti A，Xiang X，et al.，2017. Basic design for a submerged floating tube bridge across the digernessundet[C]//39th IABSE Symposium – Engineering the Future，September 21-23，2017，Vancouver，Canada. 3018-3204.

Faggiano B，Martire G，Mazzolani F M，2010. Cable supported immersed inversed bridge：A challenging proposal[J]. Procedia Engineering，4：283-291.

Faggiano B，Panduro J，Rosas M T M，et al.，2016. The conceptual design of a roadway SFT in Baja California，Mexico[J]. Procedia Engineering，166：3-12.

Fjeld A，2012. Feasibility study for crossing Sognefjorden submerged floating tunnel[G]. Reinertsen Olav Olsen Group.

Gao F，Yan W，Ge F，2010. Geotechnical investigation and tension-pile solution for foundation of SFT prototype at Qiandao Lake[J]. Procedia Engineering，4：127-134.

Gourvenec S，Clukey E，2018. Suction caisson anchors[M]//Encyclopedia of Maritime and Offshore Engineering，[S.l.：s.n.]：1-14.

Grant A B，1972. Floating submerged tunnel for the strait of Messina[J]. TBILISI：53-60.

Gursoy A，1996. Seismic joints and transition tunnels for the Messina Straits fixed-link crossing[C]//North American Tunneling'96，April 21-24，1996，Washington，D.C.：203-210.

Iijima T，Sato Y，Kondo H，et al.，1999. Air spouting type actuator for ballast containers of submerged floating tunnel subjected cross flow to reduce fluid force[J]. Transactions of the Japan Society of Mechanical Engineers Series C，65（636）：3116-3121.

Ingerslev C，2010. Immersed and floating tunnels[J]. Procedia Engineering，4：51-59.

Jakobsen B，2010. Design of the submerged floating tunnel operating under various conditions[J]. Procedia Engineering，4：71-79.

Jiang B，Liang B，Wu S，2018. Feasibility study on the submerged floating Tunnel in Qiongzhou Strait，China[J]. Polish Maritime Research，25（S2）：4-11.

Jiang X，Li K，2016. Research on pull-out mechanical characteristics of pile foundation in submerged floating tunnel[J]. Procedia Engineering，166：389-396.

Kanie S，2010. Feasibility studies on various SFT in Japan and their technological evaluation[J]. Procedia Engineering，4：13-20.

Kvåle K A，Sigbjörnsson R，Øiseth O，2016. Modelling the stochastic dynamic behaviour of a pontoon bridge：A case study[J]. Computers & Structures，165：123-135.

Larssen R M，Jakobsen S E，2010. Submerged floating tunnels for crossing of wide and deep fjords[J]. Procedia Engineering，4：171-178.

Li Q，Jiang S，Chen X，2018. Experiment on pressure characteristics of submerged floating tunnel with different section types under wave condition[J]. Polish Maritime Research，25（S3）：54-60.

Lin H，Xiang Y，Yang Y，2016. Coupled vibration analysis of CFRP cable-tube system under parametric excitation in submerged floating tunnel[J]. Procedia Engineering，166：45-52.

Lin H，Xiang Y，Yang Y，et al.，2018. Dynamic response analysis for submerged floating tunnel due to fluid-vehicle-tunnel interaction[J]. Ocean Engineering，166：290-301.

Luo G，Zhou X J，Chen J X，2018. The dynamic response of an experimental floating tunnel with different cross Sections under explosive impact[J]. Journal of Coastal Research，82（S1）：212-217.

Markakis C E，1972. Floating tunnels with floating bridges[Z].

Martinelli L，Barbella G，Feriani A，2011. A numerical procedure for simulating the multi-support seismic response of submerged floating tunnels anchored by cables[J]. Engineering Structures，33（10）：2850-2860.

Martinelli L，Domaneschi M，Shi C，2016. Submerged floating tunnels under seismic motion：Vibration mitigation and seaquake effects[J]. Procedia Engineering，166：229-246.

Martire G，2010. The development of submerged floating tunnels as an innovative solution for waterway crossings[D]. Naples：University of Naples Federico Ⅱ.

Mazzolani F M，2006. The waterway strait crossing by means of submerged floating tunnels[J]. Bauingenieur，81（1）：218-223.

Mazzolani F M，Faggiano B，Martire G，2010. Design aspects of the AB prototype in the Qiandao Lake[J]. Procedia Engineering，4：21-33.

Minoretti A，Myhr A，Haugerud S A，et al.，2016. The submerged floating tube bridge：The invisible bridge crossing the Bjørnafjord[C]//19th Congress of the International Association for Bridge and Structural Engineering，Stockholm，Sweden.

Ning M，2008. Waterproofing design of undersea immersed tunnel[J]. Railway Construction，10：58-61.

Østlid H，2010. When is SFT competitive？[J]. Procedia Engineering，4：3-11.

Palix E，Willems T，Kay S，2010. Caisson capacity in clay：VHM resistance envelope–Part 1: 3D FEM numerical study[C]//Frontiers in Offshore Geotechnics Ⅱ. Leiden：CRC Press/Balkema.

Panayides S，Rouainia M，Osman A，2010. Numerical investigation of the behaviour of suction caissons in structured clays[M]//Gourvenec S，David White D. Frontiers in Offshore Geotechnics II. London：CRC Press：777-782.

Panduro J，2013. Submerged floating tunnel：A solution proposal for the problems of communication and development of the Baja California peninsula in the northwest of Mexico[D]. Mexico City：National Autonomous University of Mexico.

Pöllath K，Glückert J，2012. “Söderströmstunneln”-Technische Herausforderungen bei Planung und Bau des Söderströmstunnels，Stockholm[J]. Beton-und Stahlbetonbau，107：749-756.

Randolph M，Gourvenec S，2011. Offshore geotechnical engineering[M]. London：CRC press.

Reiso M，Fossbakken S，Søreide T H，et al.，2015. Vertical stiffness for tube bridges：Comparing pontoons and tethers[C]//IABSE Symposium Report. International Association for Bridge and Structural Engineering，105（2）：1-8.

Seo S，Mun H，Lee J，et al.，2015. Simplified analysis for estimation of the behavior of a submerged floating tunnel in waves and experimental verification[J]. Marine Structures，44：142-158.

Skorpa L，2010. Developing new methods to cross wide and deep Norwegian fjords[J]. Procedia Engineering，4：81-89.

The Authority of the Standards Policy and Strategy Committee，2005. Eurocode 3：Design of steel structures—Part 1-8：Design of joints：BS EN 1993-1-8：2005[S][s.l.：s.n.].

Tveit P，2000. Ideas on downward arched and other underwater concrete tunnels[J]. Tunnelling and Underground Space Technology，15（1）：69-78.

Tveit P，2010. Submerged floating tunnels（SFTs）for Norwegian fjords[J]. Procedia Engineering，4：135-143.

Villoria B，Holtberget S H，Cato D，et al.，2017. Concept overview of a multi-span suspension bridge on floating foundations[C]//39th IABSE Symposium-Engineering the Future，September 21-23，2017，Vancouver，Canada.

Vryhof，2015. Vryhof Anchor manual：The guide to anchoring[M]. [S.l.]：Vryhof Anchors B.V.

WSDOT，2017. SR 520 Floating bridge and landings project：Building the world's longest floating bridge[R].

Xiang Y，Yang Y，2017. Spatial dynamic response of submerged floating tunnel under impact load[J]. Marine Structures，53：20-31.

Xu Y，2010. Node-island，multi-layer self-balanced Archimedes Bridge[J]. Procedia Engineering，4：207-215.

Yan H，Luo Y，Yu J，2016a. Dynamic response of submerged floating tunnel in the flow field[J]. Procedia Engineering，166：107-117.

Yan H，Zhang F，Yu J，2016b. The lectotype optimization study on submerged floating tunnel based Delphi method[J]. Procedia Engineering，166：118-126.

Yang Y，Wang X，Wu Z，2016. Evaluation of the static and dynamic behaviors of long-span suspension bridges with FRP cables[J]. Journal of Bridge Engineering，21（12）：06016008.

Zeng X，Yu Y，Zhang L，et al.，2015. A new energy-absorbing device for motion suppression in deep-sea floating platforms[J]. Energies，2015，8（1）：111-132.

Zhang K，Xiang Y，Du Y，2010. Research on tubular segment design of submerged floating tunnel[J]. Procedia Engineering，4：199-205.

Zhou X J，Wang Z Y，Fan Y H，et al.，2012. Safety study on connection joint for submerged floating tunnel[J]. Applied Mechanics and Materials，170-173：1708-1711.

3　悬浮隧道设计

不同于桥梁用自身材料承载，悬浮隧道巧妙借用水的浮力来承载，“有桥恍若无桥”，悬浮隧道可以看作一种桥梁的终极形式。本章首先从设计准则、设计方法和设计规范这三个方面出发，讨论了悬浮隧道设计研究发展的现状。设计准则侧重介绍悬浮隧道设计时应遵循的一些原则和理念，并提供悬浮隧道结构的安全性设计和舒适性设计的参考临界值；设计方法介绍设计流程、荷载分类、横断面设计要素等；设计规范以我国规范和欧洲标准为主线介绍，并介绍了已有悬浮隧道计算所使用的规范及其参考系数取值。设计的最终目的不是设计本身，其核心是与“施工者”和“使用者”的对话。其次探讨了悬浮隧道有关的运营期的健康监测、工程风险、科研管理等内容。

3.1　设 计 准 则

Jakobsen（2010）认为需考量：①横断面空间应充足，用于交通、逃生、压载、检查、维护和修理；②保证线形不与水上的交通冲突；③隧道必须有一个简单、明了的静力体系，并且设计计算能恰当地表达该体系；④接头的强度和刚度不小于管体；⑤结构可能的失效模式必须是延性的；⑥锚固系统应冗余；⑦隧道不应当太过轻易地发生局部破损；⑧结构细节必须简单，设计成不发生过大应力集中的形式；⑨结构静力体系承受材料偏差、腐蚀偏差的健壮性必须很高；⑩隧道在变形、沉降、振动方面的行为必须令人满意；⑪隧道具有足够的抗疲劳安全度；⑫隧道应被设计成在大量水体涌入时，水的进入速率是受限的，以使人员具有足够的时间逃生；⑬缆索的长度必须是可调节的，来补偿可能的沉降；⑭应避免缆索的松弛和弹振——为此，Kanie（2010）提出了三点措施，一是浮重比（buoyancy weight ratio，BWR）足够大，让缆索上有足够的拉力来应对波浪力引起的波动（但也要注意浮重比的选择需要十分慎重以满足稳定、安全和经济方面的要求），二是选择圆形的隧道截面来避免水动力引起的弯矩，三是缆索在横断面上的布置方式不会因水平或竖向的恢复力而引起扭转弯矩；⑮寿命比隧道主体短的部分必须具备修补或更换的可能，这些部分可以是锚固系统、垫块或移动的接头；⑯对于第一条悬浮隧道，以及后续的悬浮隧道，除非已经获得了足够多的经验，如被证明有必要，设计应考虑隧道结构行为能被逐步地改良。此外，给出了拉索悬浮隧道相比浮筒式的优缺点（表 3-1），可供早期选型时参考。从研究角度，

Kanie（2010）的意见是，应当在特定的场所建造一个先驱工程，并对此进行彻底的研究。该隧道的建造将会突破该技术，许多提出过的悬浮隧道方案都会变成现实。Ahrens（1997）也认为第一条悬浮隧道需要配置大量的仪器。这些仪器需特别设计，来监测环境力和结构整体的响应，以及构件的响应，监测材料的行为和位移，监测的时段应当是整个施工期及完工后的时期。

表 3-1　拉索式相比浮筒式的优缺点

优点	缺点
• 对船舶通行无限制，无船撞风险 • 水面以上无可见部分 • 较容易安装额外的措施来应对可能的不可见的行为 • 消除了缓慢变化的动力响应 • 少受一阶波浪力的激发 • 少受风、流的激发 • 动力相应可能相对较少，包括较少的扭转激发 • 发生一个锚泊系统损失的意外时，封路的必要性较低 • 安装更安全、更廉价，因为缆索可作为安装的系泊系统 • 可以有直线和曲线的平面线形	• 有潜水艇撞击风险 • 要求管段提供很大的净浮力，来避免缆索的松弛 • 缆索易受到动力作用的影响，来自水流、波浪及可能的地震，也可能因轴向拉力变化导致的刚度的变化而受到马蒂厄失稳现象的影响 • 基础取决于海底的地质情况，易受到水下滑坡的影响

浮桥案例中允许的最大挠度通常是 L/350～L/500。挪威 Bergsoysund 桥和美国某浮桥在 1 年重现期活载情况下允许的极限平动和转动加速度分别是 0.6m/s^2 和 0.5m/s^2 及 $2.0°/\text{s}^2$ 和 $2.9°/\text{s}^2$。浮桥在小风浪时应能正常运营，内部交通仍确保舒适，表 3-2 是常规运营状况（1 年重现期风暴潮）挠度和运动的限值（Watanabe and Utsunomiya，2003）。相比而言，一些高层建筑规范及船舶规范舒适性指标和安全性指标显得更加严格（表 3-3）。

表 3-2　常规运营状况挠度、运动限值（1 年重现期风暴潮）

荷载	挠度、运动类型	最大挠度	最大运动加速度
车辆荷载	竖向	L/800	—
风（静力）	侧向（漂移）	0.3m	—
	旋转	0.5°	—
波浪（动力）	竖向运动	±0.3m	0.5m/s^2
	侧向运动	±0.3m	0.5m/s^2
	扭转运动	±0.5°	0.05rad/s^2

表 3-3　高层建筑及船舶规范舒适性指标和安全性指标

舒适性指标	安全性指标
《高层民用建筑钢结构技术规程》（JGJ 99-98）体感＜0.005*g* 无感觉；0.005～0.015*g* 有感觉；0.015～0.05*g* 扰人；0.05～0.15*g* 十分扰人；＞0.15*g* 不能忍受	《高层建筑混凝土结构技术规程》（JGJ 3—2010）住宅公寓＜0.015*g*；办公旅馆＜0.025*g* 《高层民用建筑钢结构技术规程》（JGJ 99-98）公寓＜0.020*g*；公共建筑＜0.028*g*

（编写：林巍）

3.2 设 计 方 法

Zhang 等（2010a）对悬浮隧道设计流程进行了描绘，见图 3-1。

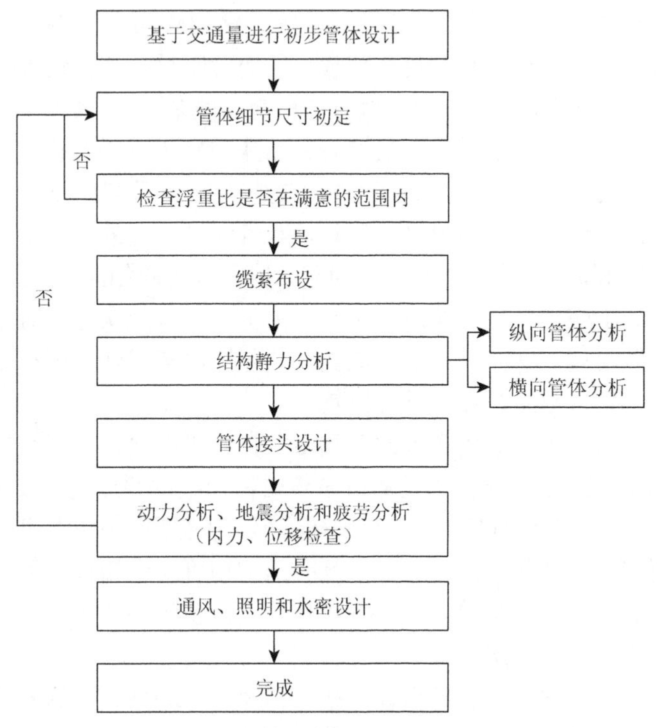

图 3-1 悬浮隧道设计流程

Ahrens（1997）对悬浮隧道设计方法做了系统描述。

第一，极限状态。极限状态是半概率法，将设计分为 SLS、ULS、PLS、FLS 四类状态。SLS 是使用期极限状态，结构能够承受带分项系数荷载并存活；各个国家决定可接受的风险等级。ULS 是承载能力极限状态。PLS 是连续性垮塌极限状态，该状态的设计是为了确保人的生命即便在极小概率极端荷载发生时仍然能受到保护；在该状态下，即便结构遭受了严重的损失，仍然不能接受生命的损失，这些状况的概率等级通常为大约每年万分之一。FLS 用来考虑某些材料强度随着反复加载而降低的事实。通过计算材料中的累积损伤，进而验算结构计算寿命并将其与预期寿命做比较，用这种方法，建立结构特定部件的敏感性分析。计算寿命相比期望寿命的安全系数，前者通常需要达到后者的 3～10 倍，具体取决于部件失效后的严重程度，以及修复它的概率。此外，材料的安全系数通常在各国的规范中有定义，而且有可能业主会给出详细规定。

第二，荷载。单项荷载通过分项荷载系数组合成设计荷载，同样地这些会在各国规范中规定或由业主详细规定。有五类荷载必须考虑：PL、FL、DL、EL、AL，分别是恒载、功能荷载、变形荷载、环境荷载和偶然荷载。PL 恒载即结构自重、静水压力、浮力；FL 功能荷载是使用悬浮隧道结构时产生的荷载如交通荷载、压载调节产生的荷载变化、施工期的可变荷载。DL 变形荷载是由于悬浮隧道结构发生几何变形引起的荷载，这些荷载与结构的用材有着密切关系，如收缩、徐变、松弛、差异沉降、温度变化、因工法引起的残余内力。EL 环境荷载产生于当地环境条件。通常需要通过专门的调研和勘探来确认这些荷载。为了评估这些荷载对结构的作用，可能需要数学模型或水力模型。对于悬浮隧道而言，最重要的环境荷载有：波浪荷载、水流静力荷载、水流涡激引起的动力荷载、潮汐引起的荷载、水面浮冰荷载、水密度引起的荷载、地震引起的相应。AL 偶然荷载，从本质来讲，就是不应当发生的荷载。然而，由于这类荷载实际上时不时地发生，所以必须对其做出规定并做好应对。这类荷载包括内部爆炸、外部爆炸、车或液体引起的水压、失去浮力、支撑系统失效。

第三，荷载的选用。取用多大的荷载由发生的概率决定。墨西拿海峡设计寿命 200 年，要求：发生 50 年一遇荷载时主体结构和次主要结构不发生损伤，也不必要检查；发生 400 年一遇荷载时主体结构无损、次主要结构可发生局部破坏（即塑性行为）；发生 2000 年一遇荷载时，所有结构均可发生塑性行为，即对应前面讲的 PLS 连续性垮塌极限状态，可接受主体结构损伤但不垮塌，次主要结构既损伤又垮塌。失效树模型见图 3-2。

横断面设计可考虑借鉴沉管设计方法（林巍等，2018a），从内部空间、重量设计（即浮重比，BWR）和截面结构三方面考虑。

第一是内部空间，首先绘制建筑限界（图 3-3），基于交通要求（如两孔交通管廊四车道）查找设计规范（如 JTG D70—2004）的横断面组成最小宽度（表 3-4）。在此基础上，进一步考虑设备安装、交通标志和通风要求所需空间。联络通道必须能为机电、通风、逃生（林巍等，2018a）和施工贯通测量（林巍等，2018b）提供足够空间，并考虑路面铺装、墙面装饰、防火板、施工水平和竖向误差（如果悬浮隧道采用类似沉管的安装工艺）、基础变位的误差（Lunniss and Baber，2013）。以港珠澳大桥沉管隧道早期概念设计举例：隧道水平向定位误差 35mm、隧道垂向定位误差 35mm、不均匀沉降 50mm、混凝土预制施工表面容差 10mm 和路面铺装（重新铺装）30mm。

第二是重量设计，主要需要在避免弹振（5.6.3 节）和经济性上做一个平衡。Lu 等（2010）编写了一套实用程序来初步预测和判断缆索的松弛；Seo 等（2015）推导了用于避免缆索松弛的临界浮力值。Long 等（2015）分析了人的安全感和舒适感，基于水平和竖向的振动频率和加速度幅值的 Sperling 舒适指标来研究悬浮隧道的 BWR。一些已有概念设计的 BWR 通常为 1.2～1.4，参见表 1-1。

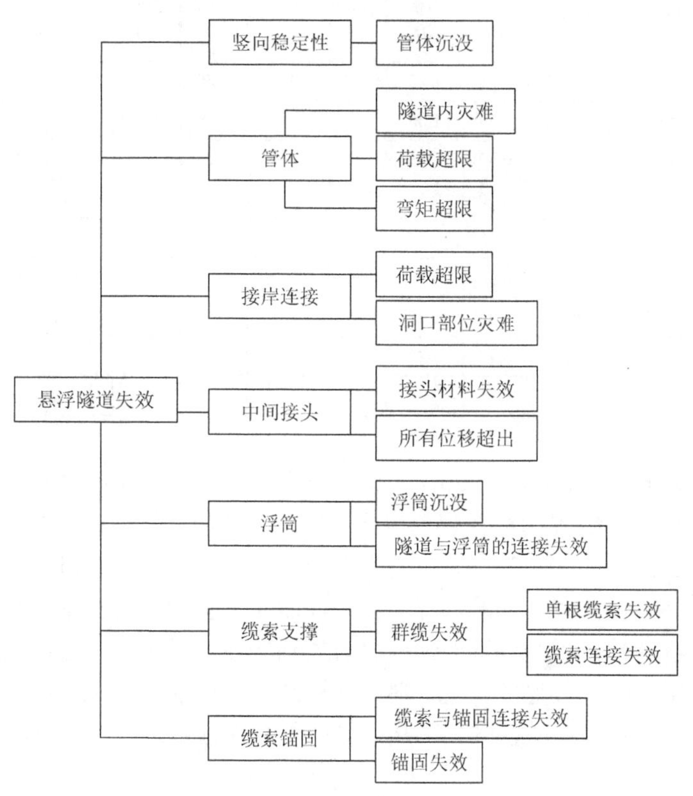

图 3-2　失效树模型

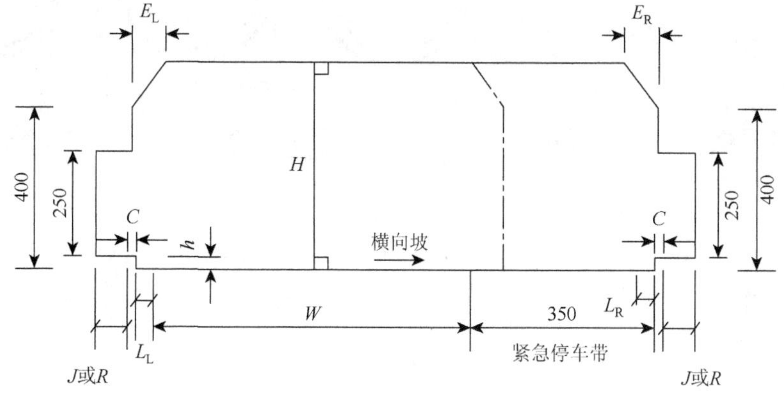

图 3-3　宽度构成及建筑限界（对应表 3-4，单位：cm）

表 3-4　公路隧道建筑限界横断面组成最小宽度（JTG D70—2004）

公路等级	设计速度/(km/h)	车道宽度 W/m	侧向宽度 L		余宽 C/m	人行道 R/m	检修道 J		隧道建筑限界净宽		
			左侧 L_L/m	右侧 L_R/m			左侧/m	右侧/m	设检修道/m	设人行道/m	不设检修道、人行道/m
高速公路 一级公路	120	3.75×2	0.75	1.25	—	—	0.75	0.75	11.00	—	—
	100	3.75×2	0.50	1.00	—	—	0.75	0.75	10.50	—	—
	80	3.75×2	0.50	0.75	—	—	0.75	0.75	10.25	—	—
	60	3.50×2	0.50	0.75	—	—	0.75	0.75	9.75	—	—
二级公路 三级公路 四级公路	80	3.75×2	0.75	0.75	—	1.00	—	—	—	11.00	—
	60	3.50×2	0.50	0.50	—	1.00	—	—	—	10.00	—
	40	3.50×2	0.25	0.25	—	0.75	—	—	—	9.00	—
	30	3.25×2	0.25	0.25	0.25	—	—	—	—	—	7.50
	20	3.00×2	0.25	0.25	0.25	—	—	—	—	—	7.00

第三是截面结构，林巍（2018）认为截面结构需要与结构“安全体验”相关联，并绘制了图 3-4，结合新材料的发展，列出了各种可能的截面概念并进行了初步比较（表 3-5）。初步认为“管中管”截面应该是一个兼顾经济性与较高安全体验的方案：外层受到爆炸或潜水艇撞击后，即便发生较大的变形，也不影响内层的整体性和水密性，因为外层的钢板材料的延展性，以及中间层的合理选择；中间层可考虑用橡胶或其他新人造材料；同样地，内层的混凝土的破坏也不影响外层的整体性和水密性；受损结构可从内侧或外侧进行修复。

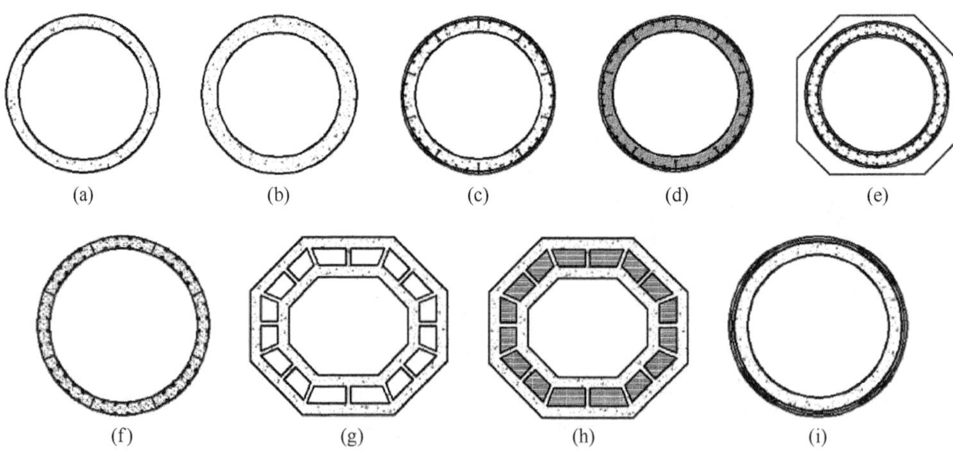

图 3-4　横断面截面设计与安全体验

（a）钢筋混凝土结构；（b）轻质钢筋混凝土；（c）钢筋混凝土-玻璃钢复合截面；（d）UHPC 混凝土-玻璃钢复合截面；（e）钢壳结构；（f）钢混三明治结构；（g）双层船壳/双道墙结构；（h）双层船壳+轻质不透水填料；（i）钢筋混凝土 + 中间层 + 钢板（“管中管”）

表 3-5 悬浮隧道截面综合比较

截面结构概念	永不沉没性	施工可靠性	造价
钢筋混凝土（图 3-4a）	1	3	3
轻质钢筋混凝土（图 3-4b）	2	3	2
钢筋混凝土-玻璃钢复合截面（图 3-4c）	3	2	1
UHPC 混凝土-玻璃钢复合截面（图 3-4d）	3	1	1
钢壳结构（图 3-4e）	2	2	2
钢混三明治结构（图 3-4f）	1	1	1
双层船壳（图 3-4g）	3	2	1
双层船壳 + 轻质不透水填料（图 3-4h）	3	2	1
“管中管”（图 3-4i）	3	2	2

注：“1”最佳，“2”中间，“3”较不利。

（编写：林巍）

3.3 设计规范

3.3.1 中欧规范体系

随着我国基建的迅猛发展，我国配套的规范体系的发展也较为完善，交通基础领域的规范体系主要包括：公路规范体系、铁路规范体系、市政规范体系等；各体系下规范较多，大致又可分为勘察设计、施工建设、运营维护等相关规范。在公路型悬浮隧道总体设计过程中或许可作为参考的规范主要有：

（1）《公路工程技术标准》（JTG B01—2014）

（2）《公路路线设计规范》（JTG D20—2017）

（3）《公路桥涵设计通用规范》（JTG D60—2015）

（4）《公路钢筋混凝土及预应力混凝土桥涵设计规范》（JTG 3362—2018）

（5）《公路钢结构桥梁设计规范》（JTG D64—2015）

（6）《公路圬工桥涵设计规范》（JTG D61—2005）

（7）《公路工程水文勘测设计规范》（JTG C30—2015）

（8）《公路桥涵地基与基础设计规范》（JTJ D63—2007）

（9）《公路斜拉桥设计细则》（JTG/T D65-01—2007）

（10）《公路工程混凝土结构防腐蚀技术规范》（JTG/T B07-01—2006）

（11）《公路项目安全性评价规范》（JTG/T B05—2015）

（12）《公路桥梁抗风设计规范》（JTG/T 3360-01—2018）

（13）《桥梁用结构钢》（GB/T 714—2015）

（14）《公路环境保护设计规范》（JTG B04—2010）
（15）《公路工程质量检验评定标准》（JTG F80/1—2017）
（16）《斜拉桥热挤聚乙烯高强钢丝拉索技术条件》（GB/T 18365—2001）
（17）《公路工程抗震设计规范》（JTG B02—2013）
（18）《公路桥梁抗震设计细则》（JTG/T B02-01—2008）
（19）《公路隧道设计规范》（JTG D70/2—2014）
（20）《公路隧道通风照明设计细则》（JTG/T D70/2-01—2014）
（21）《建筑设计防火规范》（GB 50016—2014）
（22）《岩土工程勘察规范》（GB 50021—2001）
（23）《港口工程地基规范》（JTS 147-1—2010）
（24）《防波堤设计与施工规范》（JTS 154-1—2011）
（25）《海港水文规范》（JTS 145-2—2013）
（26）《港口工程荷载规范》（JTS 144-1—2010）
（27）《水运工程混凝土结构设计规范》（JTS 151—2011）
（28）《重力式码头设计与施工规范》（JTS 167-2—2009）
（29）《海港工程混凝土结构防腐蚀技术规范》（JTJ 275—2000）
（30）《水工混凝土结构设计规范》（SL 191—2008）

除国内规范外，国外规范也是值得参考的重要内容，德国、法国、意大利、挪威等国家执行欧洲规范，欧洲规范是相互配套使用的土木工程结构设计规范，主要包括 10 个部分：

（1）EN 1990 欧洲规范 0：结构设计基础
（2）EN 1991 欧洲规范 1：结构上的作用
（3）EN 1992 欧洲规范 2：混凝土结构设计
（4）EN 1993 欧洲规范 3：钢结构设计
（5）EN 1994 欧洲规范 4：钢-混凝土组合结构设计
（6）EN 1995 欧洲规范 5：木结构设计
（7）EN 1996 欧洲规范 6：砌体结构设计
（8）EN 1997 欧洲规范 7：土工设计
（9）EN 1998 欧洲规范 8：结构抗震设计
（10）EN 1999 欧洲规范 9：铝合金结构设计

欧洲规范中，EN 1990、EN 1991、EN 1997、EN 1998 是结构设计“通用篇”，包括原则、作用和抗震等，EN 1992、EN 1993、EN 1994、EN 1995、EN 1996、EN 1999 为具体结构设计，包括混凝土、钢、砌体等。欧洲规范体系如图 3-5 所示，对不同材料的结构以不同的方法进行了规定。当采用混凝土结构，并考虑地震作用时，则须满足 EN 1990、EN 1991、EN 1992、EN 1997、EN 1998 的相关要求。

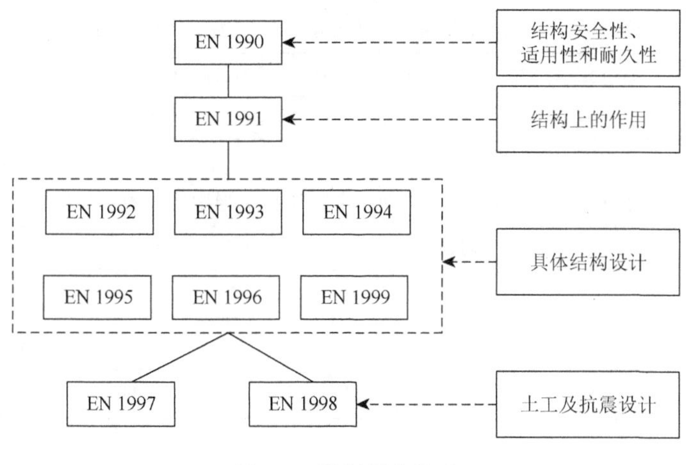

图 3-5 欧洲规范体系

不同国家的规范有着不同的规定，并且涵盖内容十分广泛，对于常见的混凝土结构，混凝土和钢筋等材料强度取值、荷载分项系数及荷载组合方式等是工程经常涉及的问题，下面针对这些内容，比较中国、美国及欧洲规范。

3.3.2 混凝土及钢筋的物理力学性能

对于混凝土抗压强度，中国采用立方体试件确定强度等级，采用棱柱体试件确定轴心抗压强度，用轴心抗压强度作为设计的力学指标。美国规范 ACI 318-05 采用圆柱体试件确定混凝土的抗压强度，欧洲规范 EN 1992-1-1：2004 采用圆柱体试件或立方体试件确定混凝土的抗压强度等级，并以圆柱体抗压强度作为设计的力学指标，如表 3-6 所示。

表 3-6 中国、美国、欧洲抗压强度试件

规范	抗压强度标准试块	抗拉强度
GB 50010—2010 JTG 3362—2018	立方体 150mm×150mm×150mm	棱柱体劈拉强度
ACI 318-05	圆柱体 150mm×300mm	换算抗折强度
EN 1992-1-1：2004	圆柱体 150mm×300mm	圆柱体或立方体劈裂强度

在混凝土结构设计中，中国规范 GB 50010—2010 和欧洲规范 EN 1992-1-1：2004 规定了混凝土强度的标准值和设计值，而美国规范 ACI 318-05 只采用规定的值。表 3-7 及表 3-8 给出了美国及欧洲规范中常见的混凝土强度等级的比较关系。

表 3-7 美国混凝土强度与中国混凝土强度的大致对应关系

ACI 318-05	3000psi（20.7MPa）	4000psi（27.6MPa）	5000psi（34.5MPa）	6000psi（41.4MPa）
GB 50010—2010	24.5MPa	32.7MPa	40.9MPa	49.1MPa

表 3-8 EN 1992-1-1：2004 中的混凝土强度特征值平均值

强度等级	C12/15	C16/20	C20/25	C25/30	C30/37	C35/45	C40/50	C45/55
f_{ck}	12	16	20	25	30	35	40	45
$f_{ck,cube}$	15	20	25	30	37	45	50	55
f_{cm}	20	24	28	33	38	43	48	53

由表 3-8，可回归得到圆柱体与立方体的强度等级的关系：

$$f_{ck,cube} = 1.172 f_{ck} + 2(\text{MPa}) \tag{3-1}$$

或

$$f_{ck,cube} = 1.226 f_{ck} \tag{3-2}$$

中国常用的普通钢筋主要有 HPB235、HRB335、HRB400 和 RRB400，美国常用的普通钢筋的等级为 40 级（280MPa）、60 级（420MPa）和 75 级（520MPa），欧洲常用的普通钢筋等级为 B400、B500 和 B600。对于有屈服点的钢筋，中国、美国、欧洲对钢筋屈服强度的方法基本一致，根据应力-应变关系曲线的屈服点进行确定；对于无流幅的钢筋，中国和欧洲规范取为应力-应变关系曲线上残余应变为 0.2%对应的应力值，而美国规范则取为 0.35%时的应力值。

对于预应力钢筋，中国、美国和欧洲均有钢丝、钢绞线和钢棒三种类型。关于其屈服强度确定值，中国标准按应力-应变关系曲线上残余应变为 0.2%对应的应力确定，美国标准按 0.35%、欧洲标准按 0.1%进行确定。

3.3.3 设计基础与原理

中国、美国和欧洲规范均是基于可靠度极限状态法进行设计的，在相关设计规范方面，国际上有国际标准《结构可靠性总原则》（ISO 2394：1998），欧洲规范《结构设计基础》（EN 1990：2002），中国在港口、水利水电、铁路和公路工程也有相应的可靠度设计统一标准。在具体表达式上，中国 GB 50010—2010、JTG 3362—2018、欧洲 EN 1990：2002 和美国 ACI 318-05 均采用多系数表达式，在作用方面，包括作用标准值、作用分项系数和组合系数组成；在抗力方面，中国和欧洲规范采用材料强度设计值（标准值除以材料分项系数），而美国规范则取为强度折减系数进行表示。

3.3.4 结构安全等级

从工程结构设计来讲，需要考虑安全性与资源合理利用（经济性）的问题，需要对结构进行安全性分级，不同安全等级的结构设计采用的安全水准不同，我国和欧洲规范中关于安全等级的定义如表 3-9 所示，作用分类如表 3-10 所示。

表 3-9 我国和欧洲规范的结构安全性等级

标准或规范	安全等级	破坏后果	结构物
GB 50068—2018	一级	很严重	对人的生命、经济、社会或环境影响很大
	二级	严重	对人的生命、经济、社会或环境影响较大
	三级	不严重	对人的生命、经济、社会或环境影响较小
EN 1990：2002	RC3	CC3（严重后果）	失效后果严重的运动场看台、公共建筑
	RC2	CC2（中等后果）	失效后果中等的住宅和办公楼、公共建筑
	RC1	CC1（不严重后果）	人不经常进入的农业建筑（如仓库）、温室

表 3-10 中国、欧洲和美国规范的作用分类

标准或规范	作用分类	对于悬浮隧道	说明
中国、欧洲	永久作用	结构自重、预应力、结构浮力等	—
	可变作用	附加重量（4.2 节）、移动荷载（4.1 节）、风（4.8 节）、温度（4.3 节）、波浪（4.6 节）、水流（4.4 节）等	包括人产生竖向可变荷载（imposed loads）
	偶然作用	地震作用（4.9 节）、冲击荷载（4.10 节）、内波（4.11 节）、火灾作用（4.12 节）等	—
	地震作用	地震作用（4.9 节）	—
美国	恒荷载	材料重量、固定设备等	—
	活荷载	交通荷载等	—
	环境荷载	风载、水流作用、波浪作用、地震作用等	—

3.3.5 各国规范设计表达式

（1）中国规范

在承载能力极限状态设计中，我国《建筑结构可靠度设计统一标准》（GB 50068—2018）及 JTG 3362—2018 将荷载效应组合分为基本组合和偶然组合，该方法应用于房屋建筑、公路桥梁等工程领域，具体公式如下：

$$\gamma_0 S \leqslant R \tag{3-3}$$

式中，γ_0 为结构重要性系数，一级结构取 1.1，二级结构取 1.0，三级结构取 0.9；S 为荷载效应组合设计值；R 为结构构件抗力设计值。

对于由可变荷载效应控制的基本组合，设计值 S 按下式确定：

$$S = \gamma_G S_{G_k} + \gamma_{Q_1} S_{Q_{1k}} + \sum_{i=2}^{n} \gamma_{Q_i} \psi_{ci} S_{Q_{ik}} \tag{3-4}$$

式中，γ_G 为永久荷载的分项系数；S_{G_k} 为按永久荷载标准值 G_k 计算的荷载效应值；γ_{Q_i} 为第 i 个可变荷载的分项系数，其中 γ_{Q_1} 为可变荷载 Q_1 的分项系数；$S_{Q_{ik}}$ 为按可变荷载标准值 Q_{ik} 计算的荷载效应值，其中 $S_{Q_{1k}}$ 为诸可变荷载效应中起控制作用者；ψ_{ci} 为可变荷载 Q_i 的组合值系数；n 为参与组合的可变荷载数。

对于由永久荷载效应控制的组合，设计值 S 按下式确定：

$$S = \gamma_G S_{G_k} + \sum_{i=2}^{n} \gamma_{Q_i} \psi_{ci} S_{Q_{ik}} \tag{3-5}$$

在永久荷载控制的组合中，根据其产生的效应对结构是否有利、是否为一般情况时，基本组合的荷载分项系数如表 3-11。

表 3-11　基本组合荷载分项系数

γ_G	当其效应对结构不利时	由可变荷载效应控制的组合	1.2
		由永久荷载效应控制的组合	1.35
	当其效应对结构有利时	一般情况	1.0
		结构的倾覆、滑移或漂浮验算	0.9
γ_Q	一般情况		1.4
	标准值大于 4kN/m² 的工业屋面结构的活荷载		1.3

对于偶然组合，荷载效应组合的设计值按下列规定确定：偶然荷载的代表值不乘分项系数；与偶然荷载同时出现的其他荷载可根据观测资料和工程经验采用适当的代表值。

在正常使用极限状态下，结构验算采用荷载的标准组合、频遇组合或准永久组合，表达式如下：

$$S \leqslant C \tag{3-6}$$

式中，C 为结构或结构构件达到正常使用要求的规定限值，诸如变形、裂缝、振幅、加速度、应力等幅值。

1）标准组合

$$S = S_{G_k} + S_{Q_{1k}} + \sum_{i=2}^{n} \psi_{ci} S_{Q_{ik}} \tag{3-7}$$

2）频遇组合

$$S = S_{G_k} + \psi_{f1} S_{Q_{1k}} + \sum_{i=2}^{n} \psi_{qi} S_{Q_{ik}} \tag{3-8}$$

式中，ψ_{f1} 为频遇值系数。

3）准永久组合

$$S = S_{G_k} + \sum_{i=1}^{n} \psi_{qi} S_{Q_{ik}} \tag{3-9}$$

式中，ψ_{qi}为准永久值系数。

（2）美国规范

美国规范 ACI 318-05 中强度设计表达式为

$$U \leqslant \phi \times 名义强度 \tag{3-10}$$

该式称为荷载与抗力系数设计表达式（load and resisitance factor design，LRFD）。强度折减系数ϕ主要考虑了：①由于材料强度和尺寸的变化引起构件度不足的可能性；②设计公式的不精确性；③构件在所考虑的荷载效应下的言行和可靠性要求；④构件在结构中的重要性。

荷载组合表达式为

①$U = 1.4(D + F)$。

②$U = 1.2(D + F + T) + 1.6(L + H) + 0.5(L_r或S或R)$。

③$U = 1.2D + 1.6(L_r或S或R) + (1.0L或0.8W)$。

④$U = 1.2D + 1.6W + 1.0L + 0.5(L_r或S或R)$。

⑤$U=1.2D + 1.0E + 1.0L + 0.2S$。

⑥$U = 0.9D + 1.6W + 1.6H$。

⑦$U = 0.9D + 1.0E + 1.6H$。

式中，U为要求的强度；ϕ为折减系数；D为恒载；L为活荷载；F为流体重量、压力产生的荷载；W为风荷载；E为地震作用；H为土重量、压力或土中水及其他材料产生的荷载；L_r为屋面活荷载；S为雪荷载；R为雨荷载；T为温度、徐变、收缩、沉降差和混凝土收缩补偿的累计效应。

在美国 ACI 规范中，适用性验算包括变形控制和裂缝控制。变形控制直接计算构件在不乘系数荷载下的挠度，然后与规定值进行比较，裂缝控制则是通过限制受拉纵向钢筋间距来实现的，这与中国及欧洲规范有所不同。

（3）欧洲规范

在欧洲规范 EN 1990：2002 中，承载能力极限状态计算主要包括 EQU、STR、GEO、FAT 4 种情况的计算，其计算式如下：

$$E_d \leqslant R_d \tag{3-11}$$

式中，E_d为作用效应设计值；R_d为抗力设计值。

对于持久或短暂设计状况作用的组合（基本组合），欧洲规范 EN 1990：2002 中给出了如下表达式：

$$E_d = E\{\gamma_{G,j} G_{k,j}; \gamma_p P; \gamma_{Q,1} Q_{k,1}; \gamma_{Q,i} \psi_{0,i} Q_{k,i}\} \quad j \geqslant 1; i > 1 \tag{3-12}$$

偶然设计状况，作用相应的一般形式为

$$E_d = E\{G_{k,j};P;A_d;(\psi_{1,1}或\psi_{2,1})Q_{k,1};\psi_{2,i}Q_{k,i}\} \quad j \geqslant 1;i > 1 \qquad (3\text{-}13)$$

在式（3-12）中根据永久作用是否有利、可变作用是否占主导等又分为多种情况，诸如当永久作用产生的效应不利时，则其组合系数要大于有利效应对应的系数，具体见 EN 1990：2002（STR/GEO）设计值。

在使用极限状态时，欧洲规范与中国规范基本一致，分为特征组合、频遇组合和准永久组合，差别主要体现在单项荷载值和分项荷载系数，这些区别使得各国规范各成体系。诸如 Mazzonlani 等（2010）的研究中悬浮隧道适用性的控制指标有位移（1/500L）、弯矩容许值（7000kN·m）、轴力容许值（1045kN）等。

Mazzolani 等（2008）对千岛湖悬浮隧道模型进行了结构分析，同时考虑了水动力、人群荷载、自重与浮力等的作用，在正常使用极限状态及承载能力极限状态的分析过程中，其荷载组合方式如表 3-12 所示。

表 3-12　千岛湖 SFT 模型荷载组合方式

极限状态	组合方式	说明
正常使用极限状态	工况 1：γ_F RB_k	γ_F 为组合系数，取为 1.0；RB_k 为净浮力
	工况 2：γ_F $(RB_k + F)$	F 为水动力
	工况 3：γ_F $(RB_k + C_k + F)$	C_k 为人群荷载
承载能力极限状态	工况 1：$\gamma_{F_g} RB_k + \gamma_{F_1} F$	γ_{F_g}，γ_{F_1} 为组合系数，分别取为 1.4 和 1.5
	工况 2：$\gamma_{F_g} RB_k + \gamma_{F_1} (C_k + F)$	—

在悬浮隧道总体设计过程中可参考中国公路系列规范、欧洲规范及美国规范等，从而较为全面地考虑悬浮隧道在设计、施工及运营期所涉及的问题。在其整体结构计算过程中，可参照这些规范进行材料取值、作用取值及不同类型的荷载组合方式，通过对比分析，确保结构的安全性。

（编写：孙南昌）

3.4 健 康 监 测

悬浮隧道的设计使用周期长达几十年乃至上百年，在复杂的海洋环境中，悬浮隧道会受到环境侵蚀、材料老化及波浪、水流及移动荷载等长期作用效应，结构不可避免地会产生损伤，其抗力会随着时间的推移不断降低。那么如何才能对结构出现的不良问题进行及时修补呢？其实，悬浮隧道可以看作横躺在深海里的一条生命，正如同我们人类一样，也会遭遇生老病死，在发生病情时，就需要医生进行检查，找到病根，然后对症下药，于是，结构的健康监测概念应运而生。除此之外，在悬浮隧道中，由于 SFT 的建设经验较为缺乏，实际荷载及运行性能的不确定性将会导致设计过度的结构，导致成本增加，因此，结构监测不只是为了结构的安全，同时也是为了 SFT 设计更为长远的发展。

现阶段，健康监测正成为验证各种重大结构安全状况的一种有效方法（Xiang et al.，2003，2005；Xiang and Wang，2006；Natke et al.，1995），而对恶劣海洋环境中的悬浮隧道，其监测技术要求更高（杨俊超，2008）。本节主要讲述悬浮隧道健康监测的有关内容。

在悬浮隧道的监测方面，Markey（2010）认为结构监测数据也可用于 SFT 设计验证或性能评估，在结构的设计、建造或运营阶段，SFT 都有可能受到不确定的安全威胁，悬浮隧道的重点关注区域如图 3-6 所示。张科乾（2011）对悬浮隧道的健康监测进行了系统性研究，SFT 监测系统设计时通常需要综合考虑悬浮隧道的结构特点和各方面对系统功能的要求，以达到项目效益的最大化（缪长青等，2006；张宇峰等，2005），悬浮隧道监测系统通常需要对以下几个方面进行监测：

①悬浮隧道在正常运营情况下的物理和力学状态；

②悬浮隧道的构件在复杂海洋环境中的耐久性；

③悬浮隧道管内空气状况；

④悬浮隧道所处环境条件等；

⑤悬浮隧道重要非结构构件及附属设施的工作状态。

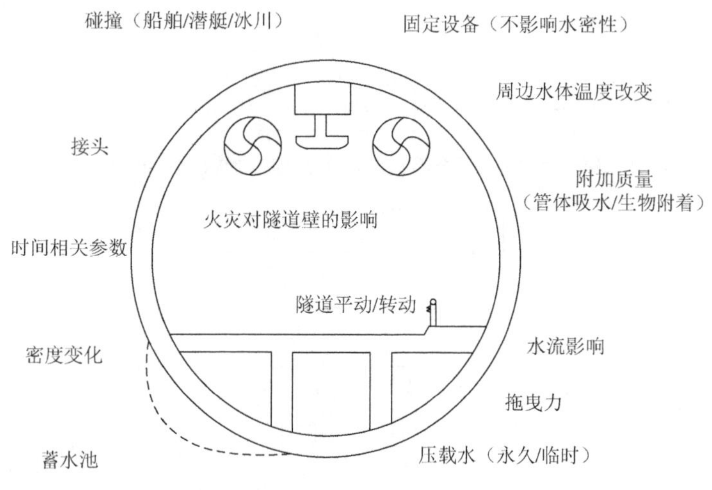

图 3-6　重点关注区域（Markey，2010）

结构健康评估的理论通常有层次分析理论、专家经验系统、可靠度理论、模糊理论和神经网络等，每种方法各有特点，并在工程上均得到了成功应用。由于悬浮隧道所处的环境特点，单一的评估方法难以满足全面性的评估，综合交叉评估是未来悬浮隧道健康监测发展的重要方向。在张科乾（2011）中，以千岛湖悬浮隧道模型为研究对象，给出了悬浮隧道整体状态评估流程（图 3-7）及评估体系（图 3-8），为结构健康监测的发展提供了有力支撑，其监测内容包括：①悬浮隧道管道线形、位移；②悬浮隧道管道应力；③锚索索力；④接头变形；⑤环境温度；⑥材料腐蚀；⑦周围水流及水质情况；⑧悬浮隧道结构动力特性；⑨构件表观监测；⑩附属设施工作状态，等等。

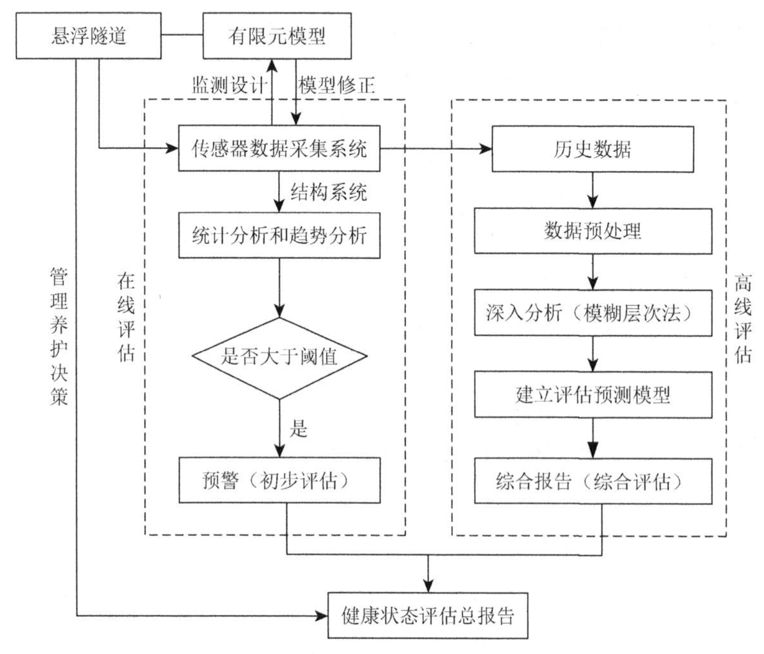

图 3-7　悬浮隧道整体状态评估流程（张科乾，2011）

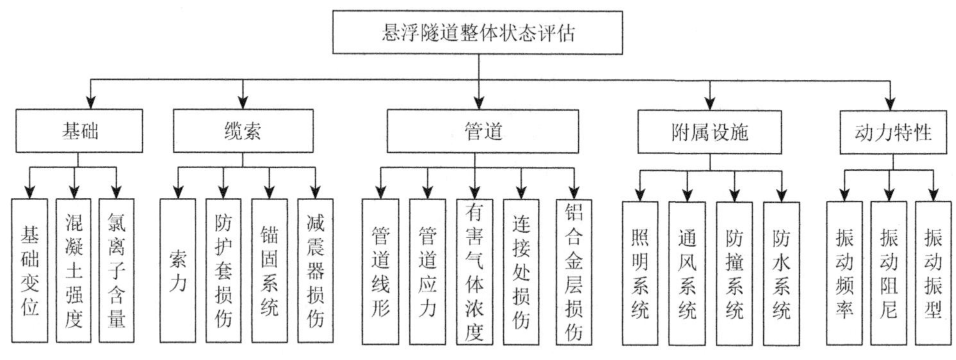

图 3-8　悬浮隧道整体状态评估体系（张科乾，2011）

悬浮隧道健康监测利用先进的传感元件及数据采集设备，全天候、不断地监测结构工作状态，计算机通过对采集的数据进行处理和分析，自动评估结构的整体和局部的安全状态。杨俊超（2008）在设计和分析对悬浮隧道监测方案时，将水文环境、管段内力、管段位移及锚索内力作为监测项目，在有限元分析结果中，悬浮隧道监测的重点内容为驳岸结构、锚索和管段连接处、管段接头及桩基础倾斜等位置，其测点布置如图 3-9 所示。结合悬浮隧道监测区域、环境荷载特征、配套性能的仪器设备及控制系统等，建立了悬浮隧道的监测体系。

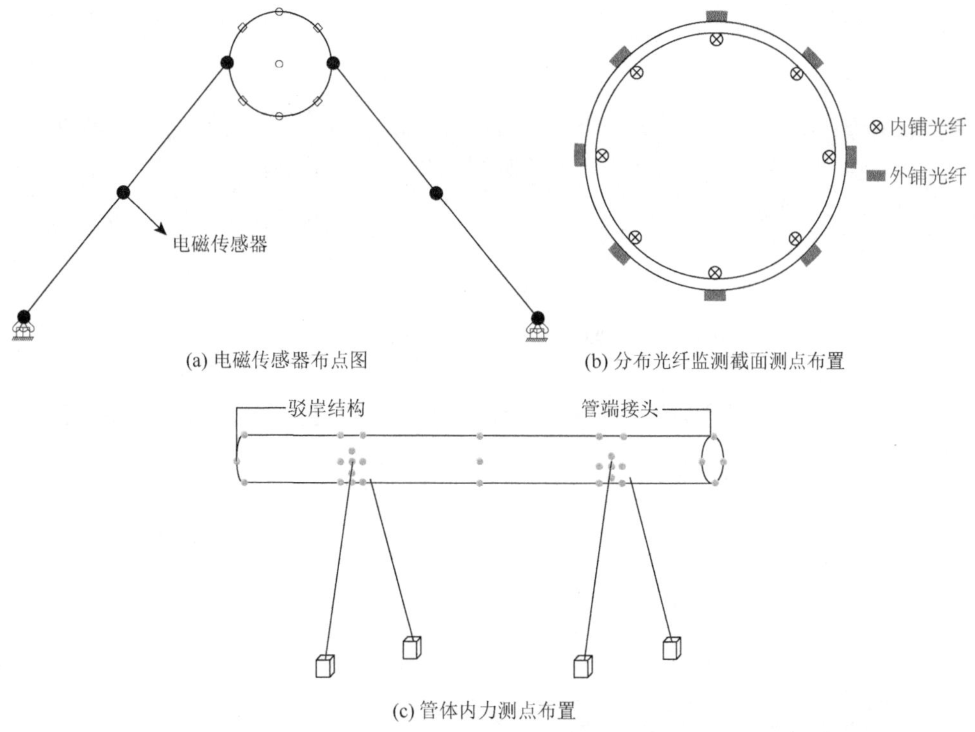

(a) 电磁传感器布点图
(b) 分布光纤监测截面测点布置
(c) 管体内力测点布置

图 3-9 悬浮隧道测点布置（杨俊超，2008）

此外也可借鉴浮桥的监测方案，Kvåle 和 Øiseth（2017）对挪威西海北岸的一座浮桥进行了结构监测，了解环境参数对结构响应的影响，通过现场测量验证的浮桥设计性能，监测布置方案如图 3-10 所示。通过掌握建造运营期间结构的受力行为及规律，从而检验设计方案的正确性和合理性。

悬浮隧道健康监测的重要意义在于：在为结构安全保驾护航的基础上，能够了解悬浮隧道在恶劣海洋环境中的真实行为，可以根据反馈信息，科学、合理地改进结构设计方法及与之相应的规范和标准，为将来精确实现悬浮隧道“虚拟建

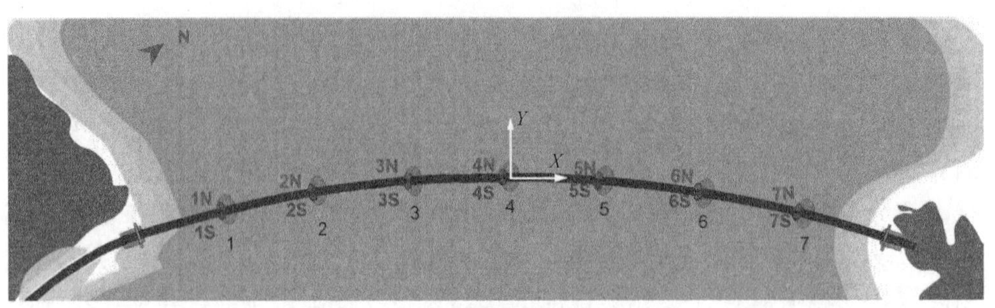

(a) 俯视图

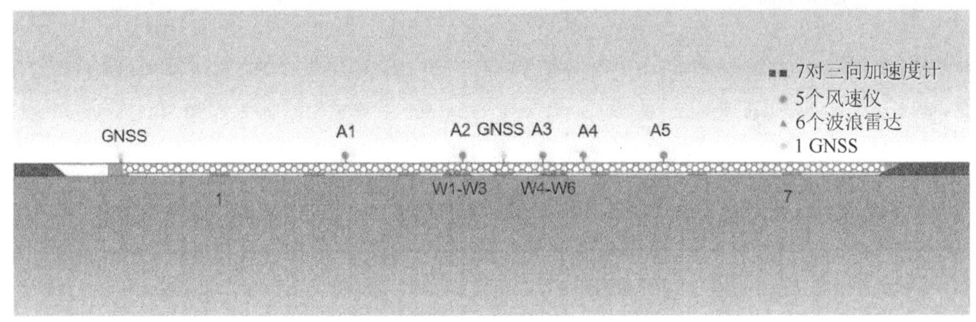

(b) 立面图

图 3-10　浮桥监测方案布置（Kvåle and Øiseth，2017）

模设计”提供有力基础，特别是对于未来世界上将要建设的第一条悬浮隧道，健康监测的意义更加重大。

（编写：孙南昌）

3.5 风　　险

3.5.1 试验风险

我国目前所取得的各项成就，大部分可归功于科技创新。我国未来能否获得更大成就，仍在很大程度上取决于我国科技创新的突破能力，实验室自然成了科技创新及突破的主战场。在各种试验当中，随着专业学科、试验方法、技术手段等不同，试验风险因素也不尽相同。陈卫华（2017）在依据化学、微生物、食品专业的实验室特点将实验室风险按照水、电、气、火、试剂 5 个方面来论述试验的风险。总体而言，试验风险主要包括一般性风险、化学风险、生物风险、辐射风险、废弃物处理的风险及各试验的专有风险等。

根据悬浮隧道的试验特点和采取的试验方式，主要风险包括：仪器设备存储保养风险、用电风险、防火风险、试验操作风险及试验数据保密风险等。良好的仪器存储与保养是保证试验顺利进行的关键的第一步，对提高模型试验数据精确度，减小仪器损坏概率，增加仪器设备使用寿命具有非常重要的意义。

第一，关于仪器设备储存保养。①实验室仪器使用人员必须掌握仪器使用常识，对各类不同仪器的使用应按照使用说明书中指示正确使用仪器。②新仪器入库拆箱时，应将仪器包装平方于地面或平台上，严禁手提或在不平稳位置进行，防止仪器倾覆或损坏。③仪器放置应整齐有序，严禁杂乱堆放，如有条件，可购置存储柜、工作架或工作台进行仪器分类存放。④仪器应在通风、干燥、温度稳定的房间或仓库内存放。发现仪器锈蚀或者受潮后，要及时进行通风、晾晒。⑤确保仪器清洁及完好。使用完仪器后应放置在专用的箱柜内，防止灰尘落入仪器上，否则会出现仪器灵敏度下降、突发故障或接触不良等问题。⑥对于长期闲置的仪器，应定期进行通电检查，确保仪器处于良好状态。⑦对于精密的监测仪器，在存放及运输时应避免受到强烈震动或冲击，应配有减震装置。精密及贵重仪器应专人负责专柜储藏。⑧易燃、易爆及有毒物品应重点储藏。⑨仪器管理。对仪器设备进行分类存放并贴加标识，标记名称、使用用途、状态及下次校准保养时间等。⑩制定仪器设备校准流程与步骤，保证校准符合规范，测量结果可靠。⑪仪器使用完成或入库前须对仪器进行校准或率定。⑫对存放仪器的使用情况、设备状态、率定情况等进行记录并建档保存。

第二，关于用电。①在试验中，大型设备的改造、水池造流和造波、隧道模型的各项监测系统均需电力驱动，电路复杂，风险因素不容忽视。②仪器电源总开关。电源总开关无保护罩，试验过程中触碰、破坏开关，给试验造成难以恢复的影响；电源总开关增加保护罩所有人员均可打开，无关人员触摸开关，导致电源关闭，电源意外关闭损害仪器及计算机软件，造成试验数据丢失。③电源插座。电源插座裸露、无防水，潮湿环境容易造成短路，损害仪器设备更容易造成人员触电事故。④不防水的仪器设备。不防水仪器设备无防水覆盖物遮盖，在潮湿环境造成仪器损坏，因长期在水环境中，实验室屋顶冷凝水滴溅至仪器设备造成损坏。⑤临时用电。在试验进行大型改造或设备组装时用电无临时用电方案或者用电计划，无规划的临时用电易造成操作人员触电、电路短路，仪器损坏等。⑥漏电保护。未逐级设置漏电保护装置，分级保护，漏电保护器装置参数与实际不匹配，仪器设备漏电时不能及时断电，易造成人员触电、仪器损坏等。⑦保护零线。保护零线直接接地，一端接用电设备外壳，作用是一旦设备外壳带电，可以通过保护零线放电到大地，起到保护的作用。零线的搭接不规范会造成保护失效，电路短路损坏等情况发生，其风险主要有：保护零线混乱；保护零线无开关或熔断器；保护零线未单独敷设；保护零线另作他用；保护零线作负荷线；保护零线未按规定重复接地等。⑧开关箱。开关箱无漏电保护器或漏电保护器失灵，易造成人员触电；固定式设备未使用专用开关箱，不能有效分部分项控制，加大主电路的负荷。⑨配电箱。配电箱的用途为：合理地分配电能，方便对电路的开合操作。有较高的安全防护等级，能直观地显示电路的导通状态。同时，其风险因素也较多：配电箱的箱门内无系统图和开关电器未标明用途；配电箱无专人负责；电箱安装位置不当，周围杂物多，无明显的安全标志；电箱内的电器和导线有带点裸露部分；电箱未设总分路隔离开关、引出配电箱的回路未使用单独的分路开关控制；电箱内多路配电无标记、引出线路混乱；电箱无门、无锁、无防雨措施；电箱内有杂物、不整齐、不清洁等。这些风险因素均可造成操作人员触电或电路起火等情况发生。⑩闸具、熔断器。闸具、熔断器等参数与设备容量不匹配或安装不符合要求，失去保护电路的作用。⑪主输电线路。配电线路老化、电路过路无保护措施等易造成试验人员触电或电路起火。⑫电动工具。在设备加工及改造中，需应用电动工具，由于试验场地在水池边，环境较为潮湿，工具受潮或短路的风险较大，必须注意仪器的保养和规范的操作。

第三，实验室的火灾隐患主要针对电路起火。①消防知识。实验室人员未掌握各种消防设施的使用方法；实验室人员未掌握发生火灾时的应急措施；实验室人员不了解紧急出口的位置。上述问题导致发生火灾时，试验人员不能及时逃生，带来财产损失和人员伤亡。②灭火器。灭火器虽小，但其在火灾发生初期起着至关重要的作用，一旦缺失则很难在起火初期控制火情；灭火器位置摆放错误和灭火器过期不能使用，也是火情扩大的诱因。③消防栓。消防栓生锈甚至损坏，发生火灾时不能有效控制火情。④消防水带。消防水带缺失、消防水带老化、消防水带长度不够均可造成不能有效灭火，难以控制火情情况。⑤监测预警设施。无火灾监测预警设备或设施，不能及时发现并控制火情。⑥消防通道。无消防通道或通道堵塞、失效，发生火灾时无法逃生或延误逃生时机，造成财产损失、人员伤亡。⑦消防标志。缺少逃生标志或标志不明显、不规范，发生火灾时无法快速逃生，造成人员伤亡。⑧电气设备、电路绝缘。电气设备及电路绝缘性差，易造成短路、人员触电等事故。⑨电路荷载。电路荷载满负荷或超负荷，电路过载起火。⑩室内吸烟。室内、试验平台及试验场地无“严禁吸烟标志”，吸烟者不慎会引燃易燃物发生火灾。

中交悬浮隧道工程技术联合研究组开展了悬浮隧道整体结构行为研究水池试验，下面对悬浮隧道专项试验的各个环节存在的风险进行总结，分 6 个方面。

第一，试验准备。①安全教育。试验上岗前未进行安全教育，试验人员则不具备风险意识，不能很好地辨识风险源，导致试验操作人身安全无保障。②应急方案。试验开始前无安全应急措施、方案，在突发情况不能有效减少损失。③安全检查。试验前未对试验的各个仪器进行检查，试验可靠性、安全性无法保证。

④技术方案。试验中违反安全操作规则的技术方案，容易造成试验人员人身伤害。⑤职权不明。各系统操作人员职权不明确，造成试验管理混乱，试验结果误差大，试验岗位责任无法追溯。⑥上岗培训。试验前无上岗培训，导致试验误差大，错误操作造成软件及设备造成损害。⑦试验中的技能培训。试验中无技能培训，试验人员不能很好地总结试验中的经验，更不能持续性提高专业素养和技术水平。⑧屏幕显示。实验室中屏幕显示数据复杂、混乱，屏幕显示不能有效控制试验关键部分。⑨水泵。水泵入水口有异物塞住，细小坚硬物体被水泵吸入，水泵不能正常工作，导致电路荷载过大，跳闸或电路损坏，水泵扇叶损坏。

第二，管体模型。①棒芯加工。棒芯加工误差大，棒芯对接不牢，导致管体模型弯曲，轴向拉力试验棒芯对接处断开。②发泡塑料。管体发泡塑料破损或被挤压收缩，所造成的风险有：试验用水腐蚀棒芯；发泡塑料进水，管体模型重量加大；管体浮力减小；管体配重环。③管体标志。管体标志与水下位姿摄像监测点叠加，摄像监测管体定位点不明确，摄像监测误差大。④管体内支撑钢柱。钢柱间角度误差，钢柱长短不一，造成管体外拉力环受力不均易变形，拉力环挤压泡沫，泡沫破裂进水；钢柱与受力环错位，拉力环受力时转动时，缆力方向改变，干扰试验精准度。⑤管节应力传感器。管节内应变片质量差，试验中失效数量多，应力传感器误差大等因素造成试验数据不准确，不具分析参考价值。

第三，缆索锚固系统。①箍紧耳。管节上箍紧耳未打磨，端部锋利，会导致箍紧耳端部划伤试验人员或试验线缆；箍紧耳承受拉力小等因素会造成试验中箍紧耳断裂。②拉力环。拉力环尺寸误差大，或者拉力环刚度不够，易变形导致拉力环过紧或变形破坏管体发泡塑料，拉力环变形后，试验时晃动旋转。③系缆点。系缆点质量差，易变形，试验时管体晃动，锚缆松弛；系缆点与拉力环连接处承受能力小，试验中锚缆与管体连接处断裂，管体失去系缆力。④弹簧。弹簧安装前未进行率定、试验中拉力超过弹簧极限承载力、弹簧遇水遭到腐蚀等会造成试验缆力监测误差大，弹簧失效，缆力瞬间变小等情况。⑤拉力计。拉力计与线路连接处未进行固定绑扎，试验人员或移动仪器设备容易拉断拉力计的连接线；拉力计测力读数受电压、开关启闭影响明显，会导致电路启闭、电压变化导致拉力监测浮动。⑥水中浑浊度。试验中对水体浑浊度要求较高，水中浑浊度过低会导致流速仪测速失灵，水中浑浊度过高，水中摄像监测系统失灵。

第四，管体位姿系统。为了便于监测水下隧道模型的位移与姿态的变化情况，目前采用的技术为视觉识别系统，主要依靠在模型的管体上树立固定的支架并放置白色球，同时在水池外设置位置固定的摄像头拍摄水池内白球，再呈现到计算机中的图像中去，通过图像监测点的识别及分析，来确定模型的位移与姿态变化情况。①测控摄像头分辨率。测控摄像头分辨率低，导致监测测控摄像头监测误差大，无法监测管体的微小振动。②测控摄像头固定。当出现测控摄像头支架固定不牢、测控摄像头与支架固定不牢、测控摄像头支架受触碰、破坏时，会导致位移、加速度测量误差大，甚至系统需重新标定，无形中增加试验成本，延长试验时间。③监测支架。当固定在管体的支架刚度较小，试验中发生自由振动，不仅影响管体振动频率监测，而且管体与支架振动发生耦合的情况，扰乱正常监测工作。在支架与管体连接松动时，支架上监测点不能准确反映出管体的位置变化情况，加大监测误差。④上部作为监测点的白球。试验中用于参照的白球晃动或者受到碰撞导致固定白球支架变形，造成的影响为：影响管体上监测系统的标定；加大整个监测系统的误差，监测系统需重新标定。⑤系统识别。视觉识别系统是把每个白球作为监测点来进行监测的，通过色域差来定位白球，当白球背景光线过强、图像中白球后背景颜色较浅、试验中波浪反射光均会造成捕捉定位点失效，造成测量数据不准确。

第五，激振系统。为模拟悬浮隧道在水体中受到生物或船舶等撞击，利用激振系统对模型进行监测。①激振支架移动。激振支架移动时监测线缆未同步、未考虑地面其他线缆会导致拉断激振传感器线路或激振系统支架碰断地面其他检测系统线路。②激振支架固定。如果激振系统支架不能很好地固定，会导致激振方向不受控制，影响试验效果，风险因素包括：激振试验支架底部滚轮锁定后晃动；水平激振时，激振方向未与管体模型垂直；竖直激振时，激振方向倾斜。③激振水中操作。激振时试验人员手指等部位未及时躲开，试验人员被砸伤；激振时仪器线路未及时挪开，仪器线路被砸到，线路故障；激振支架移动未注意地面监测线路，地面仪器线路被拉断。④管体击振点垫片。为避免频繁撞击某点造成模型管体损伤，在作用点添加金属垫片，起到缓冲作用力保护管体的作用。垫片固定管体损伤发泡塑料，激振撞击损伤管体，发泡塑料损坏，影响管体模型浮重比；垫片棱角锋利，刮伤试验人员；垫片固定不牢时，很可能导致激振力作用到管体不稳，砸伤试验人员或砸坏仪器线路。

第六，其他。①更换水中仪器。一人更换仪器，突发情况不能及时发现并采取有效措施；更换仪器时缺少防护用具造成试验人员人身伤害；试验人员不熟悉水池中仪器布置情况，操作过程中破坏其他临近仪器设备的风险大。②水池充水。在水池入水口附近的水池边行走，水池内水流速度较大，跌入水池后易溺水；水泵功率较大，跌入水中后易被吸附水泵入水口，溺水。③体表伤害。在试验过程中人体皮肤与水池内试验用水直接接触，由于试验用水具有强碱性，有较大的腐蚀性，皮肤易被腐蚀、灼伤。④水池上高空作业。高工作业无防护装置或防护网、防护栏杆松动，操作人员跌落，造成人身伤害。⑤试验记录。关键系统操作人员无记录，导致试验监控不到位，试验动态及突发情况不能很好掌握。⑥隧道模型端部支座安装精度差。支座松动，试验中隧道模型振动大，影响试验结论分析；支座隧道模型卡槽线不能重合（模型安装在两端卡槽内有弯矩），在模型空载时隧道模型有弯矩；支座上千斤顶推力方向不与隧道模型轴向平行，轴向拉力试验时，模型受力不均；轴向拉力时身体伤害。千斤顶与顶板之间夹杂异物，顶推时异物蹦出，砸伤试验人员；试验人员手指等身体部位被夹伤。⑦轴向拉力顶推装置。模型每端有一个以上的千斤顶时，会出现千斤顶顶推速度不同，导致隧道模型受力不均，迎浪侧和背浪侧应变差异大且轴向力方向不易调节。

关于试验报告，郭德海（2015）在关于实验室管理体系文件策划与建立方面，提出要通过立项研究实验室管理体系的系统管理体系和有效控制，建立"实验室系统和规范互动与循环管理（8·6·16工程）"，来规范实验室文件管理。再结合悬浮隧道的试验特点，找出关于试验报告的风险主要有：①报告简化。报告信息大量简化，无法有效对试验结果进行分析。②报告结论。报告结论草率，对试验情况误判。③报告中的数据。报告数据与原始记录不一致，导致试验结果分析不准确，同时也对单位及个人的声誉产生不良影响。④报告格式。试验记录及报告格式多变，试验分析耗时变长，容易出现错误。⑤报告盖章。重要试验报告无骑缝章，易出现换页作假现象。⑥报告修改。对试验原始记录或者报告中数据不规范地方进行涂改，加大数据作假的风险，影响数据的可信度。⑦报告分类。对原始数据报告、对内交流与对外交流报告混淆不清、汇报与交流报告混淆，试验数据泄露，同时试验报告不符合汇报、交流要求。⑧报告审查。报告审查程序混乱，试验数据泄露，报告准确性差，无说服力。

3.5.2　设计风险

设计阶段是项目实施阶段中非常重要的一个环节，是减少施工阶段和后期运营阶段风险隐患的关键时期。因此，在工程设计时，风险因素不容忽视，如前期规划、地质勘察、工程选址、建设工艺、建设中和建成后的工程监测等。悬浮隧道结构在水中的受力机制复杂、受力大小及方向持续性变化、部分结构计算理论还尚未成熟，很多数据模型及计算与实际情况相差较大，许多结构受力的行为机理及各项参数需经过工程实践才能获得。在工程设计过程中，不同的设计人员的理论水平、算法的简化、以往水工结构物施工的经验均不同，众多不确定因素对设计方案的影响千差万别，同时也加剧方案偏离工程实际的风险。因此，在设计阶段必须考虑工程中的诸多不确定因素，降低设计质量风险。工程的设计均是在地质勘察资料和其他相关资料的基础上进行的，资料的准确性势必会影响工程的设计和工程建成后结构的耐久性，因此，设计参考资料的形成也存在较大风险。①地形、地貌勘测。超出现有勘测仪器能力范围的位置，无资料；勘测数据有误；勘测记录有误等。②岩层、构造勘测。某些地质构造超出现有勘测仪器能力范围；钻探深度不够；取出地质样品分析不准确，得出勘测数据有误。③灾害数据。灾害数据收集不全，导致结构设计未考虑防御灾害机制或抵抗灾害能力差，造成财产与人员的重大损失。④材料选择。材料强度不符合工程实际要求；材料耐久性差，给工程建设及建设完成后的运营期带来风险；未考虑施工安装因素，造成施工安装困难。⑤工程设计安全等级。悬浮隧道安全等级、设计安全度取值不当；计算模型及方法不合理；为参照相关水中结构物设计规范合理地进行参数选取等。⑥设计审查。设计审查不严格，不能检查出设计纰漏；设计审查人员要求修改内容不合理，很可能造成合理的设计进行不合理的修改等。

3.5.3 建设风险

悬浮隧道具有更加不确定的边界条件、更复杂的荷载情况、更不利的外部环境和更高的建设要求，其荷载分布会随着水中环境的不断变化而变化，目前的工况模拟只能不断接近工程建设中的环境，其风险也远远高于一般性工程。不同的隧道结构施工工艺及建设风险均有所差异。在悬浮隧道的建设工艺上，我们参照以往的工程经验和做法，按照隧道分管节预制、管节浮运安装这一可能性最大的施工工艺去考虑其风险。

1. 工程环境风险

随着全球变暖海平面升高，极端天气出现频率逐渐增高，自然灾害力量巨大，无论是隧道建设还是后期运营均需考虑气候及水文环境对工程所造成的风险。①台风对隧道管体及锚缆结构旁的水流造成巨大扰动，同时巨大的风浪会裹挟重物掉落水中，撞击隧道及附属结构，造成管体破坏或隧道基础结构损坏。②风暴潮。风暴潮对隧道管体及锚索结构旁的水流造成巨大扰动，巨大潮流持续性冲击，同时潮流裹挟的重物撞击隧道及基础等附属结构物，造成管体及隧道附属结构损坏。③波浪超限。在小潮汛期间的波浪超限造成隧道建设时间减少。④船行波。施工期间过往大型船只较多，大型船舶航行的船行波扩散直接造成水中结构物受力较大，增加施工风险。⑤洋流作用力具有持续时间长且水流力大的特点，水流对隧道管体及基础等结构物具有持续性冲击，同时会引起管体结构震颤。⑥入海口径流。水流在同一方向持续对隧道管体及其基础进行冲击，作用力大持续时间长。⑦泥沙沉积、附着。泥沙附着管体及锚缆系统（隧道为锚索基础的），增加管体和锚缆负担，破坏隧道受力平衡，有失稳或破坏的风险。⑧季风。季风风力加大，对管节浮运安装、管节系泊施工安全影响大。⑨大雾。能见度降低，影响隧道建设过程中现场作业船舶安全。⑩海生物附着。隧道管体及基础结构被生物附着，海生物附着位置不均匀且海生物附着区与无附着区形成氧浓差电池，腐蚀管体及锚索结构表面保护层，增加管体结构重量加重负担。⑪大型海洋生物撞击。大型海洋生物如鲸鱼等撞击，隧道管体、锚缆等基础结构受到撞击遭到破坏。⑫含氧量增高。水中含氧浓度增高，隧道结构有被氧化腐蚀的风险。⑬工业、生活废水排放。废水的排放既污染水质又加重对水中隧道结构物表面腐蚀。⑭水中生物排泄物。当生物排泄物长期积累，不仅对隧道表面有化学腐蚀，同时也会增加隧道结构物的荷载，对隧道结构、受力造成不良影响。⑮海（水）底地形变化。洋流、滑坡、地震等因素长期作用下，海（水）底地形发生变化，地形变化不利于隧道建设施工，同时对采用锚索、桩基等形式的隧道具有更大的风险。⑯海（水）底地质变化。在洋流、地震、水生物等因素作用下，海（水）底地质条件发生变化，一旦土质或岩基变得疏松，对采用锚索和桩基等形式的隧道的稳定性具有较大风险。⑰地震。地震灾害对各种结构形式的影响都非常大，若采用锚索、桩基等形式的隧道，地震直接影响其基础稳定性及结构的完整性，若采用浮筒或自由式等结构形式，地震引起的水体变化对隧道结构可能造成灾难性冲击或破坏。⑱海（水）底地质滑坡，会造成锚索、桩基等受力情况改变，易造成隧道基础失稳甚至破坏。

2. 工程建设人员风险

简述工程建设人员风险，人为因素直接造成事故或者误差的产生，除人的先天性身体与生理极限外，导致人员操作失误的因素还包括：安全知识储备、风险意识、危险的行为习惯、操作技能水平等。①连续作业人员疲劳。管节从浮运至安装，工序多时间长，长时间精神极度集中，易造成疲劳错误操作。②安全知识储备不足。施工人员若缺乏必要的安全知识、常识，不能对整个工程过程中的危险点进行很好的掌握，不能在施工过程中规避风险。例如，不能在吊装过程中站在吊物下；临水作业需必要的防护措施；设备检修时须确保断电作业，等等。③无风险意识。不能主动判断一些风险点和危险源，对可能发生的危险为省时省力但具有危险性的操作没有更好的认识。④危险的行为习惯。人长期从事危险性的工作后，对一些危险源降低防范意识，思想麻痹，往往具有危险的行为习惯。⑤操作技能水平低。工程建设中对于所从事工作的熟练程度、每个环节的操作水平及是否符合规范等方面的不同，直接影响工程质量和工程建设中的风险程度。主要表现为：缺乏或无实际经验，对所工作的各个环节的事故隐患认识不足或片面，不能规避操作过程中的隐患；掌握技术水平有限，不能举一反三，对突发情况的处理应对不善；对新材料、新工艺、新装备不能适应等。⑥技术方案缺陷。工程装置或设施的设计不合理、没有考虑安全系数和物质的自然规律，结构材料选择不当，设备的检查及保养技术不科学，操作标准技术水平低，设备布置和作业场所（地面、空间、照明、通风技术）有缺陷，机械工具的设计与保养技术不良，危险场所的防护及警报技术不过关，防护设施及用具的维护与使用不当，设备的性能存在问题，以及使用的材料达不到要求或者是假冒伪劣材料、产品等。⑦管理不善。工程建设的管理与技术同样重要，管理不善、缺陷与混乱造成的事故是多种多样的。如管理者的安全责任心不强，安全技术交底敷衍了事，施工现场的安全保障措施不落实，上岗前不进行安全教育，现场无安全警示标志，无安全事故应急预案，作业环境条件不良等，都会给现场工作带来巨大的风险。

3. 通用风险

悬浮隧道基础工程既有通用处，既有特殊性，如锚索及桩基形式的隧道，需要与海（水）底进行连接，地基基础的变化对结构影响大；各种结构的隧道结构，均需论证接岸结构的基础工程的风险，为通用风险。综上所述，基础工程的风险如下：①悬浮管节与岸边连接处挑流风险。陆域岸边地形变化造成流速增大、流向复杂，给隧道管体结构与岸对接安装施工带来很大的困难，增加了基础工程建设风险。②悬浮管节长距离绞移对接风险。由于与岸对接处环境复杂，隧道管节系泊区距安装位置远，浮运不能一次到位，需要远距离绞移，绞移过程中需要进行多次换缆等步骤，控制难度大。③锚固系统安装后，管节受力滑移。当锚固系统刚作用在管节上，当瞬时力量过大时，会造成安装好的管节错位，甚至导致隧道漏水。基础结构连接到隧道管节工艺复杂。④无论是浮筒式还是桩柱式结构，与隧道管体连接时工艺复杂，会造成对接安装工作量大，增加水下安装风险且安装效果难以检验。⑤锚固系统连接地基。连接工艺复杂，对锚固系统安装到地基过程中无监测手段，锚固系统安装完成后，无锚固基础状态监测的有效措施，以上情况均可增加隧道建设的风险。⑥捕鱼作业。在捕鱼船未做到有效规避，会造成捕鱼船撞击锚索及桩基结构，渔网、缆绳或设备与基础结构纠缠在一起，增加基础结构负担，甚至破坏。⑦外来船舶下锚。外来船舶下锚撞击锚固系统，下锚缆索与锚固系统纠缠在一起，对隧道结构破坏力大。

4. 舾装风险

当悬浮隧道采用类似沉管隧道分段岸上预制和安装的方法时，需要考虑舾装风险。下面基于中交港珠澳大桥岛隧工程总结介绍。隧道管节安装前，需在专门的预制厂进行管节预制及管节内外部舾装工程，舾装工程的精度直接影响隧道管节的安装精度与工程质量，其中的风险不容忽视。①施工放样。舾装件位置放样及安装参数计算错误，导致预埋舾装件的安装精度降低，给工程埋下隐患。②预埋件质量及保护。因悬浮隧道为水下安装，所处环境复杂，对预埋件的各项指标要求极为严格，出现以下情况则视为风险性巨大、不合格：预埋件埋设质量差；预埋件安装完成后未进行有效保护导致损坏或腐蚀；预埋件安装位置偏差大，等等。③管节舾装件周转使用。舾装件周转次数多，使用环境恶劣，不可避免地出现磨损、老化、锈蚀等情况，同时舾装件使用、拆除、运输过程出现磨损、丢失，导致舾装件无法正常使用；维修、采购周期长，延误工期；存在缺陷的舾装件对管节安装存在较大的安全风险；部分舾装件水下拆除期间采用潜水切割的方式，存在结构老化、不安全的风险。④管节间止水带保护。在隧道管节存放、移动及安装过程中可能会发生止水带破损，或者恶劣天气及极端天气条件下造成止水带的损坏，造成工期延误和较大经济损失。⑤管节端部封门结构安全。封门预埋件安装精度和质量差；封门结构物材料质量差；封门结构物重复使用时腐蚀、损坏严重等问题，会造成封门渗漏水，腐蚀损坏管内舾装件，造成封门内电路短路。⑥水下线缆。实现隧道管节自动化控制，需对管节与安装船舶控制系统进行线缆连接，存在风险为：潜水水下线缆插接能见度低、难度大；使用环境恶劣，存在污损风险；长期、周转、重复使用，线缆老化、破损。⑦管节起浮压载水箱。在控制水中空心结构物的起浮最经济、最常用的做法是结构物内设置压载水箱，通过结构物进出水调节管节状态。压载水箱舾装时主要的风险为：隧道管节预埋件安装精度和安装质量问题；水箱防水性差；水箱材料周转使用材料破损等。上诉风险所带来的后果为：水箱漏水，修补难度大，影响起浮移动；水箱失稳，导致管内舾装件电气设备浸水烧毁、人员安全风险增大；管节安装后，水箱漏水导致管内长期维护成本高。⑧压载水控制。在管节内水箱压载操控时误操作风险；负浮力计算错误负浮力控制不准确，影响管节姿态控制；水箱液位传感器故障无法准确判断压载水量；两个管节对接后结合腔排水故障，影响水力压接；隧道管节内进出水管系。⑨管系长时间、周转使用，存在海水锈蚀、老化、损坏等问题，造成阀门、压载泵损坏；拆除、运输过程中阀门、压力表等保护不当，易造成损坏，会导致海水倒灌等问题；管路安装前管路内遗留异物，造成管路堵塞；管系安装不牢，使用后发生漏水、进气现象；管路阀门部件未经检修直接使用，增大工程工程隐患。⑩管节临时存放系泊。隧道管节在预制后安装前，均进行船坞临时存储，在存储过程中的风险主要有：风暴潮引起管节触底风险；台风袭击影响坞内系泊安全；坞内水位变化、管节移动作业对管节系泊造成缆力过快加载断裂等。⑪管节起浮移动。作业人员上下管节困难，易造成人员落水；不平衡起浮管节引起管节结构变形甚至损坏；不平衡起浮增大人员作业风险；管节移动时对其他结构物碰撞。⑫管内远程控制系统标定。管节安装可利用远程控制系统，可全程控制管节安装的整个过程，在系统正式应用前需对系统的各项参数及其精确程度进行标定，在标定过程中具有以下风险：管节姿态监测系统误差大，导致管节安装精度低；管节内摄像监控系统故障频发，无法监测管内状态，检查管内是否漏水。⑬临时用电。管内电箱开关保护功能失效，开关无法对人员进行保护；线缆表皮破损，浸水短路，造成开关、线缆和仪器设备等烧毁；线缆选型无法满足施工负载要求，负载电流过大造成线缆烧毁。

5. 港珠澳大桥岛隧工程沉管隧道风险因素

悬浮隧道管节的浮运与安装的施工方法或许能参照中交港珠澳大桥岛隧工程沉管隧道的总结，其风险因素如下。①出坞气象海况。出坞时，风、海流、波浪预报与实测偏差较大，坞口流场、风场复杂，加大以下风险：作业窗口延误；隧道管节出坞不易控制；船或管节发生碰撞，对管节及其舾装件、船舶进行破坏。②出坞碰撞。管节出坞若姿态控制不力，与坞口、岸边结构物、坞底沉积物碰撞。③出坞系缆安全。坞内空间小缆绳多，易发生刮缆、绞缆及管节控制失误、缆绳断裂等现象。④作业船舶意外撞击。管节出坞时，风浪大、缆绳牵绊等外部原因造成船舶撞击管节，造成作业人员意外落水、止水带碰撞破损、船舶推进器损坏等。⑤夜间出坞作业。由于光线限制，夜间作业难度大，主要的作业风险为：作业视线受限、作业空间小、作业环境复杂、作业人员困倦操作失误等，诸多风险因素会造成发生意外落水，不能及时发现造成人员伤害，船舶管节发生碰撞，造成止水带、管节端部等发生损害。⑥夜间浮运拖航。作业视线受限，与其他船舶、海上漂浮物撞击；作业人员困倦，操作失误。⑦管节系泊锚系。锚系现场放置时间长、周转使用次数多，易发生锈蚀、磨损或丢失；系泊锚漂和缆绳多，现场管理混乱，维护不到位，锚缆损坏严重；抛锚位置不精确，附近作业船舶剐蹭锚系等。⑧锚系预拉。预拉力不够，预拉角度精确度低或错误，存在走锚风险，可能危及管节安全；拖航、系泊指挥。施工作业船舶较多时，作业时间长，指挥人员疲劳作业，易发生管节偏离航线造成搁浅或撞击，错过转向窗口现场抗流风险大等状况。⑨拖缆。指挥人员与拖轮船长沟通不畅，导致缆绳受力加大至断裂；拖轮调整姿态频繁，缆绳断裂；缆绳使用时间长，作用力大，提前达到使用寿命。⑩浮运航道。航道狭窄，流态复杂，管节失控；航道易淤积，管节与底部碰撞接触。⑪外来船舶闯入。外来船舶闯入，打乱浮运计划；外来船舶与浮运船舶及管节碰撞，碰撞管节、船，可能造成止水带及管节端部损坏，影响船舶及人员安全，影响管节姿态控制。⑫系泊与管顶交叉作业。缆绳绊倒、划伤管顶作业人员；管顶作业破坏缆绳。⑬交叉作业船舶。交叉作业船舶碰撞，不同功能船舶相互影响自身施工作业，同时也会出现刮擦系泊缆系，人员落水等状况。⑭船与管节连接。管节与船在连接位置相对滑移，支点位置受力不均匀，造成局部受力过大；管节与船连接点自动控制系统被破坏，不能进行下一步的安装操作。⑮水中异物与管节碰撞。水面漂浮物、水中悬浮物撞击管节本体、管节附属结构碰撞，导致管节封门、止水带及线缆被破坏。⑯辅助船舶定位。管节艏、艉端潜水作业船带缆作业，横流定位存在走锚风险。⑰舾装件拆除、倒运和吊装。起重船拆舾装件受风浪影响大，易造成人员伤害和舾装件受损；沉放准备拆除倒运舾装件数量多，作业时间长，易耽误其他作业；吊物坠落风险性大；夜间、临边、临水作业风险大。⑱绞移操控。系泊定位位置偏差大时，沉放缆与其他附属结构存在刮蹭风险；绞移过程锚的角度发生变化，锚的受力存在风险；管节绞移速度过快或控制不当，走锚风险大；管节压载完成后绞移造成吊缆力过大，超过设计额定荷载。⑲管节深水区悬浮结构物安全。管节在水中存留时间较长，端封门等焊接舾装件长期处于水下，缺陷部位受腐蚀影响严重，存在渗漏风险；在深水高水压条件下管节自身存在水密性风险凸显；深水环境中测量装置及施工作业临时通道在复杂波流条件下的结构安全风险持续存在。

风险是关于不愿意发生事件发生的不确定性的客观体现。这一定义最早出现在1901年美国的A. M. 威利特所著的博士论文《风险与保险的经济理论》。这一定义强调风险的客观性和不确定性。在各行各业中，风险因素都不容忽视。隧道工程具有承受荷载复杂、施工环境复杂、作业环境封闭、突发情况多等特点，其工程风险性高，技术难度大。在各类隧道中，悬浮隧道作为一个新兴的结构形式，从初期试验论证到工程应用过程中，周期长、技术要求高的多学科交叉体系充满更多不确定因素，因此，应对各个阶段的风险因素应当具有全面且系统的认识，评估风险程度，最大限度规避风险减少损失。悬浮隧道项目风险的识别是指从前期试验到实体工程建成这个过程中找出影响每个目标实现的主要风险因素，并且判别这些风险因素的基本特征、影响机制和所能造成的后果。这一识别的过程是风险管理的重要环节，在一项工作开始前如不能很好地预判或识别所存在的风险，就没有有目的地规避危险的操作方法，错过处理风险的最佳时机。根据已识别的风险因素，项目管理人员根据各类风险所带来的潜在风险及影响作出评估和预判，并进行综合性分析。在分析方法上，林祥金（2006）主张从定性方法和定量方法两方面进行分析，主要的方法是BP神经网络进行分析，这一观点与李静和林祥金（2007）不谋而合，而李剑（2008）主张采用模糊综合评价，方法种类较多，试验注意要根据具体情况采用最合适的方式。关于悬浮隧道还未有一套完整、成熟的理论体系和一个实体工程实践，试验及工程建设中潜在风险因素还需不断实践和完善，为今后的悬浮隧道工程建设作出应有的贡献。

（编写：韩小锐）

3.6 团　　队

团队（team）是由基层和管理层人员组成的一个共同体，有共同理想目标，愿意共同承担责任，共享荣辱，经过一定时间的学习与磨合，合理利用每一个成员的知识和技能协同工作，形成一个独立的团体，解决问题致使达到共同的目标。

团队的规模和复杂性各不相同，鉴于对前瞻性科技研究团队方向的界定，即在一段确定的时间内建立，并且为了一个单独的，具体可定义的目标任务组织而成，具有互补技能的成员通过磨合与调整，互相帮助团队成员发挥他们的真正潜力，创造一个允许每个人超越他们自身限制的环境。经协调努力产生协同作用，使每个成员能够最大限度地发挥其优势并最大限度地减少其弱点，解决问题完成目标。

3.6.1　团队生命周期

团队是组织的一种具体形式，于管理学范畴，亦与任何有机体一样存在生命周期。1972 年，格雷纳（Greiner）提出了组织成长与发展的五阶段模型（后又补充了一个阶段），他认为，一个组织的成长大致可以分为创业、聚合、规范化、成熟、再发展或衰退五个阶段。相对应的，团队的成长大致分为形成、震荡、规范、成熟及解散阶段，如图 3-11 所示。

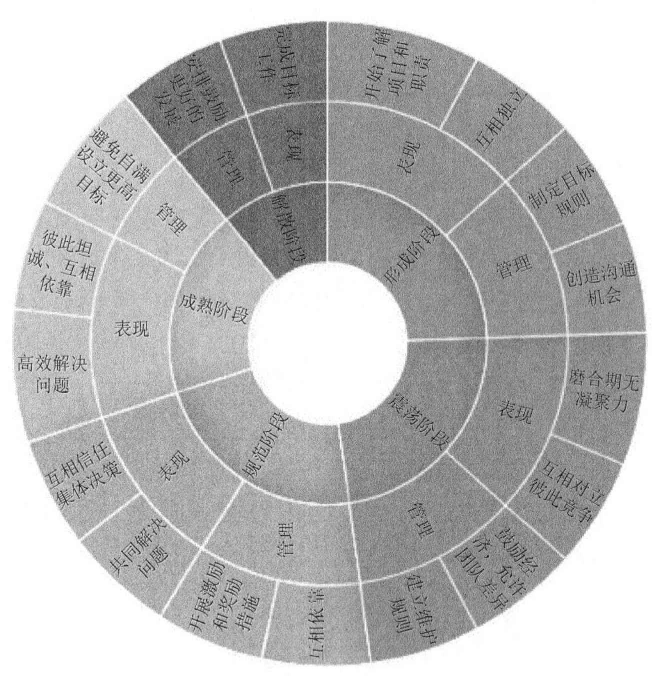

图 3-11　团队生命周期

3.6.2　团队构成要素

团队的构成要素主要总结为 5P，分别为目标（Purpose）、人（People）、定位（Place）、权限（Power）、计划（Plan），如图 3-12 所示。

图 3-12 团队构成要素

团队作为悬浮隧道研究工作的主线，对物理模型试验、数值模拟等相关研究具有引导作用。团队的目标是在确定时间范围里，集中团队能力攻克悬浮隧道研究相关知识体系框架内疑点难点，总结形成概念设计及技术支撑实践性文件，推动悬浮隧道整体研究工作进程，促进我国悬浮隧道设计理念和工程建造技术的发展，并在世界范围内起决定性作用。

作为一支前瞻性科技研究团队，必须具备与团队目标相匹配的人才队伍。科技研究的最大要求不是“智商”，而是“心智”。作为科技研究团队的一员，需要是拥有一个健全、成熟、强壮的心智的人，健全成熟强壮的心智 = 自制力 + 抗压力 + 能动性。①自制力：以学术与科学研究为主体的队伍，意味着时间安排在排除日常生活投入外，剩余的都必须高集中高投入地工作输出。拥有极强的自制力才能在繁杂事中整理充足的科研时间。②抗压力：在不断的“投稿—退稿—改稿”的他人批判与自我否定的循环中，拥有强大的抗压能力才可继续潜心研究。③能动性：主动积极解决不仅是学术问题，更要解决学术之外的层出不穷的技术性问题，以及团队成员研究的问题，这是持续高速输出的重要保障。

中交港珠澳大桥岛隧工程项目总部、荷兰隧道工程咨询公司&荷兰代尔夫特理工大学（TEC&TU Delft）、交通运输部天津水运工程科学研究院（TIWTE）、中交公路规划设计院有限公司（HPDI）、中交第三航务工程局有限公司（THEC）、中交第四航务工程勘察设计院有限公司（FHDI）等国内外知名企业，以及大连理工大学（DUT）等知名高校鼎力支持下，团队在发展管理过程中，经过长期的科研工作，激发调动成员的主动性、积极性和创造性，成为一支主动高效、具有协作创新能力的队伍，并为我国工程技术事业培养输送一批具有工匠精神自主创新能力的全能型专业人才。

团队的权限包括信息决定权、人事决定权与财务决定权。团队当中领导者的权

图 3-13　激励机制

力大小与团队生命周期所处的阶段密切相关。非权力性影响力在团队发展进程中起着主导且长久的作用，则团队越成熟，领导者的权力相应越小，领导者以激励方式进行有效管理。激励可让团队成员对团队保持忠诚，最大限度地挖掘团队人才潜能，充分发挥他们的主观能动性，使团队成为一个战斗力强大的集体，最终实现团队的目标任务，激励机制见图 3-13。

团队的计划由两条支线组成，一方面一系列的悬浮隧道结构与设计方法研究成果可大范围应用于项目实践，解决了悬浮隧道工程推进中的重点难题，有力支撑了悬浮隧道相关工程的建设，对我国悬浮隧道工程技术进步发挥了重要推动作用；另一方面为我国悬浮隧道工程技术事业培养并输送一批具有工匠精神与自主创新能力的全能型悬浮隧道工程专业人才。

3.6.3　团队管理

团队管理（team management）是指在一个组织中，按照成员的工作能力、性格特质、个人素质组成各种小组，参与组织各项决定和解决问题等事务。透过团队成员互动的过程，彼此集思广益、凝聚共识并行程成败休戚与共的情感，以提高组织生产力、促进队伍成为高效能组织及达成团队目标的一种管理方式。管理意义就是在限定的资源内，形成最大化产出。

不以规矩，无以成方圆。一支优质高效的团队离不开制度规范，因为制度是一切（图 3-14）。

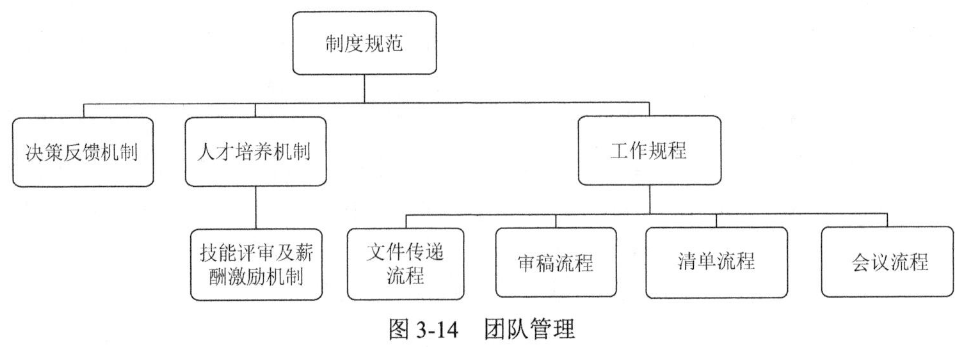

图 3-14　团队管理

（编写：梁恩彤）

3.7 其　　他

为了直观地展现悬浮隧道在水下的工作环境，杜凤（2008）利用大型动画软件 3ds MAX 及其所带插件 Glu3D 和 MAXScript 脚本语言为平台建立了悬浮隧道动态演示系统（图 3-15）。

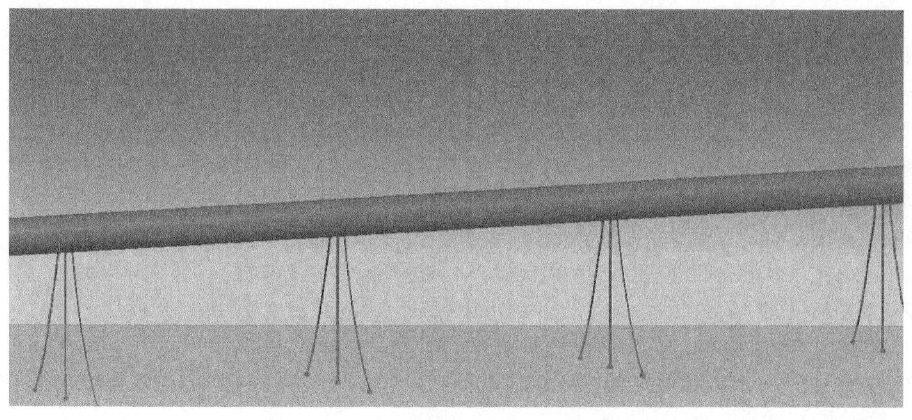

图 3-15　悬浮隧道动态演示示意图

Glue3D 是 Autodesk 开发的流体学插件，以粒子模拟液体的运动，并利用多分辨率的多面体来表现液面。在 Glue3D 中，可以改变流体速度、流体密度和流体黏性系数等参数以模拟各种场景中的流体运动现象。自动生成的液体能与周边环境相呼应，并且生成速度快，可以与 3ds MAX 环境融合。

用户可以通过 MAXScript 脚本语言针对具体工程开发个性化菜单，进行程序化建模和动画制作，减少重复性操作，提高工作效率。

在此动态演示系统中，二维图形在 AutoCAD 及 3ds MAX 中建立，三维图像的渲染及动画制作在 3ds MAX 中进行，流场的模拟采用 Glue3D。动态管理器采用 MAXScript 脚本语言编程得到。

该演示系统包括悬浮隧道的外部演示、内部演示、缆索变形及流场结构，利用 MAXScript 开发的动态管理器，可以改变管体截面形状、管体长度、流场速度、流体密度及黏度，将不同工况下悬浮隧道和锚索的运动情况及外部流场特征以三维动画的形式展现出来。利用这些动画，可以更好地指导设计与施工。

（编写：曾繁旭）

参考文献

陈卫华，2017. 实验室安全风险控制与管理[M]. 北京：化学工业出版社.

重庆交通科研设计院，2004. 公路隧道设计规范：JTG D70—2004[S]. 北京：人民交通出版社.

崔晓健，2012. 渤中 28-2 海上石油平台建设项目风险管理研究[D]. 青岛：中国海洋大学.

邓荣荣，2015. 海湾悬浮隧道运营期风险评价研究[D]. 青岛：中国海洋大学.

杜凤，2008. 悬浮隧道水下工作环境动态演示系统的研究[D]. 成都：西南交通大学：88.

高惠玲，董鹏，董玲玉，等，2018. 基于危险源辨识和风险评价的高校实验室安全管理[J]. 实验技术与管理，35（8）：4-9.

郭德海，2015. 实验室管理体系文件策划与建立[M]. 哈尔滨：黑龙江人民出版社.

洪宁宁，詹水芬，彭士涛，等，2010. 港口工程重大危险源实时监控预警系统研究[J]. 水道港口，31（4）：289-292.

黄宏伟，陈龙，胡群芳，等，2010. 隧道及地下工程的全寿命风险管理[M]. 北京：科学出版社：72.

黄启飞，2015. 南海深水钻井安全监管体系构建及应用研究[D]. 青岛：中国石油大学（华东）.

贾运宝，2011. 公路施工过程中危险源识别技术及评价研究[D]. 天津：河北工业大学.

蒋晋，2018. A 公司海工项目风险管理体系的设计与应用[D]. 济南：山东大学.

李剑，2008. 基于模糊综合评价的水中悬浮隧道风险分析[J]. 地下空间与工程学报，4（2）：383-386.

李静，林祥金，2007. 水中悬浮隧道施工风险分析的 BP 神经网络模型[J]. 建筑管理现代化，（1）：40-42.

李跃全，2015. 渤海半潜和沉底油漂移预测模型及风险评估[D]. 大连：大连海事大学.

林巍，2018.（悬浮隧道）设计准则讨论稿：SFT-HPDI-L-2018-003[R].（2018-09-16）. 中交悬浮隧道工程技术研究联合体月例会报告（未公开发表）.

林巍，刘凌锋，林明，2018a. 沉管隧道的设计[J]. 水道港口，39（S2）：86-92.

林巍，尹海卿，林鸣，等，2018b. 沉管隧道线形管理[J]. 水道港口，39（S2）：66-73.

林祥金，2006. 悬浮隧道风险分析[D]. 大连：大连理工大学.

缪长青，李爱群，冯兆祥，等，2006. 润扬大桥结构健康监测系统设计研究[J]. 世界桥梁，（3）：63-66.

杨犄，2015. 跨海桥梁施工风险评估研究[D]. 重庆：重庆交通大学.

杨俊超，2008. 水下悬浮隧道管段结构分析与健康监测方案设计[D]. 哈尔滨：哈尔滨工业大学.

杨永敏，吴树东，周士杰，2016. 公路隧道工程施工安全技术与风险控制[M]. 北京：中国铁道出版社.

张科乾，2011. 悬浮隧道结构设计分析与健康监测[D]. 杭州：浙江大学.

张启伟，2001. 大型桥梁健康监测概念与监测系统设计[J]. 同济大学学报（自然科学版），29（1）：65-69.

张霞，2009. 港口施工危险源评价方法应用研究[D]. 北京：首都经济贸易大学.

张宇峰，徐宏，倪一清，2005. 苏通大桥结构健康监测及安全评价系统的研究与设计[J]. 市政技术，23（S1）：62-65.

中华人民共和国交通运输部，2018. 公路钢筋混凝土及预应力混凝土桥涵设计规范：JTG 3362—2018[S]. 北京：人民交通出版社.

中华人民共和国水利部，2008. 水工混凝土结构设计规范：SL 191—2008[S]. 北京：中国水利水电出版社.

中华人民共和国住房和城乡建设部，国家市场监督管理总局，2018. 建筑结构可靠性设计统一标准：GB 50068—2018[S]. 北京：中国建筑工业出版社.

周健，2014. 渤海水域规划航路航行风险识别与对策研究[D]. 大连：大连海事大学.

朱瑶宏，2004. 杭州湾跨海大桥项目施工期风险分析[D]. 成都：西南交通大学.

ACI Committee 209，1992. Prediction of Creep，Shrinkage，and Temperature Effects in Concrete Structures：ACI 209R-92[S]. [S.l.：s.n.].

ACI Committee 318，2002. Building code requirements for strural concrete（ACI 318M-02）andcommentary（ACI 318RM-02）：

ACI 318M-02，ACI 318RM-02[S]. [S.l.：s.n.].

ACI Committee 318，2005. Building code requirements for structural concrete：ACI 318M-05[S]. [S.l.：s.n.]

Ahrens D，1997. Submerged floating tunnels—A concept whose time has arrived[J]. Tunnelling and Underground Space Technology，12（2）：317-336.

Baravalle M，Köhler J，2016. Risk and reliability based calibration of design codes for submerged floating tunnels[J]. Procedia Engineering，166：247-254.

CEN，2001. Eurocode 1：Actions on structures—Part 1-1：General actions-Densities，self-weight，imposed loads for buildings：EN 1991-1-1：2002[S]. [S.l.：s.n.].

CEN，2001. Eurocode-Basis of Structural design：EN 1990：2002[S]. [S.l.：s.n.].

CEN，2004. Eurocode 2：Design of concrete structures—Part 1-1：General rules and rules for buildings：EN 1992-1-1：2004[S]. [S.l.：s.n.].

CEN，2004. Eurocode 3：Design of steel structures—Part 1-1：General rules and rules for buildings：EN 1993-1-1：2005[S]. [S.l.：s.n.].

CEN，2004. Eurocode 4：Design of composite steel and concrete structures—Part 1-1：General rules and rules for buildings：EN 1994-1-1：2004. [S.l.：s.n.].

CEN，2004. Eurocode 5：Design of timber structures—Part 1-1：General—Common rules and rules for buildings：EN 1995-1-1：2004[S]. [S.l.：s.n.].

CEN，2004. Eurocode 7：Geotechnical design—Part 1：General rules：EN 1997-1：2004[S]. [S.l.：s.n.].

CEN，2004. Eurocode 8：Design of structures for earthquake resistance—Part 1：General rules，seismic actions and rules for buildings：EN 1998-1：2004[S]. [S.l.：s.n.].

CEN，2005. Eurocode 6：Design of masonry structures—Part 1-1：General rules for reinforced and unreinforced masonry structures：EN 1996-1-1[S]. [S.l.：s.n.].

CEN，2006. Eurocode 9：Design of aluminium structures—Part 1-1：General structural rules：EN 1999-1-1：2007[S]. [S.l.：s.n.].

Faggiano B，Panduro J，Rosas M T M，et al.，2016. The conceptual design of a roadway SFT in Baja California，Mexico[J]. Procedia Engineering，166：3-12.

Hao D，Qinxi L，Shuping J，et al.，2016. Enlightenment to floating tunnel of existing typical submerged tunnel[J]. Procedia Engineering，166：355-361.

Jakobsen B，2010. Design of the submerged floating tunnel operating under various conditions[J]. Procedia Engineering，4：71-79.

Kanie S，2010. Feasibility studies on various SFT in Japan and their technological evaluation[J]. Procedia Engineering，4：13-20.

Kvåle K A，Øiseth O，2017. Structural monitoring of an end-supported pontoon bridge[J]. Marine Structures，52：188-207.

Liu H M，Liu L，Ji X L，2016. Identification and analysis of metro foundation construction safety risk based on fault tree analysis[J]. Chemical Engineering Transactions，51：979-984.

Long X，Ge F，Hong Y，2015. Feasibility study on buoyancy-weight ratios of a submerged floating tunnel prototype subjected to hydrodynamic loads[J]. ActaMechanicaSinica，31（5）：750-761.

Lu W，Ge F，Wang L，et al.，2010. Slack phenomena in tethers of submerged floating tunnels under hydrodynamic loads[J]. Procedia Engineering，4：243-251.

Lunniss R，Baber J，2013. Immersed tunnels[M]. Boca Raton：CRC Press.

Markey I，2010. SFT monitoring and design verification[J]. Procedia Engineering，4：319-323.

Mayoral J M，Argyroudis S，Castañon E，2016. Vulnerability of floating tunnel shafts for increasing earthquake loading[J].

Soil Dynamics and Earthquake Engineering，80：1-10.

Mazzolani F M，Faggiano B，Martire G，2010. Design aspects of the AB prototype in the Qiandao Lake[J]. Procedia Engineering，4：21-33.

Mazzolani F M，Landolfo R，Faggiano B，et al.，2008. Structural analyses of the submerged floating tunnel prototype in Qiandao lake（PR of China）[J]. Advances in Structural Engineering，11（4）：439-454.

Natke H G，Doll H，Hildebrandt P，et al.，1995. Bridge condition assessment using an expert system[J]. Structural Engineering Review，3（7）：165-180.

Robertson I N，Riggs H R，Yim S C，et al.，2007. Lessons from Hurricane Katrina storm surge on bridges and buildings[J]. Journal of Waterway，Port，Coastal，and Ocean Engineering，133（6）：463-483.

Sandøy G，Oppikofer T，Nilsen B，2017. Why did the 1756 Tjellefonna rockslide occur? A back-analysis of the largest historic rockslide in Norway[J]. Geomorphology，289：78-95.

Seo S，Mun H，Lee J，et al.，2015. Simplified analysis for estimation of the behavior of a submerged floating tunnel in waves and experimental verification[J]. Marine Structures，44：142-158.

Shuping J，Qinxi L，Jianjun L，et al.，2016. Research on risk sensitivity of submerged floating tunnel based on analytic hierarchy process[J]. Procedia Engineering，166：255-265.

Skorpa L，2010. Developing new methods to cross wide and deep Norwegian fjords[J]. Procedia Engineering，4：81-89.

Watanabe E，Utsunomiya T，2003. Analysis and design of floating bridges[J]. Progress in Structural Engineering and Materials，5（3）：127-144.

Xiang Y Q，Wang J F，2006. Advance in health monitoring and assessment theory of long span concrete bridge and application[C]//The Proceeding of 4th China-Japan-US Symposium on Structural Controol and Monitoring. Hangzhou：Zhejiang University Press.

Xiang Y Q，Weng S L，Song Y，et al.，2003. Health monitoring and evaluation management system of Wenhui Bridge[C]//First International Conference on Structural Health Monitoring and Intelligent Infrastructure，November13-15，2003，Tokyo，Japan.

Xiang Y Q，Wang L，Wang J F，et al.，2005. Influence of the creep effect of the long span prestressed concrete cable-stayed bridge on internal forces in structural health monitoring[C]//Proceeding of 2nd International Conference on Structure Health Monitoring and Intelligent Infrastructure. London：Taylor&Francis，369-378.

Xiang Y，Liu C，Chao C，et al.，2010. Risk analysis and assessment of public safety of submerged floating tunnel[J]. Procedia Engineering，4：117-125.

Xiang Y，Liu C，Zhang K，et al.，2010. Risk analysis and management of submerged floating tunnel and its application[J]. Procedia Engineering，4：107-116.

Xiang Y，Yang Y，2016. Challenge in design and construction of submerged floating tunnel and state-of-art[J]. Procedia Engineering，166：53-60.

Xu Y，2010. Node-island，multi-layer self-balanced Archimedes Bridge[J]. Procedia Engineering，4：207-215.

Zhang K，Xiang Y，Du Y，2010a. Research on tubular segment design of submerged floating tunnel[J]. Procedia Engineering，4：199-205.

Zhang Q，2016. Scene design and simulation analysis of fire accident in underwater tunnel[J]. Procedia Engineering，166：337-346.

Zhang S，Wang L，Hong Y，2010b. Structural analysis and safety assessment of submerged floating tunnel prototype in Qiandao Lake（China）[J]. Procedia Engineering，4：179-187.

4 悬浮隧道作用

本章介绍对悬浮隧道作用的工程技术研究和应用。运营期的作用多来自外界的变化，根据普遍性可分为常见的、较少见的、几乎不可能发生的。施工期的作用的特点是悬浮隧道结构体系边界条件的变化。不论运营期还是施工期，根据对悬浮隧道构造的影响程度可大致分为影响构造的主控作用和用于结构验算的作用。当然以上分类所对应的具体作用的排序取决于不同项目的条件。本章将不同成因、不同类型的作用分别叙述，排序大致按照从普遍问题到较特殊的问题，读者可根据兴趣任选章节阅读。

4.1 移 动 荷 载

悬浮隧道是交通运输工具跨越深水抵达两岸的一种新型结构物，可通行火车、汽车、小型机动车和行人，方便人们跨越江河湖海。根据不同交通功能需求，悬浮隧道可以分为轨道列车型、公路汽车型、公铁两用型及行人观光型等。由于轨道列车对平稳性要求较高，其研究难度相对较大，现阶段，国内外以公路汽车型及行人观光型悬浮隧道的研究居多。

就悬浮隧道所受荷载作用而言，移动荷载是悬浮隧道最为常见的荷载形式之一，主要包括交通荷载和人群荷载。梁波和蒋博林（2017）认为悬浮隧道交通荷载主要由固定荷载和附加动荷载组成（图 4-1）。关于悬浮隧道的移动荷载作用，可以借鉴悬浮隧道有关文献和参考桥梁相关规范（Kunisu，2010）。本节主要阐述与悬浮隧道可能有关的移动荷载作用。

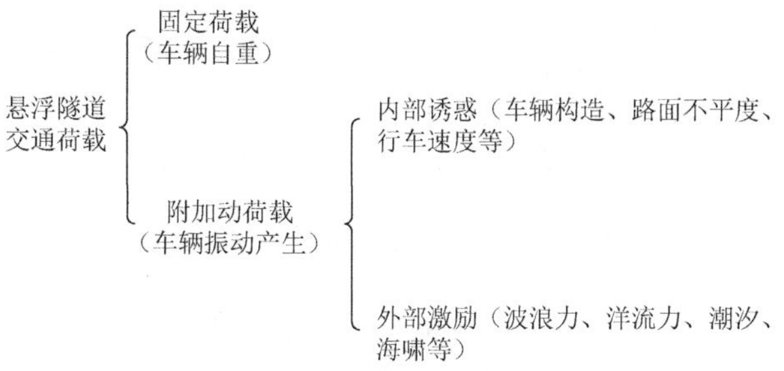

图 4-1　悬浮隧道交通荷载构成示意图

4.1.1 中欧规范

依据我国《公路桥涵设计通用规范》（JTG D60—2015），将汽车荷载分为公路-Ⅰ级和公路-Ⅱ级。汽车荷载由车道和车辆荷载组成，其中车道荷载由均布荷载和集中荷载组成。在桥梁结构整体计算中应采用车道荷载，在局部加载时则采用车辆荷载且两者不得叠加。上述均是以静力加载的方法进行考虑。

公路-Ⅰ级汽车荷载车道荷载如图 4-2 所示，均布荷载标准值为 $q_k=10.5\text{kN/m}^2$；集中荷载 $P_k=180\text{kN}$（计算跨径 $L_j\leqslant 5\text{m}$），$P_k=360\text{kN}$（计算跨径 $L_j\geqslant 50\text{m}$），跨径在 $5\text{m}<L_j<50\text{m}$ 时，采用线形插值。公路-Ⅱ级车道荷载的均布荷载标准值 q_k 和集中荷载标准值 P_k 取为公路-Ⅰ级车道荷载的 0.75 倍。当计算剪力效应时，上述均布荷载和集中荷载须乘以 1.2 的系数。当计算跨径超过 150m、车道超过 2 车道时，汽车荷载须考虑纵向折减和横向折减。

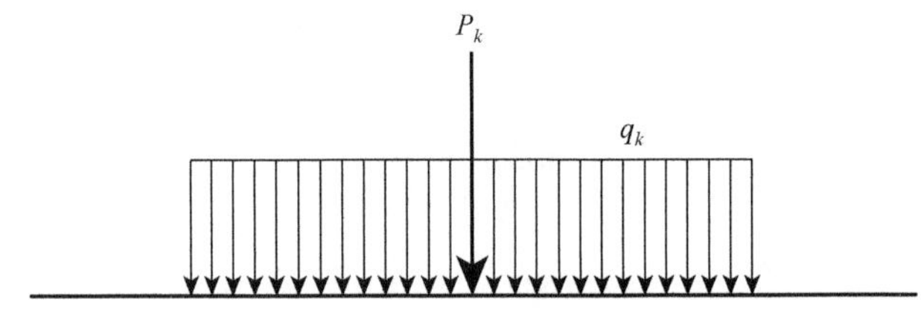

图 4-2　车道荷载

在计算结构局部效应时，以标准车辆进行布载，车辆具体参数可参见 JTG D60—2015，在每条设计车道上布置一辆汽车，其横向布置如图 4-3 所示。

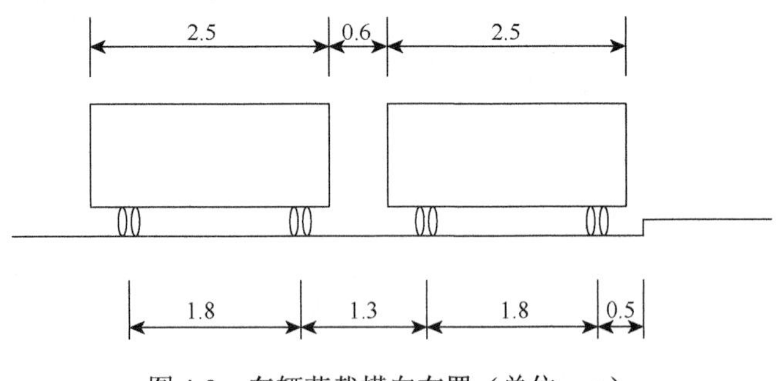

图 4-3　车辆荷载横向布置（单位：m）

此外，汽车在行驶过程中引起的振动冲击荷载则以冲击系数进行体现，冲击系数的取值与结构基频有关；对于曲线桥，还需考虑汽车荷载引起的离心力，可通过车辆荷载标准值乘以离心力系数进行考虑。

对于人群荷载，当单孔跨径 $L \leqslant 50\text{m}$，人群荷载标准值取为 3.0kN/m²；单孔跨径 $L \geqslant 150\text{m}$ 时，人群荷载标准值取为 2.5kN/m²；跨径在两者之间时，采用线形插值；对于专用人行桥，人群荷载标准值取为 3.5kN/m²。

欧洲规范 EN 1991-2：2004 第 2 部分“Traffic loads on bridges”中汽车荷载与国内规范相似，以集中荷载和匀布荷载进行考虑，除荷载取值与国内规范不同外，欧洲规范 EN 1991-2：2004 中取值与车道位置有关（图 4-4），具体如表 4-1 所示。可以看出，国内规范的均布荷载总体上要大于欧洲规范所推荐的标准值。

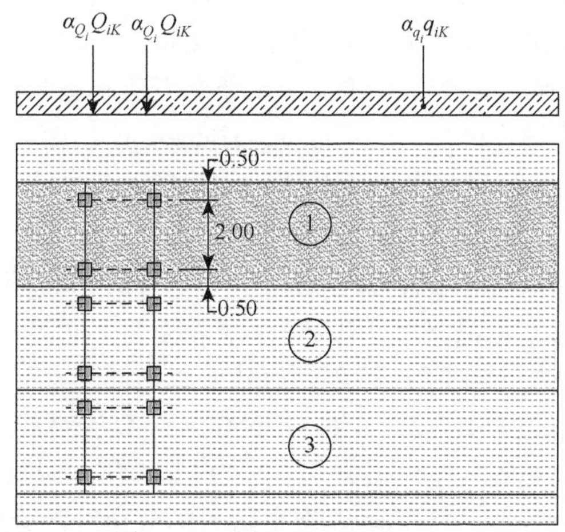

图 4-4 欧洲规范汽车荷载布置图（单位：m）

表 4-1 欧洲规范中移动荷载取值

位置	轴重 Q_k /kN	均布荷载 q_k /(kN/m²)
车道 1	300	9
车道 2	200	2.5
车道 3	100	2.5
其他车道	0	2.5

对于轨道列车荷载，其布载方式与公路汽车荷载类似，具体可参照 TB/T 3466—2016 第四部分。

中欧规范均采用了静力作用的思想，除汽车自重外，汽车振动引起的作用转化为静力荷载，并且考虑以最不利方式进行加载，确保结构安全富裕度，同时兼顾经济性，极大方便了工程应用。从上述规范可知，汽车荷载的影响因素主要包括跨径布置、公路等级、车道数、交通量、车速及结构基频等。不同道路等级选用不同的移动荷载参数。此外，国内外文献中关于移动荷载的研究同样值得参考。

4.1.2　国内外文献

在国内外研究文献中，常见的移动荷载作用形式包括多种，Yuan 等（2016）在研究移动荷载作用下悬浮隧道管体的位移响应时，将移动荷载简化为单点移动的集中恒载，速度从 45km/h 变化到 90km/h。田飞和褚进晶（2014）采用带参数的正弦公式模拟交通荷载，汽车荷载由车辆静载 P_0 和车辆动载 $P(t)$ 构成，其中当设计车辆为小汽车时，车辆静载为 20kN；当设计车辆为大汽车时，车辆静载为 100kN；车辆动载 $P(t)$ 以正弦面荷载进行施加。Qiu（2007）采用 4×10^4kg 小车来模拟移动荷载，研究平台在小车匀速及减速作用下的动态响应，减速以初速度 V 均匀减速至 0 的方式进行模拟。Shakeri 和 Younesian（2014）对黏弹性地基上的梁在移动荷载作用下的声辐射进行了分析研究，其中移动荷载以集中荷载 $P(x_0, y_0, t)$ 进行模拟。Liang 和 Jiang（2016）研究了水下悬浮隧道交通荷载的组成，在模拟移动荷载作用时，以两辆相向而行的小车（面荷载）进行模拟，车辆荷载 20kN，车速为 80km/h。董满生等（2016）及张嫄（2017）在研究等间距移动荷载作用下悬浮隧道的动力学模型时，将车辆荷载简化为间距 $d = 20$m，荷载总数 $N = 6$ 的集中荷载 P，分别取值为 150kN、350kN、550kN；移动荷载速度 v 分别为 45km/h、60km/h、75km/h、90km/h。由于流体-车辆-隧道三者相互影响，在研究 SFT 在移动作用下的动力特性时，可将车辆荷载简化为单自由度的弹簧质量块（Lin and Xiang et al.，2018）。

在轨道列车型悬浮隧道的研究中，列车-隧道之间的相互作用是研究的难点，或许可参考地铁列车相关的文献。在研究地铁列车作用下地基的振动响应时，考虑车辆和轨道的相互作用，即车-隧耦合作用，并考虑将一个垂直谐波荷载作用在钢轨上，以速度 V_0 移动，模拟准静态移动荷载（Chua et al.，1992）。对于列车型悬浮隧道，车-隧耦合相关的文献较少，有待进一步研究。

在国内外文献中，移动荷载大多采用简化方式，在研究前期可将移动荷载简化为静力集中荷载、移动单点或多点集中荷载、移动振动荷载等；对于悬浮隧道的局部计算分析，可考虑轴重、轮距、轮胎接触面积、车速等相关参数，建立三维实体模型进行分析，从整体和局部两个方面确保结构安全。

（编写：孙南昌）

4.2　附 加 重 量

桥梁、隧道、公路，一旦建成使用，绝大多数情况我们不再关心和监控这些结构物自重的“微小”变化。因为以上这些结构物都有“根基”——它们自身100%的重量都会传给大地。但是悬浮隧道50%～100%的重量是给了水，与浮力平衡。这个特点导致悬浮隧道的自重变化是一个需要特别谨慎处理的问题。本节介绍当前已有研究工作中对这个问题的考虑和假定。

由于悬浮隧道对重量设计极其敏感，施工时应特别注意测量悬浮隧道管体的尺寸，包括类似沉管隧道混凝土浇筑时模板的变形（林巍等，2012）导致的结构重量的改变、几何尺寸的误差（Ahrens，1997）、混凝土容重（Ahrens，1997），此外应注意：

①管体下半周微膨胀（Tveit，2010）；

②纵向预应力大部分松弛发生在管体安装前，即管体增长（Tveit，2010）；

③隧道实际重量的不确定性，主要来自干舷的测量误差（Fjeld，2012）。

引起自重变化的因素有：

①水密度变化（Tveit，2010；Ahrens，1997；Moe，1997），见图4-5a；

②混凝土自重随时间缓慢变化（Tveit，2010），结构混凝土及压重混凝土的吸水增重（Fjeld，2012；Moe，1997）；

③混凝土收缩和徐变缩短悬浮隧道长度（Tveit，2010）；

④沥青路面的磨损（Tveit，2010）；

⑤尘埃与垃圾的累积和定期清理（Tveit，2010）；

⑥海生物生长（Fjeld，2012；Ahrens，1997；Moe，1997），通常集中于海底和海面（图4-5b）；

⑦移动荷载（Moe，1997），详见4.1节；

⑧压载和设备荷载（Moe，1997）。

松恩海峡（Fjeld，2012）重量计算的假设见表4-2。港珠澳大桥沉管隧道初步设计的水密度假定为9.96～10.06kN/m^3。

表4-2 松恩海峡2012年概念设计报告重量计算

项目		单个管节/(kN/m)	ΔG/(kN/m)	注释
G_1	管体计算重量	967	3.0	30mm干线测量容差
	横向连接支撑计算重量	126	—	—
	隧道内结构单元计算重量	20	0.6	3%
	永久固体压载重量	76	—	在管体中已计入
	可调节压载水重量	70	2.1	3%
	永久沥青路面层重量	19	9.5	50%
	永久设施重量	20	0.6	3%
	小计	1298	—	—

续表

项目		单个管节/(kN/m)	ΔG/(kN/m)	注释
G_2	海生物附着重量	8	—	—
	结构混凝土吸水重量	11	—	—
	压载混凝土（固体）吸水重量	1	—	—
	小计	20	—	—
ΔG			16	—
重量最大计算值 = $G_1 + G_2 + \Delta G$			1334	—
重量最小计算值 = $G_1 - \Delta G$			1282	—
浮力最小计算值			1299	基于结构净尺寸与最不利海水密度上、下限计算
浮力最大计算值			1325	

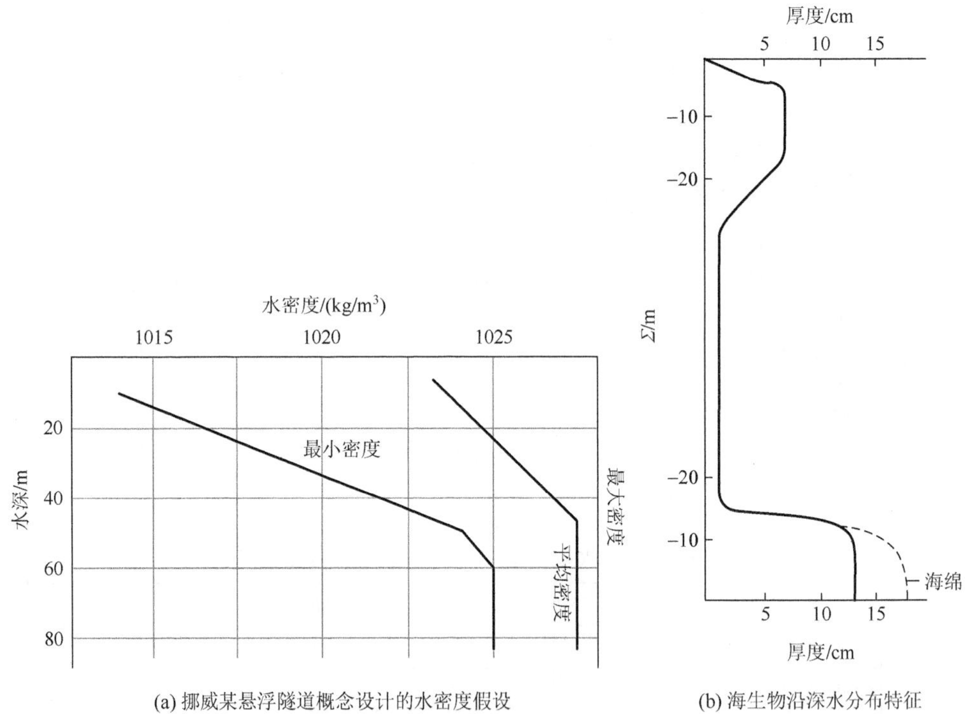

(a) 挪威某悬浮隧道概念设计的水密度假设　　(b) 海生物沿深水分布特征

图 4-5　管体重量变化影响因素

（编写：林巍）

4.3　温　　度

温度变化时，物体因外部约束或内部各组成部分间的相互约束而不能自由胀缩，由此引起的约束力，称为温度荷载。温度荷载属于二次应力荷载。对于静定结构，温度变化时构件的胀缩不会受到外部约束，所以不会产生约束力，即没有温度荷载。而对于超静定结构的悬浮隧道，则会产生不利的温度荷载。

根据温度变化的不同类型将温度荷载分为均匀温差荷载和内外温差荷载。均匀温差荷载是指构件截面温度发生相同变化，使杆件产生伸长或缩短。内外温差荷载是指构件两侧表面温度变化存在差值 ΔT，计算中假定温度是沿构件截面高度线性变化，导致构件两侧伸长量或缩短量不一致，构件容易产生翘曲变形。

结构设计中的基本概念认为结构沿某一方向上长度愈大，温度变化所引起的结构变形和内力一般也就愈大（朱慈勉和张伟平，2009）。水下悬浮隧道通常是采用浮筒式或拉索式进行约束，通常为超静定结构，而且纵向长度一般较大，在温度变化中产生的温度内力不容忽视。目前对于悬浮隧道，温度作用影响的相关研究较少，但或许可借鉴沉管隧道、海底管道等的研究经验。

4.3.1　均匀温差荷载作用

管道两端受约束时，管内轴向温度应力为

$$\sigma = \alpha E \Delta T \tag{4-1}$$

式中，E 为管道材料的弹性模量（Pa）；α 为管道材料的热线胀系数（1/℃），由试验确定；ΔT 为管道安装温度与运行使用温度之间的温度差（℃）。其运行阶段的温度作用是以最终合拢接头构筑完成时的温度状况作为相对零点时刻。

管敏鑫等（1999）认为沉管隧道段属于水下结构且两端均有一定长度的暗埋（或称岸坡）隧道段，故不考虑日温度变幅的影响，仅以年温差作为考虑的因素。所以在进行接头合拢时，应该选在一年中气温均值月份进行，一般每年的气温均值时段所在月份约为 4、5 月和 10、11 月，而且必须对隧道运行过程中可能出现的温度范围做出估计判断。例如，港珠澳大桥沉管隧道的顶板及侧墙设计温度变化为±15℃。

由于悬浮隧道和沉管隧道结构较长，目前的沉管隧道均为分段预制，而后进行浮运、沉放、接头连接。这样的分段预制及接头连接类似于陆上大体积混凝土中所设置的伸缩缝，可以适应均匀温差引起的管道伸缩，从而减小约束作用产生的温度应力。

同样，对于隧道横截面来说，均匀温差会引起均匀的膨胀和收缩，从而引起截面径向和环向的应力，对于这样的应力，悬浮隧道结构可以适当考虑。

4.3.2　内外温差荷载作用

隧道内外空气的对流、机车产生的热量甚至火灾等原因会导致隧道内部混凝土温度变化，从而引起隧道内外温度差，假定温度沿构件截面高度线性变化，称之为温度梯度，需要对可能的季节性和昼夜气温变化及水和地面温度变化进行分析。通常情况下，结构构件上要考虑的温度梯度为±10℃或±15℃。

当构件两侧表面温度变化存在差值ΔT，导致构件两侧伸长量或缩短量不一致，使杆件产生弯曲变形。根据结构力学可得结构中产生的弯矩为

$$M = \frac{EI_z \alpha \Delta T}{h} \tag{4-2}$$

式中，E为隧道材料弹性模量；I_z为截面惯性矩；α为材料热膨胀系数；ΔT为隧道内外温度差；h为隧道壁厚。

此外，由于温度作用，混凝土面板容易产生不均匀的次内力，使得隧道结构会出现不同程度的扭曲现象，在隧道板和墙体的设计中需要考虑这些变形。

4.3.3　曲线形悬浮隧道温度作用

董满生等（2006，2007）研究认为在通常平面曲线结构中温度内力（水平力）不会产生扭矩，而曲线形悬浮隧道的温度内力会产生扭矩和弯矩，在设计时应考虑这个影响。曲线形悬浮隧道温度内力并不像一般结构的温度内力有规律，影响因素比较复杂，主要影响因素为张力腿弹簧系数、隧道曲率半径、截面抗弯刚度及圆心角，不能以单一的规律来刻画。董满生等（2006）采用千岛湖曲线形悬浮隧道的一个建议方案（简化模型见图4-6）的基本参数：张力腿的弹簧常数$K=9.8\times10^7$N/m，隧道截面的抗弯刚度$EI_y=3.4\times10^{10}$N·m²，张力腿的竖向角30°，$\theta_O=0.4$，$\theta_B=0.3$，$\theta_C=0.1$，曲率半径$R=100$m，隧道处夏季和冬季最大温度差$\Delta T=20$℃，进行了数值实验，最终得到结论当弹簧常数大于2.4×10^8N/m，圆心角大于0.6rad时，需要考虑温度内力对结构的影响。

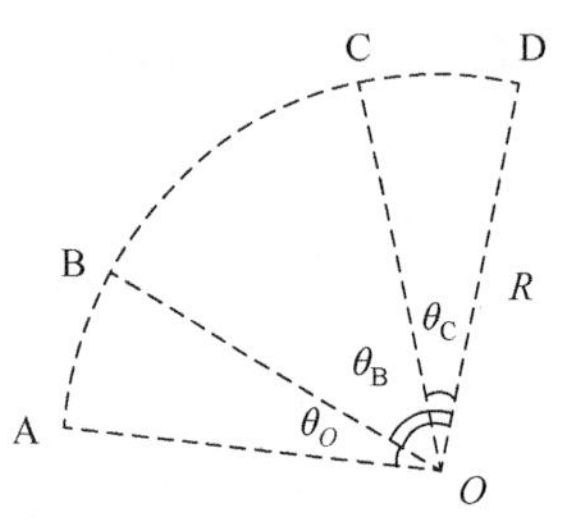

图4-6　千岛湖悬浮隧道建议方案简化模型

谈炎培等（2012）在对大口径曲线管道在运营阶段的温度应力进行数值计算和参数影响分析时得到了如下结论：

①管道的温度应力，在弯曲内侧呈现为管道中部受压两端部受拉的模式，而弯曲外侧均为中部受拉两端部受压；当温差荷载增大时，管壁应力相应增大；当整体升温值增大时，管壁应力相应增大，并且不同升温值的应力曲线均通过两反弯点，建议工程中注意由于整体升温引起的较大管壁应力。

②径厚比的变化基本不影响管壁应力。管道轴线曲率半径增大时，管壁的最

大应力减小，应力曲线趋于平缓，当轴线为直线时应力变为常应力，建议工程中尽量采用较大的管道轴线曲率半径。

（编写：孙南昌）

4.4 水　　流

水流是悬浮隧道需要考虑的主要环境荷载之一。按水流产生的原因，水流可以分为密度流、风海流、补偿流、潮流 4 种类型。密度流又称异重流，是流体密度差异造成的高密度流体向低密度流体下方入侵的流动；风海流是风对水面的摩擦和风对迎风面的压力造成的海水流动；补偿流有水平补偿流和垂直补偿流两种，是由于某处海水缺失造成的海水流动；潮流是指在月球和太阳引力作用下，海水周期性水平运动现象。

在一定条件下，当水流经过某些物体时，会在物体两侧出现周期性的涡旋脱落现象，在流体力学中称这种现象为卡门涡街。当悬浮隧道管体（缆索）出现卡门涡街时，将会诱发垂直于管体（缆索）截面与水流流向的周期性变化的流体力，进而导致管体（缆索）产生震动。当管体（缆索）自振频率与涡旋脱落频率相近时，会出现共振现象，导致管体（缆索）出现较大位移；同时，当管体的振动频率等于缆索自振频率两倍的时会使缆索发生参数共振，使缆索疲劳损坏。准确地测定流速及流场分布是研究结构动力响应、确保悬浮隧道安全与可行的前提。本节主要讨论悬浮隧道拟建设场所的流速分布特征和当前学者考虑悬浮隧道水流荷载时流场的处理方法。

4.4.1 悬浮隧道潜在建设场所流速特征

崔培（2008）将普林斯顿海洋模型（Princton ocean model，POM）应用于台湾海峡潮波分布及污染物扩散场的数值计算，得到台湾海峡夏、冬季表层及中层（30m）流速分布。结果表明，台湾海峡水流分布季节变化特征明显；沿着海峡两岸的连线流速分布不均匀，靠近台湾地区流速较大，靠近大陆地区流速较小。

图 4-7 为 1995 年观测琼州海峡得到的大潮期间流速等值线分布图（侍茂崇和陈春华，1998），由图 4-7 可以看出沿着两岸连接线流速分布并不均匀，流速为 0.8～1.6m/s。呈现中间流速大，靠近两侧海岸线流速小的特点。1.2m/s 等值线沿东西分布较远，1.6m/s 等值线在中部、东部出现，呈现孤立状分布。

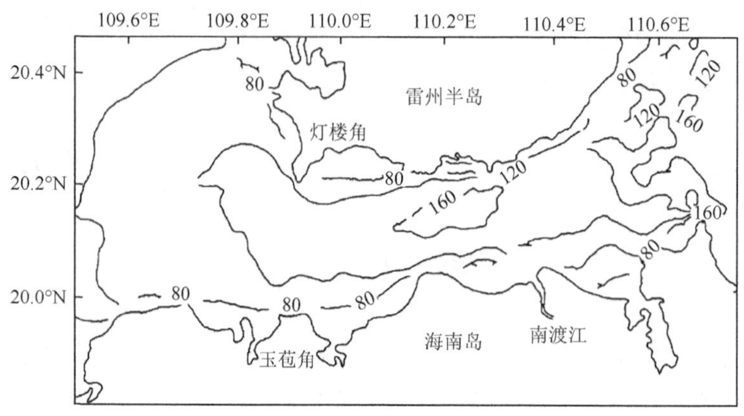

图 4-7　琼州海峡大潮期间潮流等值线分布（单位：cm/s）

韩冰等（2014）对 1992 年吕宋海峡流场观测数据进行分析，在 50m 水深处流场变化较大，季节特征明显。图 4-8 为吕宋海峡夏季 PN 断面流速沿水深分布图，PN 断面位于冲永良部岛西北，横切东海黑潮主干，跨越冲绳海槽、大陆坡和大陆架。表层最大流速 1.55m/s，随着水深的增加，流速呈减小的趋势。

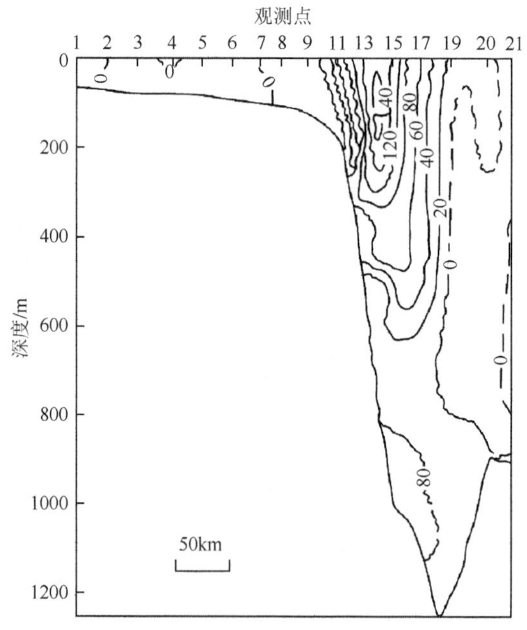

图 4-8　1992 年夏季 PN 断面流速二分布（单位：cm/s）

中国科学院力学研究所与意大利合作调研的千岛湖悬浮隧道所处环境资料显示：千岛湖表层流速为 0.1m/s，水流流速随水深的增加线性减小，到水底流速减小为 0（Mazzolani et al.，2010）。

席尔瓦（2013）认为水平方向上的海洋流速为深度的函数：

$$U_c(x)=[U_{tide}(d)+U_{circulation}(d)]\left(\frac{x}{d}\right)^{1/7} \\ +U_{drift}(d)\left(\frac{x-d+d_0}{d_0}\right) \tag{4-3}$$

式中，U_c 为水流流速；x 为从海底起测得处置距离；U_{tide} 为潮汐流速；d 为水深；$U_{circulation}$ 为低频长周期循环流速；U_{drift} 为距海平面 10m 高度处 10min 观测的平均风速；d_0 为温跃层深度与 50m 中的较小值。

挪威西海岸的赫格海峡平均流速为 0.6m/s（张佳文，1995）。Cowan（1992）研究冰川融化对麦克布赖德（McBride）峡湾环流、盐度及温度的影响，观测数据表明峡湾入口处表面流速：0.05～0.2m/s，大潮期间表面流速可达 2.7m/s。

综上，悬浮隧道潜在建设地点流速特征如下：①流场分布季节变化特征明显；②流速沿水平方向及垂直方向变化较大。

4.4.2 已有的水流作用处理方法

目前大多数水流荷载计算均是针对均匀流场及均匀结构。《港口工程荷载规范》（JTS 144-1—2010）中对港口工程结构水流荷载计算时，选取结构物所在区域可能出现的最大流速为设计流速，水流荷载仅考虑水流阻力，未考虑剪切流的影响。麦继婷等（2005）分析悬浮隧道波流荷载作用下的动态响应时，采用的设计流速为 3.44m/s 和 1.03m/s，假设流速沿水平及竖直方向上是均匀的。杜凤（2008）采用 ANSYS Flotran 计算悬浮隧道在流场中的流固耦合问题时，选取的计算流速为 0～2m/s，流场为均匀流场。晁春峰等（2016）在对缆索进行均匀流作用下涡激振动模型实验时，采用的约化速度为 4～12。

但实际的流场和结构可能都是不均匀的。由于悬浮隧道和缆索长径比较大，可能会出现这样一种情况，只在结构的部分区域发生“锁相”现象，其他区域则将涡激振动能量耗散掉。下面介绍相关文献在剪切流场中结构的动力响应研究。

葛斐等（2007）在研究锚索涡激振动响应时，选取的流场为剪切流场，假设流速沿水深方向分布为一次函数。数值模型以 Iwan 改进的尾流振子模型为基础，计算结果表明使用均匀流场代替剪切流场会高估缆索的运动响应幅值。Iwan（1981）建立了非均匀流场中涡激振动模型，考虑了流体阻尼、非均匀流场、缆绳变直径、附加质量的影响。得到了前三阶模态缆索位移幅值与锁相段宽度之间的关系。结果表明，阻尼的存在会使得缆索位移幅值减小，随着锁相段宽度的增加，各阶模态振幅均增大，但均小于均匀流场的位移。这与（葛斐等，2007）的结论是一致的。Anon（2016）在计算悬浮隧道管体受水流荷载作用时考虑了图 4-9 所示的三种情况：①均匀流场水流沿悬浮隧道长度方向流速(U_c)相等，设计流速为U_c；②非均匀流场，在中间 1/2 区域设计水流流速为U_c，其他区域束流流速为 0；③剪切流场，沿管体长度方向分为两个相等长度区域，水流在每个区域反向加载，剪切流流速$U_{shear} = 2/3U_c$。

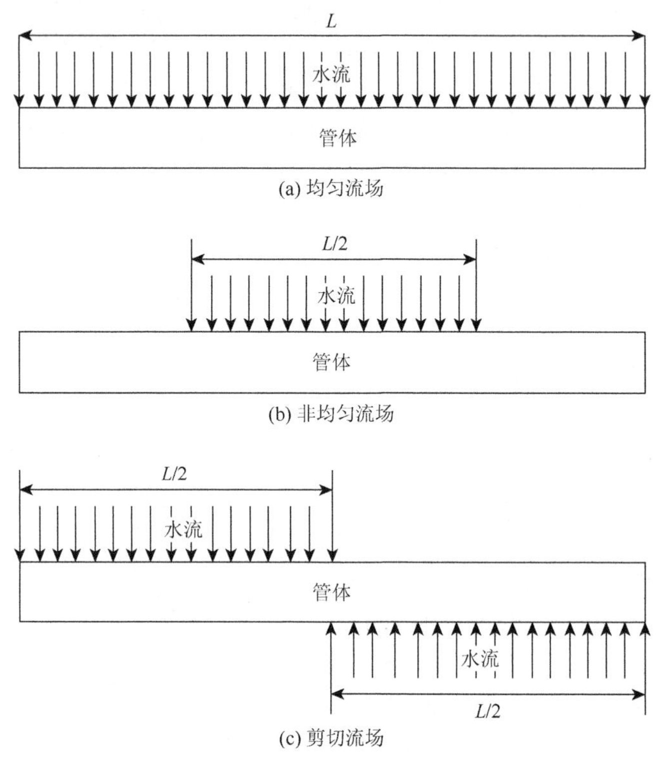

图 4-9　考虑流场形式

综上所述，目前针对悬浮隧道管体流场的选取多采用均匀流场，计算缆索在流场中的运动响应时，考虑流速在竖直方向上的不均匀性也并不多见。但在实际流场中，不管是水平方向还是竖直方向，流场均是不均匀的。笔者认为由于悬浮隧道管体和缆索长径比较大，考虑流场的不均匀性，可能只在某段发生涡激共振，从涡旋中吸收能量，而在非共振段耗散能量。但当使用均匀流场时，就会出现两个极端情况，如果选取的流速恰好发生涡激共振，整个管段均从涡旋中吸收能量，将使得计算结果偏于保守；若选取流速没有发生涡激共振，将使计算结果偏于危险。所以应当对非均匀流场中细长柔性结构的运动响应给予适当考虑。

目前大区域流场计算模型及软件相对较多，当实际海洋或者峡湾测点有限的情况下，可以通过 MIKE 等商业软件或建立 POM、FVCOM、SWAN 模型等数值手段计算工程区域的流场分布特征，通过有限测点修正相应的数值计算模型并验证模型的可靠性与准确性。

（编写：曾繁旭）

4.5　船　行　波

船行波是船舶在水面上航行时所兴起的波浪，因船舶引起航经水域的水体的水面波动，而这个波动会影响周围水中的结构物。在悬浮隧道施工建造时会受过往航行船舶的影响，或者浮筒式悬浮隧道在建造完成后浮筒部分也会受航行船舶的影响。所以需要评估航行船舶对水中结构物的影响。

船舶航行在水面上产生压力扰动，在船艏及船艉均激起横波和散波，各横波波峰线和各散波波峰线交点的连线与航线形成一个夹角，也称为开尔文角，该角理论值为 19°28′（图 4-10）。散波的方向和大小与船舶航行速度、船型等因素有关系。横波而言，其波系的波峰线与岸线方向垂直，横波波系的波高相对散波波系较小，但是其与横波的交汇点处的合成波高将会增大，也会对附近结构物产生较大影响。

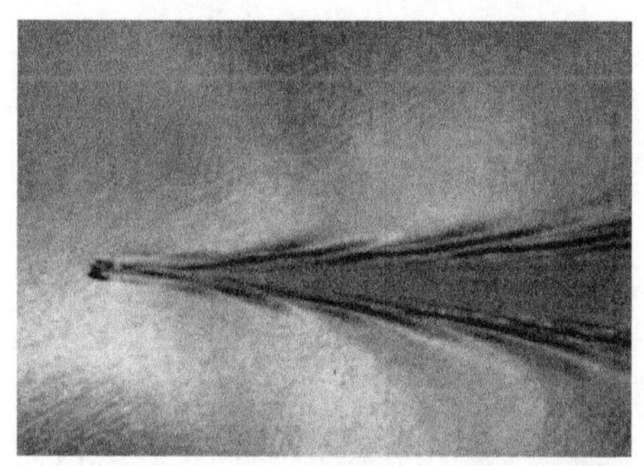

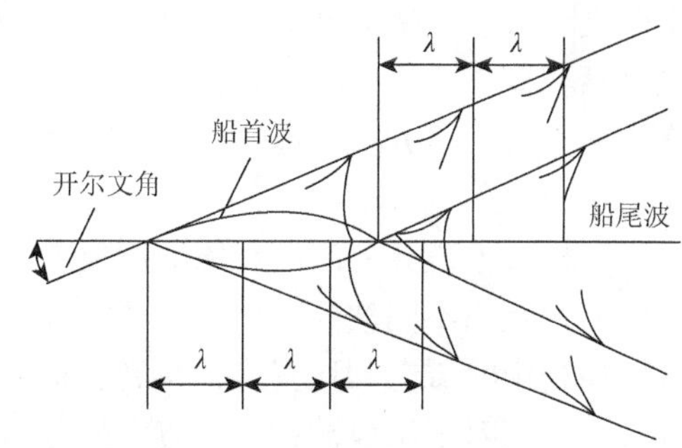

图 4-10　船行波示意图

船行波对水中结构物的作用受航行船速度、船型、航道水深与结构物的距离等多种因素的影响（刘洋，2007）。吨位较大的船舶和速度较快的船舶，在航经码头附近的航道时会产生较大船行波。多艘船舶在狭窄水道或港口等受限水域航行时，船行波的首尾散波在船舶后方相互叠加，可能产生波高逐渐增加的船行波，对结构物产生较大的破坏作用。

（编写：陈进）

4.6 波 浪

波浪是悬浮隧道可能遭受的主要作用之一。当波浪作用力较大，或者其周期与悬浮隧道自振周期接近时，会造成悬浮隧道较大的响应，给结构和人员带来安全风险。海洋中的波浪由多种自然因素作用而产生，如天体引力、海底地震、风和船舶等。本节着重论述由风引起的重力波对悬浮隧道的作用，船行波和内波作用分别见第 4.5、4.11 节。

海面上的波浪是复杂的随机过程，其要素随时空持续变化。研究表明海浪具备平稳性和各态历经性的条件，可以通过测点记录的波浪序列，求出相关统计特征值来表示波浪的总体特征值。通常采用上跨（或下跨）零法统计随机波浪序列的波高和周期（王树青和梁丙臣，2013）。以上跨零法为例，取平均水位为零线，把波面上升与零线的交点定义为上跨零点。若横轴为时间，则两个连续上跨零点的间距便是这个波的周期；若横轴为距离则此间距是这个波的波长。两点间的波峰的最高点和波谷的最低点的垂直距离是这个波的波高。通过跨零法统计随机波浪序列的波高和周期后，可以采用不同统计特征的波作为代表波（特征波）。例如，三分之一大波也称有效波是将波浪序列中的各个波按波高从大到小排列，取前三分之一个波的平均波高 $H_{1/3}$（或 H_s）和平均周期 $T_{1/3}$（或 T_s）作为代表波。再如，十分之一大波：$H_{1/10}$ 和 $T_{H_{1/10}}$；平均波：$\bar{H}$ 和 $\bar{T}$；最大波：H_{max} 和 T_{Hmax}。此外可通过累积概率 F 定义超值累积率波高 H_F，也即波列中超过此波高的累积概率为 F。常用的有 $H_{1\%}$，$H_{5\%}$，$H_{13\%}$等。大量实际资料统计结果表明，$H_{13\%}$约相当于 $H_{1/3}$，$H_{4\%}$约相当于 $H_{1/10}$。

随机波浪统计的波高和周期值反映了波浪的外部特征。大量观测资料表明，实际海浪是由不同波高、周期和传播方向的波浪组成。采用谱分析法，可将随机波浪序列由时域向频域变换，得到随机波浪的组成波。波浪谱则表示随机波浪组成波能量相对于组成波频率和方向的分布，反映了海浪的内部结构特征。波浪谱分为频谱和方向谱。波浪频谱反映了组成波波浪能量相对于组成波频率的分布，常见的波浪频谱有：Neumann 谱（Neumann，1952），布氏谱（Bretschneider，1959），光易谱（Mitsuyasu et al.，1980），P-M 谱（Pierson and Moskowitz，1963），Jonswap 谱（1968～1969 年北海波浪联合研究计划），TMA 谱（Bouws et al.，1985）和普遍风浪谱（文圣常等，1990）等。同一波浪条件下，不同波浪频谱间，谱形会有差异，图 4-11 给出了几种不同波浪频谱谱形的比较。下面着重讨论较常用到的 P-M 谱和 Jonswap 谱：①P-M 谱为经验谱，由 Pierson 和 Moskowitz 于 1963 年依据北大西洋的实测资料推导而得，为单参数谱，见式（4-4）和式（4-5）。②Jonswap 谱在 1968～1969 年“联合北海波浪计划”期间提出，由实测的 2500 个谱导出的风浪谱，由中等风况和有限风距情况测得。为了便于工程应用，合田（Goda，1999）建议采用式（4-4）～式（4-9）改进的 Jonswap 谱。

$$S(\omega)=\frac{0.78}{\omega^5}\exp\left[-\frac{5}{4}\left(\frac{\omega_m}{\omega}\right)^4\right] \tag{4-4}$$

$$\omega_m=1.257/H_s^{1/2} \tag{4-5}$$

$$S(\omega)=\alpha^* H_s^2\frac{{\omega_m}^4}{\omega^5}\exp\left[-\frac{5}{4}\left(\frac{\omega_m}{\omega}\right)^4\right]\lambda^{\exp\left[-\frac{(\omega-\omega_m)^2}{2\sigma^2\omega_m^2}\right]} \tag{4-6}$$

λ 为峰升因子，原观测值介于 $\lambda=1\sim7$，平均值为 3.3，σ 为峰形系数，其值为

$$\begin{cases}\omega\leqslant\omega_m, & \sigma=0.07\\ \omega>\omega_m, & \sigma=0.09\end{cases} \tag{4-7}$$

$$\alpha^*=\frac{0.0624}{0.230+0.0336\lambda-0.185(1.9+\lambda)^{-1}}\cdot(1.094-0.01915\ln\lambda) \tag{4-8}$$

$$\omega_m=2\pi/T_p, T_p=\frac{T_s}{1-0.132(\lambda+0.2)^{-0.559}} \tag{4-9}$$

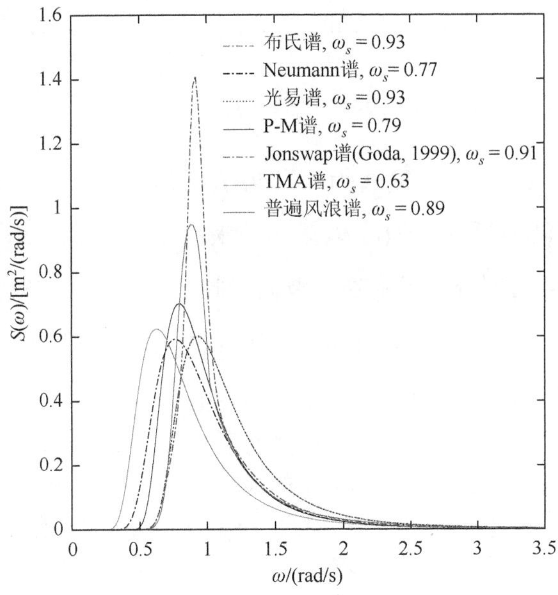

图 4-11 不同波浪频谱谱形比较

表 4-3 中给出了这几种常见形式的波浪频谱的适用条件，以及使用时需要的输入参数。上述几种形式的波浪谱均为风浪谱模型。风作用时形成风浪，当风停止后海面上存在的波浪或传播至无风水域的波浪称为涌浪，涌浪的观测资料相对有限，尚未提出涌浪谱模型。合田对已经传播千里的涌浪进行分析，认为 $\lambda=7\sim10$ 的 Jonswap 谱形可以作为涌浪谱的近似。由于波浪的弥散效应，风区外定点观测到的涌浪谱与风浪谱相比，波能集中在窄的频率范围内。当工程所在地同时存在涌浪和风浪时，实际波浪频谱可能存在两个峰值。

表 4-3　工程中常见波浪频谱的适用范围

名称	适用范围	输入参数
Neumann 谱	充分成长风浪	H_s
布氏谱	无限风区 成长阶段或充分成长风浪	H_s，T_s
光易谱	无限风区 成长阶段或充分成长风浪	H_s，T_s
P-M 谱	无限风区 充分成长风浪	H_s
Jonswap 谱	不同成长阶段风浪	H_s，T_s，γ（谱峰升高因子）
TMA 谱	有限水深 成长阶段风浪	H_s，T_s，d（水深）
普遍风浪谱	不同成长阶段风浪	H_s，T_s，d

波浪的方向谱反映了组成波能量相对于组成波频率和方向的分布，可以表示成如下：

$$S(\omega,\theta)=S(\omega)G(\omega,\theta) \tag{4-10}$$

式中，$S(\omega)$ 表示波浪频谱；$G(\omega,\theta)$ 表示波浪的方向分布函数，满足 $\int_{-\pi}^{\pi}G(\omega,\theta)\mathrm{d}\theta=1$。通常认为波浪能量仅分布在主波向两侧 $-\pi/2\sim\pi/2$ 内分布和传递，因此方向分布函数也可写成 $\int_{-\pi/2}^{\pi/2}G(\omega,\theta)\mathrm{d}\theta=1$。常见的方向分布函数有：简单经验公式（俞聿修和柳淑学，2010）、光易型方向函数（Mitsuyasu et al.，1975）、Donelan 分布函数（Donelan and Hui，1985）和改进的光易形分布函数（俞聿修和柳淑学，1994）等。下面着重讨论常用的波浪方向的简单的经验公式分布和 Donelan 分布函数：①简单经验公式的函数形式见式（4-11）和式（4-12），式中 θ 为组成波的方向，区间 $-\pi/2\sim\pi/2$，$\Gamma(\cdot)$ 为伽马函数，n 为方向分布参数，为常数值；参数 n 反映了波浪方向的分散度，n 越大，波浪方向分布范围越小，如图 4-12 所示；简单经验公式只包含 θ 一个变量，不能反映不同频率波浪的分布方向范围的不同。②Donelan 分布函数形式见式（4-13）和式（4-14），与简单经验公式不同的是，公式中包含了波浪频率和分布角度，反映了不同频率波浪的方向分布不同，如图 4-13 所示。

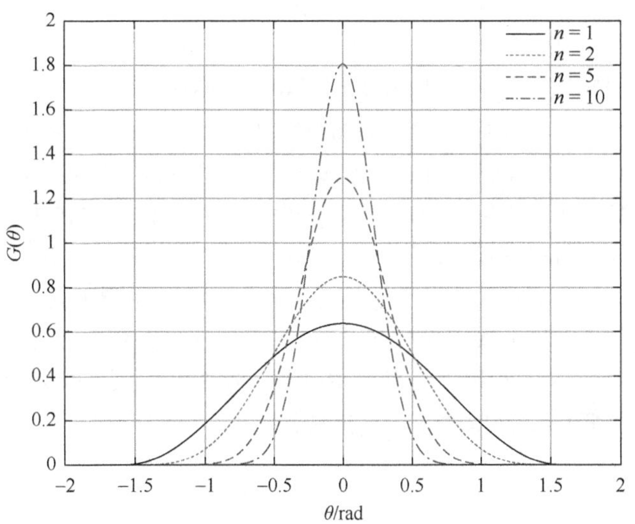

图 4-12　不同 n 值下的波浪方向分布

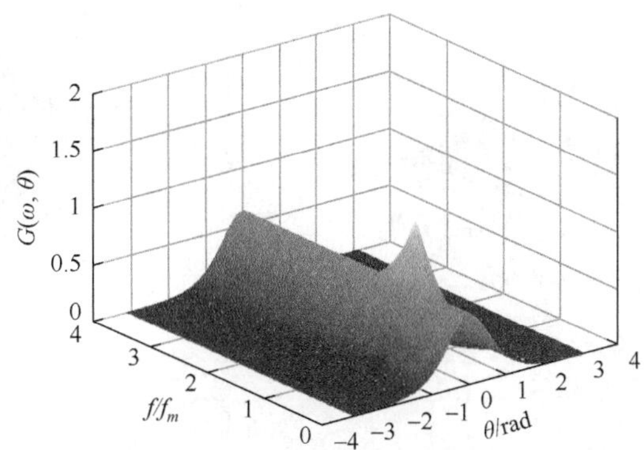

图 4-13　Donelan 分布函数

$$G(\omega,\theta)=C(n)\cos^{2n}\theta \tag{4-11}$$

$$C(n)=\frac{1}{\sqrt{\pi}}\frac{\Gamma(n+1)}{\Gamma\left(n+\frac{1}{2}\right)} \tag{4-12}$$

$$G(f,\theta)=\frac{1}{2}\beta\operatorname{sech}^2\beta\theta \tag{4-13}$$

$$\left.\begin{aligned} &\beta = 2.61(f / f_m)^{1.3}, && 0.56 \leqslant f / f_m \leqslant 0.95 \\ &\beta = 2.28(f / f_m)^{-1.3}, && 0.95 < f / f_m \leqslant 1.6 \\ &\beta = 1.24, && \text{其他} \end{aligned}\right\} \tag{4-14}$$

组合波浪的频谱和方向分布函数即可得到波浪的方向谱，如图 4-14 给出了相同波浪特征参数下，4 种不同组合形式波浪方向谱的比较。由图可知不同形式波浪谱间存在一定的差异，因而采用不同形式波浪谱计算的悬浮隧道波浪荷载的结果会不同。我国《海港水文规范》（JTS 145-2—2013）中，波浪频谱推荐采用普遍风浪谱或 Jonswap 谱；方向分布函数推荐采用 Donelan 分布函数或改进光易型分布函数。目前国外，P-M 谱和 Jonswap 谱是采用最多的两种波浪频谱形式。对于后续悬浮隧道波浪作用研究所采用的波浪谱的选取，可以参考国内外相关海洋工程和波浪相互作用的研究经验。表 4-4 列出了近年来有关悬浮隧道、长跨距浮桥等海工结构物与波浪相互作用研究所采用的波浪谱形式。

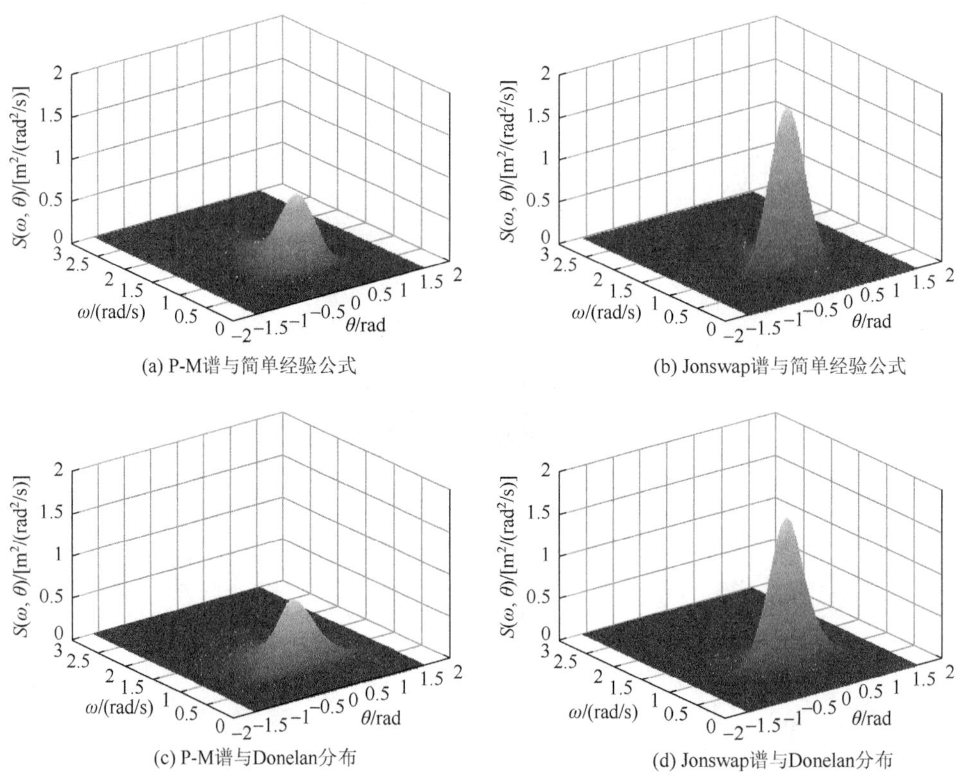

(a) P-M谱与简单经验公式　(b) Jonswap谱与简单经验公式

(c) P-M谱与Donelan分布　(d) Jonswap谱与Donelan分布

图 4-14　不同形式方向谱比较

表 4-4 波浪与相关海工结构物作用时采用的波浪谱

海工结构物	波浪谱		参考文献
	波浪频谱	方向分布	
单柱式平台	P-M 谱	单向	（Falcão et al.，2012）
沉管隧道	P-M 谱	单向	（Wu et al.，2016）
悬浮隧道	Jonswap 谱	单向	（Paik et al.，2004） （Leira，2016）
长跨距浮桥	Jonswap 谱	单向	（Wang et al.，2018） （Sha et al.，2018）
长跨距浮桥	Jonswap 谱	简单经验公式	（Cheng et al.，2018a） （Cheng et al.，2018b） （Viuff et al.，2019）

在实际工程中使用这些波浪谱时，还需调查和统计工程所在地波浪的特征值，如有效波高 H_s 和有效周期 T_s 等。有效波高 H_s 和有效周期 T_s 是大部分波浪谱中重要的输入参数，应根据不同场景：施工期、运营期和极端情况等的重现期要求，利用水文调查资料计算对应的有效波高和周期。以港珠澳大桥工程为例，港珠澳大桥施工期采用的设计波浪重现期为 20 年，运营期采用的设计波浪重现期为 300 年，极端情况采用的设计波浪重现期为 1000 年。根据港珠澳大桥隧道区段的某特征点波浪统计资料，在重现期：1000 年一遇，300 年一遇，100 年一遇，50 年一遇，10 年一遇时，相应重现期高水位条件下，SE 方向波浪对应的有效波高 H_s 分别为：3.27m，2.88m，2.3m，1.97m，1.31m。可以看出不同重现期要求的波浪条件相差较大，实际工程中应综合平衡安全和经济等因素合理地选择波浪重现期。不同地域的波浪条件也相差较大，表 4-5 中给出了不同地区的悬浮隧道方案中波浪条件的比较（Faggiano et al.，2016）。

表 4-5 不同地区悬浮隧道方案波浪条件比较

悬浮隧道选址	环境条件	水深/m	波浪			水流流速/(m/s)
			波高/m	波长/m	周期/s	
千岛湖	轻微	30	1.0	8.25	2.3	0.1
金塘海峡	中度	100	5.8	76.5	7.0	4.1
墨西拿海峡	剧烈	200	13.5	200	11.5	3.45
加利福尼亚湾	中度剧烈	213	9.5	99.8	8.0	2.9

关于波浪作用相对于悬浮隧道的一些特殊考量。参考悬浮隧道及类比工程沉管隧道和浮桥的研究，非线性波浪力计算需考虑波浪力二阶项的影响（Wu et al.,

2016；Sha et al.，2018；Leira，2016）。由于悬浮隧道往往跨度较大，工程所在海域不同位置处的水深、有效波高、周期和波浪入射角度可能不同，所以需考虑波浪的非均匀性问题，可以参考非均匀波浪对长跨距浮桥作用的研究（Wang et al.，2018；Cheng et al.，2018b）。用类似的方法，波浪入射角度是影响悬浮隧道波浪荷载的重要因素，不同入射角度下悬浮隧道所受波浪力的差别会很大（Kunisu，2010；Viuff et al.，2019；Wu et al.，2016）。参考 Papinutti 等（2017）、Wang 等（2018）对风浪和涌浪条件下长跨距浮桥的波浪荷载分析，悬浮隧道所在海域可能同时存在风浪和涌浪，此时的波浪谱为双峰谱，所以实际海域波浪类别也是需要考虑的因素。此外，海浪是一种表面波，随着水深的增加，海浪对水质点速度的影响逐渐减弱，因此水位变化和悬浮隧道的设计淹没深度影响着波浪荷载计算。

悬浮隧道实际工程中将面临复杂的海浪环境，参考悬浮隧道及相关海洋工程波浪作用的文献资料，对于悬浮隧道波浪作用的研究，应根据实际工程所在地的波浪环境，对一些具体问题进行分析和研究。

（编写：邹威）

4.7 腐　　蚀

悬浮隧道一般处于海洋环境中，然而海洋环境是一个复杂的腐蚀环境，在这种环境中没有保护的金属及混凝土构件很容易发生腐蚀，使材料的强度降低，使用寿命缩短。如千岛湖悬浮隧道概念设计中内、外层即为金属层，中间为混凝土结构（Zhang et al.，2010）。因此深入认识海水腐蚀机理具有重要意义。本节将介绍金属、混凝土材料在海水中的腐蚀机理及各种海洋因素对腐蚀速率的影响。

4.7.1 金属腐蚀

金属腐蚀给我们的日常生活和生产带来了巨大的经济损失和社会危害。据统计，世界上每年约有三分之一的金属废料是由于金属材料和设备的腐蚀造成的。直接经济损失甚至占到大部分国家国内生产总值（GDP）的 2%～4%。这一损失是地震、洪水、台风等自然灾害造成损失总额的 6 倍（Hou et al.，2018）。随着科技的发展及国家对海洋资源开发的重视，我国海洋事业正在迅猛发展，金属材料在海洋资源开发中具有重要作用。

各种金属材料在海洋环境中发生腐蚀的类型主要包括：均匀腐蚀、点蚀、电偶腐蚀、缝隙腐蚀、湍流腐蚀、空泡腐蚀和应力腐蚀等。影响海水腐蚀速率的环境因素包括：海水温度、盐度、溶氧量、pH、海水流速、生物附着面积等。各种海洋因素对不同的材料腐蚀速率也不相同（朱相荣和王相润，1999）。

Yari（2017）认为影响海洋腐蚀速率的三个重要因素为：氯离子浓度、含氧量和温度。

海水中的氯离子是最具腐蚀性的物质之一。水中氯离子的浓度通常被称为“盐度”。海水盐度的变化范围通常为3.1%～3.8%，这取决于太阳对水的蒸发速率、降水及淡水和环流对水的稀释程度。海水中氯离子的腐蚀性主要表现在以下三个方面：

①氯离子与亚铁离子反应生成氯化亚铁。

②在点蚀过程中，氯离子被称为“腐蚀性阴离子”，它可以影响点蚀的产生和发展。

③溶氧量是影响海水腐蚀性的另一个重要因素，而海水盐度会影响氧在海水中的溶解度。当海水盐度为3.5%时，此时海水中溶氧量达到最大，金属腐蚀率也同时达到最大。金属腐蚀率与海水盐度关系如图4-15所示。

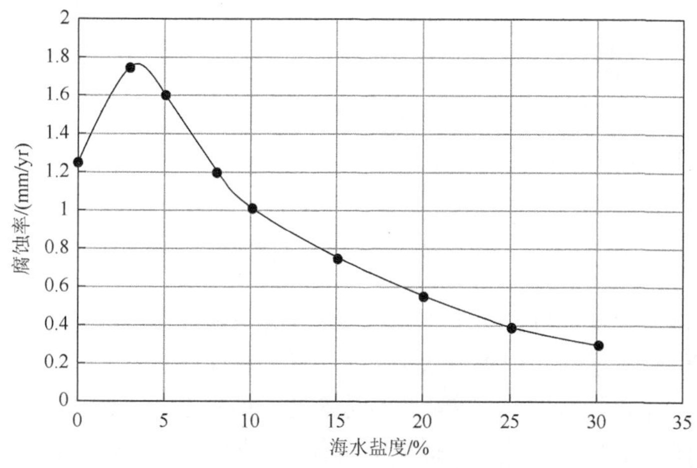

图4-15　金属腐蚀率与海水盐度的关系

海水的pH的变化范围通常为7.5～8.5，所以金属主要发生吸氧腐蚀。因此，海水中的溶氧量对金属腐蚀率会产生重要的影响。吸氧腐蚀反应速率的影响因素有很多。例如，波浪对海水的搅动会增加海水中氧浓度，加快腐蚀速率。温度会对反应速率产生两个相反的影响。一方面，温度的增加会增加分子的移动速度，使反应速率加快。另一方面，氧气的溶解度会随温度的增加而降低。但是氧气在盐水中的溶解度受温度影响比较小，所以腐蚀率会随温度的升高而变大。温度每升高30℃，腐蚀速率将会增加一倍（Schttmacherr，1979）。

无保护普通钢的腐蚀速率随着海洋环境的不同而显著变化，不同腐蚀区的腐蚀率如图 4-16 所示。由图 4-16 可以看出腐蚀率最大区域为浪溅区。值得注意的是，全浸区的腐蚀速率要比潮差区的大。这种较高的腐蚀速率是由于氧浓度电池引起的，阳极位于浪溅区的下方，所以该处腐蚀率较高。

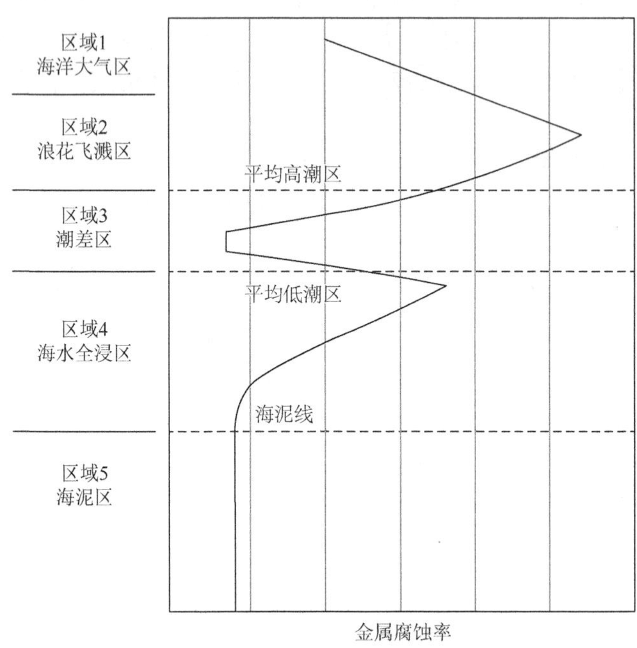

图 4-16　普通钢在不同腐蚀区域的腐蚀率

海水对不同材料的腐蚀性也不同。不锈钢由于具有氧化铬层，在海水中具有较高的耐腐蚀性。然而，由于海水中的氯离子浓度很高，这些合金在停滞的海水环境中容易发生点蚀。例如，304 型不锈钢是一种常用的不锈钢，但当在海水中发生点蚀时是不安全的。当在不锈钢中加入 2%的钼时（316 型不锈钢），不锈钢的抗点蚀性能够提高到可接受的值。不锈钢中铬含量的增加也可以提高海水中的抗点蚀能力。铝及其合金在海洋环境中的耐蚀性在很大程度上取决于合金元素和表面光洁度。例如，铝中存在铁或铜会降低铝的耐腐蚀性。然而，含有镁的 5xxx 系列铝合金，通常是很好的海洋应用候选材料（如 5052 合金）。此外，铝表面形成致密的氧化铝层也可以抑制海洋腐蚀。

马士德等（2000）将碳钢试件分别放在青岛、厦门、榆林，测试近海污损生物对碳钢腐蚀速率的影响。由于青岛试验站受潮流影响较大，年平均气温较低，所以附着生物较少，厦门及榆林全年均有生物附着。结果表明污损生物附着在钢表面时，钢不再直接接触海水，可对碳钢起到一定的保护作用，平均年腐蚀率降低。但污损生物可产生氧浓差电池，或者附着生物死亡后有机体被细菌分解，会引起局部腐蚀。所以污损物对碳钢在海水中腐蚀的影响为：减小平均腐蚀速率，提高局部腐蚀速率。

朱相荣和张启富（2000）应用灰关联分析方法，分析了碳钢在我国四个海域（青岛、舟山、厦门、榆林）一年的局部腐蚀数据。解析出海洋环境因素与钢在海水中的局部腐蚀速率的关系。对局部腐蚀速率的影响程度由大到小为：海水温度＞海生附着物＞pH＞盐度＞溶氧量＞流速。并根据各种海洋因素（包括海水温度、海生附着物、pH）对腐蚀速率的影响程度，提出了海水腐蚀性评价因子的概念。应用此评价因子，上述海域腐蚀性由强到弱的顺序为：榆林＞厦门＞舟山＞青岛。

当金属所处液体为酸性时，发生析氢腐蚀；当金属所处溶液为碱性时，发生吸氧腐蚀。所以 pH 对金属腐蚀有着重要的影响，但实际上，海水的 pH 变化范围很小，所以 pH 对腐蚀速率的影响要远远小于含氧量的影响（Hou et al.，2018）。

朱相荣等（2001）应用灰关联分析方法，对铝合金在海水中的全面腐蚀和局部腐蚀影响因素进行了研究。结果表明铝合金在海水中的全面腐蚀的影响因素主要为溶氧量、盐度和 pH；局部腐蚀的影响因素主要有海生物附着面积、溶氧量和海流流速。

朱相荣等（2001）以碳钢在海水中一年的局部腐蚀深度为基准，将海水的腐蚀性划分为 5 个等级，如表 4-6 所示。朱相荣和黄桂桥（2001）还根据海洋环境因素来划分海水腐蚀等级，先对相应的温度和海洋生物附着面积进行分级，然后根据温度和附着面积的级别确定海水的腐蚀等级，如表 4-7 所示。依据这两个评价标准对我国各海区海水腐蚀性进行等级划分，发现两个评价体系得到的结果基本一致。

表 4-6 按照碳钢腐蚀深度（1 年）划分海水腐蚀性等级

平均局部腐蚀深度/mm	≤0.25	0.25～0.5	0.5～0.7	0.7～1.00	≥1.00
等级	C1	C2	C3	C4	C5
腐蚀性强弱	弱腐蚀性	小腐蚀性	中腐蚀性	强腐蚀性	高腐蚀性

表 4-7 按照温度和海生物附着面积划分海水腐蚀性等级

等级	温度 T/℃	附着面积 A	海水腐蚀性等级
1	＜5	＜10%	C1 = T1 + A1–2
2	5～15	10%～30%	C2 = T2 + A2–3
3	15～25	30%～50%	C3 = T3 + A3–4
4	25～30	50%～80%	C4 = T4 + A4–5
5	＞30	80%～100%	C5 = T5 + A5

傅晓蕾（2010）认为钢在海水中的腐蚀速率影响因素十分复杂，温度是不受其他因素影响的独立变量，除盐度外，pH、溶解氧、海流速度、生物附着面积等因素均相互影响。腐蚀速率还受时间的影响，总结众多实验数据结果表明，钢在海水中的腐蚀速率随着时间增长而下降（Schttmacherr，1979）。

Schttmacherr（1979）认为当海水流速小于某个临界速度时，钢在海水中的腐蚀速率随流速的增加而增加，到达此临界速度后，腐蚀速率增加得更快。这是由于当流速超过临界速度后，将发生磨损腐蚀，一般临界速度为 20m/s。

金属材料的防护措施主要从合理选材、表面防护、介质处理、电化学保护等方面着手。

4.7.2 钢筋混凝土腐蚀

钢筋混凝土是世界上应用最广泛的建筑材料，它具有坚固耐用、成本低廉、便于施工等诸多优点，被广泛应用于各行各业。Anon（2016）技术报告中设计的悬浮隧道就是混凝土结构。因此，认识混凝土在海水中的腐蚀原理与防护是很有必要的。

《抗海水腐蚀混凝土应用技术导则》（DB44/T 566—2008）按环境对配筋混凝土的侵蚀程度，将环境条件分为 6 级，如表 4-8 所示。

表 4-8 海水腐蚀性等级与腐蚀程度对应关系

级别	A	B	C	D	E	F
腐蚀程度	可忽略	轻度	中毒	严重	非常严重	极端严重

近海或海洋环境下（无冻融作用）配筋混凝土的环境作用等级如表 4-9 所示。

表 4-9 不同环境下腐蚀等级

<table>
<tr><th colspan="2">环境条件</th><th>级别</th></tr>
<tr><td rowspan="2">大气区</td><td>轻度盐雾区；离涨潮岸线 200～500m 的陆上环境</td><td>D</td></tr>
<tr><td>重度盐雾区；离涨潮岸线 200m 内的陆上环境和海上环境</td><td>E</td></tr>
<tr><td colspan="2">水位变化区</td><td>E</td></tr>
<tr><td colspan="2">浪溅区</td><td>F</td></tr>
<tr><td colspan="2">水下区</td><td>D</td></tr>
<tr><td rowspan="2">土中区</td><td>非干湿交替</td><td>D</td></tr>
<tr><td>干湿交替</td><td>E</td></tr>
</table>

Yari（2017）认为氯化物可以通过混凝土的缺陷（孔隙和裂缝）渗透到混凝土中，并接触到钢筋，氯离子的侵入会使钢筋活化，发生膨胀性腐蚀。最终，内部锈蚀的生长会降低海工混凝体的耐久性，影响其使用寿命。

与淡水相比，海水中含有大量的氯盐、镁盐和硫酸盐。氯离子的侵入主要导致钢筋锈蚀，硫酸盐与混凝土水化物反应生成石膏和钙矾石等物质，在混凝土内部产生膨胀应力，镁离子的侵入使得混凝土的 pH 降低，引起脱钙反应。同时，高浓度氯盐会使得混凝土的干缩湿胀现象更加明显，严重时会导致混凝土开裂（侯东华等，2008；杨永民，2018）。

海工混凝土抗蚀性能改善技术有：表面防护技术、钢筋防护技术、使用高性能矿物掺合料、使用特种凝胶材料、提高混凝土中钢筋保护层厚度等。

综上所述，由于海洋环境变量的复杂性，针对不同材料，各个变量对腐蚀速率的影响程度也不尽相同，在不同的腐蚀阶段，同一个变量的影响因素也会发生变化，而且各个变量之间相互耦合影响。但目前的防腐蚀措施比较完善，在工程中应根据实际的海洋环境和具体材料选用合适的防腐蚀措施。

（编写：曾繁旭）

4.8　风

悬浮隧道有拉索式、浮筒式和自由式。拉索式和自由式的悬浮隧道全部浸没于水中，所以这两类悬浮隧道主要受浪、流等环境荷载作用。对于浮筒式悬浮隧道，浮筒有一部分露出水面，会受风、浪、流的联合作用。风荷载是水面漂浮结构物的主要设计荷载之一。本章节主要介绍风荷载的基本知识，并对其他学者在考虑风作用时风参数如何取值与处理进行了简要介绍。

4.8.1　风相关基础知识

平均风特性包含风速剖面、基本风速等。

风速剖面：由于地表摩擦阻力的影响，在一定高度范围内，平均风速随着高度的增加而逐渐增大。风速剖面有三种形式：指数型风剖面式（4-15）、对数型风剖面式（4-16）和复合型风剖面。

$$\frac{\overline{v}(z)}{v_0}=\left(\frac{z}{z_0}\right)^{\alpha} \tag{4-15}$$

式中，z_0 为标准参考高度，通常取为 10m；v_0 表示参考高度处对应的风速；α 表示地面粗糙度指数，可参考《建筑结构荷载规范》（GB 50009—2012）（下面简称

“建筑规范”）进行选取，参考“建筑规范”中相关规定，浮筒式悬浮隧道处于海上，α 可取 0.12。

$$\overline{v}(z')=\frac{1}{k}\overline{v}^{*}\ln\left(\frac{z'}{z_l}\right) \tag{4-16}$$

式中，z_l 表示地面粗糙长度；z' 表示有效高度；$\overline{v}^{*}$ 表示剪切流动速度；k 为卡曼常数，$k\approx0.4$（杨帅，2013）。

《公路桥梁抗风设计规范》（JTG/T 3360-01—2018）（下面简称“抗风规范”）中定义的基本风速为：“根据气象台站或平坦开阔地面 10m 高度处的 10min 平均风速资料，通过极值分析得到的重现期为 100 年的风速基准值。”当无实测资料时，可根据“抗风规范”附录 A.2 与 A.3 选取。

在塔科马大桥风致振动毁坏事故之前，工程师将风荷载作为静荷载处理。随着研究的深入，发现脉动风效应不可忽略（白桦，2012）。其原因在于：刚性结构物在脉动风速作用下会产生阵风荷载；柔性结构物在脉动风速作用下会发生动力响应。风的脉动特性包括紊流强度、紊流积分尺度和紊流脉动风速谱等。

紊流强度是描述风速脉动强度的指标，定义为标准差与平均风速的比值式（4-17）。

$$I_u=\frac{\sigma_u}{U},\ I_v=\frac{\sigma_v}{U},\ I_w=\frac{\sigma_w}{U} \tag{4-17}$$

式中，u、v、w 分别表示纵向、横向和竖向；I 为紊流强度；σ 为脉动风速标准差；U 为平均风速。通常纵向紊流度大于横向与竖向紊流度。“抗风规范”中规定 $I_v=0.88I_u$，$I_w=0.50I_u$。I_u 的选取可根据式（4-18）或根据“抗风规范”中表 4.3.1 选取。

$$I_u=\frac{1}{\ln\left(\frac{Z}{z_0}\right)} \tag{4-18}$$

式中，Z 为构件的基准高度；z_0 为地表粗糙高度。

紊流积分尺度是气流中紊流涡旋平均尺度的度量，在纵向、横向和竖向上的速度分量有三个涡旋，由于涡旋的空间特性，每个涡旋在空间三个方向又有各自的尺度，因此共有 9 个量。纵向脉动风速 u 在 x、y、w 三个方向的积分尺度用 L_u^x、L_u^y、L_u^w 表示，紊流积分尺度与高度和地貌有关，越靠近地面紊流积分尺度越小。其数值与风速的大小相关性不大。L_u^x 的定义如式（4-19）所示。

$$L_u^x=\frac{1}{\sigma_u^2}\int_0^{\infty}R_{u_1u_2}(x)\mathrm{d}x \tag{4-19}$$

$R_{u_1u_2}(x)$是两个顺风向脉动速度风量u_1、u_2的互相关函数。σ_u^2是顺风向脉动速度的方差（付晓，2017）。脉动风速 u 的横向及竖向紊流积分尺度可按“抗风规范”中表 C.1.4 选取。

紊流脉动风速谱反映风场中各种频率的脉动风速所占能量的大小。我国“抗风规范”中推荐顺风向采用 Kaimal 谱（式 4-20），竖向采用 Panofsky 谱（式 4-21）。

$$\frac{nS_u(u)}{u_*^2}=\frac{200f}{(1+50f)^{5/3}} \tag{4-20}$$

$$\frac{nS_w(u)}{u_*^2}=\frac{6f}{(1+4f)^2} \tag{4-21}$$

式中，$S_u(u)$、$S_w(u)$分别为顺风向和竖向的风速谱；n 为风的脉动频率；u_* 为风的摩阻速度。

4.8.2 相关文献风参数的选取

海洋工程相关文献中风参数的选取如表 4-10 所示。Argentini 等（1991）分析了 Messina 海峡输电线的两座高 232m 的塔一年多来风速测量的结果，虽然测点在海峡西北侧几公里远，但对海峡大桥的建设具有重要意义。Furnes（1998）应用 Fluent 软件预测了在挪威海沟生产作业的近海生产平台 Troll B 在风场中的受力情况。麓興一郎等（2007）对弹性浮桥在风洞中进行风、浪联合作用模型实验，实验中通过调整格栅和尖塔粗糙元来调整风剖面及紊流度，风洞风场特征如图 4-17 所示。Matsui（2009）分别采用物理模型实验和势流理论对圆柱形储液罐在风荷载作用下的动力响应进行了分析研究，风速的选取参考日本建筑研究所发表的 *Recommendations for Loads on Buildings*（Architectural Institute of Japan，2004）。Fjeld（2012）采用 DNV-RP-C205 计算浮筒式悬浮隧道水面上的浮墩所受的风荷载。Papinutti 等（2017）对 TLP 悬索桥在风浪联合作用进行了时域的分析，探讨了风浪之间可能存在的耦合响应。Wang 等（2018）对两座浮塔支承的多跨悬索桥进行了全耦合时域分析。

上述学者得到了一些有意义的结论。Fjeld（2012）关于浮筒式悬浮隧道所受风荷载的计算结果表明：与其他荷载相比，风荷载可忽略不计。麓興一郎等（2007）关于弹性浮桥风、浪联合作用模型实验结果表明：波浪对浮桥的运动响应明显大于风的影响；风、浪联合作用时，浮桥在风的作用下向下风侧产生一个定常的位移，波浪使浮桥在定常位置振动。由于浮筒式悬浮隧道管体完全浸没在水中，仅浮筒露出水面，风荷载对其运动响应还需结合实际环境荷载及结构形式进行计算分析。

表 4-10　相关文献风参数选取

参考文献	研究主要内容	风速及选取依据	风特征描述
（麓興一郎他，2007）	浮桥风、浪联合作用	原型：3～50m/s 依据：无	指数型（$\alpha=0.2$）
（Argentini and Lavagnini，1991）	墨西拿海峡风速分布情况	原型：＞23m/s 依据：墨西拿海峡实测	风剖面对数分布特征，紊流强度与风向有关
（Furnes，1998）	Troll B 风荷载	原型：38m/s 依据：无	指数型（$\alpha=0.124$），紊流强度：数值与物理模型保持一致
（Matsui，2009）	储液罐风荷载	原型：38m/s 依据：日本建筑研究所	指数型（$\alpha=0.15$）
（Papinutti，2017）	TLP 悬索桥风、浪联合作用	原型：100 年重现期 37m/s 依据：挪威西海岸观测数据	指数型（$\alpha=0.3$）紊流强度：$I_u=0.14$，$I_v=0.07$，$I_w=0.105$。风速谱：Kaimal 谱
（Wang，2018）	多跨悬索桥风、浪联合作用	原型：100 年重现期 31m/s 依据：Borge，J.报告	紊流强度为$I_u=0.096$，$I_v=0.047$
（Fjeld，2012）	浮筒式悬浮隧道风荷载	原型：28m/s 依据：实测	风荷载等效为静力荷载

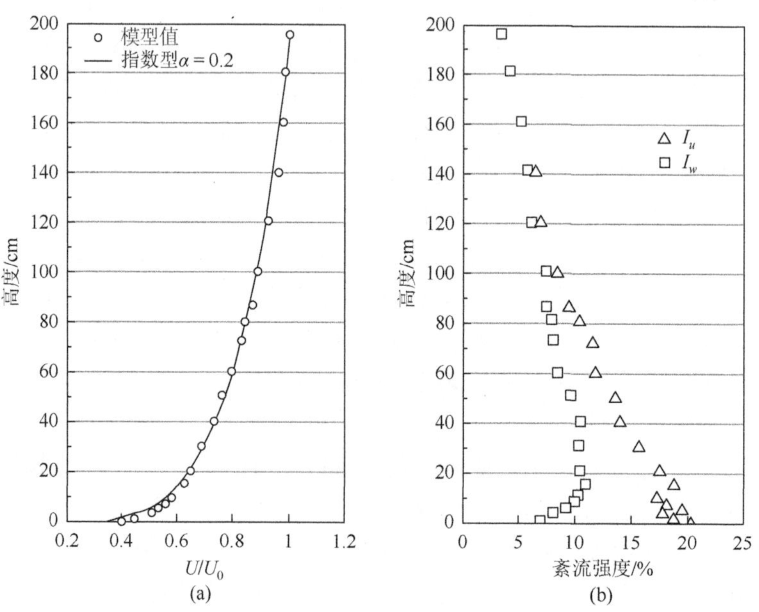

图 4-17　模型风速剖面（a）及紊流强度（b）

（编写：曾繁旭）

4.9 地 震 作 用

同陆地一样，海洋也会经常遭遇地震作用，地震是地壳在快速释放能量过程中造成振动的一种自然现象，并伴随着地震波的产生。地震往往会引起严重的人员伤亡或较大的经济损失，同时可能会造成火灾、水灾、有毒气体泄漏，还可能会造成海啸、滑坡、崩塌、地裂缝等次生灾害。与其他多数动力荷载形式相比，地震激励是指由土的运动引起的结构响应而不是直接作用于结构物之上，因此研究者通常是根据它们的运动来建立等效的地震荷载。随着人们对地震动认知的不断加深，结构抗震已成为设计所考虑的重要因素之一，因此，在悬浮隧道设计过程中，地震作用是不可忽略的。

地震作用带来的灾害是巨大的，在结构设计前期须进行抗震验算。为了达到设计预期要求，需要指定实际的地震荷载。在工程抗震理论中，地震分析方法主要有静力法、反应谱法、动力时程法、随机振动法及等效线弹性分析方法等（于继克，2018），反应谱法和动力时程法在工程上应用较为成熟，下面对这两种方法进行阐述。

地震反应谱是指单自由度体系在给定的地震作用下最大绝对加速度反应与体系自振周期的关系曲线。反应谱法实质上是把计算结构的动力问题转化为计算结构的静力问题，它是既考虑地面运动特征又考虑结构动力特性的一种抗震计算方法。应用反应谱法的计算步骤：先根据地震波记录构造反应谱，再根据反应谱理论计算结构各阶振型的地震作用，最后通过组合叠加计算总的地震最大响应。目前，反应谱分析方法相对较为成熟，中国、美国、日本、欧洲等均采用了反应谱理论，如图 4-18 所示，其中我国公路桥梁抗震设计细则中反应谱曲线表达式如式（4-22）和式（4-23）所示。

$$S=\begin{cases}S_{\max}(5.5T+0.45), & T<0.1\text{s}\\ S_{\max}, & 0.1\text{s}\leqslant T\leqslant T_g\\ S_{\max}(T_g/T), & T>T_g\end{cases} \tag{4-22}$$

$$S_{\max}=2.25C_iC_sC_dA \tag{4-23}$$

式中，T_g 为特征周期（s）；T 为结构自振周期（s）；$S_{\max}$ 为水平设计加速度反应谱最大值；C_i 为抗震重要性系数；C_s 为场地系数；C_d 为阻尼调整系数；A 为水平向设计基本地震动加速度峰值。反应谱法包括单振型反应谱法和多振型反应谱法，地震作用效应的组合方式通常有 SRSS 及 CQC 等（JTG/T B02—2008）。

大量的震害分析表明，反应谱理论虽然考虑了振幅和频谱的影响，能够解决大部分问题，但地震持续时间对震害的影响始终在设计理论中没有得到反映，故而这种方法适用于规则结构，对于不规则结构及高层建筑，各国规范多采取时程分析法进行补充计算（王亚勇，2000）。

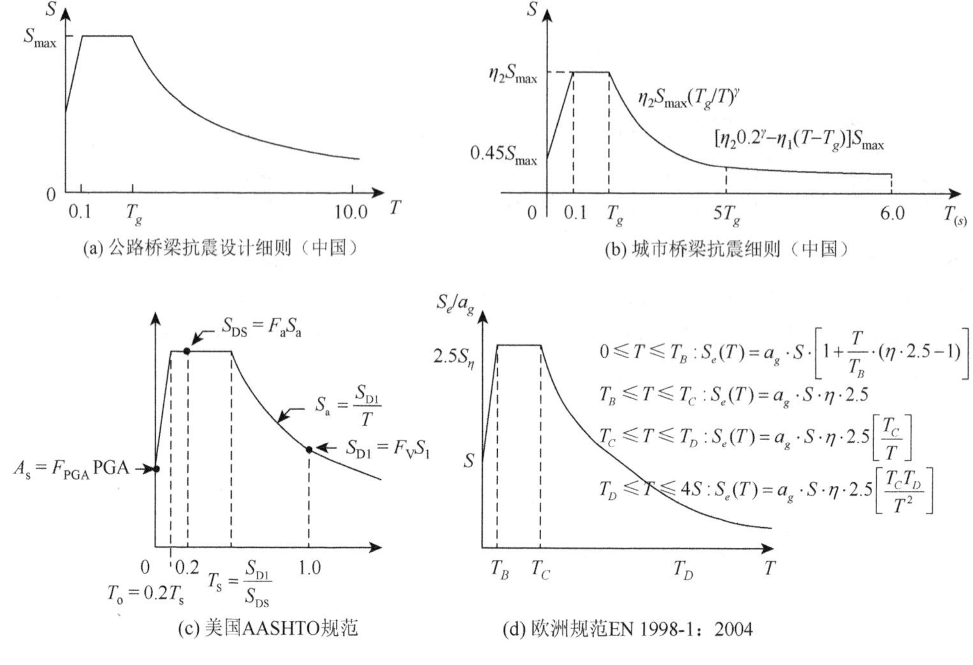

图 4-18　中国、美国、欧洲规范中的反应谱曲线

时程分析法，即弹塑性直接动力法，是通过建立系统动力学方程进行迭代求解的一种抗震计算，时程分析法一般用在非线性结构及复杂结构中，具体实施与计算过程为：首先将地面运动时间 t 按照固定的时间间隔与数量分割成一系列的时间间隔 Δt，然后在每个时间间隔 Δt 内把整个结构体系当作线性体系来计算，最后逐步求出各时刻的响应。根据我国抗震规范（JTG/T B02—2008 及 CJJ 166—2011）中的规定与建议，反应谱法适用于常用规则的结构，而对重要结构、复杂结构抗震计算都建议采用时程分析法。动力时程分析法较为全面地考虑了地震强度、频谱特性、地震持续时间等强震三要素，可以具体、详细地给出从弹性阶段、弹塑性阶段直至破坏等各个阶段的结构地震反映全过程动力时程波见图 4-19。

在张力腿型的悬浮隧道中，地震引起的作用通常由两部分构成：一部分由地震作用（earthquake）引起的施加在管体上的动水压力，这部分作用也称为"seaquake"；另一部分是由基础传递给锚索，再由锚索传递给管体，这部分作用由锚索处基础移位（movement at foundations）造成的（Canziani and Pirozzi，2018），其中基础移位又可细分为两部分：锚索连接的桩基础移位和驳岸处基础移位（Martire et al.，2009）。

在研究墨西拿海峡悬浮隧道的方案时，采用了意大利规范中的反应谱法来模拟地震作用，选择重现期 2475 年，土壤类别为 D 类，水平向 PGA = 0.482g，竖向 PGA = 0.452g（Martire et al.，2010）。Zhang 等（2010）依据欧洲规范（EN

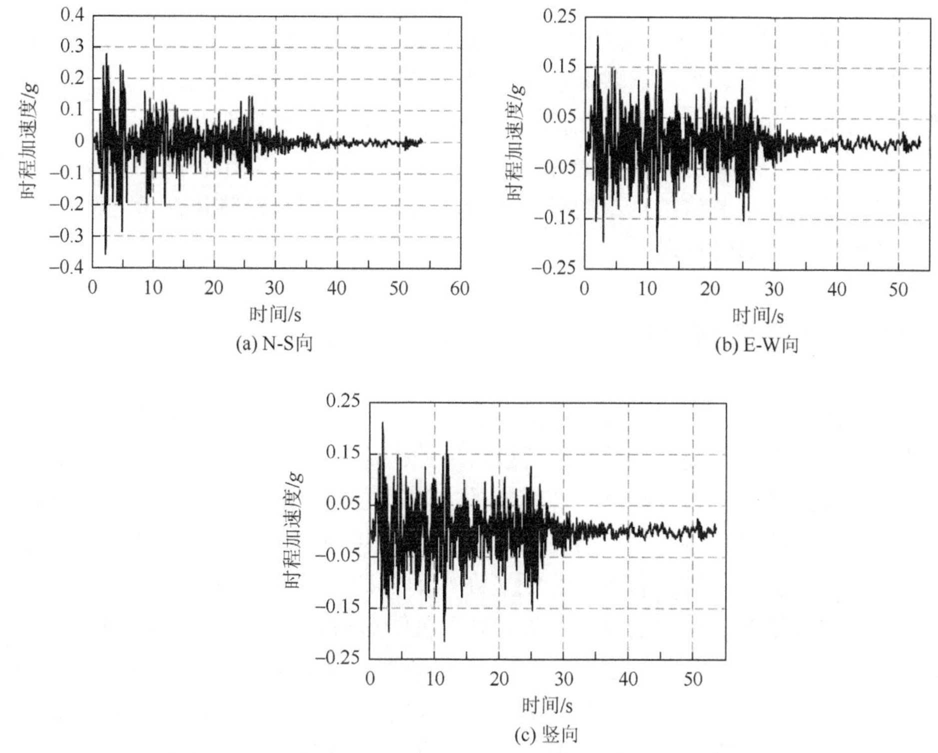

图 4-19　动力时程波（El Centro 波，1940s）

1998-1-1：2004，对千岛湖悬浮隧道模型进行了反应谱分析。孙胜男和陈健云（2006）则采用以函数形式来模拟地震作用，研究悬浮隧道下部海水提供的动水压力。赵佳佳（2013）则采用随机地震激励来研究悬浮隧道锚索的动力响应；Mayoral 等（2016）则采用了反应谱和动力时程分析两种方法进行了研究。

地震作用是平衡结构安全和经济性能的重要前提，在悬浮隧道设计过程中，准确模拟地震作用尤为关键。地震作用的模拟方式有多种，在实际工程中，反应谱法和时程分析法应用较为普遍，每种方法都需根据悬浮隧道所在海域的情况（土层场地类型、地震烈度、结构的重要性等）进行确定。

（编写：孙南昌）

4.10　冲 击 荷 载

目前，关于悬浮隧道的研究多集中在水流作用下的管体及锚索等局部构件，对偶然荷载作用下的运动响应机制、灾难性事故的防御认识不足（项贻强等，

2017）。悬浮隧道在运营的过程中可能会面临多种偶然荷载的作用，如地震、沉船、车辆撞击、爆炸等。虽然这些荷载持续时间较短、发生概率较低，但由于悬浮隧道处于深水环境中，一旦发生上述偶然荷载，将会对行车安全乃至人员生命造成严重威胁。所以研究可能发生的冲击荷载类型、荷载大小对于提高结构安全性能具有重要意义。本节将根据国内外文献及相关规范介绍悬浮隧道在考虑冲击荷载作用时相关参数如何选取。

4.10.1 国内外文献关于冲击荷载的选取

对于拉索式悬浮隧道，管体通常处于水下 30～50m 的位置，而且悬浮隧道在设计过程中会考虑避免影响通航，所以对其冲击荷载一般为沉船。惠磊等（2008）采用数值（ANSYS/LS-DYNA）和解析的方法建立悬浮隧道在冲击荷载作用下的模型。冲击物假设为刚性体，质量为 10t，冲击速度为 3m/s。Hong 和 Ge（2010）以千岛湖悬浮隧道为研究背景，介绍了在水动力荷载及偶然荷载作用下悬浮隧道的动态响应及结构完整性的研究进展。对于沉船荷载，设计船体质量 50t，撞击速度 1m/s。Zhang 等（2010）采用 ANSYS/LS-DYNA 计算千岛湖悬浮隧道在冲击荷载作用下的局部应力和整体变形。设计沉船质量 50t，冲击速度 1m/s。Anon（2016）考虑比约纳峡湾常有潜艇通过，悬浮隧道管体可能受到潜艇的撞击，设计潜艇质量 1150t，最大速度 20 节，撞击能量 57.5MJ。

浮筒式悬浮隧道或浮桥在运营过程中有可能遭受正常行驶船舶撞击的影响，这类冲击荷载冲击速度及冲击能量较大，对结构物的破坏作用也较为明显。Århus（2016）参考了松恩海峡的水运交通情况，设计船体质量 30 000t，撞击速度 9.3m/s，撞击能量 1550MJ，船体附加质量系数取为 0.2。Sha 和 Amdah（2016）采用有限元软件 LS-DYNA 对游轮与浮桥进行局部撞击分析。设计船重 24 344t，船速 10m/s。Sha 等（2017）设计船舶质量 20 000t，撞击速度 5m/s，产生的撞击能量 250MJ。Fjeld（2012）根据松恩海峡的通航情况，对浮筒式悬浮隧道可能遭受的船舶冲击荷载进行了统计并划分为 9 个等级，如表 4-11 所示。Anon（2016）根据比约纳峡湾通航情况设计不同重现期下船舶冲击荷载，如表 4-12 所示。重现期小于 1000 年的冲击荷载可以忽略不计。船舶对桥墩的冲击荷载也有较大的参考价值。罗林阁等（2006）应用 LS-DYNA3D 通用程序对船舶撞击力进行数值计算。设计撞击船舶为双壳散货船，满载排水量（考虑 10%附加水体质量）68 750t，撞击速度为 3m/s。计算模型以湛江海湾大桥为原型，桥长 840m，主跨 480m，桩长 100m，桩径 290cm。

除船舶撞击外，SFT 还有可能遭受爆炸产生的冲击荷载。Luo 等（2018）通过有限元软件 LS-DYNA 计算圆形、矩形和椭圆三种截面形式的悬浮隧道在遭受爆炸荷载时的动态响应。冲击荷载为100kg TNT爆炸所产生的冲击力，采用Jones-Wilkins-Lee气体状态方程来描述爆炸产生的气体压力。Anon（2016）对比约纳峡湾浮筒式悬浮隧道进行了概念设计及可行性研究，设计内部爆炸荷载300kPa，持续时间100ms，由于此冲击荷载远小于水的静压力，所以此荷载不会对管体设计产生很大影响。

表 4-11　浮筒式悬浮隧道可能遭受的船舶冲击荷载

等级	1	2	3	4	5	6	7	8	9
质量/t	580	1 300	3 200	5 000	7 500	13 000	15 000	21 000	44 000
速度/(m/s)	4.5	4.8	5.5	5.6	6.2	6.8	7.4	7.7	9.5
长度/m	35	56	78	91	110	130	160	200	260
能量/MJ	6.1	16	49	81	150	320	440	650	2 100

表 4-12　比约纳峡湾不同重现期船舶冲击能量

重现期/a	1 000	10 000	100 000
冲击能量/MJ	0.3	339	725

4.10.2　规范中关于冲击荷载的规定

参考《公路桥涵设计通用规范》（JTG D60—2015）对通航水域的桥梁墩台在船舶冲击荷载的相关规定，当无实测资料时，内河船舶与海轮船舶撞击作用设计值可分别按表4-13和表4-14取值。汽车撞击力设计值在车辆行驶方向上应取1000kN，在垂直汽车行驶方向应取500kN。

表 4-13　内河船舶撞击作用设计值

内河航道等级	船舶吨级 DWT/t	横桥向撞击作用/kN	顺桥向撞击作用/kN
四	500	550	450
五	300	400	350
六	100	250	200
七	50	150	125

表 4-14　海轮撞击作用设计值

船舶吨级 DWT/t	3 000	5 000	7 500	10 000	20 000	30 000	40 000	50 000
横桥向撞击作用/kN	19 600	25 400	31 000	35 800	50 700	62 100	71 700	80 200
顺桥向撞击作用/kN	9 800	12 700	15 500	17 900	25 350	31 050	35 850	40 100

建议悬浮隧道的冲击荷载设计值宜按专题研究确定。对于浮筒式悬浮隧道，可能发生的冲击荷载冲击能量较大，应设置防撞设施。对于拉索式悬浮隧道，应结合具体水域通航船舶情况，计算可能发生的冲击荷载对悬浮隧道的影响，综合考虑是否需要添加防撞设施。此外，安全起见，应该考虑冲击物附加水体质量的影响，对计算冲击荷载时的冲击物质量进行修正。

（编写：曾繁旭）

4.11　内　　波

海洋内波是存在于海洋密度跃层中的非线性波动。内波的恢复力主要是约化重力（浮力与重力的合力）及科里奥利力，所以内波也是一种重力波，或者可以称作内惯性重力波。当海水密度上下分布不均匀，两层海水的相对密度有差异时，在外力扰动下，就会在两层海水界面上产生波浪。

海洋内波的最大振幅出现海面以下（图 4-20），其频率介于惯性频率与布伦特-韦伊塞莱频率（Brunt-Vaisala frequency，一个与波浪静力稳定度有关的参数）之间，在频率较高时，海水质点的恢复力主要为约化重力，在频率较低时，恢复力主要为科里奥利力。海水不同分层结构之间的密度相差很小，所以相当于将分层介质处于一个约化重力加速度很小的微重力场中，由于海水质点受到的恢复力极小，一旦出现某种扰动就会在分层介质内部引起巨大波浪，这种波动空间尺度非常大，但传播非常缓慢。根据扰动成因不同，内波主要分为如下三种：一是由正压潮与地形相互作用所产生的内波，也叫作潮成内波；二是由风的惯性振荡所引起的内波，也叫作惯性内波；三是由水下运动物体或局部扰动源所引起的内波如尾迹内波等。

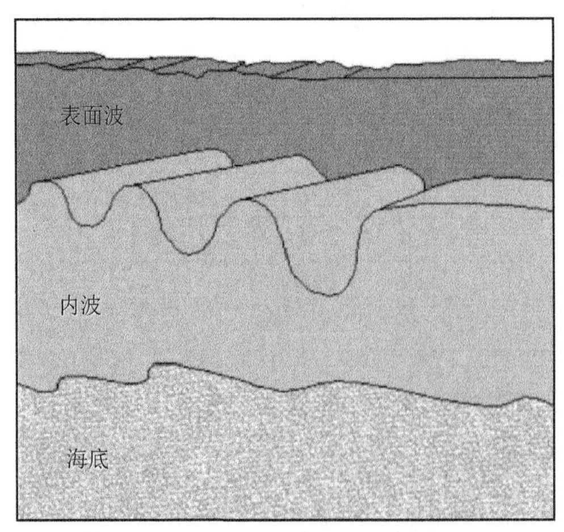

图 4-20　内波示意图

内孤立波是一种常见的大振幅、短周期的非线性波，属于一种特殊的海洋内波。因其振幅大，会对悬浮隧道起到一个强非线性作用，可能会引起悬浮隧道的大幅度运动响应，因此这里着重描述内孤立波的特性。决定内孤立波传播演化特性的两个基本因素：非线性效应和色散效应（Grimshaw et al，

2010)；非线性效应使波形变陡，色散效应使波形变得平坦；当非线性效应与色散效应在某种尺度上达到平衡时，内孤立波能够保持波形和相速度基本不变。

海洋内波通常呈现很强的随机性，其周期范围为几分钟至几十小时，波长范围为几十米至几十千米，振幅范围为几米至上百米之间。Perry 和 Schimke（1965）在 Andaman 海 1500m 水深的海域中测量发现 500m 水深处存在温跃层，观测到大量振幅高达 80m，波长 2km 的内孤立波群。石新刚等（2013）对南海流花海域内孤立波观测数据进行统计分析，内孤立波夏季出现的次数最多，冬季出现的次数最少，发现该海域 4 月至 9 月期间内孤立波活动频繁，4 月份 100m 水深附近有很强的层化，内孤立波振幅变化范围为 30～100m，其中以 30～50m 为主，占到总数的一半以上。Ramp（2004）分析了东沙群岛和台湾岛之间海域的内孤立波观测结果，指出该海域观测到的内孤立波来源于吕宋海峡附近，经过深水区传播 485km 后到达观测海域，在此过程中，内孤立波的振幅变化剧烈，从 29m 发展到 142m。2001 年 6 月 9 日，海研 1 号在南海北部作业时观测到的内孤立波（w3.oc.ntu.edu.tw），波高约为 100m，水深为 80～100m（图 4-21）。

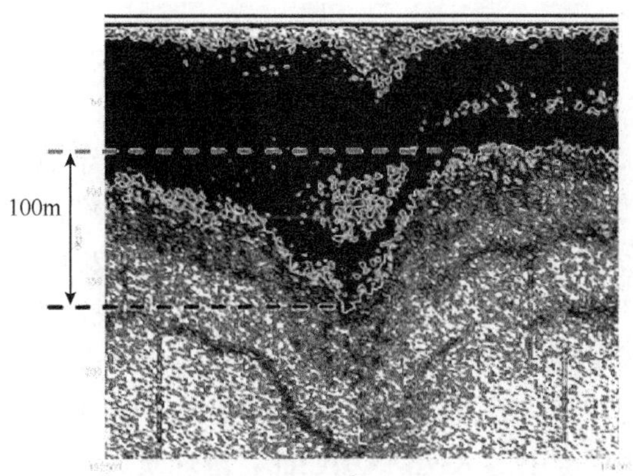

图 4-21 海研 1 号观测到的内孤立波

内孤立波诱导的突发性强流，以及流场的强烈剪切作用，会对钻井平台、立管、系泊结构等海上结构物产生强烈的破坏性（杜涛和方欣华，2003）。大振幅的内孤立波使等密度面发生快速的剧烈起伏，当有潜艇、鱼雷等水下航行体经过该区域时，会随着等密度面的起伏而上下运动，导致水下航行体失去控制（魏岗，2003）。如果海域内出现这种大振幅、短周期的内孤立波，会引起悬浮隧道的大幅度响应，不利于行车安全及结构安全，因此需要评估内孤立波对悬浮隧道产生的作用。

（编写：陈进）

4.12 火 灾 作 用

总体上火势的发展要经历四个阶段，见图 4-22。到了图中的燃烧阶段以后我们才需要计算火灾对主体结构的影响。在这之前，我们可以通过主动措施（发现与扑灭）或被动措施（没多少东西可烧）避免燃烧。

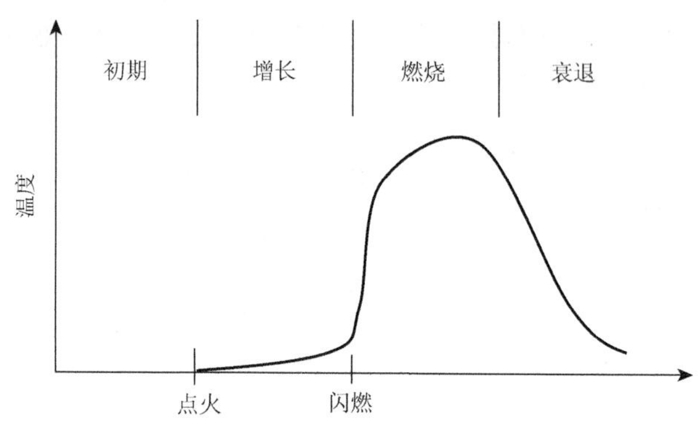

图 4-22 火势发展经历全过程的时温曲线

火灾作用体现在结构表面空气温度的升降。隧道内车辆火灾引起的热量在美国规范 NFPA502（2004）、英国规范 BD78/99、世界道路协会（PIARC）标准均有描述，表 4-15 总结了车辆的火灾热释放率（Zhang，2016）。决定了热能峰值后即可绘制隧道常见的火灾曲线，即隧道内壁表面空气温度及其随时间的变化。千岛湖悬浮隧道计算研究用 RABT 曲线（Long and Guo，2016）来定义靠着隧道内壁的气温，前 5min 温度快速上升到 1200℃，并维持 2h，再缓缓下降。其他类似温度荷载曲线有 PIARC 标准中的 RWS 或 HCinc，港珠澳大桥岛隧工程沉管隧道用过后者，描述温度-时间曲线的公式见式（4-24），由该公式易发现结构表面最高空气温度可达 1300℃。

表 4-15 不同规范认定的隧道火灾释放能量（单位：MW）

车辆类型	NFPA502（2004）	BD78/99	PIARC 标准
小车	5	5	2～5
巴士	20	20	20
卡车	—	15	15
重型货车	20～30	30～100	20～30
液罐车	100	—	—

$$T_{HC_{inc}}(t) = 1280 \times (1 - 0.325\mathrm{e}^{-0.167t} - 0.675\mathrm{e}^{-2.5t}) + 20 \tag{4-24}$$

（编写：林巍）

4.13 基 础 变 位

如果我们将悬浮隧道的基础定义为除接岸接头之外的固定方式，对于浮筒式悬浮隧道，其基础就是水面，随着水面的上升与下降（案例参考 2.4 节），基础发生变位——换句话说，水位升降变动过大的地方，浮筒浮力变化大，不适宜浮筒式悬浮隧道。对于拉索式悬浮隧道，基础有可能发生沉降（如采用重力式基础时），由于上拔力的存在，有趣的是也有可能发生上移（Ingerslev，2010）。

浮筒式悬浮隧道的“基础”变位与土无关，完全取决于隧址区水位变化程度及浮筒的水面线面积，可想而知浮筒水面线面积越大，水位上升或下降时的浮筒排水体积改变量就越大，竖向力的改变就越大。解决方案是通过增强浮筒式悬浮隧道的管体两端的结构来“抗”，或者设置特殊的允许较大转动的接岸接头来“让”。为确保悬浮隧道运营期安全，笔者认为需要考虑约 300 年一遇的水位来对纵向结构及浮筒与管体的连接部位的局部进行验算。

拉索式悬浮隧道的沉降，即与土体有关的沉降，又称“竖向位移”，沉降组成分 6 类（Randolph and Gourvenec，2011）。

①初始沉降：静力加载，不排水时的剪切应变。

②不排水蠕变：静力持续加载，不排水时的剪切应变。

③二次沉降：恒定有效应力，排水时的体积应变与剪切应变。

④循环荷载：局部塑性屈服和应力重分布。

⑤循环导致超孔隙水压力及相应土体刚度和不排水有效应力的减小，引起剪切应变。

⑥循环导致超空隙水压力的消散，引起体积应变。

可见悬浮隧道在施工期、运营期都会发生沉降。笔者未见其他描述基础变位的文献，并且以为：一方面，通过设置可调节缆索长度、增加锚点预拉或预压工艺等措施尽量不让基础变位发生，或者将其发生后的有关安全风险降至可接受的最低程度；另一方面，在悬浮隧道实际设计时，通过可能的地质勘探，配合物理模型试验与数学模型研究，给出悬浮隧道主体结构设计所需的基础变位参数。

（编写：林巍）

4.14 施 工 荷 载

在当前悬浮隧道研究文献中未发现施工期间荷载的研究。考虑悬浮隧道和沉管隧道的一些相似性（Ingerslev，2012）——也有可能截然不同——下面基于笔者在港珠澳大桥岛隧工程沉管隧道的设计经验，定义悬浮隧道施工荷载的一些原则。

①施工期包括主体结构及部件的制造、拼装、水上运输及安装，直至隧道合拢并完成永久连接前的所有时期。

②既需要分析施工期可能的外部荷载（水流、波浪、风等）对结构的影响，还需要分析施工时期的边界条件变化对主体结构受力的影响。

③悬浮隧道管体部分或全部成型之后，在预制场内可能是多点支撑，其中某点或某几个点的不平整会导致结构局部的脱空或硬点，对这些可能的情况需进行结构验算。

④制造出来的悬浮隧道管体的重量会与期待值存在误差，这个误差只有在管体漂浮起来后，测量其干舷才能算准。然后基于测量干舷，在管体漂浮状态下，浇筑干舷调节混凝土（图 4-23），这个过程中，如果悬浮隧道管体较细长，需要验算纵向结构应力，如有中间接头还需验算接头的防水安全性，即接头需要始终保持一定的压力。

图 4-23 港珠澳大桥沉管隧道首批管节浇筑干舷调节混凝土

⑤如果采用类似沉管管节的安装方法，管体下沉时体系的响应需要通过物理模型和数学模型进行分析。其中，可能的压载水和吊点的集中力导致的管节纵向弯矩需要验算；安装过程中的管体的摆动幅度需要验算（Lin，2016）。

⑥悬浮隧道可能存在从一端往另外一端逐渐施工的过程，直至合拢，验算这个施工过程结构体系的安全性。

⑦管体连接或顶推时整体结构体系的安全性，以及局部结构的安全性验算。

⑧一些临时安装设施或构件的安全检查，如管体两边的端封门。

（编写：林巍）

参考文献

白桦，2012. 影响桥梁及建筑结构风洞试验结果若干因素研究[D]. 西安：长安大学.

晁春峰，项贻强，杨超，2016. 悬浮隧道锚索流固耦合振动试验研究[J]. 振动与冲击，35（3）：158-163.

崔培，2008. POM 模型在台湾海峡潮波形态分布及污染物扩散研究中的应用[D]. 厦门：厦门大学.

党学博，龚顺风，金伟良，等，2008. 海底双层管单层连接管道结构受力分析[J]. 海洋工程，26（4）：70-76.

董满生，葛斐，洪友士，2006. 曲线形水中悬浮隧道的温度内力研究[J]. 工程力学，23（S1）：21-24.

董满生，葛斐，惠磊，等，2007. 水中悬浮隧道研究进展[J]. 中国公路学报，20（4）：101-107.

董满生，张嫄，唐飞，等，2016. 等间距移动荷载作用下水中悬浮隧道管体的位移响应[J]. 应用力学学报，33（5）：760-765，931.

杜朝伟，王秀英，2009. 水下隧道沉管法设计与施工关键技术[J]. 中国工程科学，11（7）：76-80.

杜凤，2008. 悬浮隧道水下工作环境动态演示系统的研究[D]. 成都：西南交通大学：88.

杜涛，方欣华，2003. 潮成内波在物理海洋和相关学科中的影响[J]. 海洋预报，20（4）：50-55.

付晓，2017. 重力相似体系下群柱风速比尺的试验研究[D]. 大连：大连理工大学.

傅晓蕾，2010. 海水环境中船体钢的腐蚀行为及其防护[D]. 青岛：青岛理工大学：83.

葛斐，惠磊，洪友士，2007. 水中悬浮隧道锚索在剪切流中的涡激响应[J]. 中国科学院研究生院学报，24(3)：351-356.

管敏鑫，唐英，万晓燕，1999. 沉管隧道段运营阶段的温度作用[J]. 世界隧道，（4）：20-23，6.

广东省质量技术监督局，2009. 抗海水腐蚀混凝土应用技术导则：DB44/T 566—2008[S]. 北京：中国标准出版社.

国家铁路局，2017. 铁路列车荷载图式：TB/T3466—2016[S]. 北京：中国铁道出版社.

韩冰，陈学恩，赵健，2014. 吕宋海峡流场季节变化的数值模拟[J]. 中国海洋大学学报（自然科学版），44（3）：1-9.

侯东华，高永新，王海，2008. 海洋环境下混凝土的抗腐蚀研究综述[J]. 山东建材，29（3）：66-68.

惠磊，葛斐，洪友士，2008. 水中悬浮隧道在冲击载荷作用下的计算模型与数值模拟[J]. 工程力学，25（2）：209-213.

梁波，蒋博林，2017. 水中悬浮隧道交通荷载模拟方法研究[J]. 隧道建设，37（10）：1232-1238.

林巍，李塔，吕勇刚，2012. 关于沉管隧道管节干舷计算及允许值的研究[J]. 中国港湾建设，（4）：39-42.

刘洋，2007. 船行波对港口航道周边工作船舶的影响及应用[D]. 大连：大连海事大学.

罗林阁，曹映泓，陈国虞，等，2006. 船舶撞击桥梁的撞击力计算方法探讨[J]. 中外公路，26（5）：78-81.

马士德，孙虎元，黄桂桥，2000. 海洋污损生物对碳钢腐蚀的影响规律[J]. 中国腐蚀与防护学报，20（3）：177-182.

麦继婷，杨显成，关宝树，2005. 波流作用下悬浮隧道的动态响应分析[J]. 水动力学研究与进展：A 辑，20（5）：616-623.

任孝思，杨治兴，1996. 珠江沉管隧道接头设计及处理技术[J]. 世界隧道，（6）：12-19.

石新刚，刘耀华，兰志刚，等，2013. 南海北部流花海域内孤立波特征研究[J]. 热带海洋学报，32（6）：22-27.

侍茂崇，陈春华，1998. 琼州海峡冬末春初潮余流场特征[J]. 海洋学报，20（1）：1-10.

孙胜男，陈健云，2006. 地震下悬浮隧道所受动水压力研究——SV 波[J]. 防灾减灾工程学报，26（4）：425-430.

谈炎培，王建华，陈锦剑，2012. 大口径曲线管道在运营阶段的温度应力分析[J]. 建筑科学，28（S1）：49-52.
田飞，褚进晶，2014. 交通荷载特性及其模拟方法研究[J]. 水利与建筑工程学报，12（4）：66-71，161.
田敬学，张庆贺，姜福兴，2002. 沉管隧道温度与干缩应力计算[J]. 山东科技大学学报（自然科学版），21（2）：100-102，106.
王树青，梁丙臣，2013. 海洋工程波浪力学[M]. 青岛：中国海洋大学出版社.
王亚勇，2000. 关于设计反应谱、时程法和能量方法的探讨[J]. 建筑结构学报，21（1）：21-28.
魏岗，2003. 分层流体中运动潜体生成的内波以及内波的垂向结构研究[D]. 上海：上海大学.
文圣常，张大错，郭佩芳，等，1990. 改进的理论风浪频谱[J]. 海洋学报，12（3）：271-283.
席尔瓦，2013. 振动阻尼、控制和设计[M]. 李惠彬，张曼，侯蕾，等译. 北京：机械工业出版社.
项贻强，陈政阳，杨赢，2017. 悬浮隧道动力响应分析方法及模拟的研究进展[J]. 中国公路学报，30（1）：69-76.
杨帅，2013. 海洋平台风荷载模型试验雷诺数效应的研究[D]. 大连：大连理工大学：72.
杨永民，2018. 高抗海水侵蚀玄武岩纤维筋增强地质聚合物混凝土的研究与工程应用[D]. 广州：华南理工大学：194.
佚名，2017. 第七章：海洋波浪[EB/OL].（2017-03-05）[2019-08-06]. http：//w3.oc.ntu.edu.tw/chap7/chap7s5.htm.
于继克，2018. 桥梁抗震弹塑性分析方法对比研究[D]. 重庆：重庆交通大学.
俞聿修，柳淑学，1994. 海浪方向谱的现场观测与分析[J]. 海洋工程，（2）：1-12.
俞聿修，柳淑学，2010. 随机波浪及其工程应用[M]. 大连：大连理工大学出版社.
张佳文，1995. 水下悬浮隧道[J]. 西部探矿工程，（1）：79-81.
张嫄，2017. 动力荷载作用下水中悬浮隧道管体的位移响应[D]. 合肥：合肥工业大学.
赵佳佳，2013. 地震作用下悬浮隧道的动力响应研究[D]. 合肥：合肥工业大学.
中华人民共和国国家质量监督检验检疫总局，中国国家标准化管理委员会，2016. 中国地震动参数区划图：GB 18306—2015[S]. 北京：中国标准出版社.
中华人民共和国交通运输部，2008. 公路桥梁抗震设计细则：JTG/T B02-01—2008[S]. 北京：人民交通出版社.
中华人民共和国交通运输部，2010. 港口工程荷载规范：JTS 144—1—2010[S]. 北京：人民交通出版社.
中华人民共和国交通运输部，2015. 公路桥涵设计通用规范：JTG D60—2015[S]. 北京：人民交通出版社.
中华人民共和国交通运输部，2018. 公路桥梁抗风设计规范. JTG/T 3360—01—2018[S]. 北京：人民交通出版社.
中华人民共和国住房和城乡建设部，2011. 城市桥梁抗震设计规范：CJJ 166—2011[S]. 北京：中国建筑工业出版社.
中华人民共和国住房和城乡建设部，2011. 建筑结构荷载规范：GB 50009—2012[S]. 北京：中国建筑工业出版社.
朱慈勉，张伟平，2009. 结构力学[M]. 2 版. 北京：高等教育出版社.
朱相荣，黄桂桥，2001. 我国海域的海水腐蚀性评价与分级问题的探讨[C]//全国水环境腐蚀与防护学术交流会文集. [出版地不详：出版者不详]：15-18.
朱相荣，王相润，1999. 金属材料的海洋腐蚀与防护[M]. 北京：国防工业出版社.
朱相荣，郁春娟，张晶，2001. Al 合金海水腐蚀与环境因素的灰关联分析[J]. 腐蚀科学与防护技术，13（1）：9-11，28.
朱相荣，张启富，2000. 灰关联分析法探讨环境因素与海水腐蚀性的关系[J]. 中国腐蚀与防护学报，20（1）：29-34.
麓興一郎，新里英幸，宇都宮智昭，他，2007. 風・波を同時に受ける浮体橋の動的応答に関する風洞内水槽実験[C]//土木学会論文集 A，63（1）：206-219.
Ahrens D，1997. Submerged floating tunnels—A concept whose time has arrived[J]. Tunnelling and Underground Space Technology，12（2）：317-336.
Anon，2016. Bjørnafjorden submerged floating tube bridge K3/K4 technical report：12149-OO-R-310 [R]. [S.l.：s.n.].
Architectural Institute of Japan，2019，AIJ recommendations for loads on buildings[G]. Tokyo：Architectural Institute of

Japan.

Argentini S，Lavagnini A，Carullo R，1991. Climatological and dynamical aspects of the wind regiome in the Strait of messina[J]. Il NuovoCimento C，14（2）：135-144.

Århus G H，2016. Analysis and design of ship collision barriers on a submerged floating tunnel subjected to large ship collisions[D]. Trondheim：Norwegian University of Science and Technology.

Bouws E，Günther H，Rosenthal W，et al.，1987. Similarity of the wind wave spectrum in finite depth water part 2：Statistical relations between shape and growth stage parameters[J]. Deutsche HydrografischeZeitschrift，40（1）：1-24.

Bretschneider C L，1959. Wave variability and wave spectra for wind-generated gravity waves[R]. [S.l.]：Corps of engineers Washington，D.C. beach erosion board.

Buchanan A H，2001. Structural design for fire safety[M]. [S.l.]：John Wiley & Sons：84-111.

Canziani S，Pirozzi M，2018. Analysis of submerged floating tunnel resting on flexible soil strata subjected to seaquake exitation[D]. Milan：Politecnico Milano.

CEN，2002. Eurocode 1：Actions on structures—part 2：Traffic loads on bridges：EN 1991-2：2003[S]. [S.l.：s.n.].

CEN，2005. Eurocode 8—Design of structures for earthquake resistance—part 2 Bridege：EN 1998-2：2005[S]. [S.l.：s.n.].

Cheng Z，Gao Z，Moan T，2018a. Hydrodynamic load modeling and analysis of a floating bridge in homogeneous wave conditions[J]. Marine Structures，59：122-141.

Cheng Z，Gao Z，Moan T，2018b. Wave load effect analysis of a floating bridge in a fjord considering inhomogeneous wave conditions[J]. Engineering Structures，163：197-214.

Chua K H，Balendra T，Lo K W，1992. Groundborne vibrations due to trains in tunnels[J]. Earthquake Engineering &Structural Dynamics，21（5）：445-460.

Cowan E A，1992. Meltwater and tidal currents：controls on circulation in a small glacial fjord[J]. Estuarine，Coastal and Shelf Science，34（4）：381-392.

Donelan M A，Hui W H，1985. Directional Spectra of Wind-Generated Waves[J]. Philosophical Transactions of The Royal Society B Biological Sciences，315（1534）：509-562.

Faggiano B，Panduro J，Rosas M T M，et al.，2016. The conceptual design of a roadway SFT in Baja California，Mexico[J]. Procedia Engineering，166：3-12.

Falcão A F O，Henriques J C C，Cândido J J，2012. Dynamics and optimization of the OWC spar buoy wave energy converter[J]. Renewable Energy，48：369-381.

Fjeld A，2012. Feasibility study for crossing Sognefjorden submerged floating tunnel[G]. Reinertsen Olav Olsen Group.

Furnes G K，1998. Numerical simulations of wind forces on Troll B[J]. Marine structures，11（7-8）：273-289.

Goda Y，1999. A comparative review on the functional forms of directional wave spectrum[J]. Coastal Engineering Journal，41（1）：1-20.

Grimshaw R，Pelinovsky E，Talipova T，et al.，2010. Internal solitary waves：propagation，deformation and disintegration[J]. Nonlinear Processes in Geophysics，17（6）：633-649.

Hasselmann K，Barnett T P，Bouws E，et al.，1973. Measurements of wind-wave growth and swell decay during the Joint North Sea Wave Project（JONSWAP）[R]. Deut. Hydrogr. Z，8：1-95.

Hong Y，Ge F，2010. Dynamic response and structural integrity of submerged floating tunnel due to hydrodynamic load and accidental load[J]. Procedia Engineering，2010，4：35-50.

Hou X，Gao L，Cui Z，et al.，2018. Corrosion and protection of metal in the seawater desalination[J]. IOP Conference Series：Earth and Environmental Science，108（2）：022037.

Ingerslev C，2010. Immersed and floating tunnels[J]. Procedia Engineering，4：51-59.

Ingerslev L C，2012. Innovations in resilient infrastructure design：Immersed and floating tunnels[J]. Proceedings of the Institution of Civil Engineers-Civil Engineering，2012，165（6）：52-58.

Iwan W D，1981. The vortex-induced oscillation of non-uniform structural systems[J]. Journal of Sound and Vibration，79（2）：291-301.

Kunisu H，2010. Evaluation of wave force acting on submerged floating tunnels[J]. Procedia Engineering，4：99-105.

Leira B J，2016. Proceedings of the ASME 2016 35th International Conference on Ocean[C]. Offshore and Arctic Engineering OMAE2016，Busan，South Korea：82.

Liang B，Jiang B，2016. Study on composition and simulation analysis of traffic loads in submerged floating tunnels[J]. Procedia Engineering，166：180-189.

Long X，Guo H，2016. Fire resistance study of concrete in the application of tunnel-like structures[J]. Procedia Engineering，166：13-18.

Lin W，2016. Design and analysis of immersed tunnel and submerged floating tunnel[D]. Edinburgh & Glasgow：University of Edinburgh & University of Glasgow.

Lunniss R，Baber J，2013. Immersed tunnels[M]. Boca Raton：CRC Press.

Luo G，Zhou X J，Chen J X，2018. The dynamic response of an experimental floating tunnel with different cross sections under explosive impact[J]. Journal of Coastal Research，（82）：212-217.

Martinelli L，Barbella G，Feriani A，2010. Modeling of Qiandao Lake submerged floating tunnel subject to multi-support seismic input[J]. Procedia Engineering，4：311-318.

Matsui T，Uematsu Y，Kondo K，et al.，2009. Wind effects on dynamic response of a floating roof in a cylindrical liquid storage tank[J]. Journal of Pressure Vessel Technology，131（3）：031307.

Mazzolani F M，Faggiano B，Martire G，2010. Design aspects of the AB prototype in the Qiandao Lake[J]. Procedia Engineering，4：21-33.

Martire G，Faggiano B，Esposto M，et al.，2009. The seismic response of submerged floating tunnel under multisupport excitations[C]//Proceedings of the XIII Congress on Earthquake Engineering in Italy ANIDIS 2009，June 28- July 2，2009，Bologna.

Martire G，Faggiano B，Mazzolani F M，et al.，2010. Seismic analysis of a SFT solution for the Messina Strait crossing[J]. Procedia Engineering，4：303-310.

Mayoral J M，Argyroudis S，Castañon E，2016. Vulnerability of floating tunnel shafts for increasing earthquake loading[J]. Soil Dynamics and Earthquake Engineering，80：1-10.

Mitsuyasu H，Tasai F，Suhara T，et al.，1975. Observations of the directional spectrum of ocean waves using a cloverleaf buoy[J]. Journal of Physical Oceanography，5（4）：750-760.

Mitsuyasu H，Tasai F，Suhara T，et al.，1980. Observation of the power spectrum of ocean waves using a cloverleaf buoy[J]. Journal of Physical Oceanography，10（2）：286-296.

Moe G，1997. Design philosophy of floating bridges with emphasis on ways to ensure long life[J]. Journal of Marine Science & Technology，2（3）：182-189.

Neumann G，1952. On wind generated ocean waves with special reference to the problem of wave forecasting[M]. New York：New York University，College of Engineering，Department of Meteorology.

Paik I Y，Oh C K，Kwon J S，et al.，2004. Analysis of wave force induced dynamic response of submerged floating tunnel[J]. KSCE Journal of Civil Engineering，8（5）：543-550.

Papinutti M，Aas-Jakobsen K，Kaasa L H，et al.，2017. Coupled wind and wave load analyses of multi-span suspension bridge supported by floating foundations[C]//IABSE Symposium Report. International Association for Bridge and

Structural Engineering，May 8-11，2016，Guangzhou，China. 109（12）：3045-3052.

Perry R B，Schimke G R，1965. Large-amplitude internal waves observed off the northwest coast of Sumatra[J]. Journal of Geophysical Research，70（10）：2319-2324.

Pierson W J，Moskowitz L，1964. A proposed spectral form for fully developed wind seas based on the similarity theory of SA. Kitaigorodskii[J]. Journal of Geophysical Research，69（24）：5181-5190.

Qiu L，2007. Numerical simulation of transient hydroelastic response of a floating beam induced by landing loads[J]. Applied Ocean Research，29（3）：91-98.

Ramp S R，2004. Internal solitons in the northeastern South China Sea. Part 1：Sources and deep water propagation[J]. IEEE Journal of Oceanic Engineering，29：1157-1181.

Randolph M，Gourvenec S，2011. Offshore geotechnical engineering[M]. London：CRC press.

Schumacher M，1979. Seawater corrosion handbook[M]. [S.l.]：William Andrew Publishing/Noyes.

Sha Y，Amdahl J，2016. Design of floating bridge girders against accidental ship collision loads[C]//19th IABSE Congress Stockholm 2016：Challenges in Design and Construction of an Innovative and Sustainable Built Environment，September 21-23，2016 Stockholm，Sweden.

Sha Y，Amdahl J，Aalberg A，et al.，2018. Numerical investigations of the dynamic response of a floating bridge under environmental loadings[J]. Ships and Offshore Structures，13（S1）：113-126.

Sha Y，Amdahl J，Dørum C，2017. Dynamic responses of a floating bridge subjected to ship collision load on bridge girders[J]. Procedia Engineering，199：2506-2513.

Shakeri R，Younesian D，2014. Analytical solution for the sound radiation field of a viscoelastically supported beam traversed by a moving load[J]. Shock and Vibration，2014：1-7.

The American Association of State Highway and Transportation Officials，2012. Aashto lrfd bridge design specifications[M]. Washington，D.C.：the American Association of State Highway and Transportation Officials.

Tveit P，2010. Submerged floating tunnels（SFTs）for Norwegian fjords[J]. Procedia Engineering，4：135-143.

Viuff T，Leira B J，Xiang X，et al.，2019. Effects of wave directionality on extreme response for a long end-anchored floating bridge[J]. Applied Ocean Research，90：101843.

Wang J，Cheynet E，Snæbjörnsson J Þ，et al.，2018. Coupled aerodynamic and hydrodynamic response of a long span bridge suspended from floating towers[J]. Journal of Wind Engineering and Industrial Aerodynamics，177：19-31.

Wei L，2016. Design and analysis of immersed tunnel and submerged floating tunnel[D]. Edinburgh & Glasgow：University of Edinburgh & University of Glasgow.

Wu Z W，Liu J K，Liu Z Q，et al.，2016. Nonlinear wave forces on large-scale submerged tunnel element[J]. Marine Structures，45：133-156.

Yari M，2017. An Intro to Pipeline Corrosion in Seawater[J/OL].（2017-05-18）[2019-08-06]. https://www.corrosionpedia.com/2/1432/corrosion-101/an-intro-to-pipeline-corrosion-in-seawater.

Yuan Z，Man-sheng D，Hao D，et al.，2016. Displacement response of submerged floating tunnel tube due to single moving load[J]. Procedia Engineering，166：143-151.

Zhang Q，2016. Scene design and simulation analysis of fire accident in underwater tunnel[J]. Procedia Engineering，166：337-346.

Zhang S，Wang L，Hong Y，2010. Vibration behavior and response to an accidental collision of SFT prototype in Qiandao Lake（China）[J]. Procedia Engineering，4：189-197.

5 悬浮隧道数学计算与数值模拟

本章将全面和系统地探讨悬浮隧道的数学计算与数值模拟。全面是指讨论内容几乎覆盖了悬浮隧道所有可能需验算的内容，包括结构、水动力、结构与水的相互作用（流固耦合）、温度变化、火灾、腐蚀等（冰川撞击和鲸鱼撞击等问题未讨论）。系统是指从三种角度调研与分析计算方法和模拟方法：已有研究中的方法、工程概念设计报告中的方法（通常是较简单的、用计算器或电子表格可计算的方法）及类似规范建议。值得一提的是，现有的悬浮隧道的大量研究集中于这一章的议题。

5.1 整体结构计算

悬浮隧道建设应当满足安全可靠、适用耐久、经济合理、保护环境的基本要求，在结构可靠性方面，须具有足够的承载力和变形能力（安全性）、满足使用荷载下的容许裂缝和变形（适用性）；同时，能够保证安全性和适用性的寿命时间（耐久性）。本节内容主要阐述关于悬浮隧道的结构计算内容，包括正常使用极限状态、承载力极限状态的验算和整体计算分析，以及结构合理的受力和线形的相关内容。

5.1.1 拟建千岛湖悬浮隧道案例分析

Mazzolani 等（2008，2010）进行了千岛湖悬浮隧道原型的结构分析，千岛湖悬浮隧道总长 100m，每节段 20m，为预制拼装结构。截面类型为夹层中空圆形截面，内外层为钢结构，中层为钢筋混凝土，最外层为铝材保护层（具体尺寸可见 5.10 节），沿着管体纵向，每 0.4m 设置一组剪力键（沿截面均布分布 24 个），以确保钢混复合截面共同作用的有效性，其中混凝土为 C20/25，钢材为 S235，铝材为 6061-T6；缆索直径为 60mm，拉力设计值为 3140kN，其中材料特性参数如表 5-1 所示。

表 5-1 材料特性参数

材料	类型	材料强度/MPa	安全系数	强度设计值	密度/(kg/m^3)
混凝土	C20/25	20	1.5/0.85≈1.76	11.3	2500
钢材	S235	235	1.1	214	7850
铝材	6061-T6	240	1.1	218	2700

千岛湖悬浮隧道原型设计中共考虑了 5 种缆索的布置方式，以“W”形布置为最优，能够有效抵抗竖向和水平向的荷载作用。在有限元模型中，为简化建模计算，将复合截面等效为同种材料的截面，管体和缆索均以梁单元模拟，管体节段之间采用刚性连接；管体两端一端铰接，约束平动自由度，另一端释放纵向平动和旋转，如图 5-1 所示。

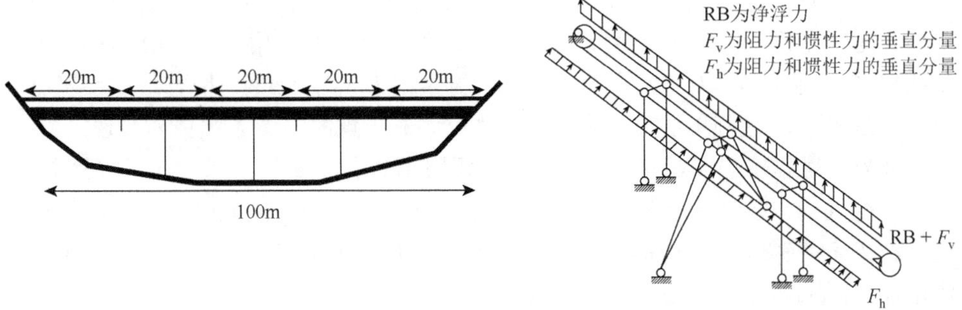

图 5-1　千岛湖悬浮隧道模型

在静力分析中，忽略波浪、水流对缆索的作用，对管体的作用以水平分布的线荷载进行施加，浮力与自重以竖向分布的线荷载进行施加，其中部分荷载参数如表 5-2 所示。

表 5-2　千岛湖悬浮隧道原型恒载与活载设计值

自重 G/(kN/m)	浮力 B/(kN/m)	净浮力 RB_k/(kN/m)	人群荷载 C_k/(kN/m)
125	160	35	10

拟建的千岛湖悬浮隧道水域波高 1.0m，波长 8.25m，波浪周期 1.8±0.5s，最大流速 0.1m/s。波浪、水流作用通过 Morison 方程求解，分别得到水平分力 4.875kN/m，竖向分力 4.86kN/m。基于 EN 1990：2002 规范，千岛湖悬浮隧道正常使用极限状态组合分三种情况：①仅考虑恒载作用；②考虑恒载和水动力作用；③考虑恒载、水动力及人群荷载作用。承载能力极限状态组合分两种情况：①恒载和水动力；②恒载、水动力及人群荷载作用。具体组合如表 5-3 所示。

表 5-3　荷载组合

极限状态	组合方式	参数说明
正常使用极限状态	$\gamma_F \mathrm{RB}_k$	γ_F 为组合系数，取为 1.0
	$\gamma_F(\mathrm{RB}_k + F)$	
	$\gamma_F(\mathrm{RB}_k + C_k + F)$	
承载能力极限状态	$\gamma_{F_g}\mathrm{RB}_k + \gamma_{F_1}F$	γ_{F_g} 、 γ_{F_1} 为组合系数，分别取值为 1.4 和 1.5
	$\gamma_{F_g}\mathrm{RB}_k + \gamma_{F_1}(C_k + F)$	

悬浮隧道的动力分析采用有限元软件 Abaqus/AQUA 进行计算，动力和静力分析结果表明：动力计算结果要比静力计算结果大得多，但均满足适用性要求，即扰度变形值均小于 0.2m（欧规容许阈值 1/500L），按照“W”形布置也满足承载力极限状态设计要求（弯矩抗力 70 000kN·m；轴力抗力 1045kN）。

焦双健和姜尚宏（2015）对千岛湖悬浮隧道原型也进行了受力分析，采用有限元软件进行模拟，其中管体以壳单元模拟，缆索采用桁架单元，桥面板采用板单元，考虑了净浮力、水动力、人群荷载及车辆荷载的作用，在 MIDAS/civil 与 ANSYS 的计算结果中，位移误差 3.9%，拉索内力误差 5.1%，模态最大误差出现在第三阶模态，达到 10.3%，并验证了“W”形布置的缆索方案更为合理。

此外，晁春峰等（2016）对千岛湖悬浮隧道进行了数值分析，在二维模型中，锚索在空气的自振频率计算按式（5-1）进行计算，并与有限元软件计算结果相比较，结果表明锚索在水中的第一阶自由振动频率小于空气中的频率，这是由于水体增加了附加质量，导致振动频率减小。

$$f=\frac{1}{2\pi}\sqrt{\frac{k}{m}} \tag{5-1}$$

Martinelli 等（2010）对千岛湖悬浮隧道进行了多点支撑的地震作用分析，其中缆索采用索单元建模，考虑水动力的非线性影响，分析结构阻尼及附加质量，模拟了结构的非线性几何效应。

5.1.2 拟建的墨西拿海峡悬浮隧道案例分析

拟建的墨西拿海峡悬浮隧道长 4680km，由两条相互连接的独立隧道组成，通过缆索将其锚固在海床上（图 5-2），将钢-混复合截面等效为单一材料的截面，模型几何及物理参数如表 5-4 所示。采用有限元软件 ANSYS 单元库中的 Beam4 来建立管体，以 Beam188 来建立缆索结构，缆索与管体刚接，建立有限元模型（Canziani and Pirozzi，2018）。

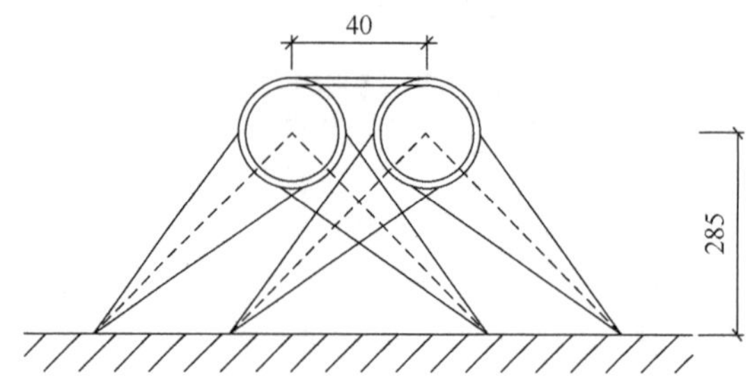

图 5-2 悬浮隧道横向布置图（单位：m）

表 5-4 模型几何及物理参数

外径 D_{est}/m	内径 D_{int}/m	面积/m²	惯性矩/m⁴	自重 G/(kN/m)	等效弹模 E/(kN/m²)
15.95	13.95	58.24	1637	1200	2.934×10^{7}

在结构的模态分析中，结构的局部高阶振型较为明显，主要表现为缆索的振动，由于其振型较为复杂，现将前 6 阶振型描述于表 5-5 中。

表 5-5 模型几何及物理参数

模态号	描述	振型频率/Hz
1	一阶纵向振动	0.196
2	二阶纵向振动	0.391
3	一阶横向振动	0.580
4	一阶竖向振动	0.580
5	二阶横向振动	0.585
6	二阶竖向振动	0.585

在墨西拿海峡悬浮隧道的地震作用分析中，Canziani 和 Pirozzi（2018）考虑地震对隧道的作用方式，包括基础处的地震输入及引起的海震作用（图 5-3），研究指出水体附加质量和结构阻尼对结构的动态响应影响较大，其中阻尼采用瑞利（Rayleigh）阻尼进行计算，并建立地震作用下的运动方程，具体如式（5-70）。

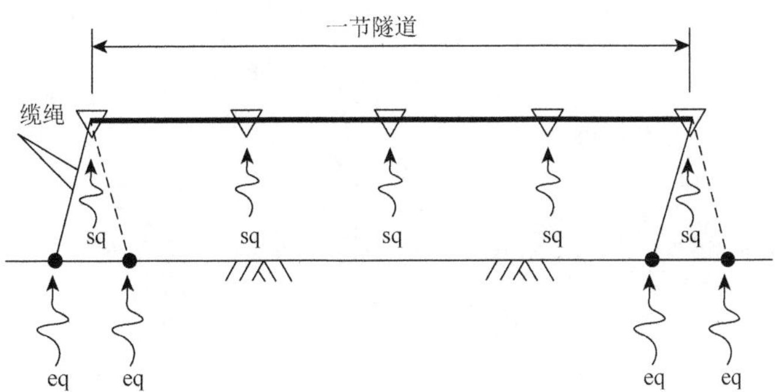

图 5-3 悬浮隧道的地震作用

5.1.3 其他悬浮隧道结构分析

在张力腿悬浮隧道中，结构的恒载主要由净浮力（residual buoyancy，RB）和张力腿施加的作用力构成，张力腿处提供的竖向集中力与管体竖向均匀分布的净浮力相平衡（图 5-4），在此基础上进行其他荷载分析，模型细节如图 5-5 所示，在进行多点地震动激励的分析中，以 Bommer 等（2007）记录得到的 7 级地震波进行加载，PGA 峰值为 0.34～0.54g，地震动引起的动水压力采用 Morison 方程进行计算得到。在 Abaqus 中建立了梁单元模型，表明不同长度的悬浮隧道度在地震作用下的响应有较大的区别（Martire et al.，2009）。

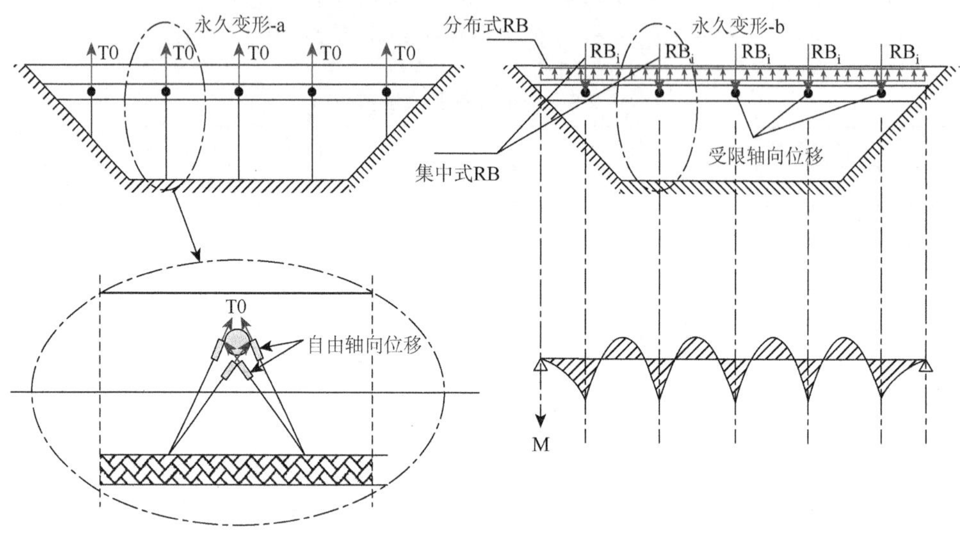

图 5-4　悬浮隧道恒载作用计算步骤

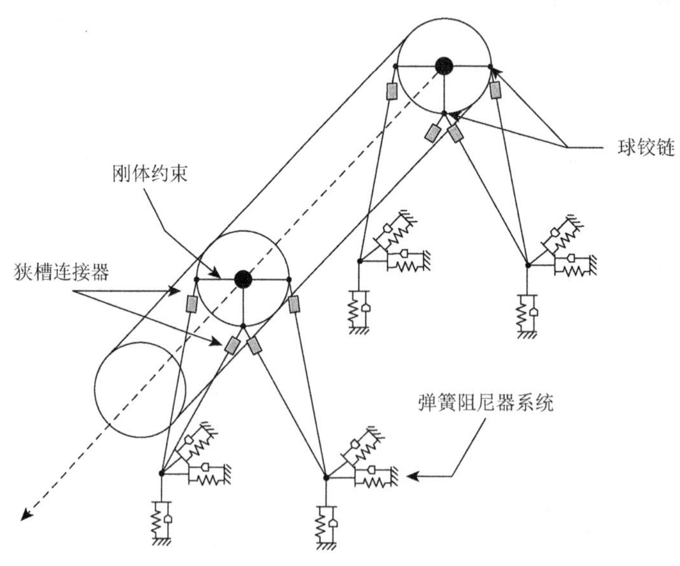

图 5-5　悬浮隧道缆索模型细节

（编写：孙南昌）

5.2　基　　础

水下悬浮隧道作为水中建筑物，其锚固基础或许应当选用适宜建设在较深水域中的永久型基础型式。箱锚、吸力沉箱锚、锚桩、吸力嵌入式板锚这四类基础可能是较为适宜在水下悬浮隧道工程中采用的锚固基础（见 2.1 节），本节介绍这四类锚固基础模拟时需要考虑的主要因素。

基础的模拟最重要的是分析基础的稳定性。在海洋环境中，基础主要承受竖向荷载 *V*（含压缩荷载和拉伸荷载）、水平荷载 *H* 及弯矩 *M*，水流和波浪等条件通常是往复变化的，可能会引起荷载 *VHM* 也呈现出周期性往复变化规律。基础的稳定性分析主要包含循环荷载作用下，基础的抗滑能力分析、抗拔能力分析、竖向承载力分析及抗倾覆能力分析等。基础周围土体的特性尤其是抗剪强度对基础的稳定性有重要影响，在开展基础的详细稳定性分析时，需要采用精确的数值计算方法进行模拟，土的模拟需要结合现场土特征，选择合适的土体本构模型，并考虑土体各向异性抗剪强度；外荷载需要考虑施加在基础上的典型循环荷载。早期稳定性分析方法，只考虑单一方向极限荷载抵抗能力，忽视了不同方向荷载的耦合作用，不同方向荷载的组合可能会降低基础单方向的极限荷载抵抗能力；采用考虑 *VH*、*VM*、*HM* 及 *VHM* 耦合作用的失效包络面分析方法，见图 5-6，可以更为全面有效地分析基础各项承载力，失效包络面常通过试验方法、塑性力学理论分析方法或数值模拟方法获得（Randolph and Gourvenec，2011）。为保证设计安全，稳定性分析还需要考虑一定的安全系数，常用的方法有整体安全系数法（American Petroleum Institute，2000）和分项安全系数法（International Organization for Standardization，2000）。

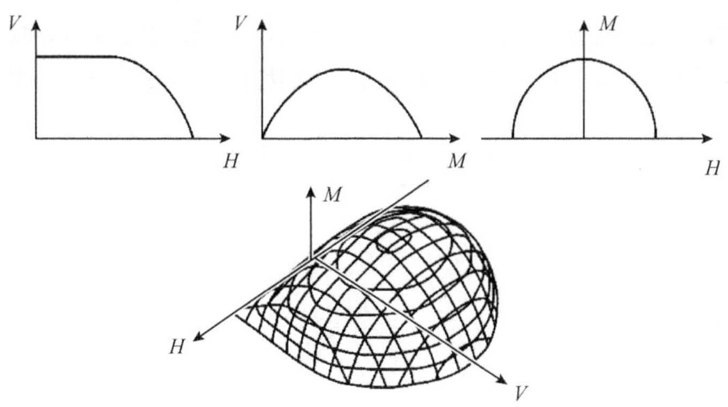

图 5-6　基础失效包络面（Randolph and Gourvenec，2011）

箱锚是最早的锚固基础型式，通常置于海床上，属于浅基础（指埋深与外直径比值小于 1 的基础）。箱锚通过重物压载形成恒重，抗拔能力通常由恒重提供，抗滑能力通常由箱锚与海床表面的摩擦力提供，摩擦系数根据土体特征的不同和箱锚形式的不同存在不同的取值，简单计算时可以参考（American Petroleum Institute，2000）选取摩擦力系数。箱锚恒重通常较大，可能造成下部土体承载力失效，表现为箱锚下部土体下沉，周围土体隆起，因而开展箱锚稳定性分析时，还需要分析土体承载力，当土体为不排水软黏土时，该项分析尤为重要（Randolph and Gourvenec，2011）。

吸力沉箱锚的竖向承载力主要为沉箱自重、沉箱边壁摩擦阻力及沉箱上拔过程中箱内形成真空而提供的抗力；横向承载力主要由周围土体提供，沉箱长度、外直径、周围土体承载力、土抗剪强度等因素均会影响吸力沉箱锚的横向承载力。除单独考虑竖向荷载 V 与水平荷载 H 作用下的稳定性外，吸力沉箱锚还需重点考虑 VM 组合荷载的作用，分析失效包络面（Andersen et al.，2005）。

锚桩的稳定性分析分为竖向稳定性分析和横向稳定性分析。锚桩的竖向稳定性需要考虑锚桩的承载能力和抗拔能力，锚桩的表面摩擦力既可以提供承载力又可以提供上拔抗力，锚桩底部的土体可以提供部分承载力。根据不同土层特性及不同锚桩类型，存在不同的锚桩摩擦力计算方法，API 设计方法（American Petroleum Institute，2000）可以简单提供摩擦力参数的取值；结合静力触探试验的设计方法（CPT-based）可以获得土层特征，更加可靠地计算摩擦力。锚桩的横向稳定性需要考查锚桩的横向抵抗能力，这与锚桩自身的长度、横向刚度、土层特性等因素相关，分析计算时需要逐项考虑（Randolph and Gourvenec，2011）。

对于吸力沉箱锚和锚桩这两类锚固型式，需特别指出，它们与缆索的连接点可能位于土层中。此类情形下，缆索有部分埋入土层，由于土与缆索之间摩擦力的存在，会导致缆索传递到锚固基础上的作用力减小，有利于基础的稳定；同时，埋入土层的缆索呈倒悬链线形式，使得作用到锚固基础上的缆索力水平角增大，从而产生额外的上拔力，如图 5-7 所示。埋入土层的部分缆索对吸力沉箱锚和锚桩的稳定性有重要影响，可以采用简化的解析方法求解（Randolph and

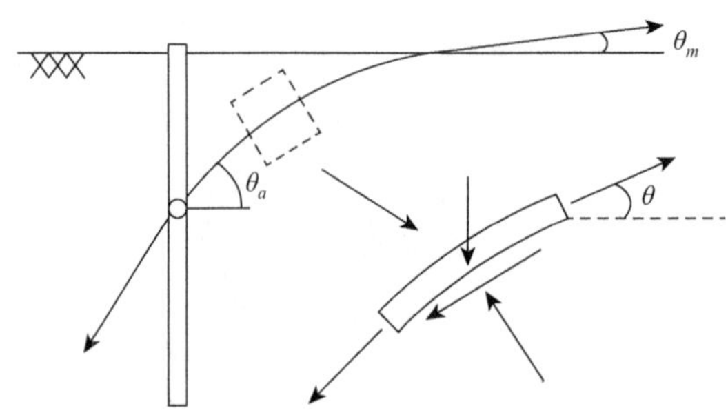

图 5-7　土层中缆索的受力分析（Randolph and Gourvenec，2011）

Gourvenec，2011），从而确定锚固点最优埋深位置。

吸力嵌入式板锚（SEPLA）充分利用了吸力沉箱安装定位方便的优势及板锚有效利用土层抗力的优点，吸力嵌入式板锚的稳定性分析与拖曳板锚的稳定性分析一致（Randolph and Gourvenec，2011）。传统拖曳锚的承载力可以由自重乘以经验放大系数获得（Lin et al.，2018）；吸力嵌入式板锚埋深较大，土层抗力影响更为明显，其承载力可由所处土层的抗剪强度乘以经验放大系数获得。由于吸力嵌入式板锚安装过程中（详见 2.1 节），沉箱嵌入土层后再取出及板锚旋转定位均会扰动土层，造成局部土体回填，板锚旋转时还可能引起板锚向上移位，这些因素均可能导致板锚承载力下降，影响板锚稳定性。

锚固基础的模拟除需要考虑稳定性外，适用性也是需要考虑的重要因素。水下悬浮隧道安装在一定水深处，跨度可能较长，基础的变位如大尺度的侧向移动和不均匀沉降不仅可能使悬浮隧道大幅度偏离安装位置，也可能导致基础承载力的减弱，给水下悬浮隧道结构带来失效风险，因而水下悬浮隧道基础的适用性评估需要引起重视。基础的适用性评估包含预测整个寿命期内在恒载及循环荷载作用下，基础的竖向、水平和旋转角的变化幅值。基于弹塑性理论的解析方法可以粗略估计基础变位，如荷载传递函数分析法。该方法假设土体对基础的作用可以用非线性弹簧替代，将基础任意位置土体的作用简化为一组竖向-水平向弹簧对，弹簧可以简单考虑为弹性体或理想弹塑性体。基于此方法考虑基础的轴向沉降和动剪应力，得到非线性“*t-z*”曲线；考虑横向运动和单位桩长土的抵抗力，得到非线性“*p-y*”曲线（Randolph and Gourvenec，2011）。详细的基础变位分析及基础适用性评估需要借助数值计算方法完成，分析时需要结合精确的土层剖面、土壤特性及基础的详细构造和荷载条件，如有必要还可以结合离心机实验结果。研究中常见的数值计算商业软件有 FLAC3D、Abaqus、PLAXIS 3D 等。

研究海洋环境基础相关的文献有很多。Andersen 等（2005）详细梳理了吸力沉箱锚相关工程问题，采用商业软件 Abaqus 结合弹塑性土模型做了三维有限元承载力分析。Panayides 等（2010）采用商业软件 PLAXIS 3D，结合动力硬化土模型模拟天然黏土，分析了吸力沉箱在黏土中的极限承载力及破坏包络。Palix 等（2010）考虑正常固结不排水黏土的抗剪强度包络，采用商业软件 PLAXIS 3D 对刚性圆沉箱不同长径比 *L*/*D* 时的 HM 失效包络面做了有限元分析，并对比了其他近似方法。

现今，与水下悬浮隧道相关的基础模拟研究较少，Jiang 和 Li（2016）采用 FLAC3D 建模分析了锚桩在不同缆索力作用方向下的抗拔特性，模型土选用符合摩尔-库伦破坏准则的三层不同特性土，桩身为钢筋混凝土结构，桩和土的相互作用采用软件中的接触单元实现模拟。Duan（2014）考虑吸力沉箱锚作为挪威松恩海峡悬浮隧道方案的锚固基础，基于工程实践及现场地质条件，结合流场、缆索布置、土类型、土强度等，设计了不同荷载条件下的吸力沉箱锚方案；研究结果表明选择合理的沉箱直径 D 和长度 L（$D=3\sim5$m，$L/D<6$），以吸力沉箱锚作为锚固基础的系泊系统能有效约束悬浮隧道的运动，使其处于预设位置。另外，Duan（2014）还根据 American Petroleum Institute（2000）建议的 *p-y* 曲线分析了土层强度、长径比 L/D 等多个参数对吸力沉箱锚横向变位的影响，认为吸力沉箱锚的设计需要采用更为精细化的方法使得基础变位满足适用性要求。现有悬浮隧道研究中提到的锚固基础有箱锚（Faggiano et al.，2016；Gao et al.，2010）、锚桩（Jiang and Li，2016）、吸力沉箱锚（Duan，2014）和吸力嵌入式板锚。箱锚设计简单，承载力计算简便；锚桩和吸力沉箱锚与土层均存在复杂的耦合作用，需要采用有效的三维有限元分析方法进行模拟；吸力嵌入式板锚在悬浮隧道研究中鲜有提及，该锚固基础安装定位方便，能有效利用土层承载力，经济合理且设计简单，但最终所处土层位置存在不确定性，带来一定结构失效的风险。

总结以往研究，水下悬浮隧道锚固基础的模拟可能需要重点考虑两项内容：一是基础稳定性分析，包含极限承载力和失效包络面分析；二是基础适用性分析，包含各方向变位分析，并且需要结合水下悬浮隧道可能的容限变位考查隧道主体失效风险。在方案初期设计时可以采用简单的计算方法评估稳定性和适用性，而最终设计时基础和土体的响应问题需要采用三维有限元分析（Palix et al.，2010）。此外，基础还可能需要考虑地震响应、地质变化引起的基础沉降及海床局部冲刷等问题，锚桩还可能存在群桩效应问题（Randolph and Gourvenec，2011）。

（编写：周卓炜）

5.3　缆索静力分析

本节通过对海洋平台系泊系统和斜拉桥拉索的研究分析，使读者对缆索的静力分析方法有初步了解。悬浮隧道缆索的静力分析也许可以借鉴相关文献中的研究方法。

根据系泊线几何形状不同可以分为两种系泊系统：一种是悬链线系泊系统，另一种是张紧式系泊系统（罗强，2012）。参照 2.4 节内容，拉索式悬浮隧道使用的是张紧式系泊系统。

（1）海洋平台系泊

在海洋平台系泊系统的初步设计阶段，系泊缆的参数会直接影响系泊系统的定位性能，通常采用静力分析来分析初选的系泊方案是否合适。系泊系统的静力分析方法是指把环境载荷当作静力载荷（李欣，2017）。海洋平台系泊系统常用系泊方式有悬链线方式、张紧式、半张紧式。其主要使用的静力分析方法是悬链线方法。

对于悬链线系泊系统，于芳芳（2012）用悬链线理论推导单一成分锚泊悬链线方程（图 5-8a），假设海床水平，水深为 H，浮体所受的水平外力为 F，缆索与海床相切于 O 点，锚泊线固定于 O 点。不考虑三维变形，将缆索在水中的单位长度重量设为 w，缆索悬链线部分长为 L，缆索作用在浮体上的张力为 T_S。先进行整体受力分析（图 5-8b），得到方程组：

$$T_0 = T_s \cos\varphi_s = F \tag{5-2}$$

$$T_s \sin\varphi_s = wL \tag{5-3}$$

$$T_s = \sqrt{(wL)^2 + F^2} \tag{5-4}$$

然后进行局部分析（图 5-8c），可推出：

$$\tan\varphi = \frac{wl}{F} \tag{5-5}$$

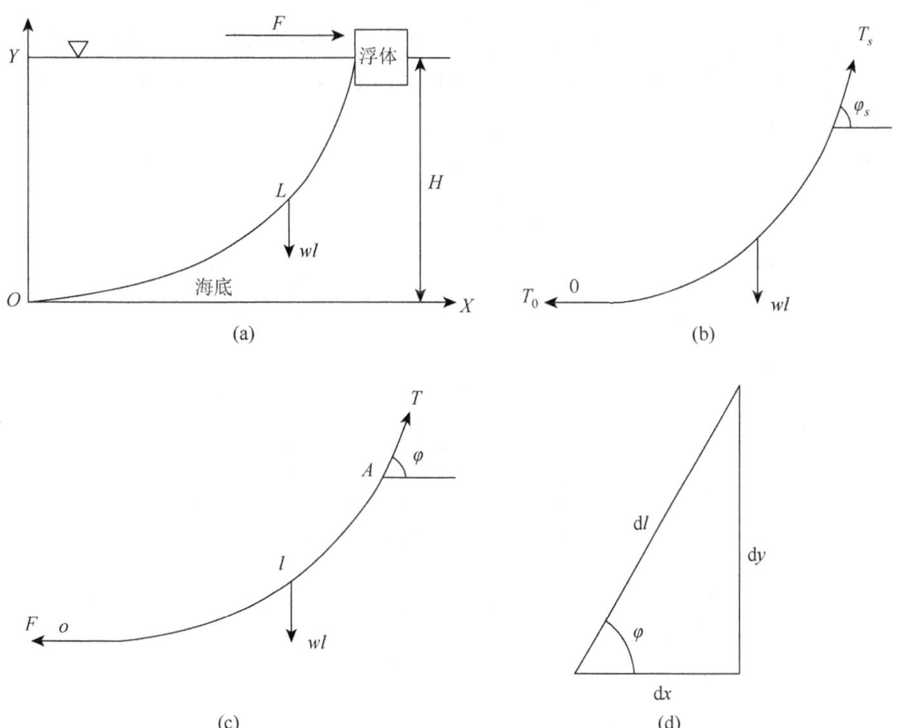

图 5-8　（a）缆索悬链线示意图；（b）整段悬链线受力图；（c）局部悬链线受力示意图；（d）微元几何分析图

对局部取微元，取边界条件为 $l=0$ 时，$x=0$，$y=0$；$l=L$ 时，$y=H$。可推出接头处缆索的张力 T_s 和悬链线两端水平向距离 S：

$$T_s = \sqrt{F^2 + (wL)^2} = F\sqrt{\left(\frac{wl}{F}\right)^2 + 1} = F + wH \tag{5-6}$$

$$S = \left(\frac{F}{w}\right)\sin h^{-1}\left(\frac{wL}{F}\right) \tag{5-7}$$

这种方法没有考虑缆索的弹性，模型相对简单。

杨万昌和潘沈浩（2016）以悬链线理论为基础，考虑海流作用和缆索弹性伸长的影响，研究单根缆索的静态特性。任取一根缆索，由微元法划分为 n 个单元，取第 i 段（$1 \leqslant i \leqslant n$），受力分析见图 5-9，外荷载集中在单元中心上（水流力、重力），缆索底部与海床相切。由静力平衡方程忽略二阶小量得

$$\frac{\mathrm{d}T}{\mathrm{d}s} = p\sin\theta - F(1+\varepsilon) \tag{5-8}$$

$$\frac{\mathrm{d}\theta}{\mathrm{d}s} = \frac{1}{T}[P\cos\theta + D(1+\varepsilon)] \tag{5-9}$$

式中，T、P 分别为缆索的张力和浮容重；D 为单位长度缆索收到的法向海流力，F 为切向海流力；θ 为 T 与水平方向的夹角；ε 为缆索单位长度的弹性伸长量；$\mathrm{d}s$ 为微端长度；$\mathrm{d}T$ 为拉力增量；$\mathrm{d}\theta$ 为角度增量。

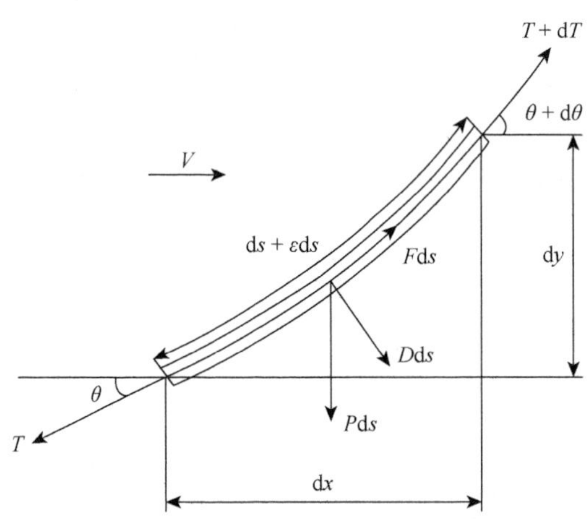

图 5-9　第 i 段缆索受力分析图

由单元 i 受力平衡可得单元 i 的张力：

$$T_{x,i+1} = T_{xi} - F_i\cos\theta_i(1+\varepsilon)\mathrm{d}s - D_i\sin\theta_i(1+\varepsilon)\mathrm{d}s \tag{5-10}$$

$$T_{z,i+1} = T_{zi} - F_i\sin\theta_i(1+\varepsilon)\mathrm{d}s + D_i\cos\theta_i(1+\varepsilon)\mathrm{d}s + P_i\mathrm{d}s \tag{5-11}$$

由微段几何关系可得单元节点坐标：

$$x_{i+1} = x_i + (1+\varepsilon)\mathrm{d}s \cdot \cos\theta_i \tag{5-12}$$

$$y_{i+1} = y_i + (1+\varepsilon)\mathrm{d}s\sin\theta_i \tag{5-13}$$

通过迭代法求解，将上端点至海底系泊位置的垂向高度记为 H，首先假设一个夹角 θ 的值代入方程，把前一段缆索的末端点作为下一段缆索的起点，在给定的预张力下求解方程，验证边界条件 $Y=H$，若不满足一定精度，则继续迭代。该法考虑更全面，精确度也有一定保证。

对于张紧线锚泊系统，刘灶（2018）忽略缆索弹性伸长，推导了单一张紧线系泊缆静力分析方程。将系泊缆索简化为均匀、无延伸、柔性的非线性缆索，缆索与海床固接；流载荷简化为沿缆索切线方向的力 F 和沿法线方向的力 D，缆索的单位长度湿重是 ω，z 为微段处水深，h 为水深，缆索横截面积为 A，弹性模量 E，沿缆索方向的张力为 T，T_H 张力的水平分量（图 5-10a）。对微段进行非线性静力分析（图 5-10b）得系泊张力为

$$T = T_H + \omega h + (\omega + \rho g A)z \tag{5-14}$$

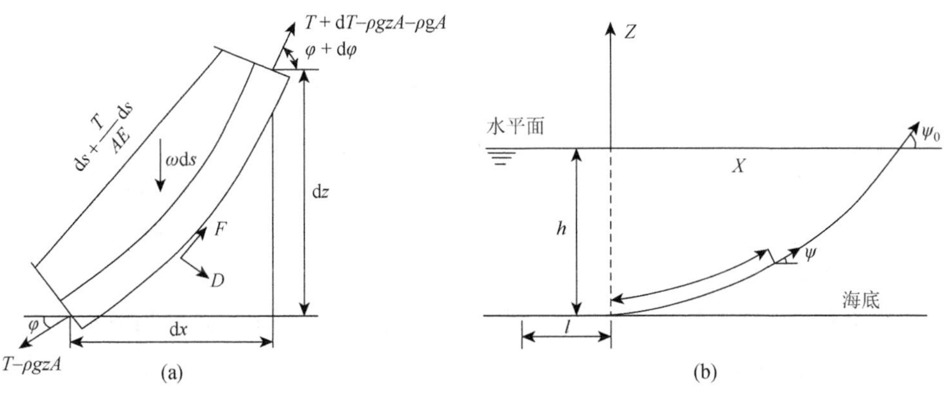

图 5-10 （a）缆索水中悬挂图；（b）缆索微段受力分析图

李欣（2017）考虑由复合式材料制成的具有复杂动刚度特性的张紧式系泊缆，基于线性材料的静力平衡方程推导非线性材料的静力平衡方程。假设在静水中有一根缆索锚固在海底。任取一微段，分析其受力情况，根据力的平衡，可得水平和垂直方向的平衡方程：

$$(T+\mathrm{d}T)\cos(\phi+\mathrm{d}\phi) = T\cos\phi \tag{5-15}$$

$$(T+\mathrm{d}T)\sin(\phi+\mathrm{d}\phi) - \omega\mathrm{d}s = T\sin\phi \tag{5-16}$$

求解得缆索长度与张力的解析方程：

$$l = l_0 + \frac{T\cos\theta}{\omega}(\tan\phi - \tan\phi_0) \tag{5-17}$$

$$T = \frac{\alpha}{\beta}\mathrm{e}^{\beta\varepsilon} - \frac{\alpha}{p} \tag{5-18}$$

式中，ω为缆索单位长度湿重；ϕ是缆索与水平方向的夹角；T是缆索任一点的轴向张力；ε为缆索轴向应变；轴向刚度$EA=\alpha+\beta\bar{T}$（$\bar{T}$为缆索平均张力），由材料特性决定，l为缆索长度。

（2）斜拉桥拉索

斜拉索的静力分析主要采用悬链线理论和抛物线理论（王文静和吴敏哲，2007）。当认为索的重量沿索的弧长均匀分布时为悬链线解，认为索的重量沿跨度方向均匀分布时为抛物线解，抛物线解的计算精度取决于拉索的垂度。前者可以看作精确解，后者是对前者的近似（邓安，2009）。

悬链线理论：不考虑索的弹性伸长时，即索受沿弧长均匀分布的自重荷载集度为q_0，且集度始终为该常数。

索任一点处的斜率：

$$\tan\theta=\frac{\mathrm{d}y}{\mathrm{d}x}=\sin h(u)=\sin h\left(\frac{x}{a}+c\right) \tag{5-19}$$

索任一点处的拉力：

$$T=\frac{H}{\cos\theta}=aq_0\cos h\left(\frac{x}{a}+c_1\right) \tag{5-20}$$

索任一点处的垂度：

$$f=\frac{xh}{l}-y=\frac{xh}{l}-a\times\cos h\left(\frac{x}{a}+c_1\right)+c_2 \tag{5-21}$$

具体求解参考（邓安，2009）。

考虑索的弹性伸长时，假设拉索在不受力状态下截面积为A_0，沿弧长的自重荷载集度为q_0，拉索在承受重力伸长后截面面积为A，沿弧长的自重荷载集度为q，根据质量守恒定律，受力前后斜拉索微段质量保持不变，推导得到［推导过程参考（王文静和吴敏哲，2007）］：

斜拉索的张拉力：
$$T=H\cdot\sqrt{1+\left(\frac{\mathrm{d}y}{\mathrm{d}x}\right)^2} \tag{5-22}$$

斜拉索长：
$$S=a\left[\frac{\varepsilon(\mathrm{shuch}u+u)}{2}+\mathrm{sh}u+C_3\right] \tag{5-23}$$

抛物线理论：假设索的自重沿跨度均匀分布，由微元体平衡方程可得：

索的曲线方程：
$$y=\left(\frac{q}{2H}\right)x(l-x)+\left(\frac{h}{l}\right)x \tag{5-24}$$

索的垂度：
$$f=y-\frac{hx}{l}=\left(\frac{q}{2H}\right)x(l-x) \tag{5-25}$$

当$\frac{\mathrm{d}f}{\mathrm{d}x}=0$，得$x=\frac{l}{2}$，代入式(5-25)，得最大垂度$f_{m_ax}=\frac{q^2l}{8H}$。该公式在孙胜男(2008)

研究悬浮隧道缆索参数振动考虑缆索垂度效应时用到。

此外，严国敏（1996）提到斜拉索的垂度影响其弹性模量，而垂度大小又与斜拉索应力、自重和水平投影长度有关。李传习等（2001）在广泛收集斜拉索静力分析文献的基础上，概括了解决垂度效应对缆索弹性模量影响的三种方法。

第一种是基于抛物线理论，将具有较高初始应力和一定垂度的拉索等效为一直杆，只考虑索重沿弦垂直方向的影响（弹性模量法）。其计算公式为（范立础，1980）

$$E_{eq}=\frac{E}{1+\frac{(qL_x)^2EA}{12T^3}} \tag{5-26}$$

式中，q 为单位索长重；L_x 为索水平投影长；E 为索的弹性模量；A 为索的横截面面积；T 为索的拉力。

第二种是基于悬链线理论，运用柔度和刚度互相变换的特点，结合力法的分析方法，推导了斜拉索的等效刚度表达式（等效刚度法）。其计算公式为（范立础，1980）

$$k=\frac{k_e}{1+\frac{k_e}{k_g}} \tag{5-27}$$

式中，k_e 为索的弹性刚度；k_g 为索的重力刚度。

第三种为索的曲线元法，是用分段的铰接直杆离散整段索，此法多用于房屋的索穹结构，在此不考虑（李传习等，2001）。

综上所述，缆索静力分析广泛应用的方法是悬链线法和抛物线法，当索的垂度较小时，可以近似用抛物线法求解。当索的垂度较大时，应该考虑实际索型，用悬链线法求解，可以得到更精确的值。

（编写：刘傲祥）

5.4　移动荷载模拟

移动荷载是悬浮隧道最为常见的荷载之一，准确模拟移动荷载是结构设计安全的重要保障。一般而言，移动荷载的范围较广，包括各类火车、汽车、小型机动车、非机动车及行人等。其中就车辆荷载而言，除自重外，列车或汽车在行驶过程中产生的振动，也会造成结构的动态响应。本节内容主要阐述移动荷载的模拟问题，除特殊说明外，本节移动荷载均指汽车荷载。

悬浮隧道关于移动荷载的研究，可以参考浮式平台的相关文献。Qiu（2007）研究移动荷载作用下浮式平台的动力响应时，将浮式平台简化为漂浮在无限水域中的欧拉-伯努利梁，建立了梁的运动方程式（5-28）。其中梁长 $L=40\text{m}$，

$m = 10^3$kg/m，移动荷载以匀速运动的集中荷载来模拟，即 4×10^4kg 的车辆以速度 50m/s 从左端匀速运动到右端。结果表明车速、水深及梁长对移动荷载作用下梁体的动态响应有较大影响。

$$EI\frac{\partial^4 \omega(x,t)}{\partial x^4} + m\ddot{\omega}(x,t) + \rho_f g\omega(x,t) + p(x,t) = q(x,t)(|x| \leqslant L) \quad (5\text{-}28)$$

式中，EI 为梁的刚度；ω 为扰度；ρ_f 为海水密度；p 为动水压力；q 为移动荷载。

Tariverdilo 等（2011）在研究移动荷载作用下水下悬浮隧道的动态响应时，考虑了水体、移动荷载的共同作用，将水体作用的部分以附加质量施加到悬浮隧道上，移动荷载以匀速移动的集中力进行施加，进而建立二维平面运动方程式（5-29），考虑附加质量沿空间分布的不均匀性，结合拉普拉斯方程，建立三维空间运动方程式（5-30）。在研究中发现，在水流及移动荷载作用下，隧道会产生扭转，并指出二维、三维附加质量所产生的影响有一定差异，这与缆索的刚度有关。当缆索刚度较大时，采用 Morison 方程来评估流体作用是合理的，并且缆索刚度越大，管体变形的动力放大效应越小，考虑流体–结构两者之间的相互作用时，管体的动力放大系数会有所增大。

$$EI\frac{\partial^4 \omega}{\partial x^4} + (m + m_a)\frac{\partial^2 \omega}{\partial t^2} + k\omega = P\delta(x - vt) \quad (5\text{-}29)$$

$$\sum_{m=1}^{\infty}[(EI\lambda_m^4 + k)\sin(\lambda_m x)B_m(t) + m_t\sin(\lambda_m x)\ddot{B}_m(t)] + ma\sum_{m=1}^{N}\sum_{n=1}^{N}\frac{2}{L}F_m\gamma_{nm}\ddot{B}_n(t) = P\delta(x - vt) \quad (5\text{-}30)$$

式中，m_a 为附加质量；k 为缆索的刚度；P 为移动荷载的幅值；v 为车速。

Yuan 等（2016）将悬浮隧道管体简化为两端带有弹簧和阻尼的弹性支承梁，以匀速移动的集中力来模拟移动荷载，如图 5-11a 所示，基于 Morison 方程求解管体的附加阻尼力和附加惯性力，建立了运动方程：

$$EI\frac{\partial^4 \omega}{\partial x^4} + m\frac{\partial^2 \omega}{\partial t^2} + C_s\frac{\partial \omega}{\partial t} = P\delta(x - vt) - f_D - \delta(x)P_c - \delta(x - l)P_c \quad (5\text{-}31)$$

式中，C_s 为阻尼系数；δ 为狄拉克函数；f_D 为由张力腿横向振动引起的附加惯性力和附加阻尼力之和；P_c 为支撑处的阻尼力。

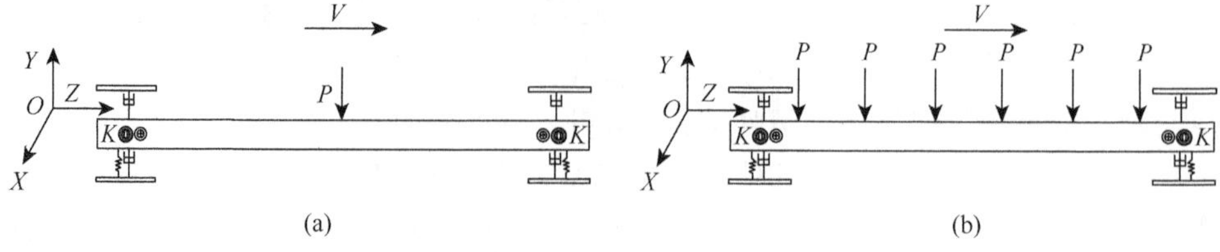

图 5-11　移动荷载简化模型

研究结论表明缆索刚度、移动荷载幅值及运动速度对管体位移响应影响较大（Yuan et al.，2016）。董满生等（2016）以同样方法将悬浮隧道简化为弹性支撑梁，以等间距（$d = 20\text{m}$）、集中荷载数（$N = 6$）的匀速移动的集中力来模拟移动荷载，如图 5-11b 所示，其结论与 Yuan 等（2016）及张嫄（2017）等相一致。

在已有的公路、铁路交通荷载研究中，常将交通荷载按照振动荷载进行模拟，梁波和蒋博林（2017）认为以一定频率和幅值的周期性动载来模拟交通荷载，能够较为准确地反映车辆动荷载的特性，在前人研究基础上提出了悬浮隧道中交通荷载的模拟表达式（5-32），该表达式不仅考虑车道不平顺的影响，同时也考虑波流的影响。采用有限元软件 ANSYS 及流体分析模块 Fluent 共同计算，考虑波流及移动荷载的共同作用，对比分析了均布荷载、移动集中荷载及移动振动荷载等 3 种不同的模拟方法，结果表明移动振动荷载模拟结果更为准确。

$$F(t) = P_0 + m_0 A_1 \omega_1^2 \sin \omega_1 t + m_0 A_2 \omega_2^2 \sin \omega_2 t \tag{5-32}$$

式中，P_0 为车轮静载；$m_0 A_1 \omega_1^2 \sin \omega_1 t$ 由路面不平度引起的车辆振动荷载，其中 m_0 为列车簧下质量，A_1 为路面不平度，ω_1 为路面不平引起的车辆振动圆频率；$m_0 A_2 \omega_2^2 \sin \omega_2 t$ 是由波流作用引起的车辆振动荷载幅值；A_2 是由波浪作用引起的结构振动位移；ω_2 为波流作用下结构涡激振动引起的车辆振动圆频率。

Liang 和 Jiang（2016）考虑波浪对移动荷载的影响，提出了如式（5-33）的表达式，考虑了轴载、路面粗糙度、行车速度及外部激励荷载等的影响，采用 ANSYS 建立了三维模型，移动荷载以面荷载进行施加，得到了较好的模拟结果。

$$F(t) = P_0 + M_0 (A/2 + \alpha) \omega^2 \sin \omega t \tag{5-33}$$

式中，M_0 为非弹簧质量；A 为波浪荷载作用下管体振动的最大幅值；α 为路面粗糙度相关的值。

关于汽车型移动荷载下悬浮隧道动态响应的研究较多，但针对轨道列车型悬浮隧道的研究较少，可参考地铁列车型移动荷载的研究。Chua 等（1992）提出了一种地铁列车影响建筑物地基振动的分析方法，通过将地铁、土、结构的相互作用理想化，其中边界采用弹簧模拟，列车采用单质量块进行模拟，结合经验修正，建立了列车荷载谱模型。通过监测列车运行的实测数据，与模型计算结果进行了比较，结果发现两者较为吻合，并指出在浮板轨道模型中，速度谱峰值受板重及弹簧刚度的影响较大。Gupta 等（2007）在地铁振动的预测模型中，提出了列车–管体的管内模型及管体–岩土的耦合模型（图 5-12），这种研究思想在 Zhang 等（2010b）、Forrest 和 Hunt（2006）的研究中也得到体现。项贻强等（2017）认为在后续研究中，应建立流体–悬浮隧道–车辆系统耦合振动模型，并进行多种特殊荷载和灾害作用下的模型试验研究。

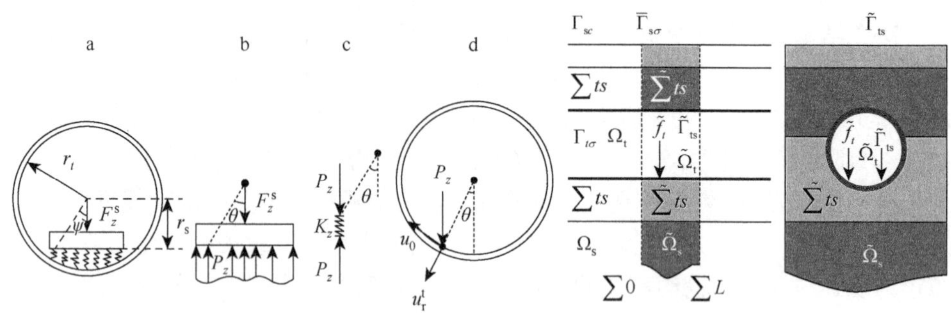

图 5-12　地铁列车的管内模型及管体-岩土的耦合模型

基于上述文献调研，国内外对悬浮隧道在移动荷载作用下动力响应进行了相关研究。通常将其简化为静力荷载、移动集中荷载及移动振动荷载或时间函数荷载等，并且国内外研究学者几乎一致认为张力腿竖向刚度对悬浮隧道管体跨中位移响应具有显著影响。但上述研究还存在以下不足：

①移动荷载作用下悬浮隧道动力响应研究中，大多采用了有限长弹性地基梁（beam on elastic foundation，BOEF）模型，缆索被简化为无质量的支撑弹簧，尽管是在时域范围内进行考虑的，仍局限于线形分析，尚未扩展到非线性动态响应。

②在上述移动荷载分析中，大多都是在欧拉-伯努利梁理论的基础上进行研究的，这与实际结构存在多大误差，鲜有文献进行比较说明。

③文献中提到须建立综合考虑流体-悬浮隧道-车辆系统耦合振动模型，但大多都是基于均匀流和规则波来考虑波流作用的，对于其他形式的波流作用，相关研究较少，复杂条件下的移动荷载的相关研究仍需深入。

（编写：孙南昌）

5.5　重　力　波

各种形式的重力波可能作用于悬浮隧道，引起悬浮隧道的动态响应，影响其行车安全和结构安全。本节介绍表面波、内波和船行波及波流耦合状况下，预报悬浮隧道波浪载荷和运动响应的方法，主要包括经验公式方法和数值计算方法。

5.5.1　波浪

悬浮隧道可能处于波流环境中，波浪荷载是设计悬浮隧道的主要控制荷载，它影响着悬浮隧道的安全性和稳定性，研究波浪对悬浮隧道的作用是悬浮隧道设计中必须要考虑的问题之一。

波浪对浮隧道的作用见图 5-13a，其效应主要体现在两个方面：一是附加质量效应，一部分流体由于惯性会随着悬浮隧道管体在波浪作用下一起运动，管体产生附加质量；二是入射波浪的绕射效应，波浪绕过悬浮隧道管体继续向前方传播，波浪产生绕射作用。悬浮隧道的工作水深一般为 30～50m，深水波之水分子轨迹呈现圆形，浅水波的水分子轨迹呈现椭圆形。图 5-13b 为深水波的水质点轨迹，其中 h 为水深，L 为波长，k 为波数（$k=2\pi/L$），当 $kh>\frac{\pi}{2}$ 时，波浪可以认为是深水波；在 $h>\frac{L}{2}$ 处，波浪绕射效应可以忽略，波浪对位于此深度的结构物影响可以忽略。

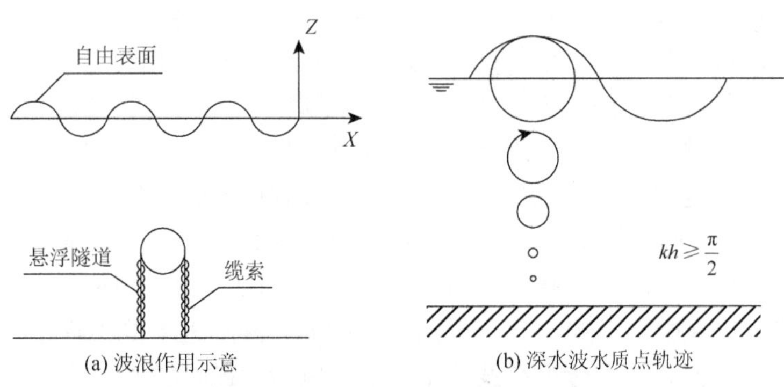

图 5-13 波浪对悬浮隧道的作用

通常有三种方法计算悬浮隧道的波浪载荷，一是势流方法，二是采取 Morison 公式计算方法，三是计算流体动力学（computational fluid mechanics，CFD）方法。

（1）势流方法

采用波浪绕射理论计算作用在隧道上的波浪荷载时，假定流体是无黏、不可压缩流体且流动无旋，仅考虑重力作用，基于线性微幅波假设，认为作用在悬浮隧道上的波浪荷载与入射波线性相关。在绕射理论中，流场用速度势函数 φ 来描述，该速度势在流体各处满足拉普拉斯方程式（5-34），通常总速度势由入射势、绕射势和运动着物体在静水中产生的辐射势组成。

$$\nabla^2\varphi=0 \tag{5-34}$$

满足物体表面、自由表面、海底及无穷远处的边界条件（戴遗山和段文洋，2008），可以求解速度势函数 φ。根据伯努利方程式（5-35）可以求得悬浮隧道中的任意点的压力值。

$$\frac{\partial\varphi}{\partial t}+\frac{1}{2}|\nabla\varphi|^2+\frac{p}{\rho}+gz=\frac{p_0}{\rho} \tag{5-35}$$

式中，p 为压力；ρ 为水密度；p_0 为大气压力；g 为重力加速度；z 为水位高度。

根据牛顿第二定律，可列出悬浮隧道在波浪中稳态运动的平衡方程式（5-36）可解得所需的运动幅值 ζ_i

$$\sum_{i=0}^{6}(\omega^2(m_{ij}+A_{ij})+i\omega B_{ij}+C_{ij})\zeta_i \mathrm{e}^{-\mathrm{i}\omega t}=F_j \mathrm{e}^{-\mathrm{i}\omega t} \tag{5-36}$$

式中，ω 为频率；m_{ij} 为附加质量；C_{ij} 为静回复系数；F_j 为波浪入射、绕射合力；A_{ij} 为附加质量矩阵；B_{ij} 为阻尼系数矩阵；ζ_i 为位移幅值。

频域分析方法是最早应用于波浪与物体相互作用研究中的方法之一。该方法认为流场和船舶在互相作用了相当长的时间后已经趋于稳态的周期性过程，流场内各物理量可以分离为不随时间变化的定常项和随时间周期性变化的非定常项，从而把时间项从控制方程和边界条件中分离出去，使待求问题转化成定解问题，通过各种数值方法对控制方程进行求解，就可求得频率域内物体运动和受力的稳态解。在某些情况下，仅预报统计特征量不能满足实际需要，特殊问题下需要预报悬浮隧道的瞬态位置、速度、加速度等参数，需要进行时域内的计算。

基于势流方法的商业软件已经成功地用于预报悬浮隧道在波浪作用下的运动响应。Lee 等（2019）采取商业软件 OrcaFlex 和自主开发的 CHARM3D 程序进行了悬浮隧道的时域数值模拟，研究了两种不同的悬浮隧道模型在波浪和地震激励下的动态响应特性。悬浮隧道在波浪中的运动响应问题也类似于一个波浪如何影响近水面海洋工程结构物运动的问题，很多学者采取基于势流方法的 AQWA 商业软件来解决这个问题。Bashir 等（2015）通过数值和试验方法研究了一台水下行走 ROV 在波浪较大海域的运动响应，得到了波浪载荷的变化趋势，在水池中对缩尺比为 1/12 的模型进行波浪作用的模型试验；Chen 等（2017）研究了一个碟形的水下自主直升机（AUH）在波浪中的水动力性能；Malik 等（2013）计算了一个全附体的水下航行器在近水面航行时的波浪载荷。

综上所述，基于势流方法的商业软件可以较为准确地模拟波浪对悬浮隧道运动响应的影响。一般研究时，考虑水深、波高、周期、浪向等参数对悬浮隧道六自由度运动响应和波浪载荷的影响，也可以进一步研究二阶波浪力对悬浮隧道的作用。综合多人的研究结论，发现波浪对悬浮隧道运动的影响主要体现在升沉和纵摇两个方向（Chen et al.，2017；Malik et al.，2013；Lee et al.，2019），海域内波长较短或中等海况对悬浮隧道运动影响较小，水深越浅，波浪对隧道的作用越大。

另外也可采取势流方法评估波浪作用下不同的锚链布置形式对悬浮隧道管节的动态性能影响，计算时保持隧道两端自由运动、管节为刚性，研究发现相比垂直锚链布置形式，带倾斜锚链的悬浮隧道运动位移较小（Lee et al.，2019）。为了准确预报波浪作用下悬浮隧道的动态响应，最开始可以采取一个简单的几何模型（椭圆、球体、六面体）进行预报，得到的波浪载荷或运动位移幅度与解析解进行对比，确保计算流程正确；Orcaflex 和 AQWA 已经被证实能够给波浪对结构物作用的问题提供较为准确的结果，在分析波浪对悬浮隧道作用时，可以考虑采取多个商业软件同一组工况进行计算，相互验证计算结果。

（2）Morison 公式计算方法

通常可以采取 Morison 公式计算波浪对水下物体的作用力，Morison 公式包括阻力项和惯性力项。其中 C_d 为阻力系数，C_m 为惯性力系数，都与悬浮隧道的几何形状相关。图 5-14 显示了惯性力、阻力随波浪周期变化的曲线，可以看到惯性力占主导，而阻力值较小。KC 数［式（5-38），描述了惯性力与阻力的关系］在评估惯性力与阻力比值时，采用悬浮隧道的横截面的直径/波浪的波长作为关键性参数（Brancaleoni，1989）。如果这个比值过大，必须考虑波浪的绕射特性，采取势流方法计算波浪载荷；如果这个比值较小，就必须考虑阻力的影响，充分考虑涡泄、波浪的反射、涡产生的横向力等流动分离现象。

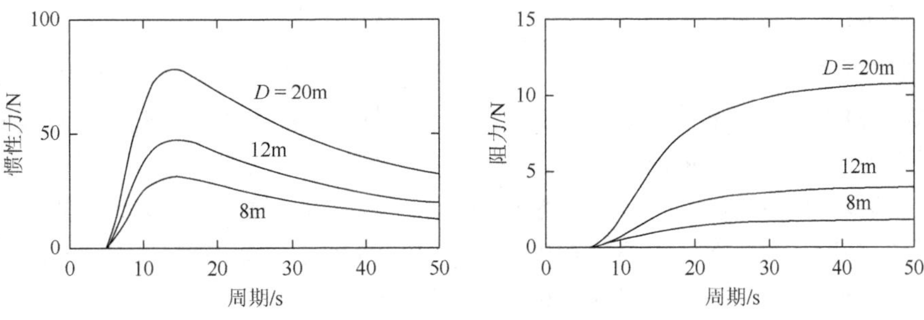

图 5-14 惯性力、阻力随波浪周期变化

Seo 等（2015）采取 Morison 方程（5-37）计算了波浪载荷，与测量的试验值的结果基本吻合。Kunisu（2010）同时采用 BEM 方法、Morison 方程估计了悬浮隧道的波浪力，研究了隧道尺寸和形状对其受力的影响。Muhammad 等（2019）在评估波浪参数对悬浮隧道动态响应的影响时，基于 Airy 线性波假设，采取改进的 Morison 公式计算波浪载荷，发现波高和周期对悬浮隧道的动态响应影响很大。

$$F = \frac{1}{2}\rho A C_d u|u| + \rho V C_M \frac{\mathrm{d}u}{\mathrm{d}t} \tag{5-37}$$

式中，F 为波浪力；C_d 为拖曳力系数；C_M 为惯性力系数；u 为水流速度；A 为单位柱高垂直波向投影面积；V 为单位柱高的排水体积。

$$KC = \frac{uT}{D} \tag{5-38}$$

式中，u 为波浪水质点的最大速度；T 为波浪周期；D 为单位圆柱直径。

（3）计算流体动力学方法

计算流体动力学方法（CFD）依然是采取雷诺（Reynolds）平均法。Reynolds 平均法的核心是不直接求解瞬时的纳维-斯托克斯（Navier-Stokes）方程，而是通过湍流模型求解时均化后的 RANS 方程。描述三维不可压黏性流场可用质量守恒方程（连续性方程）及动量守恒方程（动量方程），这里不再赘述。

目前暂没有发现学者基于 CFD 方法研究悬浮隧道在波浪作用下的运动响应，但是大量的学者基于 CFD 方法开展了波浪对水下潜体的作用研究。Skejic 等（2017）为了确定自治式潜水器（autonomous underwater vehicle，AUV）形状的水下航行体在近水面航行时的波浪增阻，采取边界元法（boundary element method，BEM）计算了 AUV 在不同水深处时的阻力，同时采取有限体积法（finite volume method，FVM）进行了同样工况的验证。Flow-3d 软件结合流体体积（volume of fluid，VOF）方法预报也被引入来预报水下潜体的运动性能，Moonesun（2017）预报了不同水深下，鱼雷形状的 AUV 在规则波下的运动响应，目的是为了确定 AUV 能够正常工作的最小安全水深，研究发现水深大于 0.1 倍波长时，波浪对 AUV 的影响可以忽略。

采取 CFD 方法研究波浪对悬浮隧道的作用时，可以考虑采用商业软件 Fluent 或 Flow-3D。尽管目前 CFD 方法在求解波浪问题时的精度还有待提高，但是依然可以作为验证势流方法计算结果的可选方法之一。

波浪对悬浮隧道的作用是悬浮隧道设计中必须要考虑的问题，本节详细介绍了预报悬浮隧道所受波浪载荷的三种方法，分别是势流方法、CFD 方法和采取 Morison 方程方法计算。Morison 方程方法简单快捷，但是需要选择合适的经验参数 C_d 和 C_m；势流方法能够给出波浪力和悬浮隧道的运动幅值、运动速度和加速度等参数，针对线性问题，能够给出较为准确结果，但预报非线性时，还存在较大的改进空间；目前学者较少使用 CFD 方法预报波浪对悬浮隧道的作用，随着 CFD 技术的快速发展，CFD 方法已经能够较为成功地模拟波浪对结构物的作用、结构物的大幅度运动等问题，可以作为预报波浪对悬浮隧道作用问题的可选方法之一。

（编写：陈进）

5.5.2 波流耦合

悬浮隧道通常受波浪和水流的共同作用，由于多普勒效应的影响，水流会改变波浪的波高、波长。顺流时，波长变长，波高变小；逆流时，波长变短，波高变大，甚至会出现破碎。波浪反过来也会影响水流流速，如斯托克斯漂移、沿岸流和离岸流等。

目前，关于波、流相互作用的主要理论有：经典的水波理论结合波作用量守恒或波通量守恒、布西内斯克（Boussinesq）方程、高阶边界元、N-S 方程等。下面结合相关文献逐一进行讨论。

1. 经典的水波理论结合波作用量守恒或波通量守恒

当波和流共线时，深水中波速、波长和波幅满足关系式（5-39）～式（5-41）（邹志利，2005）。

$$\frac{c_r}{c_0}=\frac{1}{2}\left[1+\left(1+4\frac{U}{c_0}\right)^{0.5}\right] \tag{5-39}$$

$$\frac{L_r}{L_0}=\frac{1}{4}\left[1+\left(1+4\frac{U}{c_0}\right)^{0.5}\right]^2 \tag{5-40}$$

$$\frac{A_r}{A_0}=\frac{2}{\left[1+4\frac{U}{c_0}+\left(1+4\frac{U}{c_0}\right)^{0.5}\right]^{0.5}\left[1+\left(1+4\frac{U}{c_0}\right)^{0.5}\right]^{0.5}} \tag{5-41}$$

式中，c 表示波速；L 表示波长；A 表示波幅；U 表示水流速度；下标“r”表示水流存在时的物理量；下标“0”表示纯波浪场中的物理量。式（5-39）～式（5-41）对应的图像如图 5-15 所示。可以看出，顺流时，当流速达到波速的 10%时，波长将增加 20%，波幅将减小 15%；逆流时，波长将减小 20%，波幅将增大 28%。在深水中，当流速等于 $-c_0/4$ 时，波速等于 $c_0/2$，在深水中群速是波速的一半，所以群速等于水流的速度，但二者方向相反，此时波能不能向前传播，造成波能聚集，波幅无限增大，最终导致波浪破碎。

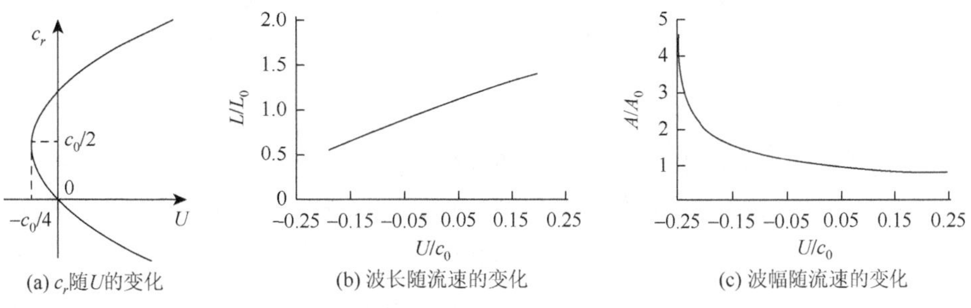

(a) c_r随U的变化　(b) 波长随流速的变化　(c) 波幅随流速的变化

图 5-15 流速对波速、波长和波幅的影响（深水）

当波与流不共线时，频率满足关系：

$$\omega_r = \omega - Uk\cos\alpha \tag{5-42}$$

式中，ω 表示波浪频率；k 表示波数；α 为波向与流向的夹角。当 $|\alpha| \leqslant \pi/2$ 时，即顺流时，频率将减小；当 $|\alpha| > \pi/2$ 时，即逆流时，频率将增大。

当水流大小沿空间变化时，将会产生波浪折射现象。式（5-43）～式（5-46）给出了波浪由无水流区域进入水流区域后波向角、波幅、波速和波长的变化。

$$\frac{\cos\alpha_r}{\cos\alpha_0} = \frac{1}{\left(1 - \dfrac{U}{c_0}\cos\alpha_0\right)^2} \tag{5-43}$$

$$\frac{A_r}{A_0} = \frac{\left(1 - \dfrac{U}{c_0}\cos\alpha_0\right)^2 \sqrt{\sin\alpha_0}}{\left\{\left[1 - \dfrac{U}{c_0}\cos\alpha_0\right]^4 - \cos^2\alpha_0\right\}^{0.25}} \tag{5-44}$$

$$\frac{c_r}{c_0} = \frac{1}{\left(1 - \dfrac{U}{c_0}\cos\alpha_0\right)^2} \tag{5-45}$$

$$\frac{L_r}{L_0} = \frac{1}{\left(1 - \dfrac{U}{c_0}\cos\alpha_0\right)^2} \tag{5-46}$$

由式（5-43）可知，波向和流向之间存在一个临界角 α_{c_r}，使得 $\alpha = 0$，即波浪顺流而行，不会穿越水流。当 $\alpha \leqslant \alpha_{c_r}$ 时，波向线将汇聚成一条直线，导致波能聚集，波高增大，发生波浪破碎。

$$\alpha_{c_r} = \arccos\left\{\frac{1}{2}\left(\frac{c_0}{U}\right)^2\left(1 + 2\frac{U}{c_0} - \sqrt{1 + 4\frac{U}{c_0}}\right)\right\} \tag{5-47}$$

2. 布西内斯克方程

布西内斯克方程中包含频散和非线性低阶效应，可描述能量在频率之间的交换、波流非线性作用和波浪的浅水变形等现象（王涛和李家春，1999）。Zou 等（2013）利用摄动展开法建立了波、流相互作用的布西内斯克方程。讨论了在有限水深中波与强流之间相互作用的非线性特征。结果表明水流的存在会改变平均水深，进而对波浪形态产生显著影响。

3. 高阶边界元

宁德志等（2010）采用时域高阶边界元法建立完全非线性的波、流耦合作用数值水槽，将得到的结果与布西内斯克方程模型结果进行对比。结果表明该数值模型可以模拟波、流耦合作用的强非线性问题。波、流反向时，将会使得波浪的非线性特点更加突出；波、流同向时，将会使得波浪的非线性特点减弱。刘珍等（2014）采用高阶边界元法建立了海上张力腿风机在风、浪、流耦合作用下的数值模型，假设流体是无旋、无黏、不可压缩的理想流体。波、流相互作用下入射势满足关系：

$$\begin{aligned}\phi_0^{(1)} &= \sum_{i=1}^{\infty} \frac{gA_i}{\omega_0} \frac{\cos hk_i(z+h)}{\cos hk_i h} \\ &\times \sin(k_i(x-x_0)\cos\beta + k_i(x-x_0)\sin\beta - \omega_{1i}(t-t_0))\end{aligned} \tag{5-48}$$

式中，A_i，ω_0，k_i 分别为组成波的波幅、波浪频率和波数；t_0 为聚焦时刻；β 为浪、流之间的夹角；不规则波与水流相互作用时，$\omega_{1i}^2 = k_i g \tan hk_i d - Uk_i$。

4. N-S 方程

封星等（2015），Zhang 等（2014）基于 RANS 方程建立波、流联合作用数值水槽，采用 VOF 方法捕捉自由液面。分别将得到的结果与基于摄动展开法的解析解和实验结果进行对比，结果表明黏性流数值波浪水槽可以较好地模拟波、流之间的相互作用。Kim 等（2016），Li 和 Lin（2015）基于 RANS 建立数值浪、流联合作用水槽，分别计算了固定的海洋立柱和锚泊的漂浮方箱在浪、流联合作用下的运动响应，并将数值结果与实验结果、理论计算结果进行对比，验证数值模型的可行性。结果表明，由于浪、流联合的非线性影响，导致立柱在浪、流联合作用下的荷载大于在波浪和水流中所受荷载的线性叠加；由于非线性的影响，浅水中方箱受到的波、流荷载要比深水中的大。

5. 其他

杜风（2008）认为由于悬浮隧道长径比较大，在水流作用下，虽然结构的动态变形很小，但是考虑水流的静态作用会对管体的形态影响较大，从而影响悬浮隧道在其他环境荷载下的受力状态。波浪和水流作用时，假设波浪场和流场中流体质点速度可以进行矢量叠加，同时与速度呈线性关系的力也可以进行矢量叠加，基于上述假设提出修正的 Morison 方程计算波、流场中的阻力和升力。

水平力计算式：

$$\vec{F}_D = \frac{\rho D}{2}\left|\sqrt{C_{DW}}\vec{u}_W + \sqrt{C_{DC}}\vec{u}_C\right| \cdot \left(\sqrt{C_{DW}}\vec{u}_W + \sqrt{C_{DC}}\vec{u}_C\right) + C_M \rho \frac{\pi D^2}{4}\frac{\mathrm{d}\vec{u}_W}{\mathrm{d}t} \tag{5-49}$$

升力计算式：

$$\vec{F}_L = \frac{\rho D}{2}\left|\sqrt{C_{LW}}\vec{u}_W + \sqrt{C_{LC}}\vec{u}_C\right| \cdot \left(\sqrt{C_{LW}}\vec{u}_W + \sqrt{C_{LC}}\vec{u}_C\right) \tag{5-50}$$

式（5-49）和式（5-50）中，$\vec{F}_D$，$\vec{F}_L$ 分别为水平力和升力；C_{DW}，C_{LW} 分别为纯波浪场中的阻力系数和升力系数；C_{DC}，C_{LC} 分别为纯流场中的阻力系数和升力系数；C_M 为惯性力系数；$\vec{u}_C$、$\vec{u}_W$ 分别为悬浮隧道中心位置处水流和波浪水质点的水平运动速度；ρ 为液体密度；D 为悬浮隧道在波浪运动方向上的投影尺寸。

高山（2003），白志刚和周锡礽（2003）进行大尺度条件下海浪和水流之间的相互作用研究。高山（2003）采用波动的射线理论和波作用量守恒定律建立数值模型，结果表明流场的存在会引起波浪的多普勒效应。非均匀不稳定的波浪会导致流场和和波浪场之间发生能量交换。白志刚和周锡礽（2003）引入全场流速修正缓坡方程，方程中考虑了折射、绕射、浅水变形及波浪破碎的影响，有效地解决了近岸波、流耦合作用。

目前一些专家学者为简化计算或认为某些条件下波、流耦合效应影响较小，忽略了波、流耦合的影响。下面结合相关文献具体的波浪、水流数据，采用深水条件下的经典水波理论，计算水流对波浪的影响。麦继婷等（2005b）对悬浮隧道在浪、流作用下的动力响应进行了研究。假设流和波浪相互独立，隧道只受到一阶波浪力的作用，波浪荷载采用波浪绕射理论来计算，流体力根据流体阻力公式确定。波浪采用 145 年重现期的巨浪，波高 19.4m，周期 13s，表面最大流速 3.44m/s，水流与波浪同方向。在此条件下，考虑波、流耦合效应时，将使得波长增大 32%，波高减小 23%，波频减小 17%。此时波、流耦合效应较为明显。高月文等（2014）采用边界元结合多体动力学方法，分析张力腿风力机平台在风、浪、流联合作用下的运动响应。假设波、流相互独立，波浪荷载采用绕射波浪理论计算，水流荷载仅考虑拖曳力，采用阻力计算公式确定。本节选取高月文等（2014）中一组工况分析水流对波浪的影响。波高 8.8m，周期 14.2s，表面流速为 2.18m/s，当水流和波浪同向时，波长将增大 19%，波幅将减小 16%，波浪频率将减小 10%；当水流与波浪反向时，波长将减小 21%，波幅将增大 27%，波浪频率将增大 10%。以千岛湖悬浮隧道环境设计参数为例，波高 1.0m，周期 2.3s，水流速度 0.1m/s（Mazzolani et al.，2010）。考虑波、流耦合效应时，顺流、逆流情况下波高、波长、波速和频率与纯波浪场中比较，变化率均小于 6%，在此情况下，可以忽略流对波浪的影响。

流场的存在会影响波浪，尤其是当相对水深较小或波陡较大时，波浪的非线性较显著，当波、流反向时，波浪的非线性增强；当波、流同向时，流场会使波浪的非线性减弱。但当流场水平方向上分布不均匀时，并且流向和波向之间的夹角小于临界角时，会导致波浪不能穿过流场，造成能量沿着流向聚集，波高增大，这将对浮筒式悬浮隧道产生重要的影响。

（编写：曾繁旭）

5.5.3 内波

内孤立波对悬浮隧道的作用是一个强非线性作用的过程，会使悬浮隧道产生大幅度运动响应，还会使其缆索系统产生复杂的动力响应行为特征。在分析内孤立波对悬浮隧道的作用时，主要分析悬浮隧道的运动响应及其系缆动力响应特性。本节介绍预报内波对悬浮隧道的作用的三个方法：内孤立波理论与 Morison 公式相结合的计算方法、CFD 方法和模型试验方法。

（1）内孤立波理论与 Morison 公式相结合的计算方法

预报作用在海洋工程结构物上的内孤立波载荷多采用内孤立波理论与 Morison 公式相结合的计算方法。常见的两层流体内孤立波理论有 KdV（Korteweg-deVries）、eKdV（extended KdV）和 MCC（Miyata-Choi-Camassa）理论等。假设内孤立波为沿 ox 正方向传播、振幅为 a、相速度为 c、界面位移为 ζ。内孤立波诱导的瞬时水平 $u_i(x,z,t)$ 和垂向速度 $w_i(x,z,t)$ 可由式（5-51）确定（Camassa et al.，2006）。

$$u_i(x,z,t)=\overline{u}_i(x,t)+\left(\frac{\overline{h_l^2}}{6}-\frac{(z+(-1)^i h_i^2)}{2}\right)\overline{u}(x,t) \tag{5-51}$$

$$w_i(x,z,t)=(-1)^{i+1}(h_i+(-1)^i z)\overline{u_{lx}}(x,t)$$

式中，$\overline{u}_1=-c\dfrac{\zeta}{h_i-\zeta}$；$\overline{u}_2=c\dfrac{\zeta}{h_2+\zeta}$；$\overline{h_l}=h_i+(-1)^i\zeta$。

其中内孤立波界面位移 ζ 可以采用 KdV、eKdV 或 MCC 理论进行计算。这里以 Spar 平台的浮筒为例，基于 Morison 公式预报其侧表面上的内孤立波载荷，垂直于单位长度 Spar 平台浮筒侧表面上的内孤立波载荷 f_{wc} 可以用式（5-52）表示：

$$f_{wc}=\rho\frac{\pi D^2}{4}\dot{V}_n+C_a\rho\frac{\pi D^2}{4}\dot{V}_{rn}+C_d\rho\frac{D}{2}|V_{rn}|V_{rn} \tag{5-52}$$

式中，C_a 为附加质量系数，C_d 为拖曳力系数。

在预报内波对悬浮隧道的作用力时，附加质量系数和拖曳力系数的选取至关重要，许多学者对海洋工程结构物的内孤立波载荷问题进行了研究。Cai 等（2006）

结合 KdV 模型和 Morison 公式对直立圆柱上的内孤立波载荷进行了计算，选取惯性力系数 $C_m = 2.0$，拖曳力系数 $C_d = 1.2$。Xie 等（2011）将 MCC 与 Morison 公式结合计算了小尺度圆柱上的内孤立波载荷，计算时选取惯性力系数 $C_m = 1.8$，拖曳力系数 $C_d = 0.6$。Zhang 和 Li（2007）采用 Morison 公式对内孤立波作用在 Spar 平台和半潜平台上的载荷进行了数值计算，并考虑了立柱间的相互影响，选取立柱的惯性力系数 $C_m = 1.0$，拖曳力系数 $C_d = 2.01$，并考虑遮蔽效应的影响，将下游立柱的惯性力系数和拖曳力系数分别乘以系数 0.7。

（2）CFD 方法

CFD 方法因其能够提供丰富的流场信息，揭示复杂流动的物理本质，较为准确地模拟波浪、结构物大幅度运动问题。现有研究中基于 CFD 方法预报内孤立波对悬浮隧道等海洋工程结构物作用的研究较少。王旭等（2015）采用 CFD 方法进行内孤立波数值造波，对 Spar、半潜和张力腿三类平台的内孤立波载荷进行了数值模拟。韩慧等（2015）基于 Fluent 软件通过质量源造波方法建立内孤立波数值水槽，结合改进的 Morison 方程计算内孤立波对顶张力立管的作用，基于欧拉–伯努利梁模型利用有限元法分析顶张力立管动力响应。

（3）模型试验方法

国内比较有代表性的内波模型是解放军理工大学大型重力式分层流试验水槽（王玲玲等，2017a，2017b）和上海交通大学海洋工程国家重点实验室密度分层水槽（黄文昊等，2013）。

模型试验在大型重力式内波水槽内进行，如图 5-16 所示。内波水槽一端装有造波机，物理实验中常见的内波造波方法包括重力塌陷造波、摇板式造波、活塞式造波、双推板造波及倾斜水槽造波等。水槽尾端安装楔形消波板以减少内孤立波反射，在平台模型前方布置两排电导率探头阵列测量密度扰动信号，可得到分层界面处的波形、振幅等参数。

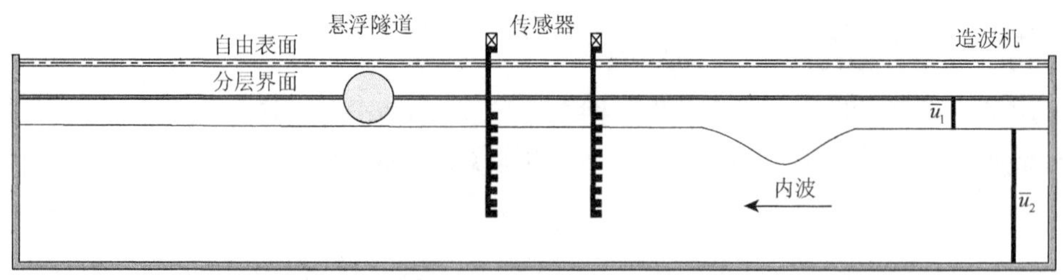

图 5-16　水槽内模拟内波对悬浮隧道作用

分层水制取机构由两座水箱、搅拌及控制装置和蘑菇形进水口组成。两座水箱分别盛放盐水和混合水，保持两水箱底部连通。利用水箱中双层不锈钢双叶轮搅拌装置配置出实验所需的密度剖面为线性分布的分层盐水，并通过调节数显流量计控制配置分层水体混合盐水的注入流量。试验进行时，首先在水槽中注入密度较小的淡水，然后将调制好的密度较大的盐水通过水槽底部的进水口缓慢注入，这种注流式方法配制的密度分层流体，实际上包括上层淡水、下层盐水及中间密度连续变化的过渡层。试验研究内孤立波浪向角、两层流体的分层比、内孤立波振幅等参数对结构物上载荷的影响。

本小节介绍了预报悬浮隧道上内波载荷的三种方法：内孤立波理论与 Morison 公式相结合的计算方法、CFD 方法和模型试验方法。内波属于一种特殊波浪载荷，在悬浮隧道的设计初期，可以采取内孤立波理论与 Morison 公式相结合的计算方法预报悬浮隧道受到的内波载荷，其中附加质量系数和拖曳力系数取值可以参考本节相关文献。

（编写：陈进）

5.5.4 船行波

船行波是船舶在水面上航行时所兴起的波浪，因船舶引起航经水域的水体的水面波动，而这个波动会影响周围的水中结构物，在修建浮筒式悬浮隧道时，需要着重考虑船行波对浮筒的影响。评估船行波对结构物的影响通常采取经验公式方法和 CFD 方法。

（1）经验公式方法计算船行波

水深弗劳德（Froude）数 Fr_D 是研究船行波的重要参数，

$$Fr_D = \frac{V}{V_k} \tag{5-53}$$

式中，V 是船舶航速；$V_k = \sqrt{gh}$ 是航道临界速度，g 是重力加速度，h 是航道水深。当 $Fr_D < 0.4$，航速小于航道临界速度，此时船行波以散波和直线型横波为主。当 $0.4 < Fr_D < 1$ 时，此时船行波以散波和曲线形横波为主。$Fr_D > 1$ 时横波基本消失，主要是扩散波。计算船行波波高、周期时可以采用如下公式。

①日本航海学会论文集号推荐的经验公式：

$$H_m = aV^3$$

该公式适用于相对水深 $h/d > 6$ 的深水水域，V 是航速，a 是与船型、船舶吃水和航速等有关的系数；杂货船时取 $a = 0.013$；补给船时取 $a = 0.015$；油轮时取 $a = 0.02$；班轮集装箱船时取 $a = 0.012$。

②日本航海学会论文集 95 号推荐的经验公式：

$$H_m = H_0\left(\frac{100}{s}\right)^{1/3}\left(\frac{V_a}{V_k}\right)^3 \quad (5\text{-}54)$$

该公式适用于海船在低速、相对水深 $h/d<2$ 的海港水域；s 是计算点距船舶的距离；V_a 是实验时船舶的速度；V_k 船舶的额定船速；H_0 的具体定义见（刘洋，2007）。

③1987 年国际航运协会常设技术委员会秘书处 57 号公告推荐经验公式：

$$H_m = d\left(\frac{s}{d}\right)^{-0.33}\left(\frac{V}{\sqrt{gh}}\right)^4 \quad (5\text{-}55)$$

式中，h 是水深；d 是船舶吃水；s 是计算点距船舶的距离。船行波形成后向远传传播，波高随着传播距离的增加而逐渐减小，衰减后的船行波对附近船舶的影响也逐渐减弱。距船舶的距离 s 处波高 H_s 计算公式如下：

$$H_s = H_m\left(\frac{C_b L}{B}\right)^{(-0.015s)}$$

④苏联向金公式：

$$H_m = \frac{2+\sqrt{\dfrac{B}{L}}}{1+\sqrt{\dfrac{B}{L}}}H' \quad (5\text{-}56)$$

$$H' = \frac{3.1}{\sqrt{n}}\frac{v^2}{2g}$$

式中，n 是断面系数；K 是运河的过水断面；h 是船舶中剖面水下部分的断面。

⑤Gokhsteyn 和美国陆军工程团水道试验推荐公式：

$$H_m = 0.0448v^2\left(\frac{d}{L}\right)^{0.5}\left(1-\frac{1}{n}\right)^{-2.5} \quad (5\text{-}57)$$

⑥荷兰 Delft 水工试验所 Sorensen 在船模资料和实测资料分析的基础上提出了以下计算公式：

$$H_m = ad\left(\frac{x}{d}\right)^{-0.33}\left(\frac{v_m}{\sqrt{gd}}\right)^{2.67} \quad (5\text{-}58)$$

式中，x 是船舷到河道岸边的距离；a 是船型修正系数，巡逻艇、满载内河马达船取 1.0；欧州空载货驳取 0.5；空载马达船和拖牵轮 0.35。

⑦英国建筑行业协会颁布的 CIRIA C683 认为散波主要受船舶速度影响，横波同时受水体相对压缩深度（即船舶吃水）影响较大，一般情况下，满载船舶产生的艉横波最为明显，而高速船舶产生的散波最为明显。推荐的船行波横波计算为

$$
\begin{gathered}
z_{\max} = 1.5\Delta h' \\
\frac{\Delta h'}{\Delta h} = \begin{cases} 1 + 2A_w\left(\dfrac{b_w}{L_s} < 1.5\right) \\ 1 + 4A_w\left(\dfrac{b_w}{L_s} \gg 1.5\right) \end{cases} \\
\Delta h = \frac{v}{2g}\left(\alpha\left(\frac{A_c}{A_c^*}\right)^2 - 1\right)
\end{gathered}
\tag{5-59}
$$

式中，$z_{\max}$ 为最大船艉横波波高；L_s 为通行船舶长度；v 为船舶通行速度；α 为航速影响系数；A_c 为通航水域断面积。

在计算船行波对附近结构物干扰时，可以优先选取 CIRIA C683 推荐公式和荷兰 Delft 水工试验所 Sorensen 推荐公式，因为这两个公式考虑的参数比较全面。另外也可以采取多个公式同时计算，相互验证计算结果。

（2）CFD 方法计算船行波

近年来随着计算机模拟仿真技术的发展，复杂边界下船型波的数值模拟方法得到快速发展。Dam 等（2006）采取动量源兴波方法模拟了船行波在斜坡的传播过程和波高变化，计算了某航道中船行波最大波高并与观测值对比。多数学者基于 RANS 方程模拟了船行波的变化规律，Shiotani（2001）讨论了最大波高和波周期随侧向距离的变化规律，还考虑了波浪的破碎效应对波浪周期的影响。Chen 等（2002）计算了 DTMB5415 船型的阻力和近场波形。李志松等（2016）模拟了内河航道中船行波的生成、传播、反射过程，计算结果与典型断面航道中船行波的现场测量值及航道内船行波爬高观测结果进行了比较。

根据前人船行波研究成果，基于 CFD 方法计算船行波的结果，与船行波的现场测量值、各类半理论半经验的船行波波高计算结果吻合良好，可以为船行波对附近水中结构物的干扰提供较为准确的预报。

本小节首先总结了常见的预报船行波波高和周期的经验公式，并给出了推荐公式；其次介绍了基于 CFD 方法预报船行波的研究现状。为了准确地预报船行波

对附近水域结构物的干扰作用，可以采取多个经验公式、CFD 方法预报相结合的方式，计算结果之间进行相互验证。

（编写：陈进）

5.6 缆索动力响应

对于拉索式悬浮隧道，缆索也许是约束管体运动的重要部件。然而在复杂的海洋动力环境中，缆索自身也会受到水动力场的影响而发生运动，从而影响对管体运动的约束效果。研究缆索的动力响应对分析水下悬浮隧道在海洋动力环境作用下的运动可能是必要的。当海流流经缆索时，容易引起缆索的涡激振动。悬浮隧道若考虑建设在深水环境中，缆索的长细比 L/D 较大，将出现一些不同于立管涡激振动的特征；受外部海洋环境作用时，缆索与管体可能会同时发生运动，当管体的运动频率达到特定值时，可能引起缆索的参数振动；当悬浮隧道管体的浮重比接近 1 时，缆索容易产生松弛，在环境荷载激励下，可能出现缆索的突然松弛并张紧，可称为弹振现象。本节就以上内容展开讨论。

5.6.1 缆索涡激振动

缆索是水下悬浮隧道沿程约束可能采用的主要形式之一，其主要作用是限制悬浮隧道管体在外部环境荷载作用下的运动响应。当环境水流流经缆索时，容易引起缆索的涡激振动。缆索发生涡激振动时，容易引发缆索疲劳损伤（详见 5.7 节），影响缆索系统的稳定性，并可能危害悬浮隧道的结构安全。本节简要描述国内外学者在研究缆索时常用的模拟方法，进而引入水下悬浮隧道缆索模拟研究可能采用的模拟方法。

涡激振动的相关研究很多（详见 5.12 节），但大多数研究都是针对刚性短圆管开展的，悬浮隧道缆索可能较为细长，将展现一些特有的特征。Wu 等（2012）梳理了细长柔性圆柱结构的涡激振动研究进展，当圆柱结构长细比足够大时（$L/D = 10^2 \sim 10^3$），将出现一些特殊的涡激振动特征，如双谐振、多模态振动、非定常锁定区、三阶及以上简谐流体力和行波主导的响应等。典型的缆索涡激振动见图 5-17（Chaplin et al.，2005b）。Chen 等（2010）研究细长柔性缆索时发现由于水流沿缆索分布的不均匀性，会引起缆索响应表现为低频多模态的密集组合，缆索的涡激振动表现为多模态和高阶模态运动的耦合。Zhang 等（2010a）在细长柔性缆索的涡激振动研究中发现缆索涡激呈现出其他的复杂特征，如涡激波、宽频带随机振动等。对于细长柔性缆索，顺流向运动对横流向运动的影响不可忽略，有必要对两自由度（横向和流向）涡激振动问题进行细致研究（罗刚，2013）。

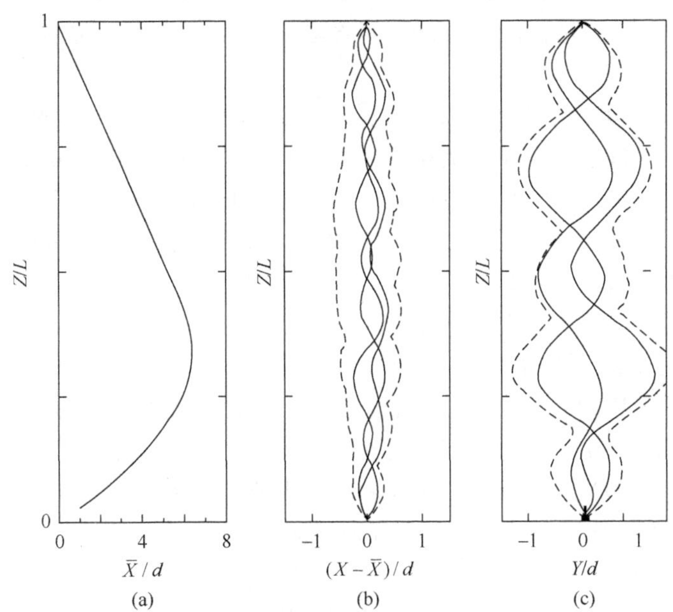

图 5-17　模型试验中缆索的涡激振动图示

（a）缆索顺流向平均位置；（b）缆索顺流向振动示意（相对平均位置）；（c）缆索横流向振动示意。虚线表示 10s 内的振幅包络。试验条件：流速 0.65m/s，绳张力 984N，$Re=18200$，$L/D=432.86$（Chaplin et al.，2005b）

以下举一简单的例子引入缆索的涡激振动模拟方法。若忽略缆索顺流向振动，并且不考虑缆索与悬浮隧道管体的耦合运动，可将缆索简单模拟为张力梁（Zhang et al.，2010a），发生锁相时，张力梁的动力平衡方程为

$$m\frac{\partial^2 y(z,t)}{\partial t^2}+\gamma\frac{\partial y(z,t)}{\partial t}-T\frac{\partial^2 y(z,t)}{\partial z^2}+EI\frac{\partial^4 y(z,t)}{\partial z^4}=f(z,t) \tag{5-60}$$

式中，m 表示缆索单位长度质量；γ 代表结构阻尼；T 代表轴向张力；$f(z,t)$ 表示垂直于水流方向的流体力，由涡激升力和流体阻尼力组成；$y(z,t)$ 表示缆索的横流向运动。缆索涡激振动模拟的难点在于缆索和水体之间的耦合响应及水流力 $f(z,t)$ 的准确计算。

根据处理缆索和水体之间的耦合关系的不同及水流力 $f(z,t)$ 计算方式的不同，缆索涡激振动的研究方法大体可以分为半经验模型、简化尾流振子模型及 CFD 模型（Stabile et al.，2018；详见 5.12 节）。Luo 等（2015）采用半经验模型分析了影响悬浮隧道缆索涡激振动和疲劳的多项参数；Chen 等（2016）采用半经验模型

分析了悬浮隧道柔性缆索在线性剪切流下的模态对比及多模态涡激振动。半经验模型通常只能模拟横流向涡激振动，并且模型中经验系数的取值通常基于 L/D 较小的短刚性管的自由或受迫振动试验成果，针对细长柔性缆索的试验较少，将半经验模型应用到细长柔性缆索分析涡激振动可能存在一定的不合理性（Wu et al.，2012）。

缆索涡激模拟中的简化尾流振子模型可以认为是特殊的半经验模型（Gabbai and Benaroya，2005），基于尾流振子模型的思想（Hartlen and Currie，1970），建立尾流振子模型来求解水流力，并由切片法（strip theory）来重构三维流场（Stabile et al.，2018）。切片法指对流场进行切片处理，即是将流场沿缆索轴线分成多段，每段独立并按二维模式模拟，而结构分析仍保持三维，这使得运算量大幅降低，然而三维流场效应模拟失真，分段界面难以处理。Chen 等（2010）采用修正的尾流振子模型来计算涡激振动锁定模态下的位移和应力及缆索的最终响应，该模型中加入了附加质量的变化（Wang et al.，2007）及约化速度与位移幅值的非线性关系（Chen et al.，2009），改进了一维线性尾流振子，因而能较好地应用到柔性缆索在非均匀流中的横流向涡激响应问题中。为使尾流振子模型能够分析缆索顺流向涡激振动，Wu 等（2010）、Srinil 和 Zanganeh（2012）采用了双振子尾流模型，然而缆索横流向与顺流向复杂的耦合关系依然没有充分模拟。

相比半经验模型及尾流振子模型，CFD 模型通过求解流体力学基本方程 N-S 方程来模拟流场，结合有限元方法求解三维弹性体的结构变形，从而实现二者在时域内的全耦合（详见 5.15 节）。CFD 模型可以真实模拟缆索附近流场结构，准确表达流场与缆索之间的耦合响应关系，捕捉细长柔性缆索的特殊涡激振动特征如双谐振和多模态振动，模拟结果更加可靠。CFD 模型按照处理湍流方式的不同，可以简单划分为直接数值模拟（DNS）模型、雷诺时均（RANS）模型及大涡模拟（LES）模型；按照维度处理的不同可以分为考虑切片流场的简化模型和全三维模拟模型（Stabile et al.，2018）。Chaplin 等（2005a）通过与试验数据对比，认为考虑切片流场的简化 CFD 模型可以同时模拟横流/顺流向位移和曲率，然而在不细调参数的条件下，模拟结果与试验结果相差较大。

随着计算机性能的大幅提升，CFD 模型也由最初的切片式模型开始转向求解 N-S 方程的全三维模拟模型。Luo 等（2012）采用商业 CFD 软件 Fluent 进行二次开发，求解二维雷诺应力方程（RMS），选择雷诺数 $Re = 10000$，分析了缆索涡激响应的涡激锁定区与非锁定区特征。端木玉（2017）通过切片法，基于二维雷诺时均（RANS）和大涡模拟（LES）的 N-S 方程，耦合结构动力学方程，在开源程序库 OpenFOAM 中开发了涡激振动时域求解器 viv-FOAM-SJTU。Bourguet 等（2011）用 DNS 模型求解全三维流场，耦合张力梁模型建立了细长柔性管在剪切流条件下的涡激振动计算模型，并计算了柔性管的多频率共同涡激振动特征（Bourguet et al.，

2013）。DNS 模型通常只适用于小雷诺数情形（$Re \approx 1000$），而悬浮隧道缆索绕流雷诺数一般为 $1.4\times10^4 \sim 2.0\times10^8$（罗刚，2013），采用 DNS 模型时高雷诺数会引起过多计算量，适用性差。高雷诺数下，雷诺时均（RANS）模型及大涡模拟（LES）模型是较为适用的（罗刚，2013；Stabile et al.，2018）。端木玉（2017）梳理了采用商业软件 ANSYS 的 MFX 多场耦合求解模块计算缆索三维涡激振动问题的文献。Wang 和 Xiao（2016）采用 MFX 模块结合 LES 模型对长细比 $L/D = 481.5$ 的立管进行了三维模拟，模拟结果与试验结果（Lehn，2003）对比良好，其中部分横流向振动和纵流向振动结果见图 5-18。

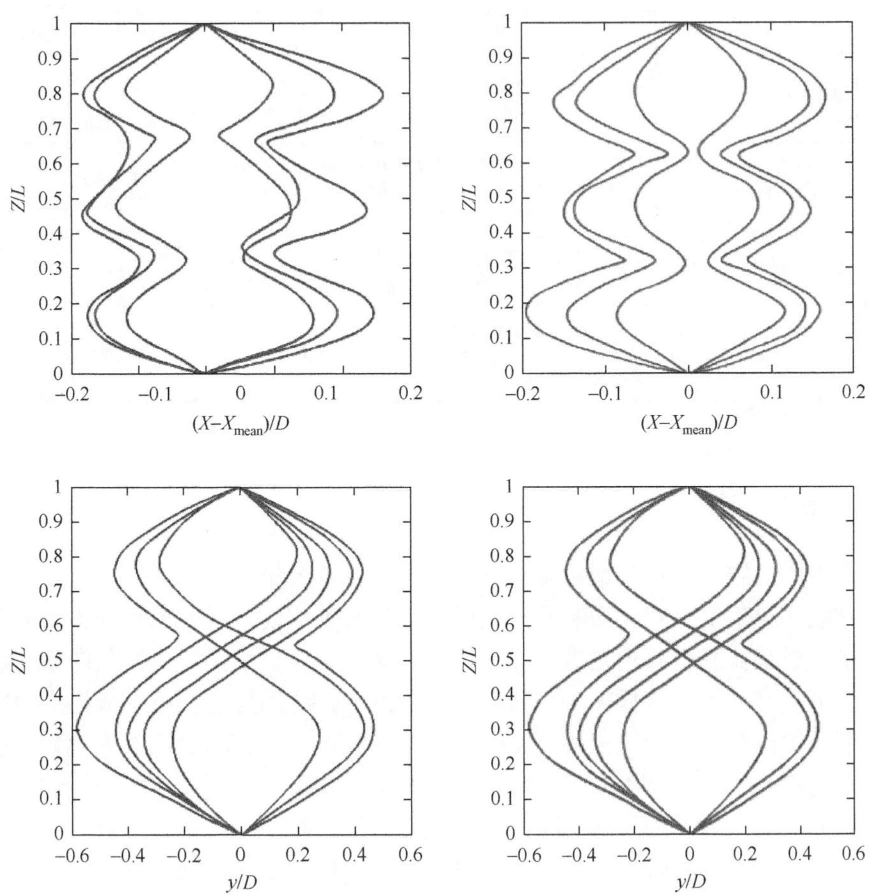

图 5-18 缆索运动包络对比：CFD 模型计算结果（左列）与模型试验结果（右列）（Wang and Xiao，2016）

将水下悬浮隧道缆索涡激振动模拟可能采用的各类模拟方法及其优/劣势汇总，如表 5-6 所示。现有的水下悬浮隧道缆索涡激振动模拟相关的研究大多采用的是结构振动方程结合水流力经验模型或尾流振子模型，这类方法简化了流体与缆索的耦合作用，相关参数需要通过试验确定，计算简便，可以方便工程初期设计使用。然而，水下悬浮隧道中采用的缆索可能为长细比很大的柔性缆索，相关的试验研究较少，这使得半经验模型与尾流振子模型预测缆索涡激振动的结果不够准确；而且半经验模型与尾流振子模型通常忽略了缆索横流向与顺流向振动的耦合响应，会导致模拟结果可信度降低。基于 CFD 的耦合响应模拟可以更为精确地模拟缆索的涡激振动，但对计算量要求较大，可能需要引入一些合理的简化。

表 5-6　悬浮隧道缆索涡激振动主要模拟方法汇总

序号	方法	优势	劣势	应用举例
1	半经验模型	计算简便，在求解低雷诺数横流向问题时精度较高	忽略顺流向与横流向运动的耦合，忽略三维效应	VIVA VIVANA SHEAR7 等
2	简化尾流振子模型	计算简便，在求解低雷诺数横流向问题时精度较高，可以引入简化的顺流向与横流向运动耦合	忽略了三维效应，要求对尾流相关理论具有深入的理解	尾流振子模型 双振子尾流模型
3	切片式 CFD 计算模型	能准确描述二维流固耦合的本质，相比全三维模型计算量较低	忽略了三维效应，切片流场断面之间重构较难实现	viv-FOAM-SJTU
4	全三维 CFD 计算模型	能够准确描述缆索涡激振动的物理本质，结果可靠，精度较高，能反映三维效应	计算量大，计算成本高	ANSYS-MFX

5.6.2　参数共振

缆索作为维持悬浮隧道稳定的支撑系统，具有质量轻、阻尼小、柔度大的特点，这些特点使得它对外荷载较为敏感，极易发生振动。缆索的振动大致分为两类：第一类是荷载引起的缆索的强迫振动，譬如海流、波浪等诱发的缆索的涡激振动；第二类是隧道管体振动引起的缆索的振动，这类振动又可细分为由缆索和隧道管体线性耦合引起的振动和参数振动（孙胜男，2008）。激励作为参数出现在振动系统中，并且随时间的变化而变化，此即为参数振动。悬浮隧道管体的振动使缆索的轴向拉力发生周期性变化，当隧道管体的频率与缆索的固有频率成一定倍数关系时小幅值的管体振动也会引发缆索大振幅的局部运动，这种现象称之为参数共振（Nayfeh et al.，1979）。

发生参数共振时，缆索会产生横向大幅振动，影响缆索的疲劳。本节重点关注参数振动的模拟方法，为研究悬浮隧道缆索的设计提供参考。

现有的研究参数振动的形式，按照参数激励的类型不同，主要分为两种形式：第一种是理想激励系统，认为悬浮隧道的质量远大于缆索的质量，可忽略缆索振动对隧道管体的影响，即管体对缆索激励的幅值和频率不受缆索运动而影响，大多数研究是基于此种形式的；第二种是非理想化的激励系统，隧道与管体的振动是相互耦合的非线性振动系统，所以激励的幅值和频率在响应过程中不断变化，比第一种形式多一个自由度（陈水生，2002）。

（1）理想激励

对于理想激励系统，目前所知文献皆是建立图 5-19 所示模型，假设缆索与隧道管体铰接，缆索底端与海底铰接，令 L_E、θ、u 分别为缆索静力下的长度，与海底的夹角，缆索跨中位移；由于缆索的抗弯刚度很小，一般忽略不计；用抛物线法考虑缆索的垂度效应，该方法相较于等效弹性模量法能更好地反映垂度效应对缆索振幅的影响，此法认为缆索的跨中垂度 f 与缆索无应力状态的长度 L 的比值小于 1/8，推出缆索的初始构型为抛物线：

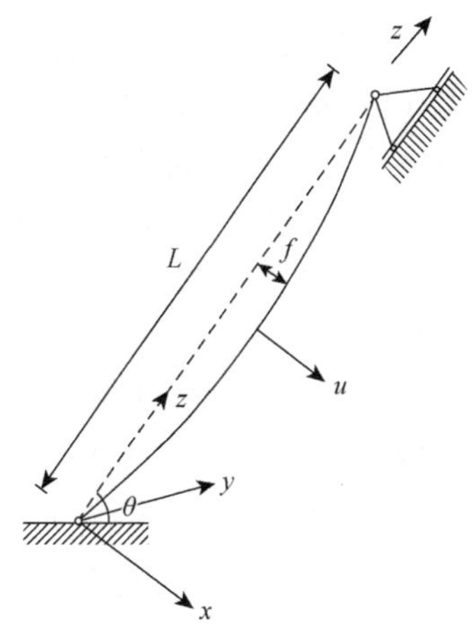

图 5-19 缆索的参数振动模型（以孙胜男为代表）

$$x = 4f\frac{z}{L}\left(1-\frac{z}{L}\right) \tag{5-61}$$

将缆索端部激励设置为简谐荷载：$z = z_c\cos(\omega_T t)$，z_c 为索端激励幅值，ω_T 为索端激励频率。根据哈密顿（Hamilton）原理得到缆索的振动方程：

$$m\frac{\partial^2 u}{\partial t^2} + C_s\frac{\partial u}{\partial t} - \Delta H\frac{\partial^2 x}{\partial z^2} - (H_0 + \Delta H)\frac{\partial^2 u}{\partial z^2} = F_D \tag{5-62}$$

$$\Delta H = \frac{EA}{L_E}\left\{z_c\cos\omega_T t + \frac{8f}{L^2}\int_0^L u\mathrm{d}z + \frac{1}{2}\int_0^L\left(\frac{\partial u}{\partial z}\right)^2\mathrm{d}z\right\} \tag{5-63}$$

式中，m，E，A 分别为静力作用下缆索单位长度质量、弹性模量、横截面积；C_s 为缆索黏性阻尼系数；ΔH 为振动引起的附加缆索张力；H_0 表示缆索的初张力；F_D 为缆索振动引起的水体对其的作用力，对其的准确模拟是研究的难点。

基于 Morison 公式，将缆索横向振动引起的水体对其的单位长度上的总作用力表示为附加惯性力和水体阻尼力之和（苏志彬和孙胜男，2013；孙胜男，2011b；李颂等，2015）：

$$F_D = -\frac{\pi D^2}{4}\rho_w C_m\ddot{u} - \frac{1}{2}\rho_w D C_D\dot{u}\,|\,\dot{u}\,| \tag{5-64}$$

式中，ρ_w 为水的密度；D 为缆索外直径；C_D 为拖拽力系数，取 $C_D = 0.7$；C_m 为附加质量系数，取 $C_m = 1$。

由于悬浮隧道缆索的垂跨比很小，可近似取索的振动模态为标准弦的振动模态（Irvine，1981）。Tagata（1977）根据试验得出，张紧弦的端部激励振动以基本模态为主，可取为缆索一阶模态，同时采用伽辽金法（唐友刚，2002）对缆索振动微分方程进行化简。利用 MATLAB 编程，并结合 4 阶龙格-库塔法进行求解。

巫志文等（2017）在参考孙胜男等的研究基础上，对 F_D 的取值同时考虑了波浪和水流作用，同样用伽辽金法取缆索一阶振动模态进行方程化简。对随机波浪激励采用虚拟激励法求解（林家浩和张亚辉，2004），具体数值通过 MATLAB 编程求解。同时用 AQUA 软件进行水动力分析，验证所用方法的正确性。

孙胜男法忽略了波浪激励的影响，而巫志文法能够反映有义波高对缆索跨中位移的影响，更能反映真实的海洋环境，其精度也足够准确。

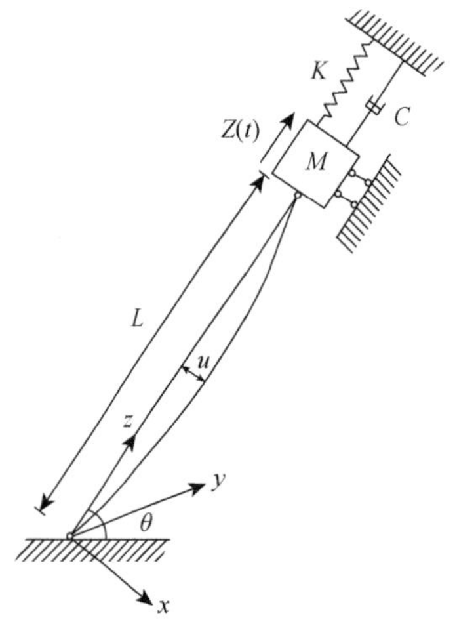

图 5-20　缆索参数振动模型
（孙胜男，2008；陈建云，2007）

（2）非理想激励

对于非理想激励模型，建立模型如图 5-20 所示，将隧道管体用质量块替代，用弹簧 K 模拟隧道刚度，阻尼器 C 模拟隧道阻尼，其他假设与理想激励相同。理想激励与非理想激励模型最大的不同在于质量块 M 的运动与缆索的耦合作用。孙胜男（2008）和陈建云（2007）分别就不考虑流场作用和考虑流场作用对参数振动进行了研究。发现流场作用主要还是针对缆索的涡激振动，虽然涡激振动也能激发缆索的参数振动，但是影响区域很小，而且管体与缆索的耦合只有当缆索产生参数共振时，作用才比较明显。

Cantero 等（2017）采用 Abaqus 建模，模型如图 5-21 所示，用包含几何非线性的 B21 号梁单元模拟缆索，水动力效应用 Abaqus/AQUA 模块中的 Morison 方程来模拟。波

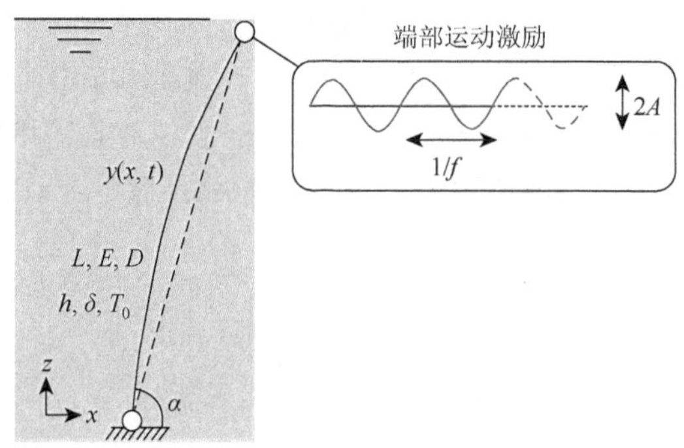

图 5-21　缆索参数振动模型（Cantero et al.，2017）

引起的运动被简化为上部梁支撑的正弦函数垂直位移。他主要分析了缆索在频率比为 2 的激励下，其张力的变化大小。

综上所述，参数振动的影响因素主要是激励频率、激励幅值、缆索的阻尼、缆索的浮容重等。由以上模拟可以得出以下几点结论：

①当索端激励频率是缆索固有频率的 0.5、1、2 倍时，缆索发生参数共振，当频率比为 2 时，其参数振动幅值最大，称之为发生主参数共振（图 5-22a）。

②随着索端激励幅值的增大，缆索的参数振动幅值也会增大（图 5-22b）。

③缆索的阻尼越大，缆索的参数振动幅值越小（图 5-22c）。

④当缆索的浮容重趋于 0 时，水体对缆索的附加惯性力越大，缆索的参数振动幅值越小（图 5-22d）。

模拟悬浮隧道缆索涡激振动主要方法汇总见表 5-7。

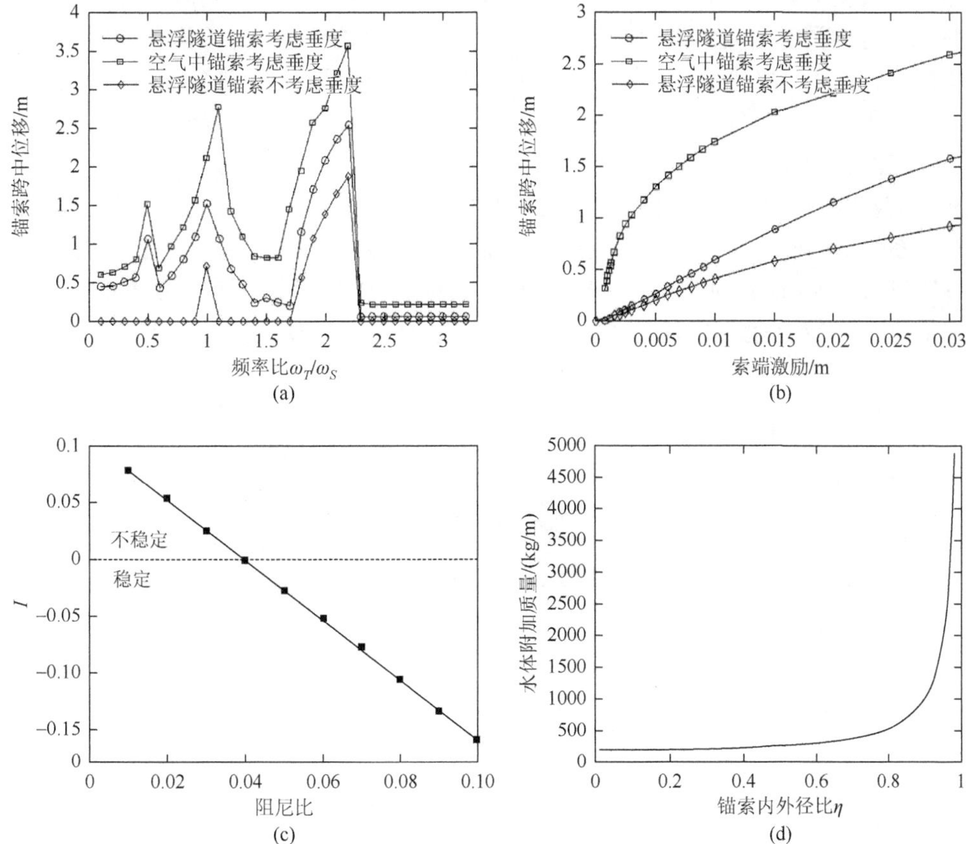

图 5-22　（a）缆索跨中位移和频率比的关系曲线（孙胜男等，2011b）；（b）索端激励和缆索跨中位移的关系曲线（孙胜男等，2011b）；（c）阻尼比和缆索稳定性的关系（苏志彬和孙胜男，2013）；（d）η 和水体附加质量的关系曲线（孙胜男等，2011b）

表 5-7　模拟悬浮隧道缆索涡激振动主要方法汇总

序号	方法	优点	缺点	应用举例
1	理想激励模拟	计算简便，工程上使用方便	只是针对缆索本身的动态响应，精度可能不够高	MATLAB
2	非理想激励模拟	考虑了管体与缆索的耦合作用，能精确地描述系统的运动	计算复杂	MATLAB Abaqus/AQUA

5.6.3　弹振

在相同的外部激励条件下，由于缆索预张力的不同，缆索可能处于松弛状态、松弛-张紧状态和张紧状态。张素侠等（2013）比较分析了缆索在这三种状态下的运动特点，发现缆索处于松弛-张紧状态时，缆索会产生横向的跳跃运动，其张力中出现突变的剑锋，它能达到缆索平均张力的几倍到几十倍，其破坏力非常强。我们称这种骤然增大的张力为弹振力，当缆索张力骤然增大时，很有可能导致缆索断裂；当张力骤然变小时又会产生冲击载荷，对悬浮隧道的稳定造成巨大影响。

由于参考文献较少，本节主要是引出这个观点，对悬浮隧道缆索松弛-张紧现象及其产生的弹振力还需进一步研究。

唐友刚等（2008）假设缆索为黏弹性的索，只考虑深海平台的垂荡运动，推导了平台系统在高海情波浪作用下，缆索从张紧到松弛的变化条件。发现变化条件只与系统阻尼比、频率比和预张力（位移比）有关。预张力越大，系统越容易处于张紧区域；阻尼比越大，系统张紧区域也越大（图 5-23）；系统的预张力一定时，系统会随着频率

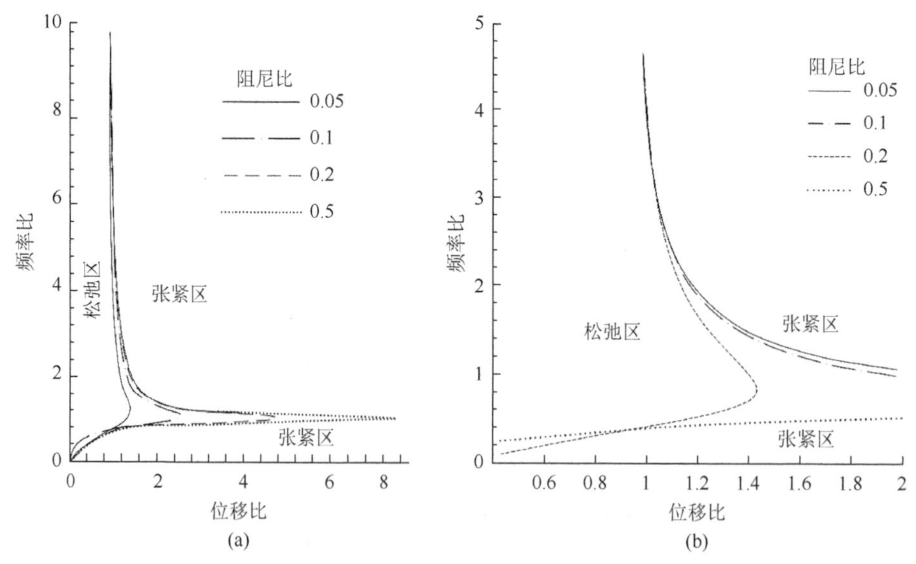

图 5-23　（a）缆索张紧区域；（b）（a）中固定点的放大图

比的增加从张紧区域进入松弛区域（图 5-24），而且缆索内的张力会随着系泊浮体质量的增加、外激励的增大及预张力的增大而增大，随着缆索长度的增大而减小。

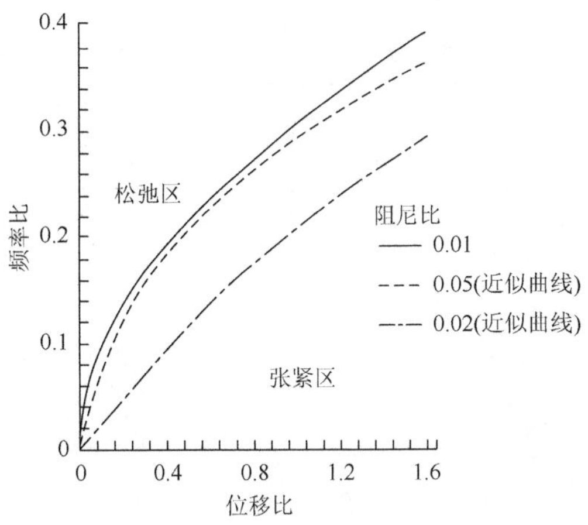

图 5-24 位移比较小时的松弛-张紧区域

沈妍（2009）对 Spar 平台缆索的冲击张力做了详细的推导。刘欣（2017）采取同样的方法对水下悬浮隧道缆索的冲击张力进行了研究。首先根据缆索的受力平衡和弹性相似理论建立了缆索的静态构形和动态构形；然后采用能量法分析缆索可能受到的内力与外力作用，并推导了缆索的面内运动方程；最后用伽辽金法模拟缆索的运动，用 MATLAB 进行数值求解。研究结论与上述基本相同。

Budiman 等（2017）通过试验的方法研究了在波浪条件下缆索产生松弛现象的浮重比参数。试验模型以跨越 Panggang 岛和卡里亚岛（Karya Island）悬浮隧道为例，试验在二维水槽中进行，采用采用聚氯乙烯圆柱管，利用弗劳德数相似，缩尺比为 1∶100。通过改变波参数（波高、波周期）和结构参数（管体浮重比、缆索角度、缆索直径、端部约束）来测试缆索松弛发生的条件，如表 5-8 所示。具体布置形式见图 5-25。

表 5-8 缆索产生松弛发生的条件

波高/cm（1～11）	浮重比（1.1～1.9）	缆索斜拉角度/(°)（0～54）	缆索直径/mm（0.4～0.9）	端部连接方式
9～11（松弛）	1.4	27	0.9	两端固定
7	1.1～1.3（松弛）	27	0.9	两端固定
7	1.4	0～18（松弛）	0.9	两端固定
7	1.4	27	0.4～0.5（松弛）	两端固定
7	1.4	27	0.9	一端固定一端自由（松弛）

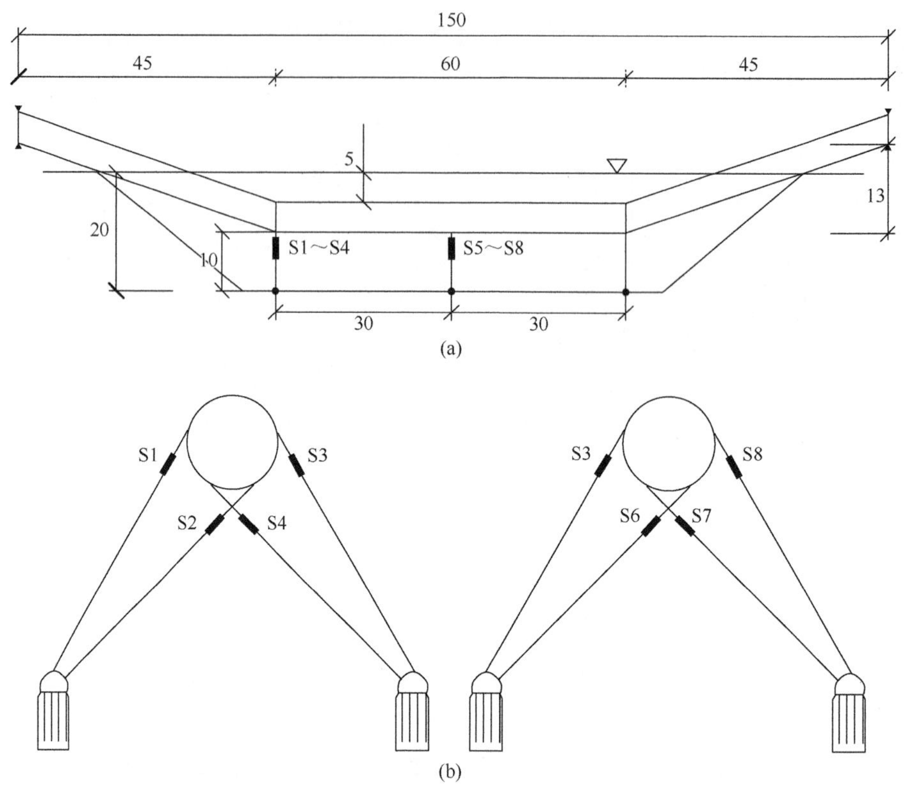

图 5-25　（a）管段与水槽平面图（单位：m）；（b）缆索布置形式图

综上所述缆索松弛-张紧现象与缆索预张力、缆索直径、外激励作用、缆索斜拉角度、缆索端部约束等有关。其中最主要的是缆索的预张力，保证缆索的预张力足够大，一般不会出现缆索松弛现象。

（编写：周卓炜、刘傲祥）

5.7　缆 索 疲 劳

水下悬浮隧道中的缆索在海洋环境荷载作用下，可能发生各种不同类型的动力响应。缆索的振动会导致缆索疲劳，海洋环境引起的缆索腐蚀也会加重缆索疲劳，这些因素都影响缆索的使用寿命。本节首先简要介绍材料科学中的疲劳含义及常用的疲劳计算方法，接着概述悬浮隧道缆索的疲劳研究现状，最后介绍缆索的疲劳设计需要考虑的因素。

材料科学领域中将疲劳定义为由周期性循环荷载引起的材料弱化，会导致结构的渐进性及局部破坏，以及裂纹的增长。产生这种破坏的最大应力值可能远小于材料的强度。材料受循环荷载作用时，当荷载高于特定临界值后，会在应力集中点产生微观裂纹，一旦产生裂纹，随后的每个荷载循环都会使裂纹少量增长，当裂纹发展到一定临界尺寸后，将会快速扩展并导致结构断裂。疲劳需要考虑的问题有：疲劳裂纹起裂、疲劳裂纹增长、常幅或变幅值循环荷载、单轴/多轴荷载、腐蚀疲劳、磨损疲劳、蠕变疲劳、裂纹起裂和蠕变的结合等（Stephens et al.，2000）。

当受到常幅值循环荷载作用时，材料在发生特定性质的失效前所经历的特征应力或应变的循环次数可以定义为疲劳寿命 N_f。Stephens 等（2000）介绍了 4 种常用的疲劳寿命模型：

①名义应力（nominal stress）寿命模型（S-N 模型），于 1850～1870 年提出；

②局部应变寿命模型（ε-N 模型），于 1960 年代提出；

③疲劳裂纹增长模型（da/dN-ΔK），于 1960 年代提出；

④两阶段模型，结合模型②和③，即是结合宏观疲劳裂纹的形成和疲劳裂纹扩展。

4 种常用疲劳寿命模型中，S-N 模型是提出最早、应用最为广泛的疲劳寿命模型，适用于高周疲劳（疲劳循环次数较多）情形，以下详细介绍 S-N 模型。典型的 S-N 对数曲线如图 5-26 所示，图中 S 表示名义应力，常取为交变应力 S_a，S_a 定义为常幅值循环荷载作用下，材料的应力幅值，为最大最小应力差值的一半。S-N 对数曲线中，定义 S_{N_f} 为疲劳强度，指特定循环次数 N_f 下，S-N 对数曲线对应的应力值；定义 S_f 为疲劳极限，特指 N_f 取值极大时，疲劳强度的极限值（不再随 N_f 增大而改变）；定义 S_u 为材料强度，又称为极限应力强度或屈服应力极限，S_f/S_u 称为疲劳比。S-N 对数曲线根据特征材料样品（通常称为试件）的循环加载试验得出，借由试验机施加有规律的正弦应力，并记录试件失效前的循环次数。S-N 对数曲线的发展受应力比（平均应力）、荷载频率、温度、腐蚀、残余应力及缺口等多种因素影响。

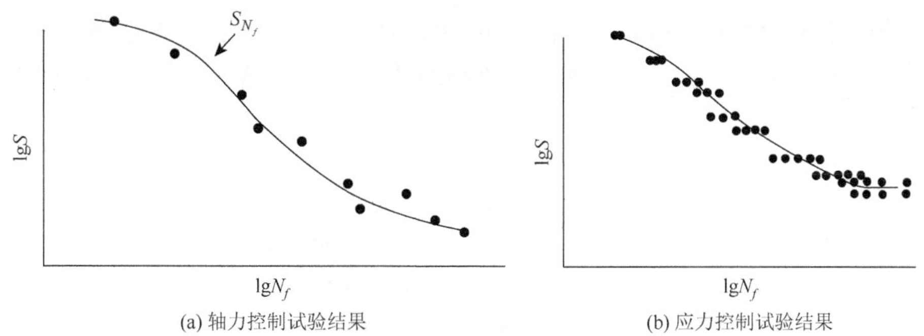

(a) 轴力控制试验结果　(b) 应力控制试验结果

图 5-26　S-N 模型（Stephens et al.，2000）

Basquin（1910）建议 S-N 对数曲线满足方程：

$$S_a或S_{N_f}=A(N_f)^B \tag{5-65}$$

式中，A 表示一次循环加载时的疲劳强度，可以取为材料强度 S_u；B 在不同 N_f 区间，取值不同，通常将 S-N 对数曲线简化为对数坐标系下三段折线，每段折线均对应特定的 B 取值；A、B 的取值需要根据大量循环加载试验，按照一定的失效概率确定。

通常在结构使用期内，工作荷载并不是常幅值循环荷载，而是变幅值循环荷载，加载到结构上的应力循环可由多个循环应力段组成，产生裂纹时，假定各个循环应力段作用到结构上的破坏是可以线性累加的，基于此假设，Miner 结合 Palmgren 的准则，提出 Miner 准则（Miner's rule）或称 Palmgren-Miner 线性损伤假定。Miner 准则定义全寿命期内变幅值循环荷载中第 i 个循环应力段的循环次数为 n_i，对应的疲劳寿命为 N_{fi}，并认为单个循环造成的破坏为 n_i/N_{fi}，当满足式（5-66）时，结构断裂。

$$\sum_{i=1}^{k}\frac{n_i}{N_i}=C \tag{5-66}$$

工程中常取 $C=1$ 或 100%。结构在使用期内荷载分析可能不够准确，为提高安全度，可取 $C<1$，如 $C=0.5$（The British Standards Institution，2015）。

为使结构的疲劳寿命满足一定的要求，需要进行疲劳设计。疲劳设计可以简单认为是通过不断调整结构形式、材料及工艺等方式，在环境条件作用下，依据一定的设计准则，根据疲劳寿命模型（如 S-N 模型）和累积损伤模型（如 Miner 准则）预测结构疲劳寿命，最终使结构的疲劳寿命满足设计准则。根据结构功用的不同，存在如下 4 种设计准则（Stephens et al.，2000）。

①无限寿命设计（infinite-life design）：要求结构受到的局部应力或应变基本处于弹性范围，并低于疲劳极限 S_f。

②安全寿命设计（safe-life design）：要求结构在使用期内不发生疲劳失效，通常采用疲劳荷载的上限值及疲劳耐久性标准的下限值资料进行保守估算疲劳强度。

③失效安全设计（fail-safe design）：允许构件发生疲劳破坏，但在构件疲劳破坏被检测到并更新替换完新构件之前，不允许结构失效。

④损伤容限设计（damage-tolerant design）：一种精细化的失效安全设计，假定裂纹存在，结合定期无损检测（non-destructive test，NDT），要求裂纹在被定期检测到并维修好之前不会增长到使结构失效的程度。

结合 S-N 模型、Miner 准则及大量试验结果，英国规范 BS-7608（2015）和中国《钢结构设计规范》（GB 50017—2017）对各类形式的钢结构疲劳设计及计算流程做了详细的规定，《公路钢结构桥梁设计规范》（JTG D64—2015）细化了钢丝绳的抗疲劳设计流程。

通常材料的抗疲劳设计及材料疲劳实验均是在空气环境中开展的，环境条件会影响材料的疲劳，如图 5-27a 所示。材料在真空中的抗疲劳性能最佳，而在锈蚀作用下，材料抗疲劳能力急剧下降，疲劳极限消失。水下悬浮隧道采用的缆索通常会暴露在海洋环境中，受锈蚀影响时，材料即使应用了阴极保护措施，其疲劳强度依旧会降低。当结构无保护暴露在海洋水体中时，需要对 S-N 模型中的疲劳寿命预测进行 3 倍系数折减；采用阴极保护时，需要先进行 2.5 或 2 倍折减，直至疲劳寿命达 10^7 后不再折减。当采用喷漆和其他涂层材料保护且涂层在结构整个寿命期内无损坏时，疲劳寿命可以不折减（The British Standards Institution，2015）。

图 5-27b 是英国规范结合海水锈蚀、常幅值循环荷载及变幅值循环荷载提出的示意性 S-N 对数曲线，线段 1 表示静载限制；S_{oc} 表示常幅值循环荷载作用下曲线转变点处应力，规范中取 $N_{oc} = 10^7$，对应的疲劳极限 S_f 即是 S_{oc}，S_{oc} 又称常幅疲劳极限（constant amplitude fatigue limit，CAFL）；虚线段 2 表示结构处于干净空气或海水中且受到良好抗腐蚀保护时，在常幅值循环荷载作用下的疲劳寿命曲线；S_{ov} 表示变幅值循环荷载作用下的曲线转变点处应力；曲线 3 表示变幅值循环荷载作用下，结构疲劳寿命的有效计算曲线；曲线 4 表示无保护暴露在海水中的疲劳寿命曲线；m 表征曲线的倾斜程度。

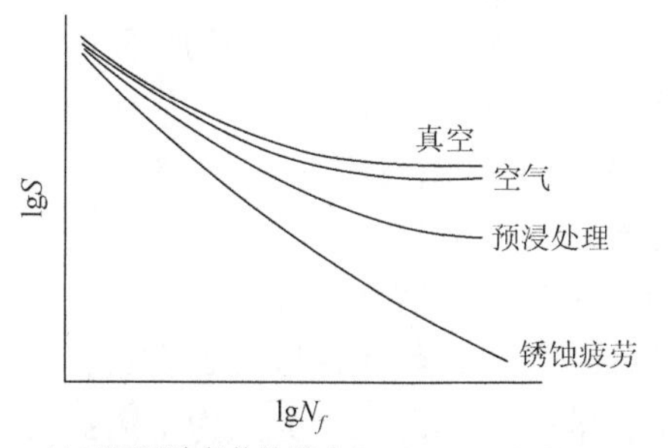

(a) 不同环境条件的影响(Stephens et al., 2000)

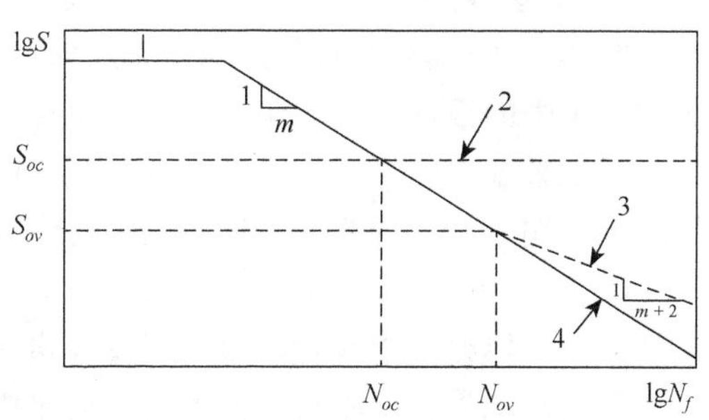

(b) 结合锈蚀、常幅值循环荷截及变幅值循环荷载的影响(The British Standards Institution, 2015)

图 5-27 示意性 S-N 对数曲线

国内外学者针对海洋环境中的缆索疲劳展开了研究。Zhou 等（2012）采用 Miner 准则和 S-N 模型及悬浮隧道缆索的疲劳概率模型分析了斜拉张紧式缆索的可靠性指标。罗刚（2013）结合缆索的涡激振动，分析了悬浮隧道垂向缆索的密度、预应力、缆索长度等因素对缆索疲劳寿命的影响。Yan 等（2016）采用 Miner 准则和 S-N 曲线法计算了缆索的疲劳寿命，结合锈蚀参数（Melchers et al.，2007），对斜拉张紧式缆索的疲劳寿命进行折减。Burhan 和 Kim（2018）对复合材料中选用的 S-N 模型进行了综述，并对各个模型的有效性及适用性进行了评估。现有的悬浮隧道缆索疲劳研究忽略了不同缆索断面布置形式（详见第 5.3 节）对缆索疲劳的影响，并且只考虑轴向应力的疲劳问题，忽视了剪切应力对疲劳的贡献，在进一步的研究中应当予以考虑。

结合英国规范（The British Standards Institution，2015）建议的钢材料疲劳设计方案及 API 建议的海上结构疲劳分析方法（American Petroleum Institute，2014），水下悬浮隧道缆索疲劳设计相关研究或许可以遵从如下流程：

①给定水下悬浮隧道缆索的基本参数（材料、直径、长度、断面布置形式等）及设计使用寿命；

②保守预测全寿命期内缆索所处的各类环境条件（如水流、波浪等环境条件，详见第 3 章）；

③采用预测环境条件保守估计缆索全寿命期内的响应及荷载变化（详见 5.6 节）；

④采用预测荷载对缆索全寿命期内的应力（含轴向应力和剪切应力）历时曲线进行详细预测，并找出最可能发生疲劳破坏的点，确定为疲劳寿命分析点；

⑤采用循环计数法（The British Standards Institution，2015；Stephens et al.，2000）将疲劳寿命分析点处的应力历时曲线简化为不同应力范围 S_{ri} 及对应的循环次数 n_i；

⑥考虑材料的特性、锈蚀环境及锈蚀保护条件等因素，选择合理的 S-N 曲线（曲线参数参考规范选取，如有条件可通过试验校核或确定）；

⑦如果所有应力范围 S_{ri} 均低于应力极限 S_{oc}（图 5-27b），认为结构计算寿命超过了①中的设计寿命，满足无限寿命设计要求；

⑧如果某些应力段超过了 S_{oc}，但采用全寿命应力累积破坏方法式（5-66）计算的寿命超过设计寿命，则满足安全寿命设计要求；

⑨如果⑧中的计算寿命小于设计寿命，则不满足安全寿命设计，需：

第一，修改缆索设计方案，提升缆索的抗疲劳特性，优化选取 S-N 曲线；

第二，如果第一不可行，改进应力集中位置的受力，降低最大应力范围；

第三，如果措施第一和第二均不可行或会产生严重的经济后果时，可以考虑破坏容限方法结合定期无损测试（NDT）检测疲劳裂纹，确保在设计寿命期内，无警告总失效概率不低于安全设计方法的失效概率。

（编写：周卓炜）

5.8　缆 索 抑 振

缆索振动引起索端接头部分疲劳，在索锚接合处产生疲劳裂纹，破坏索的防腐蚀系统，严重的还会造成索失效，索的振动还会引起行人的不舒适，对悬浮隧道的安全性产生怀疑。由于国内外对悬浮隧道抑振这方面研究较少，本节重点列举了海洋平台和斜拉桥抑振的一些措施，旨在希望找到适用于悬浮隧道工程的抑振方法。

缆索的振动控制方式通常有两种：一种是水动力学减振措施，另一种是机械减振措施。水动力学减振措施主要通过改变缆索的剖面形状来改善缆索与海流组合外形的水动力学性能。机械减振措施通过在缆索上附加阻尼器或辅助索等机械（结构）装置，增加缆索的等效阻尼或形成有干扰效应的索网，提高索网的频率，达到抑制振动的目的。

（1）水动力学减振措施

Zdravkovich（1981）总结了过去人们研究涡激振动的成果（图 5-28），研究者们从漩涡脱落的不同过程入手，提出了不少海洋立管抑振措施形式和装置。表面突起，影响分离线或分离剪切层的有螺旋列板、轴向调板、螺栓、翼片、半球面等；影响卷吸层的裹覆装置有丝网、穿孔、控制杆和轴向板等；阻止卷吸层相互作用的近尾流稳定器有飘带、整流罩、分隔板、导向翼等。

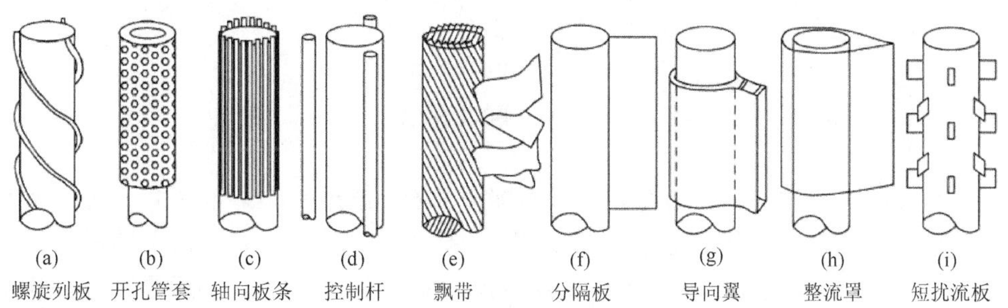

图 5-28 常见的涡激振动抑振措施

杨加栋等（2010）对螺旋列板作为深海立管涡激振动抑振装置进行了研究。螺旋列板的抑振原理是改变沿管纵向的波流分离线，扰乱旋涡的空间关联性，使旋涡分散，从而降低波流的升力，削弱旋涡强度。还详细介绍了螺旋列板的设计步骤和安装方法及需要遵守的规范，强调海洋生物附着对螺旋列板的抑振影响较大。Trim（2005）研究表明螺距为 17.5D 且高度为 0.25D 时，螺旋列板抑振效果最好。景帅亮和张淑君（2017）对该结论进行了数值模拟分析，结果与 Trim（2005）的结果一致。

吴延泽（2018）采用 Fluent 通过对深海立管周围等间距分布 3 个附属小控制杆的绕流问题进行三维数值模拟，探究高雷诺数下 3 个附属控制杆对深海立管水动力的影响作用效果。宋吉宁等（2009）通过水槽试验的方法发现三控制杆抑振措施可以明显降低立管横向振动幅值。吴浩（2013）进行了水池大尺度试验，考虑来流方向、控制杆间距和覆盖率对抑振性能的影响，系统地研究了多根控制杆抑振措施对大长细比柔性立管涡激振动抑制的效果。均发现三控制杆抑制性能对来流方向具有较强的适应性，并且控制杆间距越小、覆盖率越高则抑制效果越好。

周威（2018）针对第一种（图 5-29a）整流罩模型，综合对比不同尺寸整流罩对模型管顺流向和横流向位移的抑制效果，认为 $\frac{L_f}{D}=0.5$ 的整流罩抑振效果最佳，式中 L_f 是整流罩顶点至管线表面距离，D 是整流罩管的直径。王海青等（2009）对三种整流罩模型进行了水槽试验，发现第二种（图 5-29b）对横向振动的抑振明显，第三种（图 5-29c）更能有效减小顺流向振动。王媛（2013）用 CFX 软件对三种的整流罩进行了模拟，发现第三种抑振效果最好。

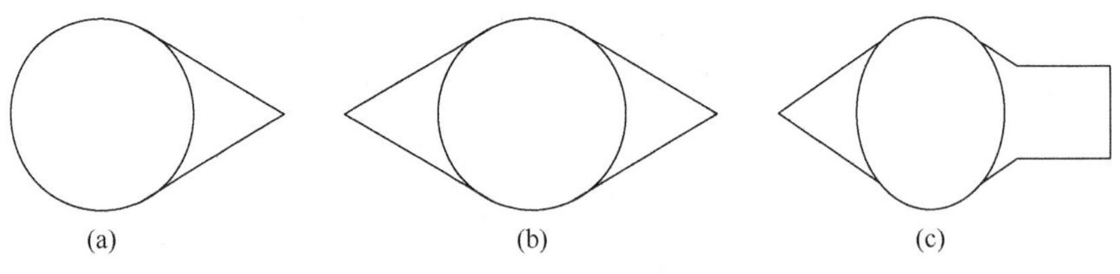

图 5-29　整流罩模型

晁春峰等（2016）参考海洋立管的抑振试验，通过水动力学减振措施，设计了三种抑振装置：螺旋列板、控制杆、整流罩，并对其在均匀流作用下抑制涡激振动的能力进行了试验。试验以千岛湖悬浮隧道为原型，通过变化缆索倾斜角度和来流角度，测量不同工况下缆索横流向振幅，顺流向振幅随时间的变化曲线。得到结论：缆索倾斜角度减小会增大抑振效果，三螺旋线抑振效果变化最明显；来流角度增大可以提升三螺旋线和整流罩的抑振效果。在多参数综合影响下，三螺旋线的抑振性能最好。

螺旋条纹装置容易受海洋生物生长的影响，而整流罩的形式受海洋生物生长影响较小。

（2）机械减振措施

缆索的机械减振控制措施，主要有以下几种（刘宝龙，2016）。

①辅助索或称二次索方法。其作用是减小索的有效长度，提高索的固有频率，另外使各索之间产生耦合、牵制作用。这种方法的结构较复杂，辅助索和主索之间连接扣受力大，容易疲劳损坏。

②橡胶阻尼器或黏滞剪切型阻尼器减振。对于橡胶阻尼器，它所能提供的模

态阻尼不大，只能起有限的减振作用。黏滞剪切型阻尼器可以解决两个方向的振动，还可以很容易的调整黏性阻尼系数，具有很好的减振效果。

③油阻尼器减振。油阻尼器的阻尼力是油通过小孔产生的，阻尼系数几乎与温度无关，有较好的抑振效果。

④被动调频质量阻尼器（tuned mass damper，TMD）其工作原理是当 TMD 的固有频率等于激振频率时，利用 TMD 与主结构间相反的作用力抵消结构振动的激振力，从而达到抑振的效果（张伟等，2007）。

⑤主动控制方法及半主动控制法。主动控制需要实时测量结构反应或环境干扰，采用主动控制算法运算和决策结构最优控制力，然后通过很大的外部能量驱动，输入最优控制力。主动控制装置有主动质量阻尼器、混合质量阻尼器，仪器贵，算法复杂不适合使用。半主动控制所需能量少，经济性好。目前典型的半主动控制装置有磁流变阻尼器、主动变刚度系统、主动变阻尼系统（肖宇维，2013）。

⑥永磁调节式磁流变阻尼器的工作原理为：当往复外力通过活塞杆带动阻尼器内部活塞时，活塞两端的磁流变液便会通过活塞与内管间的节流孔之间往复流动，通过调整永久磁体可使节流孔内的磁场强度增强或减弱，使阻尼器输出的阻尼力随之增大或减小，因此通过对永磁体的调节，便可方便、快捷地控制阻尼器阻尼力的大小（龚禹等，2014）。永磁调节装置在 2012 年应用于洞庭湖大桥，成功将原来需要耗电的磁流变阻尼器进行了替换。各种阻尼器性能见表 5-9。

表 5-9 各种阻尼器性能表

阻尼器	橡胶阻尼器	黏滞剪切型阻尼器	油阻尼器	磁流变阻尼器	永磁调节式磁流变阻尼器	TMD
可提供阻尼	小	大	大	大	大	大
可调节性	难（缺点）	中	中	易	易	难（缺点）
温度影响	小	大	大	小	小	小
频率影响	中（缺点）	小	小	小	小	大（缺点）
振幅影响	中	小	小	小	小	中
安装	易	中	中	中	中	易
美观	好	差	差	中	中	中
维护	易	中	中	中	中	中
主要优点	耐久性好	构造简单	技术成熟	易调节	不需电源	易安装
存在问题	可供阻尼小	技术不成熟	漏油	需要电源	—	受频率影响较大
著名桥梁	日本多多罗大桥	日本幸魂大桥、中国汕头大桥等	法国布鲁东纳大桥、德国 Koehlbrant 桥等	洞庭湖大桥、苏通长江公路大桥	洞庭湖大桥、浏阳河大桥	英国千禧桥

Pacheco 等（1993）研究了安装阻尼器后缆索模态阻尼比评估方法，获得了阻尼器统一设计曲线图。由图 5-30 可知，安装阻尼器后拉索减振的优化阻尼系数为 $C_{opt}=\dfrac{0.10mL\omega_{01}}{\left(\dfrac{ix_c}{L}\right)}$，在该阻尼系数下缆索可获得的最大模态阻尼比为 $\xi_{i\max}=0.52\left(\dfrac{x_c}{L}\right)$（式中，$x_c$ 为阻尼器安装处距下锚固端的距离，L 为缆索长度）。同样，当已知阻尼器等效黏性阻尼系数时，可以通过图 5-30 得到缆索的模态阻尼比。

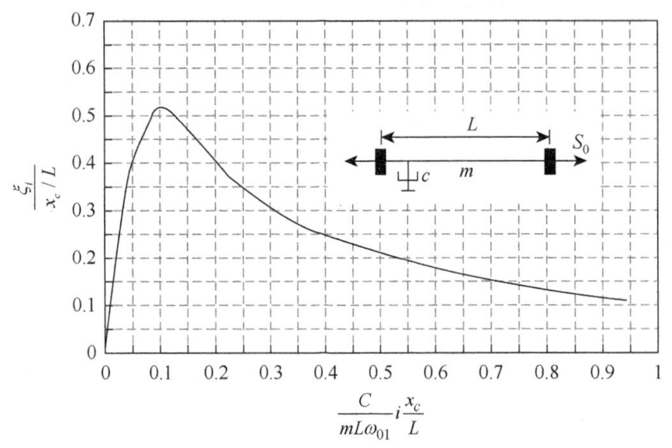

图 5-30　Pacheco 阻尼器统一设计曲线

孙胜男等（2011a）通过考虑 Irvine 参数的影响，以伽辽金法建立缆索—黏弹性阻尼器系统的振动微分方程，通过复特征值分析得到缆索可能达到的最优阻尼比及最优阻尼器系数，分析缆索的倾角和垂度对缆索最优阻尼比的影响。推导缆索的面内振动方程为

$$m\frac{\partial^2 u}{\partial t^2}+C_x\frac{\partial u}{\partial t}-EA\frac{\partial}{\partial z}\left(\varepsilon\frac{\partial x}{\partial z}\right)-T_0\frac{\partial^2 u}{\partial z^2}=-F_D+F_{Mx}\cdot\delta(z-z_d)\qquad(5\text{-}67)$$

式中，m 为缆索单位长度质量；C 为缆索黏性阻尼器系数；$C=\text{diag}[C_x,C_y]$；E 为缆索的弹性模量；A 为缆索横截面积；ε 为拉格朗日（Lagrangian）应变；T_0 静力状态下缆索的张力；F_D 为缆索振动时，水体对其单位长度上的作用；F_M 为阻尼器作用在索上的力，$F_M=[F_{Mx}\ \ F_{My}]^{\mathrm{T}}$；$\delta(\cdot)$ 为狄拉克函数；z_d 为阻尼器位置（模型见图 5-31）。

孙胜男采用 MATLAB 编程计算，结果表明：倾角和垂度仅影响缆索面内一阶模态最优阻尼比；模态阶数越高，对应的最优阻尼器系数越小；缆索垂度的存在使得缆索面内一阶模态最优阻尼比比面内高阶模态小；缆索倾角的增大，使得缆索面内一阶模态最优阻尼比也跟着增大。

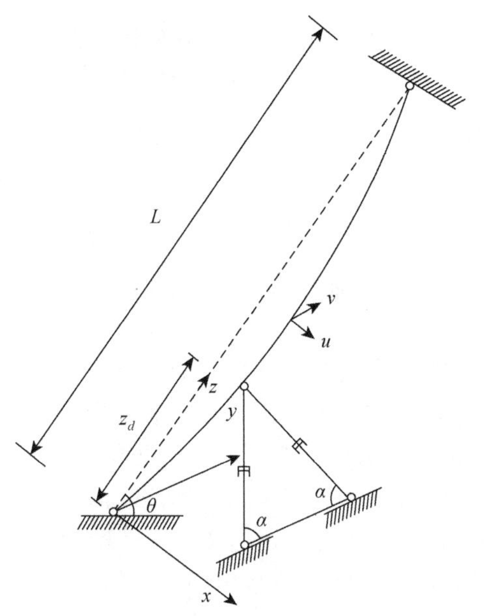

图 5-31 缆索—阻尼器振动模型

李颂等（2015）通过数值模拟计算，发现在水下悬浮隧道缆索端部安装被动质量阻尼器的减振方法对控制缆索的参数振动具有良好的效果。

肖宇维（2013）通过数值模拟的方法，验证磁流变阻尼器对轻型 TLP 的垂向振动进行半主动控制的方案的可行性。首先利用水动力分析软件 AQWA，计算平台在频域下的一阶、二阶波浪力和水动力参数，将所得水动力参数进行频域到时域下的转换，然后通过 MATLAB 编程，对平台的垂向波浪响应进行数值计算。同时比较利用限界 Hrovat 半主动最优控制算法模拟安装磁流变阻尼器的 TLP，利用 LQR 最优主动控制算法的主动控制 TLP，以及未安装任何装置的无控制进行对比三者的控制效果，发现半主动控制效果接近主动控制效果。嵇春艳等（2009）分别采用数值模拟和模型试验的方法验证了磁流变阻尼器对海洋平台的减振效果有着显著的作用。数值模拟采用 ANSYS 建模，结合 Morison 方程进行波浪荷载计算。物理模型在水槽中进行，考虑几何相似与频率相似，缩尺比为 1∶50，考虑了不安装磁流变阻尼器、安装磁流变阻尼器不通电、安装磁流变阻尼器通电三种情形，数值模拟与试验结果吻合。

本节通过介绍各种水动力减振措施和机械减振措施及它们的应用领域方法使读者对缆索抑振有了初步的了解。水动力减振措施应用最广的主要有三种：螺旋条纹式、三控制杆式、整流罩式，三种形式各有优劣。机械减振措施是通过加装各种形式的阻尼器来达到抑振的效果。其中磁流变半主动控制不需要外界输入大量的能量，时滞小，虽然控制力由结构响应被动产生，但可通过磁场强度进行调整，控制效果较被动控制要好，更易实施更加经济，具有较好的研究和应用价值

（肖宇维，2013）。磁流变阻尼器和永磁调节式磁流变阻尼器目前的研究主要用于斜拉桥上，还没有见于海洋工程，但根据前面的研究，其在海洋工程上的应用可能具有广阔的前景。

（编写：刘傲祥）

5.9　混凝土结构

混凝土结构包括素混凝土结构、钢筋混凝土结构和预应力混凝土结构，其发展已有 100 多年的历史，至今，混凝土材料性能（轻质、高强、耐久、环保、智能）、混凝土结构形式及设计方法仍在不断发生变化。经过长期的工程经验积累，已形成了较为成熟的结构设计与施工等相关规范，但对悬浮隧道，混凝土结构除承载能力和变形能力等计算分析外，还需要关注结构的耐久性及抗裂性等问题。

悬浮隧道作为复杂海洋环境下的结构物，在符合我国有关混凝土规范（SL 191—2008，GB 50010—2010 等）要求的基础上，混凝土结构的耐久性与抗裂性也是非常重要的研究问题。在复杂截面大体积混凝土的早期应力控制中，由于混凝土水化热的散发、弹性模量的发展、徐变变形及自身体积变形等，以及气温、水位、水温、日照等环境的变化，使大体积混凝土容易产生对结构不利的应力和变形。易宁（2011）结合港珠澳大桥沉管隧道的工程案例，采用有限元软件 Midas 建立了实体模型，计算比较了粉煤灰和矿渣双掺 C50 混凝土（C50A-2）、普通 C50 混凝土（C50A-3）、粉煤灰和矿渣双掺 C60 混凝土（C60B-1）三种材料的水化热问题，其中混凝土抗拉强度公式按式（5-68）计算，弹性模量按式（5-69）计算。

$$R_f(t) = 0.8R_{f0}(\lg t)^{\frac{2}{3}} \tag{5-68}$$

$$E_x = (1 - \mathrm{e}^{-0.28\times t^{0.52}}) \times E_0 \tag{5-69}$$

式中，R_{f0} 为混凝土 28d 抗拉强度；E_0 为混凝土 28d 弹性模量；t 为混凝土龄期。

钢筋腐蚀同样也是影响混凝土开裂的重要原因，为此，Wang 和 Liu（2004）模拟了钢筋锈蚀导致混凝土保护层的开裂过程及钢筋混凝土黏结滑移的效应，其中混凝土保护层开裂的计算模型（图 5-32）在混凝土保护层开裂的分析中，以径向位移来表示锈层厚度，按式（5-70）计算。

$$u(r) = \frac{f_{\mathrm{t}}}{E_0} r \frac{(R_{\mathrm{c}}/r)^2 + 1}{(R_{\mathrm{c}}/R_{\mathrm{i}})^2 + 1} \tag{5-70}$$

式中，$u(r)$ 为径向位移；f_{t} 为混凝土单轴抗拉强度；E_0 为混凝土弹性模量；R_{c} 为混凝土保护层半径；R_{i} 为裂纹前沿的半径；$R_{\mathrm{r}} = R_{\mathrm{s}} + t_{\mathrm{r}}$；$R_{\mathrm{s}}$ 为钢筋直径；t_{r} 为锈层厚度；r 为半径 $(R_{\mathrm{i}} \leqslant r \leqslant R_{\mathrm{c}})$。

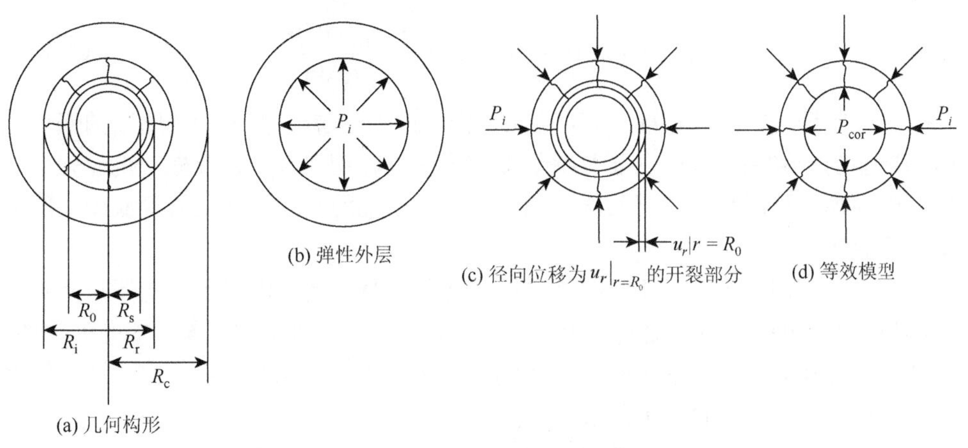

图 5-32 混凝土保护层简化模型

对带肋钢筋，钢筋-混凝土联结滑移的计算模型如图 5-33 所示，其法向压缩力为 p_x，切向应力按式（5-71）进行计算；对带箍筋的结构，由于箍筋存在较强的约束作用，纵向钢筋与混凝土的联结强度会更高，这会有利于混凝土结构的受力，方程推导的具体过程参见 Wang 和 Liu（2004）的研究成果。

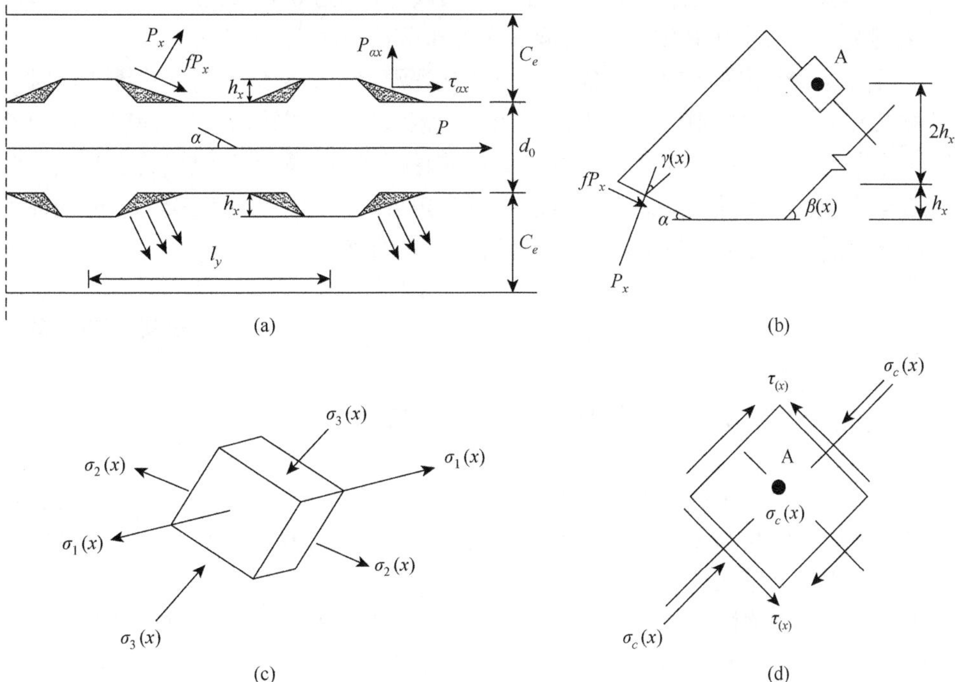

图 5-33 （a）带肋钢筋与混凝土之间的作用机理；（b）混凝土末端 A 点；（c）A 点应力；（d）A 点主应力

$$\tau_{\mathrm{crx}} = (\sin\alpha + f\cos\alpha)p_x \frac{\pi(d_0 + h_x)h_x}{\pi l_{\mathrm{r}} d_x \sin\alpha} \tag{5-71}$$

在计算锈蚀钢筋与混凝土之间的机械作用时，考虑了变形钢筋肋高的变化，腐蚀钢筋的计算联结强度主要取决于保护层深度、钢筋直径、混凝土抗拉强度、混凝土弹模、锈层与未锈钢筋的体积比、带肋钢筋的几何尺寸及与混凝土之间的摩擦系数等。

除大体积混凝土水化热及钢筋锈蚀问题外，悬浮隧道混凝土结构还需要克服地震作用的影响，特别是处于近断层地震区的海域，混凝土的抗震性能尤为重要，王朝辉（2018）在试验的基础上，认为通过优化混凝土配合比和浇筑方法，能够在一定程度上提高沉管隧道的抗震性能。

在悬浮隧道中，由于特殊的功能需求，可能存在不对称的截面形式。对这种混凝土结构，避免混凝土受力不均，防止混凝土开裂和结构失稳也是工程所要解决的难题。胡勇前等（2015）结合沉管隧道的工程案例，采用 ANASYS 软件建立了实体模型，考虑了沉船的偶然作用，依据 SL 191—2008 规范，进行了基本组合、偶然组合及标准组合的验算，验算了混凝土的拉应力式（5-72）。

$$\sigma < [\sigma] = \phi f_c A_c \tag{5-72}$$

式中，σ 为混凝土拉应力；$[\sigma]$ 为容许拉应力阈值；ϕ 为混凝土受压构件稳定系数；f_c 为混凝土轴心抗压强度；A_c 为混凝土受压区截面面积。

虽然混凝土结构具有较多优点，但当钢筋混凝土结构进入到非线性阶段时，混凝土力学性能的模拟难度较大，诸如大体积水化热、钢筋锈蚀、地震作用及其他偶然作用的损伤机制等。对混凝土结构的悬浮隧道，如何避免混凝土开裂，保证结构处于良好的受力状态，是重要的研究内容，因此，钢筋混凝土的非线性受力阶段、钢筋-混凝土共同作用机制是后期研究的重点。

（编写：孙南昌）

5.10 复合截面

不同材料有着不同的特点，混凝土材料具有较好的受压性能，钢材具有优良的受拉性能，钢材与混凝土两种不同材料之间的相互作用，能够充分发挥两种材料的力学性能。钢与混凝土之间协调工作，取长补短：混凝土的存在延缓了钢材的鼓曲，避免了钢构件的局部失稳，使其稳定性得以提升；而钢管的“套箍效应”延缓了混凝土的开裂，在一定程度上提高了混凝土的抗压性能，改善了混凝土的塑性和韧性（Uenaka et al.，2008）。工程上常采用钢-混组合结构，这种结构还具有良好的抗震性能和防腐性能，应用十分广泛。在悬浮隧道的前期设计中，或许同样可采用这种结构形式，就国内外研究现状来看，钢-混组合结构也是拟建悬浮隧道重要的结构形式。

悬浮隧道作为穿越西西里岛与卡拉布里亚之间的意大利海峡的一种设计方案，Canziani 和 Pirozzi（2018）对其进行了研究，悬浮隧道采用钢-混凝土复合截面（图 5-34a），截面内外层均为 20mm 厚的钢材，中层为钢筋混凝土，为计算方便，将截面等效为同种材料，等效后的具体参数见表 5-10。在墨西拿海峡悬浮隧道方案中，同样采用了钢-混组合结构，其截面形式为蜂窝状，分为上、中、下三层（图 5-34b），断面外层采用钢材进行包裹，厚 30mm，内层为钢筋混凝土，在模型建立过程中，同样将其等效为同种材料（Martire et al.，2010）。千岛湖悬浮隧道模型，其横断面由 4 层材料组成，最外层为保护吸能装置，材料为铝材，

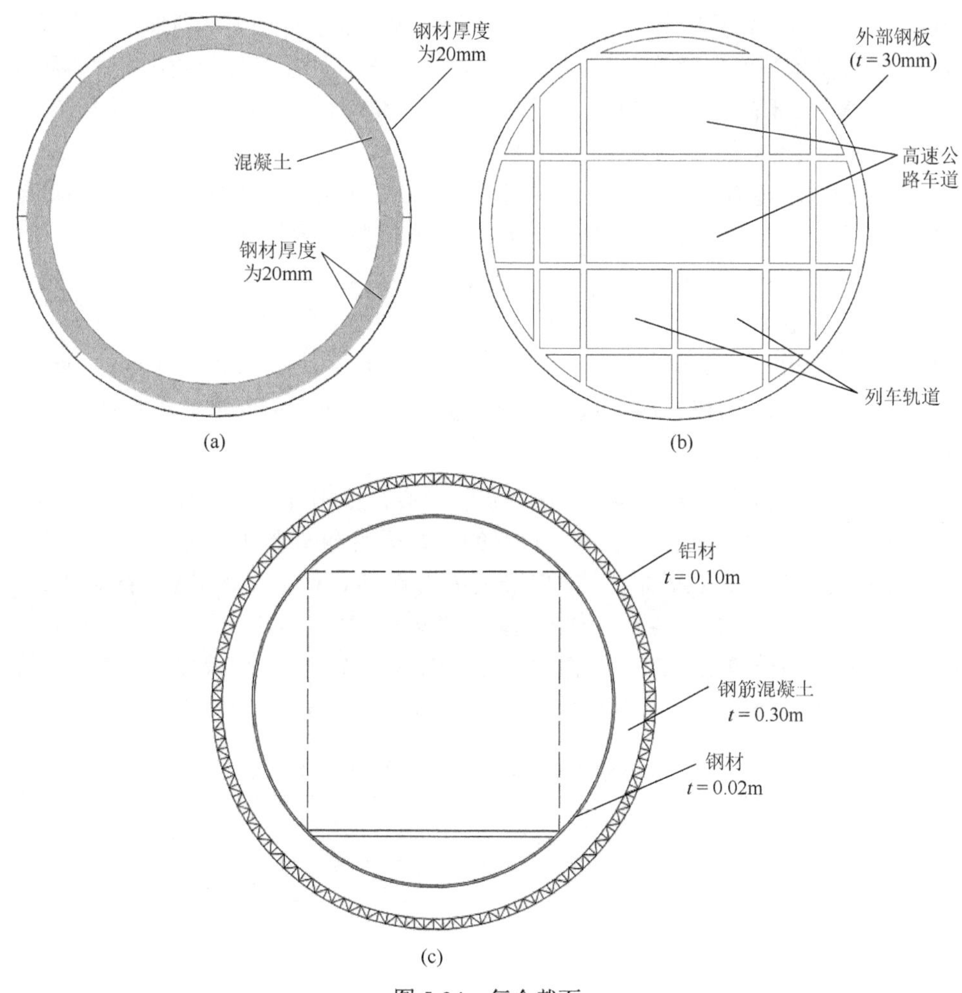

图 5-34　复合截面

不参与受力，次外层及最内层为 20mm 厚的钢材，钢材中间为 300mm 厚的钢筋混凝土材料，如图 5-34c 所示（Zhang et al.，2010a）。

表 5-10　材料参数

外直径/m	内直径/m	面积/m^2	惯性矩/m^4	自重/(kN/m)	弹模/Pa
15.95	13.95	58.24	1637	1200	2.934×10^{10}

由于组合结构截面形式复杂，承载力计算比较烦琐，工程上常采用等效截面换算法，将两种组合材料截面变换成为一种材料构成的组合截面，可大大简化计算过程及复杂性（卢召红等，2015）。

Zhang 等（2010）建立了悬浮隧道的有限元模型，将复合截面等效成同种材料的截面形式。工程上常见的等效方法主要有两种：①基于管体的整体弯曲刚度进行等效，将管体结构等效为梁单元；②基于管体的局部弯曲刚度进行等效，将管体局部视为受到弯曲变形的一块圆柱板。结合千岛湖悬浮隧道模型对这两种方法进行阐述。

（1）基于管体整体弯曲刚度进行等效

千岛湖悬浮隧道的直径远小于长度，在波浪、水流及地震作用下，管体像梁一样发生弯曲，当其在受力状态下符合平截面假定时，刚度等效公式可写为

$$J^{eff}=E^{eff}I^{eff}=\sum_{i=1}^{3}E_iI_i=\sum_{i=1}^{3}J_i \tag{5-73}$$

式中，E_i 为弹模；I_i 为惯性矩；$i=1,2,3$，分别表示为钢材（Canziani and Monica，2018）。等效惯性矩 $I^{eff}=\pi/64(D^4-d^4)$，其中 D、d 分别为千岛湖悬浮隧道原型的外径和内径。

这种方法根据惯性矩相等、截面面积和形心位置相等，将复合截面等效为均质材料截面，这就意味着等效后，材料的弹性模量和密度往往是发生变化的。Mazzolani 等（2008）也是采用这种方法进行分析的。对于千岛湖悬浮隧道而言，当考虑 3 种材料、2 种材料和 1 种材料时，等效弹模和等效刚度如表 5-11 所示，对于等效后的匀质单层 SFT，其截面尺寸与原型保持一致，但等效后的密度和弹性模量与其中任何一层材料均不相同（Canziani and Pirozzi，2018）。

表 5-11　千岛湖悬浮隧道模型的等效弹模和等效刚度

结构参数	3 层结构 钢材/混凝土/铝材	2 层结构 钢材/混凝土	1 层结构 钢材
等效弹模/Pa	3.22×10^{10}	4.06×10^{10}	21.0×10^{10}
等效刚度/(N·m^2)	35.25×10^{10}	29.7×10^{10}	7.5×10^{10}
内径/外径	3.55/4.39	3.55/4.19	3.55/3.59

注：内径和外径的单位为 m。

（2）基于管体局部弯曲刚度进行等效

当悬浮隧道受到外来物的撞击时，局部会发生较大变形，为了获得有效的抗弯刚度，可采用复合材料的叠层板弯曲理论，板的平面受力如图 5-35 所示。

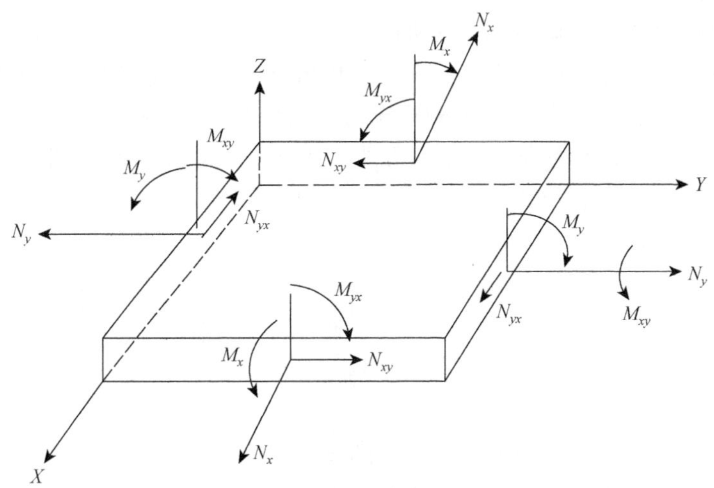

图 5-35　板的平面受力

由叠层板弯曲理论，复合材料叠层板的本构关系如下：

$$\begin{Bmatrix} N_i \\ M_i \end{Bmatrix} = \begin{bmatrix} A_{ij} & B_{ij} \\ B_{ij} & D_{ij} \end{bmatrix} \begin{Bmatrix} \varepsilon_j \\ k_j \end{Bmatrix} \quad i,j=1,2,6 \tag{5-74}$$

式中，N_i 为平面合力；M_i 为弯矩矩阵；ε_j 为应变矩阵；k_j 为弯曲曲率矩阵；A_{ij}、B_{ij}、D_{ij} 分别为拉伸刚度矩阵、耦合刚度矩阵和弯曲刚度矩阵。

Zhang 等（2010）对千岛湖悬浮隧道模型进行了叠层板弯曲理论分析，耦合刚度及拉伸刚度系数如表 5-12 所示，并将上述两种方法进行了比较，最后得出两者等效刚度的误差仅为 5.6%，其他各参数具体参见其研究成果。

表 5-12　千岛湖悬浮隧道模型耦合刚度及拉伸刚度系数

材料	钢材	钢筋混凝土	铝材
耦合刚度系数 B/(N·m)	0.13×10^{10}	0.144×10^{10}	0.004×10^{10}
拉伸刚度系数 A/N	0.42×10^{10}	0.96×10^{10}	0.177×10^{10}

对复合材料的悬浮隧道，在计算分析或有限元模拟过程中可借鉴“复合材料力学”的有关知识（沈观林和胡更开，2010）。莫利新等（2014）在研究对称铺层层压板复合材料等效模量计算方法的过程中，比较了复合材料力学方法和

有限元法（MSC patran 软件中的 Mareials 模块），两者得到的结果基本一致。卢召红等（2015）将中空夹层组合管截面等效成工字钢截面，并对比验算了等效前后的构件扰度变化，结果表明两者大致相等，具体可参见其研究结果。

在拟建悬浮隧道复合截面的分析过程中，在满足工程要求的情况下，整体计算分析可采用“基于管体整体弯曲刚度进行等效”法；对于局部分析可采用“基于管体局部弯曲刚度进行等效”法，此外也可直接建立实体模型（局部模型或整体模型），在材料层与材料层之间建立合适的耦合关系，这种方法的缺点是计算量大，花费时间多，但不失为一种研究方法（施建伟，2015），这种研究方法也可参考中空夹层组合管截面相关的研究成果（曹明，2015）。

（编写：孙南昌）

5.11　接　　头

管段接头是连接悬浮隧道各个管体的重要结构，它首先需要满足管体纵向和横向变形的刚度与强度要求，其次需要满足密闭性要求，最后其还要能施工简便，便于安装。下面 5.11.1 节介绍与悬浮隧道近似的沉管隧道的接头模拟，5.11.2 节介绍已有悬浮隧道对接头模拟的研究。

5.11.1　沉管接头模拟方法

根据接头刚度的不同可将其分为刚性接头、半刚性接头、柔性接头三类。刚性接头会使管体结构承受较高的内力；柔性接头会使结构产生较大的位移和变形，半刚性接头其性能介于两者之间（李剑，2003）。刚性接头的模拟可直接用固接形式等效。柔性接头模拟较为复杂，根据国内外学者的长期研究，将柔性接头模型分为理论模型和数值模型（魏刚等，2019）。

（1）理论模型

早期是用铰连接来等效柔性接头（史先伟和杜孔泽，2007），见图 5-36a。管敏鑫等（1999）发现，波形钢板使得接头不能完全视为柔性，应采用不完全铰等效接头。但是这种等效铰接的方法无法体现柔性接头两端存在的位移差。魏刚等（2013）在铰接模型基础上，采用定向连接模拟管段接头（图 5-36b），将接头抗弯刚度设为无穷大，不约束接头竖向位移，并且接头部位能够传递弯矩，但实际接头组成中含有竖向剪切键，不约束竖向位移与抗弯刚度无限大并不合理。邢建见（2016）考虑定向连接模型的不合理之处，提出定向约束模型（图 5-36c），即增加了竖向约束弹簧，但仍未解决抗弯刚度无穷大的问题。禹海涛等（2014）发现，

GINA 止水带基本能决定接头的抗弯刚度和轴向刚度。因此提出用 4 个非线性弹簧分别模拟管段顶底板和侧墙处的 GINA 止水带，弹簧只受压力作用，并且两端为刚性板（图 5-36d）。模型忽略了管段对端钢壳的作用，采用这种模型计算得到的接头抗弯刚度偏小。

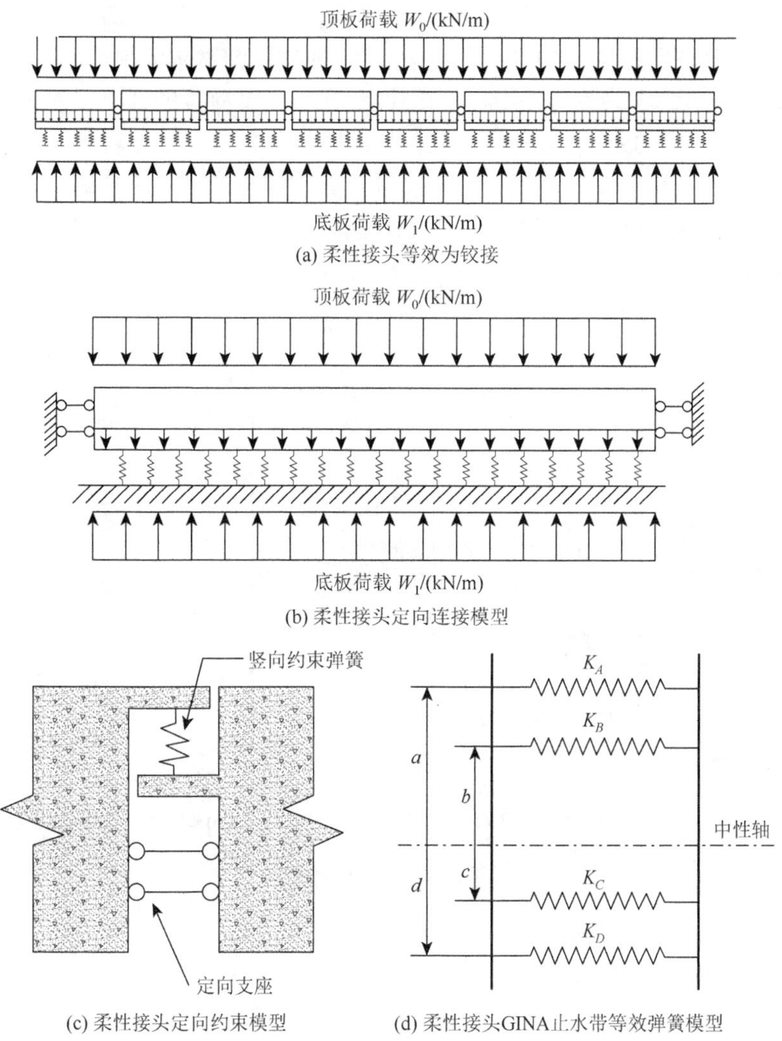

图 5-36　理论模型

（2）数值模型

早期采用的是线性弹簧等效柔性接头（杨辉和陆建飞，2001），实际上接头部位的受力变形情况较为复杂，不能用单纯的线性描述，因此目前多采用非线性弹簧模拟。Anastasopoulos 等（2007）采用了非线性弹簧数值模拟，非线性弹簧参数由 GINA 止水带压缩特性双折线和剪切键剪切特性双折线确定。张旭等（2011）在此基础上考虑了钢拉索和纵向限位装置的刚度折算（图 5-37a）。刘鹏等（2014）采用弹簧阈值模型，参考盾构隧道接头模型，用并联的切向与法向弹簧模拟接头作用，同时用阈值模拟垂直剪切键对竖向位移的约束（图 5-37b）。模型忽略了波形钢板的作用，研究结果缺乏对比验证，精确性有待验证。陈海军（2007）采用三维简化模型，用三维实体单元模拟剪力键，非线性弹簧单元模拟 GINA 止水带，仅受压的杆单元模拟相邻剪切键之间的橡胶支座，仅受拉的杆单元模拟预应力拉索。丁峻宏等（2005）采用三维触摸模型，对接头各部件进行精细化模拟，确定 3 类主要接触，管节与 GINA 止水带接触，剪切键与橡胶支座接触，以及混凝土之间的接触，用接触算法计算。模型考虑全面，假设条件少，但划分单元数量多，计算耗时长。

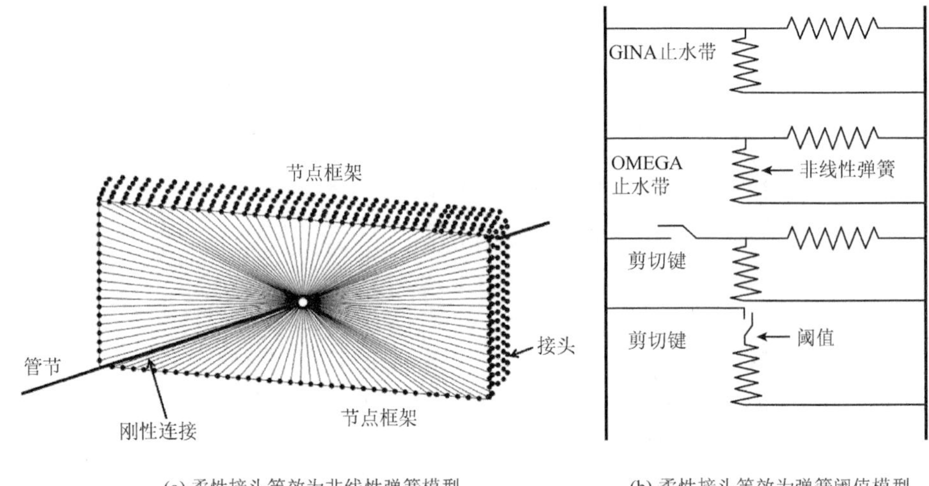

(a) 柔性接头等效为非线性弹簧模型　(b) 柔性接头等效为弹簧阈值模型

图 5-37　数值模型

5.11.2　悬浮隧道接头模拟

谢立广（2007）针对悬浮隧道接头的力学行为进行了数值模拟分析，其分别采用有限元法和传递矩阵法，分析了管段接头弯曲刚度对隧道接头体系静动力学行为的影响。有限元法通过 ANSYS 软件建立力学模型，采用欧拉-伯努利梁模型，管段用 PIPE16 弹性直管单元模拟，管段接头用 COMBIN17 铰单元模拟，锚链用 LINK10 单元模拟，将定常流荷载简化为静力荷载，长周期波浪荷载简化为简谐荷载，按自由度不同分别设置 3 种不同的接头模拟形式（刚节点、弹性铰、铰节点），并分析其力学特性（图 5-38）；传递矩阵法是按平面考虑管段和接头，将隧道离散为 n 个梁单元，梁单元通过点单元联系（图 5-39），梁单元、点单元两端的状态参数（挠度 v、转角 θ、弯矩 M、剪力 Q）组成阵列为相应位置的状态矢量，梁单元 i 左右两端的状态矢量分别为：$S_{i-1}^r=[v_{i-1}^r\ \theta_{i-1}^r\ M_{i-1}^r\ Q_{i-1}^r]^{\mathrm{T}}$，$S_i^l=[v_i^l\ \theta_i^l\ M_i^l\ Q_i^l]^{\mathrm{T}}$。点单元 i 左右两端状态矢量分别为：$S_{i-1}^l=[v_i^l\ \theta_i^l\ M_i^l\ Q_i^l]^{\mathrm{T}}$，$S_i^r=[v_i^r\ \theta_i^r\ M_i^r\ Q_i^r]^{\mathrm{T}}$。总传递矩阵为

$$S_n' = B_n p_{n-1} B_{n-1} \cdots P_{i+1} B_i P_{i-1} \cdots B_2 P_1 B_1 S_0^r \tag{5-75}$$

式中，B_i 为场矩阵（梁单元两端状态矢量之间的传递关系）；P_i 为点矩阵（点单元两端状态矢量之间的传递关系）。以上两种方法所得结论基本相同，接头弯曲刚度主要是影响近岸的管段，对中间管段接头影响较小。

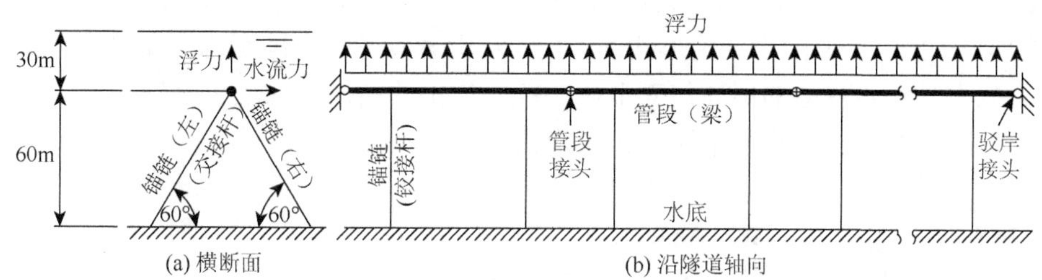

图 5-38 悬浮隧道力学模型（有限元法）

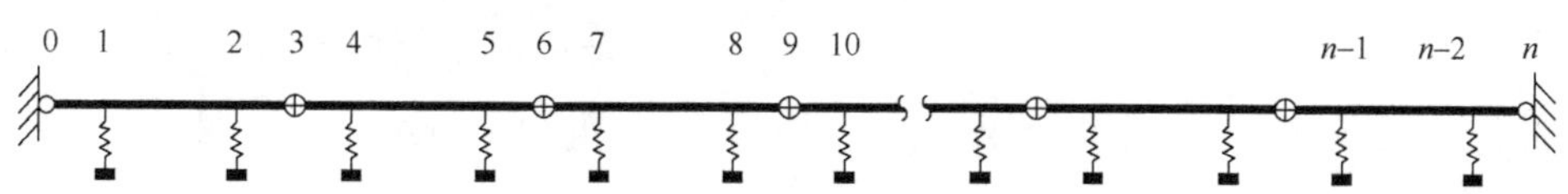

图 5-39 悬浮隧道结构模型（传递矩阵法）

王广地（2008）针对悬浮隧道结构特征，利用 ANSYS 软件将整体结构简化为鱼刺梁模型，缆索用单向受拉杆单元代替，管段接头和驳岸接头用 MATRIX27 刚度矩阵模拟，单元的弹性动力响应可以由刚度、阻尼和质量系数确定（图 5-40）。该单元由 2 个节点组成，其自由度由 2 个节点自由度构成的矩阵控制，如果一个自由度没使用，与之相关的行和列均为 0。根据材料不同，设置 4 种不同的弯曲刚度工况［刚性、1E15、1E12、1E8（N·m/rad）］，通过这种模型分析接头弯曲刚度对结构静、动力特性的影响。得到如下结论：柔性的驳岸接头可大幅降低端部弯矩，同时使靠近端部处管段位移急剧增加；与通过提高接头材料强度保证管段

安全性的‘抗’的方法对比，通过使用柔性接头‘减’的方法在工程上具有更大的可操作性。

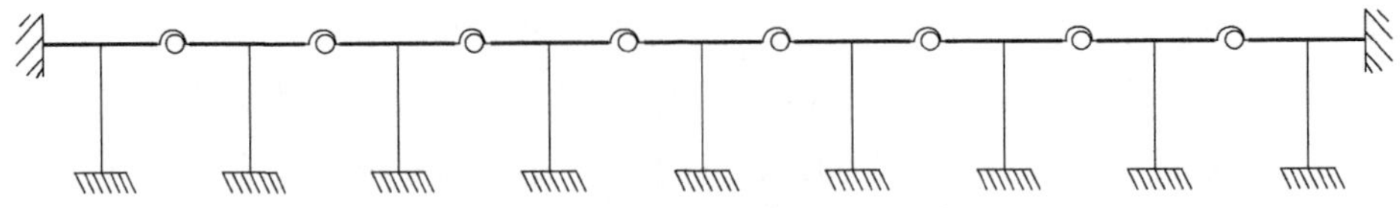

图 5-40　悬浮隧道管段连接简化模型

Bakker（2019）针对挪威悬浮隧道的管段接头进行了模拟，采用 SCIA 软件进行建模，隧道被简化为一个简单的双梁支撑，两个空心圆管之间交叉连接，并伴有水平支撑。隧道顶部用铰接，可自由转动，管段端部（SC）用 3 种不同形式模拟，固定端接头、部分自由接头 1（U_x,R_y,R_z）、部分自由接头 2（U_y,U_z），管段之间（k_φ）用铰接和沿管段的力矩弹簧模拟，缆索与管段的连接（k_u）用弹簧模拟（图 5-41）。由于结构形式的不同，双管悬浮隧道之间有水平交叉支撑，其大大减小了悬浮隧道的不均匀变形，Bakker 得出的结论是均采用刚性接头比较方便，与挪威拟建悬浮隧道采用的接头形式一样。

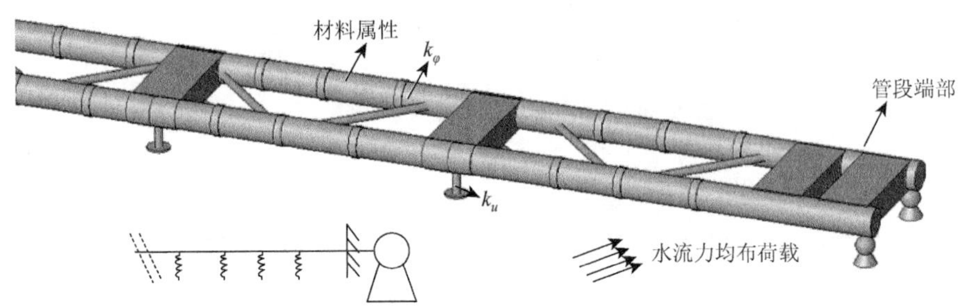

图 5-41　悬浮隧道结构简化图

综上所述，悬浮隧道中间接头的选取应根据具体受力情况具体分析，柔性接头优先推荐，驳岸接头推荐使用刚性接头，防止其产生大的位移变形。悬浮隧道的接头模拟仍然停留在初级阶段，只是用铰连接简单模拟了接头，没有考虑其他因素，也许可以参考沉管接头较为成熟的沉管接头模拟理论进一步对悬浮隧道接头进行研究。

（编写：刘傲祥）

5.12 管体涡激运动

水下悬浮隧道按某种布置形式安装在水中，当水流以一定速度流经隧道主体结构（以下简称管体）时，在管体后方可能形成周期性漩涡脱落现象（以下简称涡泄），涡泄使管体周围流场发生振荡，产生振荡压力，可能产生管体涡激运动。涡泄频率满足施特鲁哈尔（Strouhal）定律（Strouhal，1878）：

$$S_t = \frac{f_v D}{U} \tag{5-76}$$

式中，S_t 为施特鲁哈尔数；f_v 表示涡泄频率；U 表示流速；D 为管体直径。当涡泄频率接近管体某阶固有频率时，可能发生锁相（又称共振），表现为在一定流速范围内，涡泄频率不再满足施特鲁哈尔定律，而是锁定到管体固有频率附近。锁相发生时，涡泄引起的振荡压力增大，可能会使管体横流向的振动幅值急剧增大产生涡激振动。

涡激振动是极为普遍的现象，空气中风吹起树叶响动、气流引发飞机机翼颤动、强风引起桥梁晃动等都是与涡激振动原理相似的物理现象。海洋环境中，各类海上建筑物尤其是细长型结构物或多或少都会受涡激振动的影响。水下悬浮隧道在海流作用下，若发生涡激运动，可能会引起管体材料的疲劳，当运动幅值较大时还可能引起隧道行车困难甚至结构失效。本节第一部分简述以往研究中常采用的涡激振动模拟方法，第二部分介绍涡激模拟方法在水下悬浮隧道工程相关研究中的应用。

5.12.1 涡激振动研究简述

研究涡激振动的文献很多，而且仍在不断增多，不仅包含对涡激振动基础理论的探讨，还有工程实际应用方法的改善（Païdoussis，et al.，2010）。现代科学研究文献中最早提出涡泄现象的是 Strouhal（1878）、Benard 及 von Karman，随后涡激振动现象被发现。最早在文献中描述涡激振动锁相特征的可能是（Bishop and Hassan，1964），他们在文章中提到涡泄使得水流对圆柱体的拖曳力和升力均发生振荡。

涡激振动简单的研究方法是半经验模型分析方法，采用经验方程，如 Morison 方程（Morison et al.，1950），将水流力分解为升力和阻尼力，结合结构振动方程进行求解，经验方程和结构振动方程是解耦的，升力和阻尼力受经验系数影响并可通过大量模型试验确定。Moe 等（2001）通过解析方法结合半经验模型 VICoMo 工具包分析立管的复模态涡激振动。其他常见的半经验模型如 VIVA、VIVANA

和 SHEAR7 等，作为商业工具包在工程中广泛使用。Chaplin 等（2005a）将 5 种半经验模型计算结果与立管物理模型试验（Chaplin et al.，2005b）结果对比，基准选取为模型试验中 10 个平稳涡泄周期内的立管位移和曲率包络，对比结果显示半经验模型在预测横流向位移和曲率方面精度较高，然而不能模拟顺流向位移和曲率。

半经验模型分析方法没有考虑结构自身运动对流体的影响。在一定流速范围内，当水流引起结构产生涡激振动时，结构的振动会影响尾涡的脱落，使得涡泄频率锁定为结构的固有频率，产生结构和涡泄同步振荡现象（Bishop and Hassan，1964）。为解释试验中观察到的涡激振动现象，Hartlen 和 Currie（1970）提出两方程尾流振子模型，假定结构振动方程中，水流力项只由升力系数影响，并且升力系数满足一般性的范德波尔（van der Pol）方程，该模型的无量纲表达式为

$$\ddot{Y}+2\beta\dot{Y}+Y=C_y nU^2 \tag{5-77}$$

$$\ddot{C}_y-A\Omega_s\dot{C}_y+\frac{B}{\Omega_s}\dot{C}_y{}^3+\Omega_s^2C_y=D\dot{Y} \tag{5-78}$$

式中，Y 表示圆柱的横流向无因次位移；C_y 表示升力系数；U 表示无因次流速；Ω_s 表示涡泄频率与圆柱固有频率的比值；A、B、C、D 均为经验常数；其余参数与结构特征相关。Hartlen 和 Currie 设计了特殊试验方法获得 A、B、C、D 参数取值。Hartlen-Currie 尾流振子模型解释了涡激振动中的锁相，被众多学者采纳，当然该模型不能完全解释涡激振动的所有特征，存在改进空间。Oey 等（1975），Skop 和 Griffin（1973）、Landl（1975）和 Wood（1976），Iwan 和 Blevins（1974）和 Tamura（1981），Berger（1988）等从 4 种不同的角度出发，对 Hartlen-Currie 尾流振子模型进行了不同程度的改进，这些在尾流振子模型领域开展的早期探索性工作由 Parkinson（1989）进行了详细的梳理。

Parkinson（1989）指出尾流振子模型不是对涡激振动现象的预测模型，而是对已观测到的涡激振动物理现象的解释并借助数学手段寻找解析解的模型。尾流振子模型中也存在需要由模型试验确定的经验参数，与前文介绍的半经验模型不同的是，尾流振子模型中的经验参数取值可以借助特定的简单试验获得；并且尾流振子模型求解耦合方程组，考虑了结构的运动对升力系数的影响。Facchinetti 等（2004）采用经典的 Hartlen-Currie 尾流振子模型，求解了涡激振动中的流固耦合问题，文中采用经典尾流振子模型假定升力系数满足范德波尔方程，还提到其他三种尾流振子模型：分别选用其他三种描述涡泄的尾流参数替代升力系数满足范德波尔方程。

早期的涡激振动研究主要针对短型刚性圆柱进行，通常不考虑顺流向的涡激振动，而只考虑横流向涡激振动。越来越多的研究结果表明，对于长细比 L/D 较

大的柔性圆柱结构如立管和缆索等，顺流向涡激振动应当考虑。Trim 等（2005）通过在挪威 Marintek 海洋水池中开展长细比 $L/D = 1400$ 的立管涡激试验，发现顺流向振动（IL）显著，不能忽略；Baarholm 等（2006）分析长细比 $L/D = 3000$ 的立管涡激试验，结果表明顺流向涡激振动的曲率与横流向涡激振动幅值接近，顺流向振动和横流向振动对长圆柱结构的疲劳均有重要影响。半经验模型通常不能模拟顺流向的振动（Ge et al., 2009; Stabile et al., 2018）。Furnes 和 Sørensen（2007）、Ge 等（2009）基于经典尾流振子模型，发展了能够同时求解顺流向振动和横流向振动的双振子模型。Srinil 和 Zanganeh（2012）基于双振子的范德波尔型结构-尾流耦合振子模型，采用了同时包含二次和三次项的非线性结构振动方程，模拟了管体的横流向和顺流向涡激振动（二维涡激响应），该模型成功将尾流振子模型从求解一维横流向涡激振动问题扩展到求解二维横流-顺流向涡激振动问题。

双振子尾流模型可以同时计算横流向与纵流向的运动，然而横流向与纵流向运动是解耦考虑的，没有真实反映物理过程。随着计算机性能的发展，CFD 模型越来越受到重视。CFD 模型直接求解 Navier-Stokes 方程组，对于流体激发的振动问题，CFD 需要解决 4 项基本问题：流场的模拟、结构振动的模拟、流固耦合模拟（详见 5.15 节）及数据分析（Gabbai and Benaroya，2005）。相比半经验模型及尾流振子模型，CFD 模型可以真实模拟流场结构，准确表达流场与结构之间的耦合响应关系，具有更为广泛的应用前景。然而，CFD 模型计算量通常极大，尤其是涉及流固耦合响应问题时，现有计算机性能较难满足要求。如何选择合适的 CFD 模型使得计算量及计算精度达到一定的平衡是值得探讨的问题。

除讨论水流引起的单管涡激振动外，Parkinson（1989）还介绍了双管模型中，常出现的尾流弛振（wake galloping）现象，即上游管体形成的尾流可能引发下游管体振动的现象；Assi（2009）讨论了此种现象，称其为尾流激振（wake induced vibrations）。Assi 等（2009）还发现当两根管的间距为 1.7～1.95 倍直径时，下游管可以起到稳定尾流的作用，从而减少上游管的涡激振动。

5.12.2 悬浮隧道涡激运动模拟

现有的水下悬浮隧道相关涡激振动研究通常采用半经验模型和尾流振子模型，CFD 模型应用较少。Venkataramana 等（1996）在多向造流循环水槽中开展了模型试验研究，水槽长 6m，宽 2m，深 1m，最大流速可达 2m/s，中空模型圆管由聚乙烯材料制成，模型直径 0.75m，长 2m，横放在水槽中，与来流方向垂直，通过模型侧面的观测点记录管体运动。定义约化速度 V_r 满足：

$$V_r = V/(Df_n) \tag{5-79}$$

式中，V 表示流速；D 表示模型直径；f_n 表示管体垂向固有频率。Venkataramana

和 Yoshihara 的试验结果显示 $V_r = 3\sim7$ 时，模型管体发生锁相，涡激频率锁定为管体垂向固有频率。现在还未有建成的悬浮隧道工程案例，水流对悬浮隧道的作用可能难以满足约化速度 $V_r > 3$，因而可能较难引起管体剧烈振动。Jakobsen（2010）指出悬浮隧道设计时应主动避免涡激振动的发生，对一个直径为 16m 的隧道，最大流速为 1.5m/s 时，管道结构的垂向振动模态应低于 30s。

麦继婷（2005a）采用简支梁简化单跨悬浮隧道，考虑结构黏性阻尼与非线性流体阻尼条件，分析了波流作用下的涡激动力响应。秦银刚和周晓军（2009）通过解析方法建立了均匀定常流作用下水下悬浮隧道的横向涡激振动数学模型，结合突变模型分析了悬浮隧道动力失稳条件，指出影响悬浮隧道振动稳定性的因素有流速、结构尺寸、管段材料性质、隧道跨度等。Zhou 等（2012）采用蒙特卡罗（Monte-Calor）法分析了单跨悬浮隧道在水流涡激影响下的可靠性概率密度分布，其中水流力简化为升力。项贻强和晁春峰（2012）利用哈密顿原理建立了锚索-管体组合的结构动力响应模型，分析了水流对悬浮隧道和锚索组合结果的作用，通过计算分析认为涡激力给系统提供能量，会导致管体和锚索持续振动，其中水流力简化为升力和水阻力。晁春峰（2013）采用切片法（详见 5.6.1 节）求解二维直接数值模拟（direct numerical simulation，DNS）模型，结合千岛湖悬浮隧道试验段的相关参数，计算了试验段的涡激振动特性。Kang 等（2016）采用欧拉-伯努利梁简化水下悬浮隧道，采用尾流振子模型模拟水流作用，将缆索简化为铰接支撑并将地震影响简化为支撑的运动。

现有针对水下悬浮隧道管体涡激运动的研究工作依旧较少，值得更加深入研究。同时，缆索系统的涡激振动也可能是水下悬浮隧道工程研究的重点（详见 5.6.1 节），管体还可能与缆索发生耦合响应，影响缆索的涡激响应并可能产生参数共振（详见 5.6.2 节）。悬浮隧道作为大跨度水下交通结构，长细比 L/D 可能较大，对悬浮隧道涡激运动的模拟，可能需要考虑选用可靠的双振子尾流模型，或者采用 CFD 模型，同时可能需要结合缆索的涡激响应模型及可靠的管体与锚索的耦合响应模型。

（编写：周卓炜）

5.13　稳 性 分 析

5.13.1　浮筒式悬浮隧道原理

浮筒式悬浮隧道依靠浮筒将悬浮隧道“悬挂”于水面以下，浮筒和悬浮隧道受到水体浮力作用，与自身的重力平衡，二者大小相等方向相反并作用在同一直线上。图 5-42 显示了浮筒和悬浮隧道部分管节的组合体。浮筒式筒型基础需要进行拖航、定位安装及正常运营作业等，为了确保其在波浪、风、流等环境荷载的作用下安全、可靠，必须研究筒型基础的稳性。

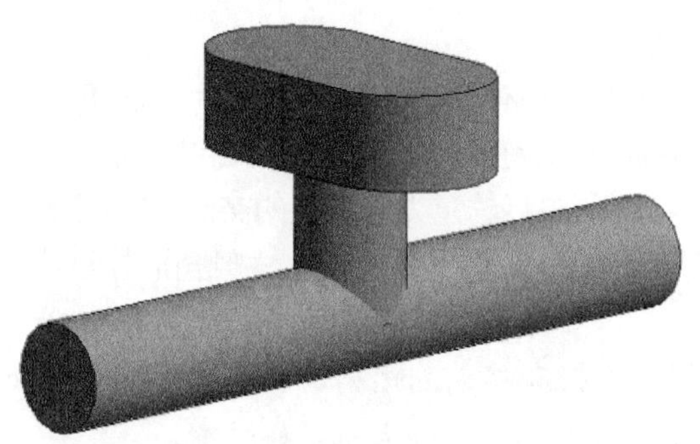

图 5-42　浮筒式悬浮隧道管节部分

（1）浮筒小倾角稳性

小倾角稳性是指浮筒的横倾角在小角度范围内变化时的稳性，这个角度一般在 15°以内。当浮筒倾斜一个微小角度后，正浮与倾斜状态的水线相交于中心线，稳心保持不变，浮筒由于受到由重力和浮力组成的恢复力矩而回到平衡位置，小倾角时浮筒的受力如图 5-43 所示，其恢复力矩 M_R 为

$$M_R = \Delta\overline{GZ} = \Delta\overline{GM}sin\varphi = \Delta\overline{GM}\varphi$$

式中，Δ 为浮力；φ 为倾角；M 为稳心；G 是重心；GM 是横稳性高。

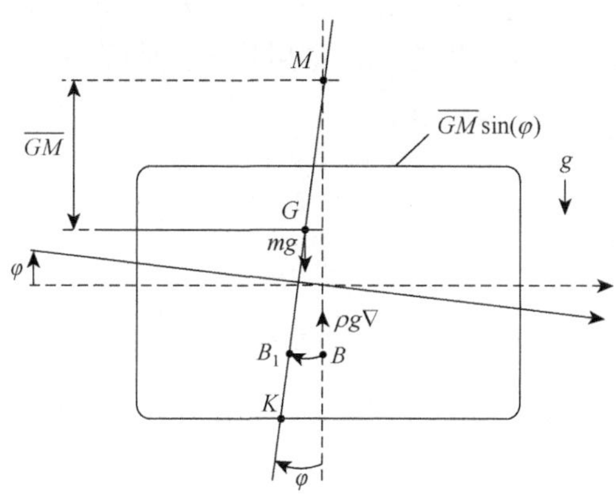

图 5-43　小倾角时浮筒的受力

虽然稳心高度愈高则复原力矩愈大，浮筒的初稳性越好，但稳心高度不宜太大，否则遇到风浪时浮体将剧烈摇摆。浮筒的小倾角稳性主要由稳心高度来衡量，设计时往往要求浮体的最小稳心高度大于某一数值。一般情况下，如果稳心高度小于规定的数值，则认为该浮体的初稳性不够，必须采取浮筒上加载以降低其重心或者采用辅助浮筒等措施。

（2）浮筒大倾角稳性

由于浮筒受风、浪等自然环境外力荷载的作用，倾斜角度可能较大，浮筒入水部分和出水部分的形状不再对称，倾斜水线不再通过正浮水线面的漂心，浮心的移动曲线不再是圆弧。此时倾斜后的浮力作用线的交点 M 随着倾角变化，稳心半径也发生变化，大倾角时浮筒受力如图 5-44 所示。大倾角的静稳性臂 $\overline{GZ}$ 由下式确定：

$$\overline{GZ}=\overline{B_0R}-\overline{B_0E}$$

式中，$\overline{B_0R}$ 为浮心沿水平横向移动的距离，由物体的排水部分形状决定，称为形状稳性臂；$\overline{B_0E}$ 由重心位置决定，称为重量稳性臂。

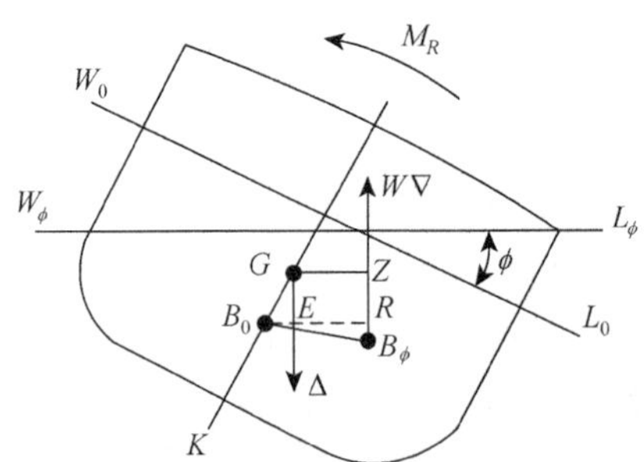

图 5-44　大倾角稳性

计算时一般只考虑结构的静稳性，外力是逐渐加到结构上，不考虑力的突变作用，结构不产生角速度和惯性力。通常用静稳性曲线图（图 5-45）来描述浮体

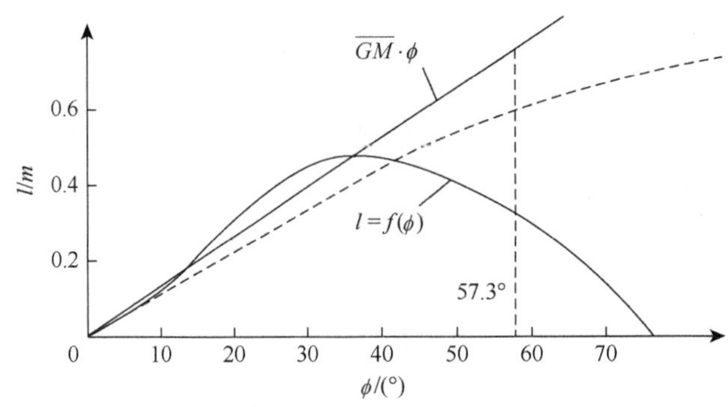

图 5-45　静稳性曲线

在不同倾角时复原力矩的大小。在静稳性曲线上升段的曲线各点相对应的横倾角范围是稳定平衡位置，而反映在静稳性曲线下降段的曲线各点相对应的横倾角范围是不稳定平衡位置。曲线原点处所作切线的斜率等于初（横）稳心高度。

5.13.2 浮筒稳性规范对比分析

现阶段尚无浮筒型基础的稳定标准，但是浮筒的尺寸与一个小型海洋平台类似，所以研究浮筒结构的稳性参照浮式海洋平台的稳性计算标准。这里总结梳理出相应规范的稳性分析流程与方法，具体包括国际海事组织（International Maritime Organization，IMO）的《2009 海上移动式钻井平台构造和设备规则》（MODU CODE 2009）规范（Belenky and Sevastianov，2007）、挪威海事管理局（Norwegian Maritime Directorate，NMD）颁布的 NMD878/91 稳性规范（Norwegian Maritime Directorate，1991）。

（1）初稳性要求对比

为了能够确保平台的安全，浮筒在拖航、运营过程中的实际初稳性值高于规范要求值。IMO 的 MODU CODE 2009 要求最小的初稳性高度大于 0。NMD878/91 要求在操作工况、风暴自存工况、拖航工况时，最小的初稳性高度大于 1m；临时工况时，最小的初稳性高度大于 0.3m。通常对于半潜式钻井平台来说，通常其初稳性高度取值不低于 0.5～1.0m。

（2）完整稳性要求对比

完整稳性是指船舶在没有破损状态下的稳性，完整稳性曲线见图 5-46，图中横坐标 ζ 为结构的倾斜角，纵坐标为力矩，ξ_1 为进水角，ξ_2 为第二交点角，暂时没有找到浮筒式隧道的稳性要求，这里参考海洋平台的稳性规范。

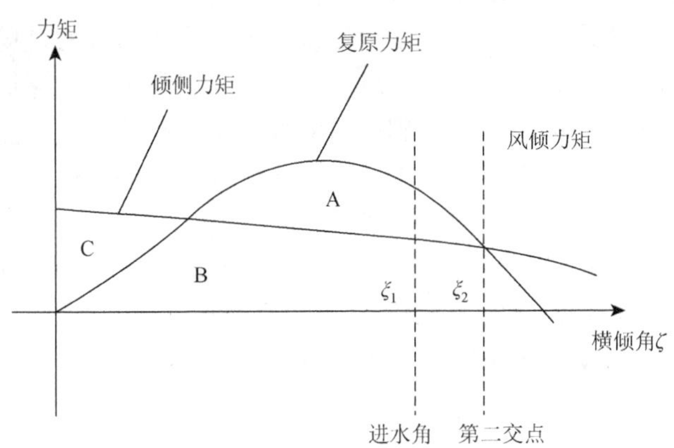

图 5-46 完整稳性曲线

IMO的MODU CODE 2009关于半潜式钻井柱稳式平台的完整稳性要求如下：①对柱稳式平台，至进水角处复原力矩曲线下的面积至少应比至同一限制角处风压倾侧力矩曲线下的面积大30%。②复原力矩曲线从正浮至第二交点的全部角度范围内均应为正值。

挪威海事管理机构的 NMD878/91 对在挪威北海作业的平台提出了更为严格的要求，满足该要求的平台需要做额外的稳性分析工作。NMD878/91 关于半潜式钻井柱稳式平台的完整稳性要求如下：①任何工况下，风作用下的静倾角不应该超过 17°；②复原力矩曲线和风压倾侧力矩曲线的第二交角应该不小于 30°，计入持续进水；③复原力矩曲线从正浮至第二交点的全部角度范围内均应为正值；④任何操作工况和生存工况等临时工况下的初稳性高度应不小于 1.0m；⑤初稳性高度应不小于 0.3m；⑥至第二交点或进水角（取其较小者）处复原力矩曲线下的面积至少应比至同一限制角处风压倾侧力矩曲线下的面积大 30%。

二者关于破损稳性也有较多不同的规定，具体差别可以参见 MODU CODE 2009 和 NMD878/91。

5.13.3 浮筒稳性数值计算方法

这里的稳性研究主要关注的是浮体在静水中的稳性，假定浮体只受到浮力，忽略其他流体力，通过浮体稳性分析可以得到初稳性高度、复原力臂曲线等参数。

计算稳性时，多通过浮体静力学和稳性的相关理论进行计算。Coelho 等（2003）研究了有自由面影响的船舶与海工结构物浮态和静稳性，或者通过邦戎曲线、静水力曲线和稳性横截曲线得到浮体的静稳性曲线（潘斌，1993，1996），非线性规划方法（马坤等，2003）也被引入到预测浮体的复原力臂中，数学建模时综合考虑了排水量、吃水、横倾角及纵倾角等参数的影响。

浮筒式悬浮隧道通过筒型基础平台提供浮力，需要研究的是筒型基础平台的稳性，目前尚无学者进行相关研究。这里借鉴海洋工程中的气浮筒型基础结构稳性研究的进展，希望能够对筒型基础平台的稳性研究有所启发。王丽勤和侯金林（2008）基于 Moses 软件研究了筒型基础平台浮筒拖航静稳性，分析了风向角、浮筒半径对平台稳性、回复力臂的曲线形状的影响。刘宪庆（2012）采用 Moses 软件计算气浮筒型基础结构在不同吃水下的初稳性高度，得到不同吃水、不同风速时筒型基础的完整稳性曲线，判断其完整稳性时主要参照稳性衡准数、稳性曲线中第一交角、第二交角等参数。NAPA 软件也被广泛应用于大开口重吊船破舱稳性、港口吊装稳性及吊物丢失稳性（左文安等，2017）、起重船作业状态稳性衡准数（李彤宇和盛庆武，2010）。

本节介绍了浮筒式悬浮隧道的筒型基础的稳性原理，包括小倾角稳性原理和大倾角稳性原理。详细对比了 MODU CODE 2009 规范和 NMD878/91 稳性规范中关于初稳性要求、完整稳性要求等规定。最后总结了现阶段学者计算海洋结构物稳性时常采用的方法和计算软件。对浮筒式悬浮隧道的稳性问题，可以采用 Moses 软件或 NAPA 软件建模后进行稳性计算分析研究，得到不同工况下的稳性高度和完整稳性曲线，将相应计算结果与 MODU CODE 2009 规范和 NMD878/91 稳性规范的要求作对比，判断浮筒基础平台的稳性是否符合要求。

（编写：陈进）

5.14　管体绕流特性

水中悬浮隧道通过浮力、自身重力和支撑力平衡于水面以下一定深度处。水流对其作用特性是工程设计前期需要重点研究的关键问题之一。悬浮隧道工程的设计方案主要断面形式见图 5-47，拟建在赫格海峡的隧道断面为圆形，拟建在关岛国际机场—神户机场的隧道断面为耳形，拟建在金塘海峡的隧道断面为六边形（Time，1996；Sakurai，1996）。图 5-48 为悬浮隧道为圆形断面时，数值模拟其流场特性后得到的速度分布云图（Williamson and Govardhan，2008）。

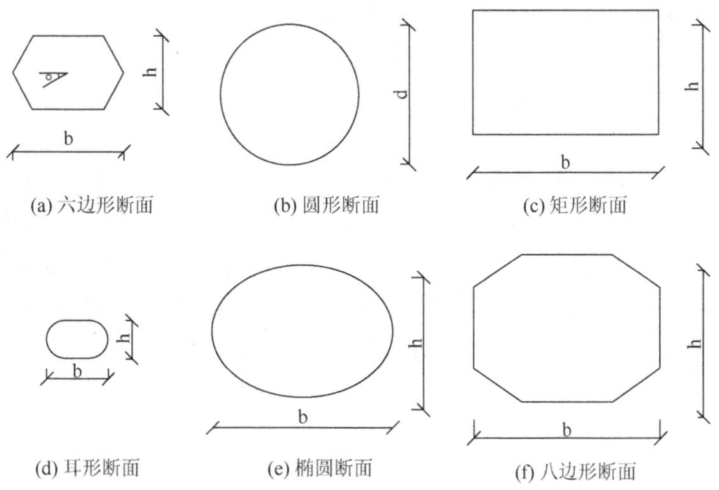

图 5-47　悬浮隧道典型断面形式

通过对不同断面形式的悬浮隧道的流场特性和水流荷载变化趋势进行计算和分析，能够优化悬浮隧道断面设计。良好的截面设计，使得水流在悬浮隧道表面作用的压力分布均匀，结构受到的应力也分布均匀，减少应力集中，降低结构安

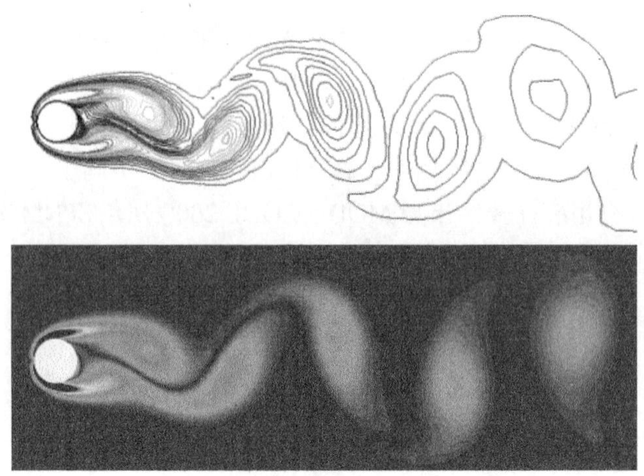

图 5-48　悬浮隧道典型断面绕流数值模拟

全风险。管体在水流作用下会诱发涡激运动，需要针对特定海域选择合适的断面形式、调节结构刚度，降低涡激运动发生的可能性，保证隧道内行车安全。最终断面形式的选择要综合考虑悬浮隧道外部的流体性能、结构特性和内部的空间利用率等因素。

研究水中悬浮隧道所受到的水流力和流场特征常采用规范公式计算方法、CFD 方法和模型试验方法，模型试验方法的介绍具体参见 6.1 节，这里重点介绍 CFD 方法、规范公式计算方法。具体介绍如下。

①伴随着计算机的高速发展，CFD 方法因其能提高设计质量、缩短设计周期、降低设计成本，逐渐成为实验研究的一种辅助手段，在悬浮隧道的流场模拟研究中得到了广泛应用。工程实际应用中常用的是 Reynolds 平均法。Reynolds 平均法的核心是不直接求解瞬时的 Navier-Stokes 方程，而是通过湍流模型求解时均化后的 RANS 方程，大大地减少了计算所需要的资源。描述三维不可压黏性流场可用质量守恒方程（连续性方程）及动量守恒方程（动量方程），将 Navier-Stokes 方程进行雷诺时均化，得到 RANS 方程如下（王福军，2004）：

$$\begin{cases} \dfrac{\partial u_i}{\partial x_i}=0 \\ \rho\dfrac{\partial u_i}{\partial t}+\rho u_j\dfrac{\partial u_i}{\partial x_j}=-\dfrac{\partial p}{\partial x_i}+\dfrac{\partial}{\partial x_j}\left(\mu\dfrac{\partial u_i}{\partial x_j}-\rho\overline{u_i' u_j'}\right) \end{cases} \quad (i,j=1,2,3) \tag{5-80}$$

式中，x_i 为坐标系的第 i 方向坐标；u_i 和 u_j 为平均速度；p 为平均压强；μ 为动力黏性系数；$-\rho\overline{u_i' u_j'}$ 为雷诺应力。常见的湍流模型如 S-A 模型、k-ε 模型、k-ω 模型及 RSM 模型等。

已经有很多学者采取 CFD 方法数值模拟了悬浮隧道的绕流特征，王广地（2008）基于 RANS 方法对悬浮隧道各型断面绕流进行了数值分析，为了更好地模拟湍流中各种尺度的运动，大涡模拟（LES）方法也被引入到模拟不同断面形式的悬浮隧道的绕流特征（罗刚等，2012，2013；罗刚，2013）。数值模拟悬浮隧道流场时，可以借鉴沉管隧道的流场模拟方法。李艳等（2015）、朱升（2009）采取 CFD 方法模拟沉管隧道管段在水面、不同压载水工况及不同沉放深度下的受到的各种阻力（形状阻力、摩擦阻力、水流横向作用力等）。

目前，关于研究悬浮隧道水流作用的研究侧重于不同来流速度、宽高比、来流入射角对悬浮隧道升阻力系数和周围压力分布的影响（罗刚等，2012）；比较矩形和椭圆断面三种宽高比 b/h（1、1.5、2）下流场和受力，发现较平缓的管段曲率可显著改善作用在管段表面的压力分布，减小高宽比系数可有效改善绕流场压力分布；比较椭圆、耳形和矩形三种断面形式的流场后发现采用圆弧、直边混合的曲边形断面可以有效降低升力系数，但是矩形断面空间利用率最高。

②这里借鉴港口工程荷载规范（中华人民共和国交通运输部，2010）计算作用于港口工程结构上的水流力的标准值，计算公式如下：

$$F_w = C_w \frac{\rho}{2} V^2 A \tag{5-81}$$

式中，F_w 为水流力；C_w 为水流阻力系数；ρ 为水的密度；V 为水流流速；A 为结构物在与水流垂直平面上的投影面积。截面为矩形时，可以根据表 5-13 按照不同 L/B（长宽比）取水流阻力系数 C_w；截面为圆形时，水流阻力系数 C_w 取为 0.73。截面为椭圆形、尖端形或工字型式时，C_w 的具体取值可以参见港口工程荷载规范。

表 5-13 截面为矩形时 C_w 取值

L/B	1	1.5	2	3
C_w	1.5	1.45	1.3	1.1

以上规范公式计算方法与 CFD 方法在预报水中悬浮隧道所受到的水流力和流场特征时，其前提都是来流均匀、隧道截面较为规则的情况。但是实际情况下悬浮隧道截面可能是不规则的，来流也可能是非均匀的，这些情况都需要加以深入研究。

当悬浮隧道截面为多角形截面时，水流绕过不对称隧道截面，水流力的作用中心可能不在结构物的几何中心；同时悬浮隧道在建造过程中可能出现结构安装误差、混凝土振捣不充分和其他人为因素等，会导致结构体的重心不在其设计中心，此时水流作用力和悬浮隧道重力之间会产生力矩，导致悬浮隧道管体发生扭转（Desai et al.，1990）。因此需要研究横向流动下悬浮隧道断面扭转及发生扭转时悬浮隧道断面的动态响应特性（Xiang et al.，2019）。

悬浮隧道跨度大，水域内极易出现剪切流、涨潮流、落潮流及流向改变等情况，此时水流沿隧道纵向作用不均匀，引起悬浮隧道出现剪切、扭转、弯曲等变形，影响悬浮隧道结构安全。因此需要重点研究水流的非均匀作用对悬浮隧道结构响应特性的影响。研究非均匀来流中悬浮隧道的流场和受力特征的文献较少，这里可以借鉴预报 Spar 平台剪切流中涡激运动的方法（王颖等，2008），在数值计算时改变速度入口条件模拟流速随水深按一定规律分布情况，计算和分析这种情况下水中结构物的流场及受力特征。

模拟水流对悬浮隧道的作用可以指导悬浮隧道断面设计，有利于优化悬浮隧道表面压力分布、降低结构安全风险；降低涡激运动发生的风险、确保行车安全。可以采取规范公式计算方法预报悬浮隧道的水流力，或者采取 CFD 方法预报其水流力和流场特征。在考虑水域内出现剪切流、涨潮流、落潮流及流向改变等情况时，可以考虑采取 CFD 方法或模型试验方法预报非均匀来流中悬浮隧道的流场和受力特征。

（编写：陈进）

5.15 管体水弹性

悬浮隧道、浮桥这种细长体结构物处于不均匀水流或波浪环境下时，会发生剪切、弯曲和扭转等变形，必须考虑这种情况下水中结构物的水弹性问题。水弹性问题包括波浪或水流对结构体弹性变形的影响及结构体变形对流体作用的影响。研究悬浮隧道水弹性问题的文献较少，但是对海洋工程结构物的水弹性研究已经有很长的历史，在设计海洋工程结构物如超大型浮体、高速船舶和浮桥时，都必须考虑结构物的水弹性问题。

船舶水弹性问题的产生，主要有两点原因（田超和吴有生，2008）：一是随着船舶的逐步大型化，波浪对船舶作用的不均性，船体水弹性效果逐步显现；二是一些常规的船舶由于航行需要，要经历海况较为恶劣的海域，船舶在高速航行时，波浪会引起船体发生明显的振动和抨击等水弹性现象。在研究高速船在波浪中的运动时，就必须考虑船舶的水弹性问题，船舶水弹性其实就是研究船体在波浪作用下发生振动时的动力响应。

在海洋工程领域，出于开发海洋环境资源的需要，需要修建海上机场，或者构筑超大型海上浮式平台（吴有生等，2013），方便实现渔船和执法船等船只补给、海洋环境观测、海洋石油和矿产开发、海洋环境能利用等各项功能。海上浮桥是具备机动性较强、运输能力较强的交通基础设施，相较于常规的内河浮桥装备，其尺寸规模更大、所使用的环境条件更复杂，也可以认为是一种海上超大型浮体，设计与分析海上浮桥时必须考虑其水弹性。

通常研究波浪对浮式结构物作用时，都会把浮体当成一个刚体。计算浮体运动与波浪载荷时，只考虑浮体六个自由度的运动响应，得到浮体的运动和受力后，结合浮体的质量分部得到浮体的波浪弯矩和剪力分布。但是在研究柔性结构的动态响应时，必须考虑结构的弹性变形对其波浪作用下运动响应的影响。像浮桥和悬浮隧道此类超大型浮体跨度与高度的比值非常大，在波浪中具有较小的弯曲刚度和较大的扭矩，其结构与流体间的耦合作用更加显著。准确分析和预报超大型浮体在波浪中的水弹性响应对其结构设计和安全评估至关重要。

水弹性是涉及流体和固体相互作用的问题。计算结构物的弹性变形有两种方法：一种是两阶段法，把结构物当成刚体，计算其受到的波浪载荷等参数，加载到结构体的弹性模型里面去计算结构变形；另一种是全耦合方法，让结构和流体的计算方程频率或者时域内耦合，实现相互迭代计算。

（1）两阶段法

两阶段法被广泛应用于解决工程上的水弹性问题，基于 Morison 方程计算、经验公式方法或基于 CFD 的数值方法计算水流力、波浪载荷等环境载荷参数，结合整体的运动微分方程，求解结构的变形，此方法常用于分析悬浮隧道的整体动态响应。

通常求解联合结构与流体方程描述带缆索的悬浮隧道在波浪力、水流力等外力的作用下运动方程可以表示为

$$([M_S+M_H])\{\ddot{x}\}+([C_S]+[C_H])\{\dot{x}\}+([K_S]+[K_H]+[K_M])\{x\}=\{f\} \quad (5\text{-}82)$$

式中，$[M_S]$为结构质量矩阵；$[M_H]$是由流体造成的附加质量矩阵；$[C_S]$为结构阻尼矩阵；$[C_H]$为兴波阻尼矩阵；$[K_S]$是结构刚度矩阵；$[K_H]$为恢复力矩阵；$[K_M]$为系泊力矩阵；$\{\ddot{x}\}$，$\{\dot{x}\}$和$\{x\}$分别为结构加速度、速度和位移矢量，包括沿 x、y、z 方向的位移，绕 x 轴、y 轴和 z 轴的旋转；$\{f\}$是表示作用在悬浮隧道上的流体静力和其他活载的向量。

这个运动方程中的流体产生的附加质量、阻尼矩阵和波浪作用力矩阵都是频率的函数，但是通过式（5-83）分离出时间项，可以很方便地得到频率下物体的响应。对不规则波中的悬浮隧道的响应可以根据适当的波浪谱采取线性叠加法来分析。

$$\{x\}=\{X\}e^{i\omega t}, \quad \{f\}=\{F\}e^{i\omega t} \quad (5\text{-}83)$$

Chen（2015）在每个模态内，基于 Morison 公式计算其每个截断在特定波浪条件下的波浪力，基于 MATLAB 建立了一个悬浮隧道三维有限元模型，通过模

态分析方法确定其自振频率和振型。通过叠加各个模态的计算结果得到悬浮隧道的整体响应的结果，并与 Abaqus 计算结果进行了比较。麦继婷（2007）根据波浪绕射理论计算作用在隧道上的波浪荷载，将悬浮隧道和支撑结构简化为空间梁系有限单元模型，计算分析了放置深度、波浪入射方向及隧道断面形式等对悬浮隧道动力响应的影响。疏义广（2012）采取 Morison 公式计算水中悬浮隧道的波浪荷载，在 ANSYS 中计算波浪载荷作用下水中悬浮隧道的动力响应。

（2）全耦合方法

全耦合方法一般将细长体结构简化为一个三维的弹性体，通过有限元方法求解；将流体简化为无黏、不可压缩的三维势流，结构体在波浪作用下的运动响应通过边界元法来求解，或者采取 CFD 方法求解 N-S 方程；将两者在频域内或时域内实现耦合。

Das（2012）提出了一个用于分析海洋工程船舶在波浪水弹性性能的频域模型，同时适用于航速高于和低于波浪的群速度情况；通过 Rankine 源方法求解水动力载荷，通过壳体的有限元模型来求解水动力载荷下结构变形。结构和流体的模型通过船体表面的动力学和动态边界条件实现直接耦合。Kim 等（2014）提出了一个用于分析集装箱船模在规则波顶浪工况下抨击载荷的全耦合模型。耦合模型联合了三维 Rankine 面元法、三维有限元法和二维通用 Wagner 模型（generalized Wagner model，GWM），实现了这三种方法的时域内耦合。

时域内耦合能够充分考虑物体的大幅度运动及各种非线性现象，更为准确地反映物理世界的真实。Jiao 等（2018）开发了一个三维时域非线性水弹性方法，目的为了准确的预报船舶在波浪上的运动和载荷。基于三维有限元方法和简化的一维非均匀铁木辛柯（Timoshenko）梁理论来预报弹性结构体的振动模态问题，水动力载荷是基于瞬时湿表面计算，充分考虑了陡波和大幅度运动时所引起的物面几何的非线性。设计并加工了一个小尺度分段船模来验证水弹性算法的计算结果。Lakshmynarayanana 等（2015）联合基于有限体积法的 CFD 方法（Star-CCM +）和有限元方法（Abaqus）来解决水弹性问题，数值模拟了一个弹性趸船在规则波顶浪工况下的水弹性问题，得到的船体垂向位移、垂向弯矩和垂向剪力与二维水弹性计算结果进行了比较。

（3）水弹性的影响

这里以浮桥的计算结果说明水弹性对浮桥所受到的力、位移的影响。Oka 等（1999）以梦洲—舞洲（Yumeshima—Maishima）浮桥模型为研究对象，进行刚体和弹性体模式下振动特性的对比分析，研究结果见表 5-14。对比刚体振动模态和弹性体振动模态的结果，可以发现刚体存在的 6 个模态，结构体考虑弹性变形时，会多出一个扭转模态；另外相比刚体模型的计算结果，弹性体模型计算得到的横荡模态的固有周期更大；除此之外，其他模态的结果没有太明显区别。

同时采取两阶段方法和全耦合方法对梦洲—舞洲浮桥模型进行了水弹性分析，对比计算结果发现二者计算的轴向力 F_x、剪切力 F_z 和弯矩 M_y 区别不大，但是全耦合方法计算得到剪切力 F_y、扭矩 M_x 和弯矩 M_z 明显更大，如图 5-49 所示。这也说明结构物的弹性会引起结构的扭转、横荡固有模态的变化。

表 5-14　刚体和弹性体模式下振动特性

模态	弹性体自振频率/Hz	刚体自振频率/Hz
升沉	11	11
纵摇	10.9	10.9
横摇	10.2	10.2
纵荡	5.6	5.6
扭转	5.2	—
横荡	4.5	3.7
首摇	2.6	2.7

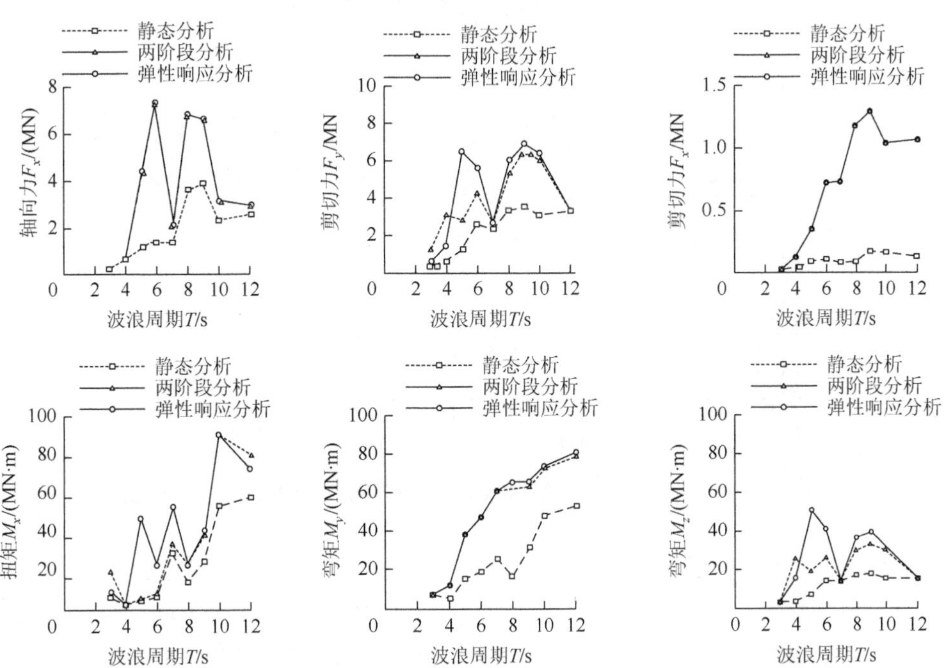

图 5-49　两阶段方法和全耦合方法计算结果对比

Lee 等（2015）通过流体和固体的直接耦合方法求解内部带有液舱的浮体的水弹性问题。采取有限元法模拟结构变形及内部晃荡流体的作用，采取边界元法模拟外部流体作用，结构方程与流体方程直接耦合，同时考虑了结构运动、晃荡和波浪之间的相互影响。图 5-50 是浪向 45°时浮体的扭转模态的计算结果，图 5-51 是波高 0.03m、浪向 45°时扭转模态的计算值与试验值的对比，其中最大扭转角度 7.4rad/s。

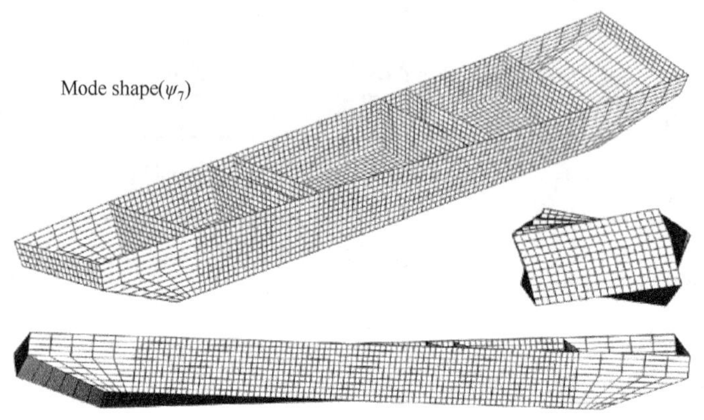

图 5-50　数值仿真得到的扭转模态

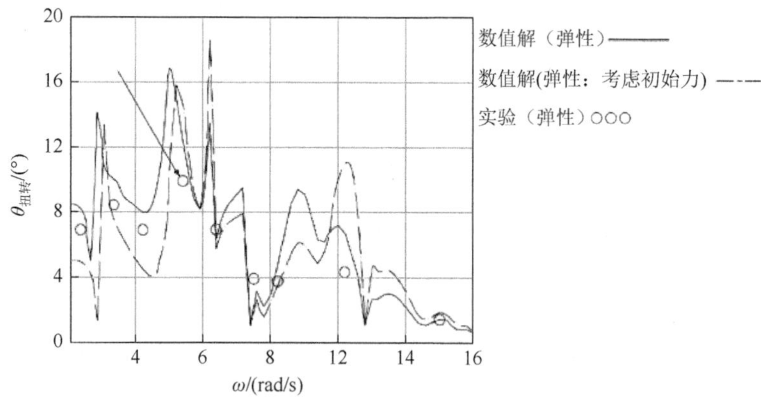

图 5-51　波高 0.03m、浪向 45°工况下扭转角数值计算与试验值对比

悬浮隧道处于非均匀水流中或非均匀波浪中时，受环境载荷延纵向分布不均匀，极易引起管体的弹性变形，因此亟待研究管体的水弹性问题。目前对此问题的研究文献较少，本节大量借鉴了前人关于高速船、超大型浮体、浮桥水弹性问题的研究成果，希望对悬浮隧道水弹性问题研究有所启发。水弹性对水中超大型结构物的影响主要体现在结构物的扭转、剪切和弯曲等模态。目前解决水弹性问题常采取的方法是：两阶段法和全耦合方法；求解水弹性问题的两阶段法与求解结构整体的动态响应法类似，能够在工程上给出一个合理的结果；全耦合方法同

时考虑了流体导致的结构变形及结构变形对流场的影响，更加贴近物理真实，可以联合边界元法和有限元法，自主开发程序求解水弹性问题；或者采取流体和结构商业软件的方法求解水弹性问题（ANSYS和Fluent或者Abaqus和Star CCM +）。

（编写：陈进）

5.16 冲击作用模拟

在跨越大跨度的深水水域时，悬浮隧道与悬索桥、斜拉桥和海底隧道相比具有独特的优势。悬浮隧道可能遭受船舶撞击、坠机碎片、沉船撞击、生物撞击等冲击荷载的作用，除此之外，还应考虑汽车撞击、爆炸的作用。悬浮隧道在冲击荷载的作用下有可能产生局部材料失效，还有可能造成悬浮隧道整体变形过大，使锚索拉力或管体的应力过大，从而对悬浮隧道的整体结构或内部行驶的车辆及人员造成威胁。

船舶、生物撞击等具有质量和速度的物体与悬浮隧道之间的相互作用属于碰撞问题，碰撞过程要满足的基本控制方程有：动量守恒、能量守恒、结构变形与内力的关系。由于悬浮隧道在水中，所以还需要考虑结构的附加质量、结构运动产生的流体阻尼、大变形出现的非线性问题。目前计算方法主要有两种：一种是将管体简化为壳体或梁，建立运动方程数值模型进行求解；另一种是直接通过有限元软件进行求解。由于目前冲击荷载模型实验较少，大部分学者建立上述两个数值模型进行相互验证。本节将介绍相关文献建立的运动方程数值模型、有限元模型、相关规范关于冲击荷载的规定及重要结论。

5.16.1 运动方程数值模型

惠磊等（2008）假设悬浮隧道为两端简支的壳体，壳体的几何内力关系由勒夫简化物理关系得出。引入等效质量系数将管体的分布质量等效为冲击荷载作用位置的集中质量。模型中不考虑碰撞过程中的动量损失及结构阻尼的影响，管体材料在碰撞过程中处于弹性阶段，碰撞结束后冲击物随管体一起运动。根据碰撞过程中的动量守恒，冲击前系统机械能等于冲击点达到最大位移时系统的弹性势能与水体阻尼力做功之和，建立方程式（5-84）。

$$\begin{aligned}&\frac{1}{2}[m+e(M+M')]V^2+mgw_d\cos\varphi+mgv_d\sin\varphi\\&=\frac{1}{2}P_u u_d+\frac{1}{2}P_v v_d+\frac{1}{2}P_w w_d+W_f\end{aligned} \tag{5-84}$$

式中，u_d、v_d、w_d 分别表示冲击点处轴向、周向和径向位移；P_u、P_v、P_w 分别表示冲击点处轴向、周向和径向弹性力；e 为等效质量系数；M' 为管体的附加质量，附加质量系数取为 1.0；V 为碰撞后系统速度，可通过碰撞过程中动量守恒求得；W_f 为水体阻尼力做功，通过 Morison 公式计算，其中阻力系数取为 0.6。

其他学者将悬浮隧道简化为等截面梁，建立悬浮隧道控制微分方程求解悬浮隧道在冲击荷载作用下的运动。

Seo 等（2015）对模型简化较多，简化悬浮隧道为两端简支梁，将离散的锚索视为均匀分布的弹簧，忽略管体的附加质量及阻尼的影响及管体惯性力的影响，建立了悬浮隧道的控制方程式：

$$EI\frac{\partial^4\omega}{\partial z^4}+M\frac{\partial^2\omega}{\partial t^2}+k\omega=p_1(x,t) \tag{5-85}$$

式中，EI 为管体的抗弯刚度；M 为管体单位长度质量；k 为均匀分布的弹簧刚度；$p_1(x,t)$ 为冲击荷载。

张嫄（2017）在其计算模型中考虑了流体附加质量、阻尼力和管体惯性力的影响，建立的模型如图 5-52 所示。模型中引入了如下假设：①张力腿简化为竖向支撑弹簧且张力腿等间距布置；②仅考虑悬浮隧道在冲击荷载作用下的一阶振动模态；③忽略撞击过程中的能量损失；④撞击结束后撞击物随管体一起运动。管体运动方程为

$$EI\frac{\partial^4\omega}{\partial z^4}+\left[m_s+m'\delta\left(z-\frac{l}{2}\right)\right]\frac{\partial^2\omega}{\partial t^2}+c_s\frac{\partial\omega}{\partial t}+k\omega=p(t)\delta\left(z-\frac{l}{2}\right)-f_D \tag{5-86}$$

式中，EI 表示管体抗弯刚度；m_s 为管体单位长度质量；m' 为冲击物质量；c_s 为黏滞阻尼系数；ω 为管体竖向位移；δ 为狄拉克函数；l 表示管体长度；k 为等效竖向刚度，$k=K/h$，K 为支撑弹簧竖向刚度；$p(t)$ 为随时间变化的冲击荷载；f_D 为单位长度管体附加惯性力和阻尼力之和。采用伽辽金法对方程（5-86）进行求解。

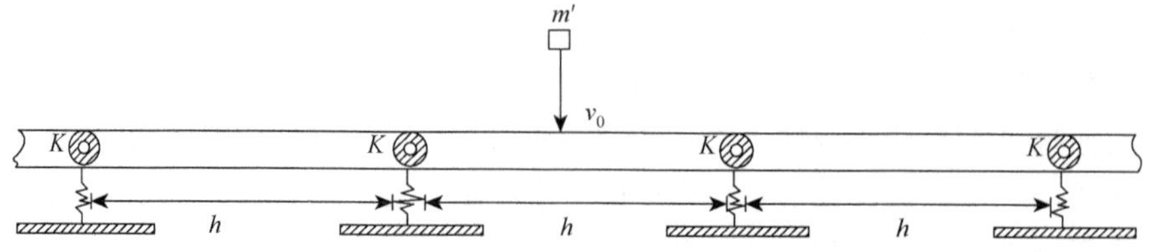

图 5-52　冲击荷载作用下悬浮隧道模型示意图

Xiang 和 Yang（2017）计算模型中考虑了非线性的流体阻尼和流体附加质量影响，并且研究了弯曲、轴向和扭转运动之间的耦合影响。当锚固系统与管体刚

度满足式（5-87）时，可将离散弹性支承简化为等效的弹性基础（Sato et al.，2007；Sato et al.，2008）。简化的弹性地基梁（BOEF）模型如图 5-53 所示，建立的控制方程如式（5-88）～式（5-90）。

$$\frac{kl^3}{24EI} < 0.05 \tag{5-87}$$

式中，k 为锚索刚度；l 为锚索间距；EI 为管体的抗弯刚度。

$$EI_z \frac{\partial^4 y}{\partial x^4} + m\frac{\partial^2 y}{\partial t^2} + c_y \frac{\partial y}{\partial t} + k_y y = P_y(t)\delta(x-\xi) - \frac{1}{2}\rho_l C_D \frac{\partial y}{\partial t}\left|\frac{\partial y}{\partial t}\right| \tag{5-88}$$

$$EI_y \frac{\partial^4 z}{\partial t^4} + m\frac{\partial^2 y}{\partial t^2} + c_z \frac{\partial z}{\partial t} + k_z(z - r_\varphi \cos\beta) = P_z(t)\delta(x-\xi) - \frac{1}{2}\rho_l C_D \frac{\partial z}{\partial t}\left|\frac{\partial z}{\partial t}\right| \tag{5-89}$$

$$m_0 a^2 \frac{\partial^4 \varphi}{\partial t^4} - GI_p \frac{\partial^2 \varphi}{\partial x^2} + c_\varphi \frac{\partial \varphi}{\partial t} + k_\varphi \varphi - k_z rz\cos\beta = P_y(t)\lambda\delta(x-\xi) \tag{5-90}$$

式中，$m = m_0 + \frac{1}{4}\pi D^2 \rho_l C_m$；$x$、$y$、$z$ 分别表示相应方向上的位移；φ 为扭转角度；P 表示冲击荷载；c 为流体阻尼。取流体阻力系数 $C_D = 0.6$，附加质量系数 $C_m = 1$。

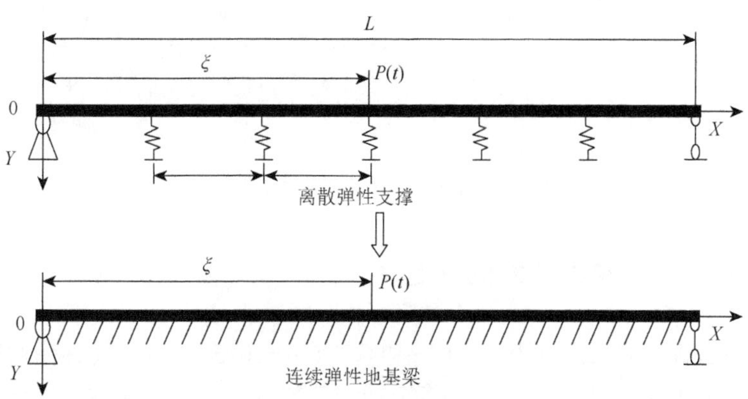

图 5-53 简化的 BOEF 模型

5.16.2 有限元模型

目前，文献中分析悬浮隧道碰撞问题的有限元软件多用 LS-DYNA 和 Abaqus。下面分别结合相关文献进行分析。惠磊等（2008）为了验证解析解的准确性，采用显式动力学分析软件 LS-DYNA 建立有限元模型，管体采用 Shell163 单元建立，刚性冲击物采用 Solid164 单元建立，计算时间 0.05s，时间步长 0.001s。Zhang 等（2010）以千岛湖悬浮隧道为模型，应用 LS-DYNA 计算悬浮隧道在冲击荷载下的位移和应变。Luo 等（2018）通过 LS-DYNA 计算圆形、矩形和椭圆三种截面形式的悬浮隧道在遭受爆炸冲击荷载时的动态响应，包括管道位移、加速度、冲击压力和结构应力。爆炸与管体非直接接触，距跨中段水平距离为 5m，爆炸产生的冲击荷载由 Jones-Wilkins-Lee 气体状态方程来描述。结果表明，椭圆形截面的管体所受冲击荷载的影响最小。

Anon（2016）采用 Abaqus 模拟浮筒式悬浮隧道与船舶的撞击过程。由于撞击过程中船体会发生大的变形，数值模型中采用双线塑性弹簧代表船体，采用线弹簧代表浮筒。设计船重 40 000t，撞击能量 339MJ。计算结果表明冲击持续时间为 3s，最大撞击力 150MN。Xiang 和 Yang（2017）为了验证简化的 BOEF 模型的准确性，在 Abaqus 中建立有限元模型，如图 5-54 所示，定义附加质量系数为 1.0，阻尼力通过 UAMP 计算。

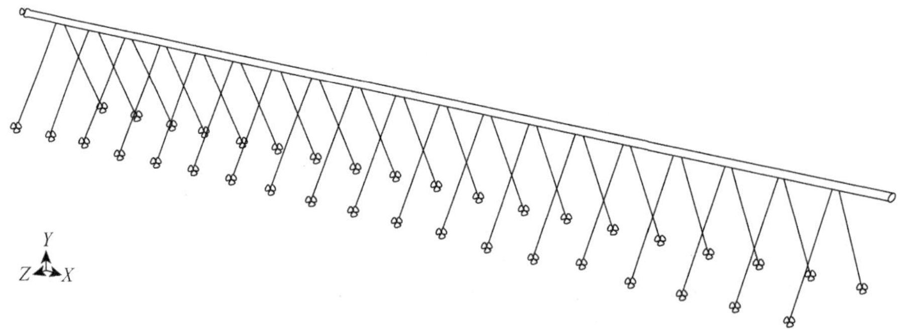

图 5-54　Abaqus 中建立的有限元模型

5.16.3　规范关于冲击荷载的规定

中国《公路桥涵设计通用规范》（JTG D60—2015）（以下简称通用规范）和欧洲规范 EN 1991-1-1：2002 中将汽车冲击荷载等效为汽车荷载标准值乘以与结构自振频率有关的冲击系数。通用规范中关于桥梁墩台在船舶冲击荷载的选取见 4.10 节中表 4-13 和表 4-14。

5.16.4　结论

当忽略流体附加质量和水体阻尼的影响时，将导致结构位移偏大，最大 Mises 应力减小。随着振动模态的增加，阻尼力的影响将会随之增大。惠磊等（2008）计算结果表明，当忽略流体附加质量时，会使计算位移最多增大 11.4%，最大 Mises 应力减小 6.6%；管体以低阶模态振动时，阻尼力对管体的影响较小，但随着振动模态阶数的增加，阻尼力的影响将会增大。Zhang 等（2010）计算结果表明，当不考虑附加质量时，最大位移增大 12%，最大 Mises 应力减小 10%。Xiang 和 Yang（2017）计算结果表明，管体在冲击荷载作用下的径向位移以高阶模态为主，流体阻尼力会有效消耗掉管体的能量，当考虑流体阻尼力时，管体的竖向位移将减少20%以上；随着缆绳刚度的增加，管体位移减小，阻尼力的影响也会减小；同时由于高阶模态的影响，不仅在冲击点处出现最大位移，在管体的其他区域也出现了较大的变形，受影响区域几乎包含整个管体。若忽略了水体阻尼的影响，会导致位移峰值出现的时间提前（Seo et al.，2015）。

Xiang 和 Yang（2017）的计算模型中锚索水平方向上的锚固刚度要比竖向的锚固刚度小，所以在冲击荷载作用下，水平位移要明显大于竖向位移。缆绳的倾斜角度会影响水平刚度及竖向刚度，从而对管体的位移产生较大的影响，建议锚索的倾斜角度为 45°～60°。当悬浮隧道在冲击荷载作用下位移较大时，增大张力腿刚度可以有效减小其运动响应。但当刚度增大到一定程度时，对位移的抑制效果将变小（张嫄，2017；Xiang and Yang，2017）。

Zhang 等（2010）计算结果表明剪切应力波的传播速度为 2.52km/s，由于冲击应力和位移的最大值出现时间小于 2ms，所以应力波的反射影响可以忽略不计。

综上所述，采用运动方程数值模型与有限元模型计算冲击荷载时结果相近。由于前者计算消耗较少，所以前期设计可以采用运动方程数值模型进行计算。应该考虑管体的附加质量及水体阻尼的影响，否则将会使得计算结果偏于安全。考虑悬浮隧道的冲击荷载作用时，应关注两个方面：首先，局部材料强度是否满足设计要求；其次，由于悬浮隧道在冲击荷载作用下的响应以高阶模态为主，导致整个管体的运动响应均较为明显，所以还应该考虑管体的整体运动响应，同时考虑高阶模态的影响。当悬浮隧道在冲击荷载作用下运动响应过大时，应该适当增加缆绳刚度或设置防撞层来减小冲击荷载的影响。

（编写：曾繁旭）

5.17　地 震 模 拟

地震释放的能量是巨大的，当这些能量作用到结构物上时，结构能否依然具有践行工作使命的能力，是结构安全研究的重要问题。欲戴皇冠，必先承其重，结构的安全须经得起设计地震的检验，本节主要阐述关于悬浮隧道地震作用模拟的研究内容。

地震对悬浮隧道结构的影响主要体现在基础移位（缆索和驳岸处）及产生的

动水压力引起的响应两个方面（见 4.9 节），而大多学者对后者的研究相对较多。孙胜男和陈健云（2006）为简化地震作用下悬浮隧道水动力问题，将海底岩土看作半无限弹性体，海水看作理想流体，锚索看作刚性约束。地震动以平面 SV 波从海底岩土斜向入射，在海底岩土和海水交界面产生反射的 SV 波和透射的 P 波，海水中的透射 P 波经悬浮隧道底反射形成反射 P 波，如图 5-55 所示。根据海底岩土和海水交界面的位移与悬浮隧道的法向位移相等，求解得到海底岩土位移势函数和海水的位移势函数，进而求得悬浮隧道所受的动水压强。

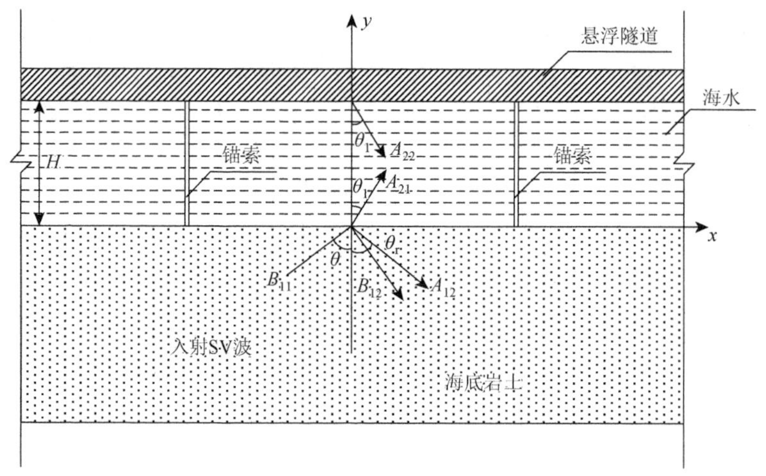

图 5-55　简化模型示意图

以管体作为研究对象，基于有限元分析方法，将地震以加速度 $\ddot{u}_g(\omega)$ 的形式施加在管体结构上，建立悬浮隧道的运动方程，如式（5-91）所示（Lee et al., 2016）。

$$\left(-\omega^2\begin{bmatrix} M_{ss} & M_{sw} \\ M_{ws} & M_{ww} \end{bmatrix}+\mathrm{i}\omega\begin{bmatrix} C_{ss} & C_{sw} \\ C_{ws} & C_{ww} \end{bmatrix}+\begin{bmatrix} K_{ss} & K_{sw} \\ K_{ws} & K_{ww} \end{bmatrix}\right)\begin{Bmatrix} u_s \\ u_w \end{Bmatrix}$$
$$=\begin{Bmatrix} f_s^{eq} \\ f_w^{eq} \end{Bmatrix}+\begin{Bmatrix} 0 \\ f_w^{hyd} \end{Bmatrix}=-\begin{bmatrix} M_{ss} & M_{sw} \\ M_{ws} & M_{ww} \end{bmatrix}\{r\ddot{u}_g\}+\begin{Bmatrix} 0 \\ f_w^{hyd} \end{Bmatrix} \tag{5-91}$$

式中，u、f^{eq}、f^{hyd} 和 $\ddot{u}_g$ 都是 ω 的函数；M、C 和 K 分别代表结构的质量矩阵、阻尼矩阵和刚度矩阵；$u(\omega)$代表结构相对于地震动的位移；$f^{eq}(\omega)=-Mr\ddot{u}_g$ 代表地震作用，其中 $\ddot{u}_g(\omega)$ 表示输入地震运动的加速度，r 表示影响参数；$f^{hyd}(\omega)$ 代表结构所受的动水压力；ω 代表激励频率；下标 w 表示水体作用于结构的节点，下标 s 表示结构的主节点。考虑垂向地震波对结构的破坏性更大，在分析矩形截面的悬浮隧道时，地震波输入方向如图 5-56 所示，进行不同工况下的比较，研究结果表明，海水的可压缩性及海床的柔性对结构的动水压力计算有较大影响。

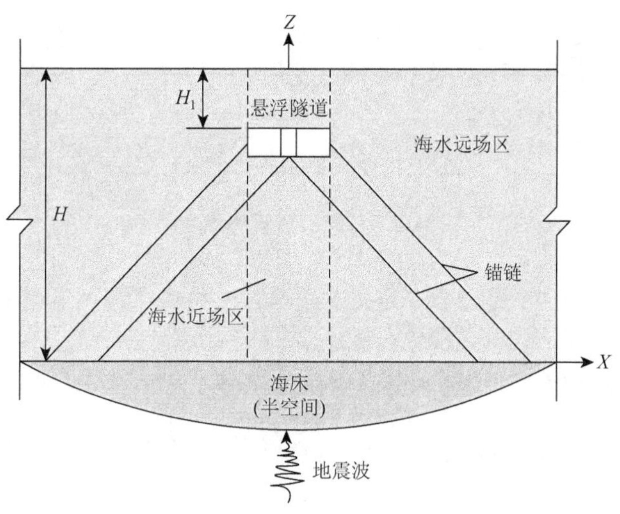

图 5-56　悬浮隧道管体系统示意图

悬浮隧道是多点支撑的结构，在地震作用下，往往是多点激励的地震荷载作用，Martinelli 等（2016）将悬浮隧道简化为弹性梁结构，采用地震动的加速度功率谱（power spectral density，PSD）来模拟结构的地震作用，其表达式如下：

$$S(\omega)=S_0S_{CP}(\omega)=S_0\frac{\omega_g^4+4\zeta_g^2\omega_g^2\omega^2}{(\omega_g^2-\omega^2)^2+4\zeta_g^2\omega_g^2\omega^2}\frac{\omega^4}{(\omega_f^2-\omega^2)^2+4\zeta_f^2\omega_f^2\omega^2} \tag{5-92}$$

式中，S_0 为白噪声；$S_{CP}(\omega)$ 为标准化的 Clough-Penzien 谱；ω_y 和 ζ_g 分别为特征频率和阻尼；ω_f 和 ζ_f 为滤波参数。

此外，也有学者考虑从缆索处施加地震荷载作用，例如，在赵佳佳（2013）的研究中，将地震作用以随时间变化的集中荷载 $P(t)$进行输入，输入位置选择在缆索与管体的连接处（图 5-57），并将水体作用简化为附加惯性力和附加阻尼力进行模拟，从而建立欧拉-伯努利梁的运动微分方程，见式（5-93），结果表明消能连接装置的阻尼和减震弹簧对悬浮隧道管体具有减震作用。

$$\begin{aligned}EIu^{m'}(x,t)+m\ddot{u}(x,t)+c_{外}\dot{u}(x,t)+c_{内}\dot{u}^{m'}(x,t)=\delta(x-L_1)P(t)\\+\delta(x-L_2)P(t)-\delta(x)P_c(t)-\delta(x-L)P_c(t)\end{aligned} \tag{5-93}$$

式中，$c_{外}$ 为管体振动的外阻尼系数；$c_{内}$ 为内阻尼系数；δ 为狄拉克函数。

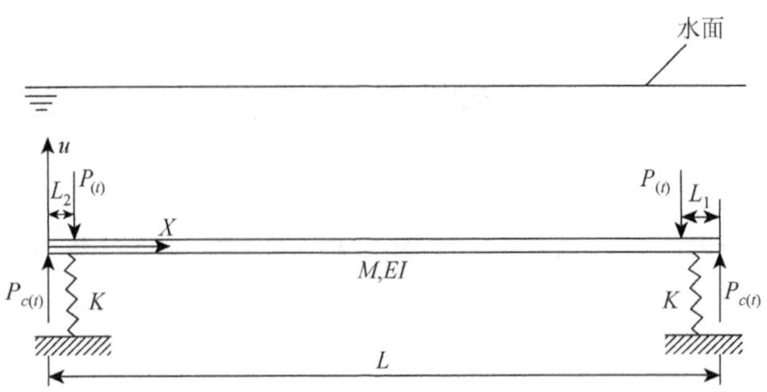

图 5-57 悬浮隧道管体受力图

Wu 和 Mei（2017）提出了一种关于悬浮隧道拉索在海洋环境中激励振动的简化模型，如图 5-58 所示。缆索处受到地震作用（$Q_s = m\ddot{x}_g$）及参数激励作用（$T_p \cos\omega_p t$），利用欧拉–伯努利梁理论和伽辽金法建立了缆索的运动方程：

$$E_{\text{eq}}I\frac{\partial^4 u(z,t)}{\partial z^4}-\frac{\partial}{\partial z}(T_0+T_p\cos\omega_p t)\frac{\partial u(z,t)}{\partial z}+m\frac{\partial^2 u(z,t)}{\partial t^2}+C_s\frac{\partial u(z,t)}{\partial t} \quad (5\text{-}94)$$
$$=F_L-F_D-Q_s\sin\theta$$

式中，$u(z,t)$ 表示缆索的横向位移；T_0, m, E_{eq} 和 I 分别表示缆索的初始张力、单位长度质量、等效弹性模量和横截面惯性矩。

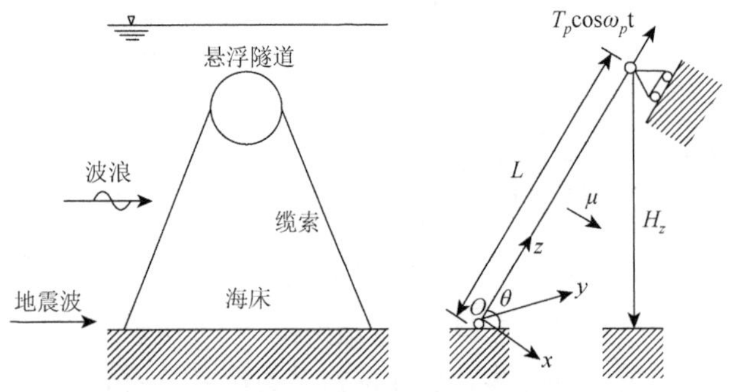

图 5-58 水下悬浮隧道模型及其缆索坐标图

Muhammad 等（2017）在研究水动力和地震作用下悬浮隧道的性能时，采用动力时程分析法，将埃尔森特罗（El Centro）波输入结构系统（图 5-59）。在三维有限元模型中，分轴向、横向和竖向三个方向进行输入，进行了 2 种工况组合。工况 1：轴向采用 a 波、横向采用 b 波、竖向采用 c 波。工况 2：轴向采用 b 波、横向采用 a 波、竖向采用 c 波。对比分析了静水作用、动水作用、动水作用 + 工况 1、动水作用 + 工况 2 条件下悬浮隧道的位移和弯矩，认为可以通过管体弯矩分布情况来表征缆索布置是否合理。

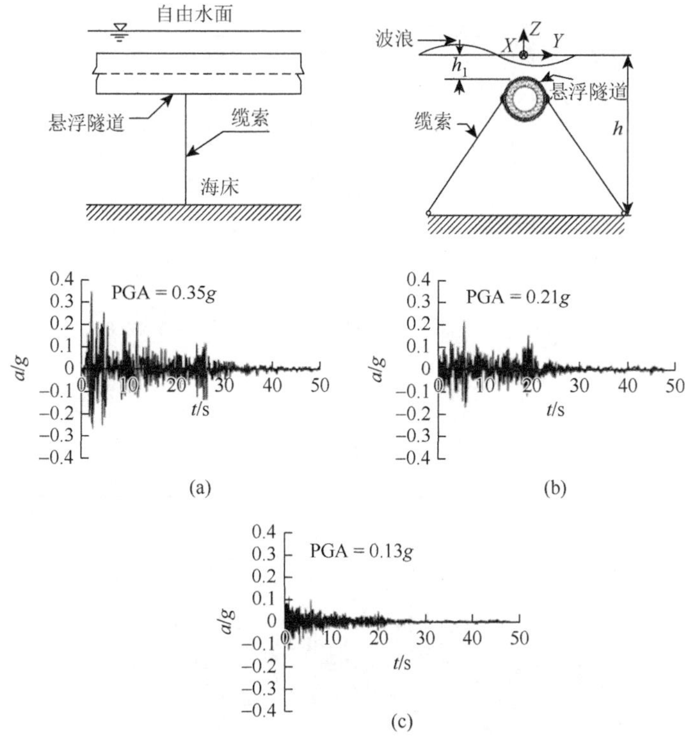

图 5-59　水下悬浮隧道及地震波

在工程应用中，反应谱和动力时程分析是常用的方法。Mayoral 等（2016）在研究浮式竖井在地震荷载作用下的动力性能时，依据 Eurocodes 8 规范，选择 C 类和 D 类地面，地震动从中强度到高强度进行了若干次模拟，其中竖井管桩周围的岩土为匀质的理想土体，地下水位在地表以下约 1m 处，进行了 PGA 分别为 0.15g、0.30g、0.45g、0.60g 和 0.75g 5 个强度的地震激励（图 5-60），以岩石或硬土处的峰值加速度来估算结构的脆弱性。

悬浮隧道在地震作用下的动力响应归根结底是悬浮隧道在水动力和锚索振动共同作用下的行为研究。由于地震对悬浮隧道的作用方式不同于陆地上的其他结构，诸多学者采用了简化方法，即将锚索简化为带刚度和阻尼的弹簧，以函数表达式来模拟地震作用，基于欧拉-伯努利梁理论，建立梁的运动方程进行研究。而悬浮隧道在地震作用下的动力响应受海水深度、悬浮隧道所处位置、海床地质、流体特性、地震烈度等多种因素影响，这种简化方法与实际情况存在较大差异，但对悬浮隧道的研究仍具有较大意义。在实际工程中，悬浮隧道往往需要满足抗震性能的相关指标，如强度、延性及耗能等，对于地震作用的研究，需结合悬浮隧道所在区域的地震记录情况、结构重要性及土层特点等综合考虑。

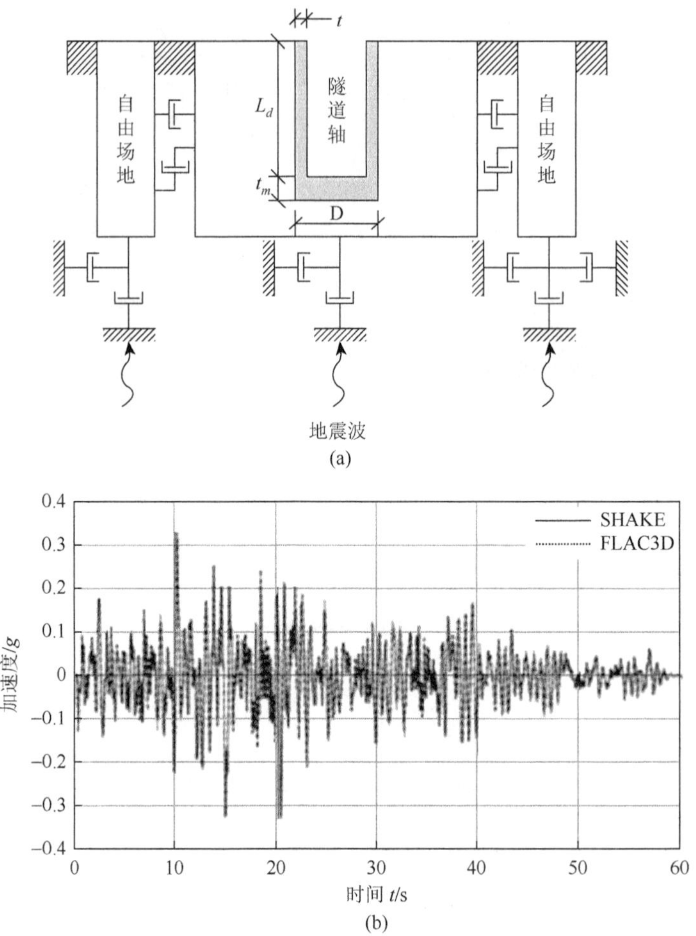

图 5-60　（a）浮式竖井地震动输入方式；（b）选取地震波

（编写：孙南昌）

5.18 火 灾 模 拟

热的传递有三种方式：对流、辐射、传导（图 5-61）。4.12 节介绍了火灾发生时结构表面的空气温度随着时间的变化。基于表面温度，可计算得到结构内部的温度变化。首先，假设结构物表面温度与空气温度相同；其次，通过（固体）传导方程推出结构内部温度式（5-95）。公式中涉及的常见参数见表 5-15。对于简单问题可查找经验公式直接估算，对于悬浮隧道这种复杂结构也可用有限元法数值求解。

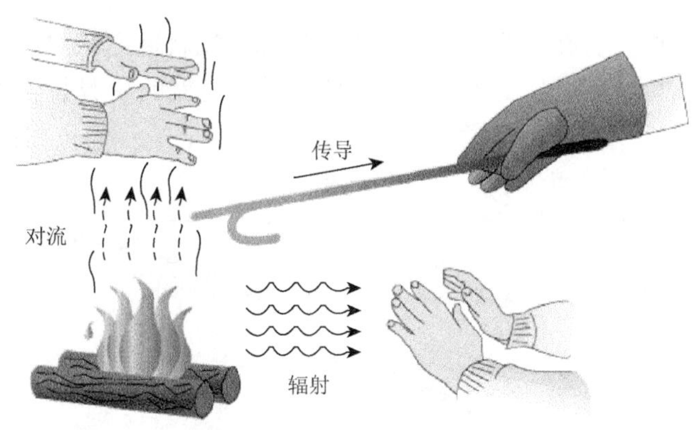

图 5-61　热传递的三种方式

$$c\rho\frac{\mathrm{d}T}{\mathrm{d}t}=k\frac{\partial T(x,t)}{\partial x} \tag{5-95}$$

式中，T 为温度；x 为空间；t 为时间；k 为热传导系数；c 为比热；ρ 为密度。

表 5-15　隧道常见材料的火灾热传导计算参数

材料	热传导系数 k/[W/(m·K)]	比热 c/[J/(kg·K)]	密度 ρ /(kg/m^3)
软钢	45.8	460	7850
混凝土	0.8～1.4	880	1900～2300
纤维隔绝板	0.041	2090	229
聚氨酯泡沫	0.034	1400	20
空气	0.026	1040	1.1

火灾设计计算的目的是让火灾的强度低于结构的抵抗能力。有三种评价方法：时间评价、温度评价、强度评价。时间评价如结构在火灾发生 2h 之内不倒塌，温度评价也是类似的，如结构在 1000℃高温时不倒塌。推荐的方式是第三种——强度评价方法，即根据结构内部的温度分布情况，混凝土和钢的强度对应折减或归零（参见欧洲规范结构部分，见 3.3 节规范体系），此时结构强度仍然能确保结构安全。

Long 和 Guo（2016）研究千岛湖悬浮隧道抗火性能：先进行热传导分析，求得悬浮隧道在 RABT 火灾工况下的温度场（图 5-62），然后建立 3D 应力分析模型，将耦合的温度场作为预设场导入到应力分析模型中。钢和混凝土采用同样的实体单元 C3D8 模拟，为了温度场准确投影到结构上，结构单元划分与热传递分析模型划分相同。混凝土与钢的法向界面被定义为“硬”连接，切向界面被定义为 0.35 摩擦系数。通过这个分析，研究了复合截面从内部钢表面加热时的失效机制，对悬浮隧道长度、混凝土受压强度、钢的屈服强度进行了参数敏感性分析。

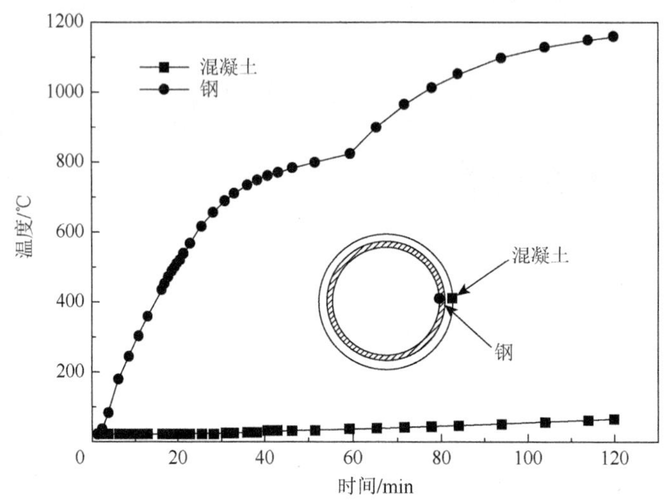

图 5-62　悬浮隧道温度随时间变化曲线

（编写：林巍）

参 考 文 献

白志刚，周锡礽，2003. 波流耦合作用的缓坡方程数学模型研究[J]. 中国港湾建设，(4)：16-18，26.

曹明，2015. 不锈钢管—混凝土—钢管中空夹层组合结构抗弯力学性能研究[D]. 太原：太原理工大学.

晁春峰，2013. 悬浮隧道流固耦合动力响应分析及试验研究[D]. 杭州：浙江大学.

晁春峰，项贻强，杨赢，等，2016. 悬浮隧道水下锚索抑振装置试验研究[J]. 振动工程学报，29（4)：687-693.

陈海军，2007. 沉管隧道主体结构设计关键技术分析研究[J]. 隧道建设，27（1)：46-50，69.

陈健云，孙胜男，苏志彬，2008. 水流作用下悬浮隧道锚索的动力响应[J]. 工程力学，25（10)：229-234.

陈水生，2002. 大跨度斜拉桥拉索的振动及被动、半主动控制[D]. 浙江：浙江大学：122.

邓安，2009. 斜拉桥拉索静力分析及施工控制[D]. 长沙：长沙理工大学：81.

丁峻宏，金先龙，郭毅之，等，2005. 沉管隧道地震响应的三维非线性数值模拟方法及应用[J]. 振动与冲击，24（5)：18-22.

董满生，张嫄，唐飞，等，2016. 等间距移动荷载作用下水中悬浮隧道管体的位移响应[J]. 应用力学学报，33（5)：760-765.

杜凤，2008. 悬浮隧道水下工作环境动态演示系统的研究[D]. 成都：西南交通大学：88.

端木玉，2017. 细长柔性立管涡激振动数值计算软件开发于应用研究[D]. 上海：上海交通大学.

范立础，1980. 桥梁工程[M]. 北京：人民交通出版社.

封星，吴宛青，张彬，2015. 恒定水深波流混合作用数值水槽模型[C]//第十七届中国科协年会——分 6 中国海洋工程装备技术论坛论文集. [出版地不详：出版者不详]：75.
高山，2003. 二维数值波浪水槽模式的建立和应用及浪流相互作用研究[D]. 青岛：中国海洋大学.
高月文，李春，叶舟，等，2014. 风波流多环境海上漂浮式风力机张力腿平台动态特性[J]. 水资源与水工程学报，25（2）：91-97.
葛斐，惠磊，洪友士，2008. 波浪场中水中悬浮隧道动力响应的研究[J]. 工程力学，25（6）：188-194.
龚禹，伍剑峰，孟庆甲，2014. 永磁调节式磁流变阻尼器在拉索减振中的应用研究[J]. 湖南工程学院学报（自然科学版），24（2）：77-81.
顾祥林，2004. 混凝土结构基本原理[M]. 上海：同济大学出版社.
管敏鑫，万晓燕，唐英，1999. 沉管隧道的作用、作用组合与工况[J]. 世界隧道，（1）：4-9.
郭炳斌，陈良斌，成强，2014. 复合材料等效模量的计算[J]. 科技创新导报，（16）：195.
韩慧，李效民，王飞，等，2015. 基于 Fluent 的内孤立波数值模拟及其作用下顶张力立管动力响应分析[J]. 流体动力学，6（4），158-168.
胡勇前，赵鹏辉，陈衡，等，2015. 不对称截面沉管隧道三维结构分析[J].西华大学学报（自然科学版），34（6）：104-108.
黄海龙，陈秀瑛，陈国平，2010. 珠江三角洲快速客船船行波模拟及其爬高研究[J]. 海洋工程，28（1）：58-63.
黄文昊，尤云祥，石强，等，2013. 半潜平台内孤立波载荷实验及其理论模型研究[J]. 水动力学研究与进展：A 辑，28（6）：644-657.
惠磊，葛斐，洪友士，2008. 水中悬浮隧道在冲击载荷作用下的计算模型与数值模拟[J]. 工程力学，25（2）：209-213.
嵇春艳，霍发力，陈明璐，2009. 海洋平台磁流变阻尼器振动控制模型试验[J]. 中国造船，50 （3）：40-48.
焦双健，姜尚宏，2015. 不同锚索布置下千岛湖悬浮隧道受力分析[J]. 公路，60（10）：277-281.
景帅亮，张淑君，2017. 螺旋列板对立管涡激振动的影响[J]. 船舶工程，39（12）：102-106.
李传习，夏桂云，张建仁，等，2001. 斜拉索静力分析综述[J]. 中南公路工程，26（2）：32-34，37.
李剑，2003. 水中悬浮隧道概念设计及其关键技术研究[D]. 上海：同济大学.
李颂，林钢，巫志文，2015. 水中悬浮隧道锚索参数振动分析和控制[J]. 海洋工程，33（6）：106-111.
李彤宇，盛庆武，2010. NAPA 软件计算起重船作业状态稳性衡准数的方法[J]. 船舶，（5）：5-8.
李欣，2017. 深水浮式平台张紧式系泊系统设计分析[D]. 哈尔滨：哈尔滨工程大学：95.
李艳，伍绍博，李欣，2015. 海流作用下沉管—双驳船沉放系统沉放过程的阻力特性分析[J]. 船舶力学，（11）：1318-1324.
李志松，吴卫，陈虹，等，2016. 内河航道中船行波在岸坡爬高的数值模拟[J]. 水动力学研究与进展：A 辑，31（5）：556-566.
梁波，蒋博林，2017. 水中悬浮隧道交通荷载模拟方法研究[J]. 隧道建设，37（10）：1232-1238.
林家浩，张亚辉，2004. 随机振动的虚拟激励法[M]. 北京：科学出版社.
刘宝龙，2016. 斜拉桥拉索的振动控制研究及仿真分析[D]. 南昌：华东交通大学：77.
刘宏，龚禹，2014. 新旧永磁可调节式磁流变阻尼器力学性能研究[J]. 湖南工程学院学报（自然科学版），24（4）：71-75.
刘鹏，丁文其，杨波，2014. 考虑接头力学特性的沉管隧道计算方法[J]. 中南大学学报（自然科学版），45（6）：1983-1991.
刘宪庆，2012. 气浮筒型基础拖航稳性和动力响应研究[D]. 天津：天津大学.
刘欣，2017. 水下悬浮隧道锚索松弛—张紧过程中的动态张力研究[D]. 聊城：聊城大学：70.
刘洋，2007. 船行波对港口航道周边工作船舶的影响及应用[D]. 大连：大连海事大学.
刘灶，2018. 某深水半潜平台典型工况水动力及张紧式系泊的研究[D]. 广州：华南理工大学：114.

刘珍，马小剑，赵艳，等，2014. 波流耦合作用海上张力腿风机运动响应研究[J]. 中国海洋平台，29（1）：20-27.
卢召红，闫亮，张文福，等，2015. 不锈钢-混凝土-钢双臂管等效截面计算[J]. 低温建筑技术，37（11）：52-55.
罗刚，2013. 水中悬浮隧道绕流场特性与锚索疲劳损伤研究[D]. 成都：西南交通大学：174.
罗刚，周晓军，李登峰，等，2013. 不同断面悬浮隧道绕流特性分析[J]. 铁道学报，35（1）：115-120.
罗刚，周晓军，张川，等，2012. 水中悬浮隧道合理截面数值模拟分析[J]. 铁道建筑，（12）：32-36.
罗律，2009. 永磁调节式磁流变阻尼器在浏阳河大桥的应用[J]. 城市道桥与防洪，（3）：98-100.
罗强，2012. 981 半潜式钻井平台锚泊系统研究[D]. 荆州：长江大学：71.
骆婉珍，郑青榕，吴铁成，2014. 船舶在狭窄、浅水航道船行波的数值模拟[J]. 船舶工程，36（4）：88-91.
马洪山，2009. 斜拉桥拉索减振方法与展望[J]. 硅谷，（6）：90，176.
马坤，张明霞，纪卓尚，等，2003. 非线性规划法计算船舶稳性[J]. 中国造船，44（2）：81-84.
麦继婷，罗忠贤，关宝树，2005a. 波流作用下悬浮隧道的涡激动力响应[J]. 铁道学报，27（1）：102-105.
麦继婷，杨显成，关宝树，2005b. 波流作用下悬浮隧道的动态响应分析[J]. 水动力学研究与进展：A 辑，20（5）：616-623.
麦继婷，杨显成，关宝树，2007. 悬浮隧道在波浪作用下的动力响应分析[J]. 铁道工程学报，24（3）：45-49.
莫立新，徐峰，郑绍文，2014. 基于等效截面的复合材料板格弯曲正应力计算方法[J]. 中国舰船研究，9（6）：34-38.
宁德志，陈丽芬，田宏光，2010. 波流混合作用的完全非线性数值水槽模型[J]. 哈尔滨工程大学学报，31（11）：1450-1455.
潘斌，叶平，张剑波，1993. 海洋平台破损稳性[J]. 中国海洋平台，（3）：106-108.
秦银刚，周晓军，2009. 洋流作用下水中悬浮隧道失稳判据的研究[J]. 现代隧道技术，46（3）：27-32.
沈观林，胡更开，2010，复合材料力学[M]. 北京：清华大学出版社.
沈妍，2009. 考虑松弛—张紧效应时深海 Spar 平台系缆的冲击张力研究[D]. 天津：天津大学：72.
施建伟，2015. 基于 ABAQUS 复合材料层合板渐进损伤有限元分析[D]. 太原：中北大学.
史先伟，杜孔泽，2007. 广州鱼珠至长洲岛越江隧道工程方案论证[J]. 科技交流，（4）：139-145.
疏义广，2012. 深海悬浮隧道荷载组合及效应分析[D]. 重庆：重庆交通大学.
宋吉宁，吕林，张建侨，等，2009. 三根附属控制杆对海洋立管涡激振动抑制作用实验研究[J]. 海洋工程，27（3）：23-29.
苏志彬，孙胜男，2013. 参数激励作用下水下悬浮隧道锚索的稳定性研究[J]. 中南大学学报（自然科学版），44（6）：2549-2553.
孙胜男，2008. 悬浮隧道动力响应分析[D]. 大连：大连理工大学.
孙胜男，陈健云，2006. 地震下悬浮隧道所受动水压力研究——SV 波[J]. 防灾减灾工程学报，26（4）：425-430.
孙胜男，陈健云，苏志彬，2011a. 悬浮隧道锚索黏弹性阻尼器的最优阻尼系数[J]. 中南大学学报（自然科学版），42（6）：1791-1796.
孙胜男，刘欣，2016. 悬浮隧道锚索松弛 - 张紧过程中的冲击张力研究[J]. 四川水泥，（12）：30.
孙胜男，苏志彬，白卫峰，2011b. 轴向激励下悬浮隧道锚索参数振动分析[J]. 工程力学，28（6）：170-175.
唐友刚，2002. 高等结构动力学[M]. 天津：天津大学出版社.
唐友刚，张素侠，张海燕，等，2008. 系泊系统松弛一张紧引起的冲击张力研究[J]. 振动与冲击，（4）：70-72.
田超，吴有生，2008. 船舶水弹性力学理论的研究进展[J]. 中国造船，49（4）：1-11.
王朝辉，2018. 高震区软弱地基下大型沉管隧道混凝土性能研究[J]. 施工技术，（1）：52-55，85.
王福军，2004. 计算流体动力学分析：CFD 软件原理与应用[M]. 北京：清华大学出版社.
王广地，2008. 波流作用下悬浮隧道结构响应的数值分析及试验研究[D]. 成都：西南交通大学：186.
王海青，郭海燕，刘晓春，等，2009. 海洋立管涡激振动抑振方法试验研究[J]. 中国海洋大学学报（自然科学版），

39（S1）：479-482.
王丽勤，侯金林，2008. 筒型基础平台浮筒拖航静稳性分析[J]. 中国海上油气，20（1）：60-63.
王玲玲，王寅，魏岗，等，2017a. 内孤立波环境下圆柱和方柱受力特征——Ⅰ.物理实验[J]. 水科学进展，28（3）：429-437.
王玲玲，王寅，魏岗，等，2017b. 内孤立波环境下圆柱和方柱受力特征——Ⅱ.数值模拟[J]. 水科学进展，28（4）：588-597.
王涛，李家春，1999. 波流相互作用研究进展[J]. 力学进展，29（3）：331-343.
王文静，吴敏哲，2007. 斜拉结构中斜拉索的几种静力分析理论的比较[J]. 四川建筑，27（6）：149-151.
王秀艳，2019. TMD 调制阻尼器在桥梁工程中的应用[J]. 城市道桥与防洪，（1）：23-24，198-199.
王旭，林忠义，尤云祥，2015. 内孤立波与直立圆柱体相互作用特性数值模拟[J]. 哈尔滨工程大学学报，36（1）：6-11.
王颖，杨建民，李润培，等，2008. 剪切流中 Cell-Truss Spar 平台涡激运动的 CFD 计算与模型试验研究[J]. 中国造船，49（S2）：251-259.
王媛，2013. 海洋立管涡激振动抑振装置的 CFX 数值模拟研究[D]. 青岛：中国海洋大学：78.
魏纲，陆世杰，2019. 沉管隧道管节柔性接头模型研究现状及展望[J]. 现代隧道技术，56（1）：6-13.
魏纲，朱昕光，苏勤卫，2013. 沉管隧道竖向不均匀沉降的计算方法及分布研究[J]. 现代隧道技术，50（6）：58-65.
巫志文，梅国雄，刘济科，等，2017. 随机波浪力激励作用下悬浮隧道锚索频域动力响应[J]. 现代隧道技术，54（6）：174-179.
吴浩，2013. 多根控制杆对细长柔性立管涡激振动抑制作用的实验及数值研究[D]. 大连：大连理工大学.
吴延泽，2018. 3 个附属控制杆对立管水动力影响的 CFD 模拟[J]. 船海工程，47（3）：182-185.
吴应湘，林黎明，钟兴福，2016. 带有新型涡激振动抑制罩的圆柱体的水动力特性[J]. 力学学报，48（2）：307-317.
吴有生，田超，宗智，等，2013. 波浪环境下超大型浮式结构物的水弹性响应研究[C]//第二十五届全国水动力学研讨会暨第十二届全国水动力学学术会议文集（上册）. 北京：海洋出版社.
项贻强，晁春峰，2012. 悬浮隧道管体及锚索耦合作用的涡激动力响应[J]. 浙江大学学报（工学版），46（3）：409-415.
项贻强，陈政阳，杨赢，2017. 悬浮隧道动力响应分析方法及模拟的研究进展[J]. 中国公路学报，30（1）：69-76.
肖宇维，2013. 轻型 TLP 垂向振动的磁流变阻尼器半主动控制研究[D]. 广州：华南理工大学.
肖宇维，孙树民，2013. 轻型 TLP 垂向振动的磁流变阻尼器半主动控制研究[J]. 船海工程，42（5）：194-200.
谢立广，2007. 水中悬浮隧道管段接头的力学行为分析[D]. 成都：西南交通大学：92.
邢建见，2016. 考虑临时支撑垫块的沉管隧道管段结构静力计算方法研究[D]. 杭州：浙江大学：89.
徐万海，杨猛，芦燕，2019. 控制杆对柔性圆柱涡激振动的抑制效果研究[J]. 船舶力学，23（2）：172-179.
严国敏，1996. 现代斜拉桥[M]. 成都：西南交通大学出版社.
杨辉，陆建飞，2001. 黄浦江过江隧道的动力抗震分析[J]. 上海交通大学学报，35（10）：1512-1516.
杨加栋，张晓灵，杜宝银，等，2010. 螺旋列板——深水立管涡激振动抑制装置[J]. 海洋技术，29（4）：88-92，116.
杨万昌，潘沈浩，2016. 多成分悬链式锚泊线静态特性分析[J]. 中国水运，37（3）：36-37.
易宁，2011. 跨海沉管隧道混凝土结构耐久性与抗裂性研究[D]. 广州：暨南大学.
于芳芳，2012. 深水平台锚泊系统的锚泊性能研究[D]. 天津：天津大学：61.
禹海涛，袁勇，刘洪洲，等，2014. 沉管隧道接头力学模型及刚度解析表达式[J]. 工程力学，31（6）：145-150.
张素侠，唐友刚，刘习军，2013. 系泊缆绳松弛—张紧时的运动特性分析[C]//第十六届中国海洋（岸）工程学术讨论会论文集（上册）. 北京：海洋出版社.
张伟，岳澄，石九州，2007. 桥梁减振技术的发展与应用[J]. 青岛理工大学学报，28（1）：30-34.

张旭，赵国勇，叶冠林，等，2011. 沉管接头简化方法及三维抗震有限元分析[J]. 地下空间与工程学报，7（S1）：1292-1297，1402.

张媛，2017. 动力荷载作用下水中悬浮隧道管体的位移响应[D]. 合肥：合肥工业大学：66.

赵佳佳，2013. 地震作用下悬浮隧道的动力响应研究[D]. 合肥：合肥工业大学.

中华人民共和国交通运输部，2010. 港口工程荷载规范：JTS 144—1—2010[S]. 北京：人民交通出版社.

中华人民共和国交通运输部，2015a. 公路钢结构桥梁设计规范：JTG D64—2015[S]. 北京：人民交通出版社.

中华人民共和国交通运输部，2015b. 公路桥涵设计通用规范：JTG D60—2015[S]. 北京：人民交通出版社.

中华人民共和国交通运输部，2017. 永磁调节式磁流变阻尼装置（征求意见稿）[EB/OL].（2017-07-11）[2019-08-15]. http://www.mot.gov.cn/yijianzhengji/lishizhengji/201711/P020171101362291782893.pdf.

中华人民共和国水利部，2008. 水工混凝土结构设计规范：SL 191—2008[S]. 北京：中国水利水电出版社.

中华人民共和国住房和城乡建设部，2010. 混凝土结构设计规范：GB 50010—2010[S]. 北京：中国建筑工业出版社.

中华人民共和国住房和城乡建设部，中华人民共和国国家质量监督检验检疫总局，2017. 钢结构设计规范：GB 50017—2017[S]. 北京：中国建筑工业出版社.

周威，2018. 考虑三维全场流固耦合的海洋管道涡激振动及控制[D]. 杭州：浙江大学：109.

朱升，2009. 沉管隧道管段浮运和沉放过程中流场和阻力特性的研究[D]. 北京：北京交通大学.

邹志利，2005. 水波理论及其应用[M]. 北京：科学出版社.

左文安，田明琦，张延辉，2017. 11700 t 多用途单舱大开口重吊船稳性分析[J]. 船海工程，46（4）：50-54.

American Petroleum Institute，2000. Recommended practice for planning，designing and constructing fixed offshore platforms-working stress design：RP 2A-WSD [S]. Washington，D.C.：API Publishing Services.

Anastasopoulos I，Gerolymos N，Drosos V，et al.，2007. Nonlinear response of deep immersed tunnel to strong seismic shaking[J]. Journal of Geotechnical and Geoenvironmental Engineering，133（9）：1067-1090.

Andersen K H，Murff J D，Randolph M F，et al.，2005. Suction anchors for deepwater applications[C]//Frontiers in Offshore Geotechnics：Proceedings of the International Symposium on Frontiers in Offshore Geotechnics （IS-FOG 2005），September 19-21，2005，Perth，WA，Australia. Boca Raton：CRC Press：3.

Anon，2016. Bjørnafjord submerged floating tube bridge：K3/K4 technical report[R]. [S.l.：s.n.].

Assi G R S，Bearman P W，Kitney N，2009. Low drag solutions for suppressing vortex-induced vibration of circular cylinders[J]. Journal of Fluids and Structures，25（4）：666-675.

Baarholm G S，Larsen C M，Lie H，2006. On fatigue damage accumulation from in-line and cross-flow vortex-induced vibrations on risers[J]. Journal of Fluids and Structures，22（1）：109-127.

Bakker L，2019. Submerged floating tunnels：The design of the end joint[D]. Delft：Delft University of Technology.

Bashir M B，Menon M，Benson S D，et al.，2015. Hydrodynamic characteristics of ROVs during deployment through wave-affected zones[C]//Proceeding of 34th International Conference on Ocean，Offshore and Arctic Engineering，ISOPE2015. St. John's.

Basquin O H，1910. The exponential law of endurance test[C]//Proceedings of the American Society for Testing and Materials. Philadelphia：American Society for Testing and Materials，10：625-630.

Belenky V L，Sevastianov N B，2007. Stability and safety of ships—Risk and capsizing[M]. 2nd ed. Jersey City：The Society of Naval Architects and Marine Engineers.

Berger E，1988. On a mechanism of vortex excited oscillations of a cylinder[J]. Journal of Wind Engineering and Industrial Aerodynamics，28（1-3）：301-310.

Bishop R E D，Hassan A Y，1964. The lift and drag forces on a circular cylinder oscillating in a flowing fluid[J]. Proceedings of the Royal Society of London. Series A. Mathematical and Physical Sciences，277（1368）：51-75.

Bommer J J，Stafford P J，Alarcon J E，et al.，2007. The influence of magnitude range on empirical ground-motion prediction [J]. Bulletin of the Seismological Society of America，97（6）：2152-2170.

Bourguet R，Karniadakis G E，Triantafyllou M S，2011. Vortex-induced vibrations of a long flexible cylinder in shear flow[J]. Journal of Fluid Mechanics，677：342-382.

Bourguet R，Karniadakis G E，Triantafyllou M S，2013. Multi-frequency vortex-induced vibrations of a long tensioned beam in linear and exponential shear flows[J]. Journal of Fluids and Structures，41：33-42.

Brancaleoni F，Castellani A，D'asdia P，1989. The response of submerged tunnels to their environment[J]. Engineering Structures，11（1）：47-56.

Buchanan A H，Abu A K，2017. Structural design for fire safety[M].2nd ed. New York：John Wiley & Sons.

Budiman E，Raka I G P，Wahyuni E，2017. Concept application for pipelines using a submerged floating tunnel for use in the oil and gas industry[J]. International Journal of Technology，8（4）：719-727.

Budiman E，Wahyuni E，Raka I G P，et al.，2016. Experiments on snap force in tethers of submerged floating tunnel model under hydrodynamic loads in case of shallow water[J]. ARPN Journal of Engineering and Applied Sciences，11（24）：14383-14390.

Burhan I，Kim H，2018. SN curve models for composite materials characterisation：An evaluative review[J]. Journal of Composites Science，2（3）：38.

Cai S，Wang S，Long X，2006. A simple estimation of the force exerted by internal solitons on cylindrical piles[J]. Ocean Engineering，33（7）：974-980.

Camassa R，Choi W，Michallet H，et al.，2006. On the realm of validity of strongly nonlinear asymptotic approximations for internal waves[J]. Journal of Fluid Mechanics，549：1-23.

Cantero D，Rønnquist A，Naess A，2017. Tension during parametric excitation in submerged vertical taut tethers[J]. Applied Ocean Research，65：279-289.

Canziani S，Pirozzi M，2018. Analysis of submerged floating tunnel resting on flexible soil strata subjected to seaquake exitation[D] Milan：Politecnico di Milano.

Chaplin J R，Bearman P W，Cheng Y，et al.，2005. Blind predictions of laboratory measurements of vortex-induced vibrations of a tension riser[J]. Journal of fluids and structures，21（1）：25-40.

Chaplin J R，Bearman P W，Huarte F J H，et al.，2005. Laboratory measurements of vortex-induced vibrations of a vertical tension riser in a stepped current[J]. Journal of Fluids and Structures，21（1）：3-24.

Chen J X，2015. Hydroelastic response of submerged floating tunnel[D]. College Station：Texas A&M University.

Chen W，Li Y，Fu Y，et al.，2016. On mode competition during VIVs of flexible SFT's flexible cylindrical body experiencing lineally sheared current[J]. Procedia Engineering，166：190-201.

Chen W C，Yan N M，Leng J X，2017. Numerical analysis of second-order wave forces acting on an autonomous underwater helicopter using panel method[C].OCEANS 2017-Anchorage. IEEE：1-6.

Chen W，Zhang L，Li M，2009. Prediction of vortex-induced vibration of flexible riser using an improved wake-oscillator model[C]//ASME 2009 28th International Conference on Ocean，Offshore and Arctic Engineering，May 31-June 5，2009，Honolulu，Hawaii. New York：American Society of Mechanical Engineers：377-383.

Chen W，Zheng Z，Li M，2010. Multi-mode vortex-induced vibration of slender cable experiencing shear flow[J]. Procedia Engineering，4：145-152.

Chen Y J，Chau S W，Kouh J S，2002. Application of two-phase fluid approach for free-surface ship flow simulation[J]. Journal of the Chinese Institute of Engineers，25（2）：179-188.

Chua K H，Balendra T，Lo K W，1992. Groundborne vibrations due to trains in tunnels[J]. Earthquake Engineering &

Structural Dynamics，21（5）：445-460.

CIRIA，CUR，CETMEF，2007. The rock manual：The use of rock in hydraulic engineering[M]. London：CIRIA.

Coelho L C G，Jordani C G，Oliveira M C，et al.，2003. Equilibrium，ballast control and free-surface effect computations using the sstab system[C]//8th International Conference on the Stability of Ships and Ocean Vehicles，September15-19，Madrid，Spain：377-388.

Construction Industry Research，Information Association，Civieltechnisch Centrum Uitvoering Research en Regelgeving（Netherlands），et al.，2007. The rock manual：The use of rock in hydraulic engineering[M]. London：Ciria.

Dam K T，Tanimoto K，Nguyen B T，et al.，2006. Numerical study of propagation of ship waves on a sloping coast[J]. Ocean Engineering，33（3-4）：350-364.

Das S，Cheung K F，2012. Hydroelasticity of marine vessels advancing in a seaway[J]. Journal of Fluids and Structures，34：271-290.

Desai Y M，Shah A H，Popplewell N，1990. Galloping analysis for two-degree-of-freedom oscillator[J]. Journal of engineering mechanics，116（12）：2583-2602.

Doctors L J，Day A H，2001. The generation and decay of waves behind high—speed vessels[C]//Proceedings of 16th International Workshop on Water Waves and Floating Bodies，April 22-25，2001，Hiroshima，Japan.

Duan Y，2014. Application of suction caissons to submerged floating tunnel at Sognefjord in Norway[D]. Gothenburg：Chalmers University of Technology.

Facchinetti M L，de Langre E，Biolley F，2004. Coupling of structure and wake oscillators in vortex-induced vibrations[J]. Journal of Fluids and Structures，19（2）：123-140.

Faggiano B，Panduro J，Rosas M T M，et al.，2016. The conceptual design of a roadway SFT in Baja California，Mexico[J]. Procedia Engineering，166：3-12.

Forrest J A，Hunt H E M，2006. Ground vibration generated by trains in underground tunnels[J]. Journal of Sound and Vibration，294（4-5）：706-736.

Furnes G K，Sørensen K，2007. Flow induced vibrations modeled by coupled non-linear oscillators[C]//The Seventeenth International Offshore and Polar Engineering Conference，July 1-6，2007，Lisbon，portugal. Cupertino：International Society of Offshore and Polar Engineers.

Gabbai R D，Benaroya H，2005. An overview of modeling and experiments of vortex-induced vibration of circular cylinders[J]. Journal of Sound and Vibration，282（3-5）：575-616.

Gang L，Zhou X J，Chen J X，2018. The dynamic response of an experimental floating tunnel with different cross sections under explosive impact[J]. Journal of Coastal Research，82（S1）：212-217.

Gao F，Yan W，Ge F，2010. Geotechnical investigation and tension-pile solution for foundation of SFT prototype at Qiandao Lake[J]. Procedia Engineering，4：127-134.

Ge F，Long X，Wang L，et al.，2009. Flow-induced vibrations of long circular cylinders modeled by coupled nonlinear oscillators[J]. Science in China Series G：Physics，Mechanics and Astronomy，52（7）：1086-1093.

Guo S，Chen W，Fu Y，2016. Non-linearly restoring performance of SFT's catenary mooring-lines under consideration of its dynamic behaviors[J]. Procedia Engineering，166：202-211.

Gupta S，Hussein M F M，Degrande G，et al.，2007. A comparison of two numerical models for the prediction of vibrations from underground railway traffic[J]. Soil Dynamics and Earthquake Engineering，27（7）：608-624.

Hallquist J O，2007. LS-DYNA keyword user’s manual[J]. Livermore Software Technology Corporation，970：299-800.

Hartlen R T，Currie I G，1970. Lift-oscillator model of vortex-induced vibration[J]. Journal of the Engineering Mechanics Division，96（5）：577-591.

International Organization for Standardization，2000. Petroleum and natural gas industries—Offshore structures—Part 4：Geotechnical and foundation design considerations：ISO 19901-4[S]. Switzerland：International Standards Office（ISO）.

Irvine H M，1981. Cable structures[M]. Cambridge：Massachusetts Institute of Technology Press.

Iwan W D，Blevins R D，1974. A model for vortex induced oscillation of structures[J]. Journal of Applied Mechanics，41（3）：581-586.

Jakobsen B，2010. Design of the submerged floating tunnel operating under various conditions[J]. Procedia Engineering，4：71-79.

Jiang X，Li K，2016. Research on pull-out mechanical characteristics of pile foundation in submerged floating tunnel[J]. Procedia Engineering，166：389-396.

Jiao J，Zhao Y，Ai Y，et al.，2018. Theoretical and experimental study on nonlinear hydroelastic responses and slamming loads of ship advancing in regular waves [J]. Shock and Vibration，2018：1-26.

Kang L，Ge F，Hong Y，2016. A numerical study on responses of submerged floating structures undergoing vortex-induced vibration and seismic excitation[J]. Procedia Engineering，166：91-98.

Kim J H，Kim Y，Korobkin A，2014. Comparison of fully coupled hydroelastic computation and segmented model test results for slamming and whipping loads[J]. International Journal of Naval Architecture and Ocean Engineering，6（4）：1064-1081.

Kim S Y，Kim K M，Park J C，et al.，2016. Numerical simulation of wave and current interaction with a fixed offshore substructure[J]. International Journal of Naval Architecture and Ocean Engineering，8（2）：188-197.

Kunisu H，2010. Evaluation of wave force acting on submerged floating tunnels[J]. Procedia Engineering，4：99-105.

Lakshmynarayanana P A，Temarel P，Chen Z，2015. Coupled fluid structure interaction to model three-dimensional dynamic behaviour of ship in waves[C]//7th International Conference on Hydroelasticity in Marine Technology，September 16-19，2015，Split，Croatia.

Landl R，1975. A mathematical model for vortex-excited vibrations of bluff bodies[J]. Journal of Sound and Vibration，42（2）：219-234.

Lee J，Jin K，Kim M，2017. Dynamic response analysis of submerged floating tunnels by wave and seismic excitations[J].Ocean Systems Engineering，7（1）：1-19.

Lee J H，Seo S I，Mun H S，2016. Seismic behaviors of a floating submerged tunnel with a rectangular cross-section[J]. Ocean Engineering，127：32-47.

Lee K H，Cho S，Kim K T，et al.，2015. Hydroelastic analysis of floating structures with liquid tanks and comparison with experimental tests[J]. Applied Ocean Research，52：167-187.

Lehn E，2003. VIV suppression tests on high L/D flexible cylinders main reports[R]. Trondheim：Norwegian Marine Technology Research Institute.

Li Y，Lin M，2015. Wave-current impacts on surface-piercing structure based on a fully nonlinear numerical tank[J]. Journal of Hydrodynamics，27（1）：131-140.

Liang B，Jiang B，2016. Study on composition and simulation analysis of traffic loads in submerged floating tunnels[J]. Procedia Engineering，166：180-189.

Lin M，Lin W，Huang W，et al.，2018. From mooring to mooring：The critical issues of out-docking，towing and mooring of immersed tunnel element in Hong Kong-Zhuhai-Macao Bridge project[C]//The Thirteenth（2018）ISOPE Pacific/Asia Offshore Mechanics Symposium，October 14-17，2018，Jeju，Korea.

Long X，Guo H，2016. Fire resistance study of concrete in the application of tunnel-like structures[J]. Procedia

Engineering，166：13-18.

Luo G，Chen J，Zhou X，2015. Effects of various factors on the viv-induced fatigue damage in the cable of submerged floating tunnel[J]. Polish Maritime Research，22（4）：76-83.

Luo G，Zhou X J，Chen J X，2018. The dynamic response of an experimental floating tunnel with different cross Sections under explosive impact[J]. Journal of Coastal Research，82（ S1 ）：212-217.

Luo G，Zhou X J，Wang S，2012. Numerical simulation of vortex-induced vibration of submerged floating tunnel Cable[J]. Applied Mechanics and Materials. 256-259：1352-1358.

Malik S A，Guang P，Yanan L，2013. Numerical simulations for the prediction of wave forces on underwater vehicle using 3D panel method code[J]. Research Journal of Applied Sciences，Engineering and Technology，5（21）：5012-5021.

Martinelli L，Barbella G，Feriani A，2010. Modeling of Qiandao Lake submerged floating tunnel subject to multi-support seismic input[J]. Procedia Engineering，4：311-318.

Martinelli L，Domaneschi M，Shi C，2016. Submerged floating tunnels under seismic motion：Vibration mitigation and seaquake effects[J]. Procedia Engineering，166：229-246.

Martire G，Faggiano B，Esposto M，et al.，2009. The seismic response of submerged floating tunnel under multisupport excitations[C]//Proceedings of the XIII Congress on Earthquake Engineering in Italy ANIDIS 2009，June 28-July 2，2009，Bologna.

Martire G，Faggiano B，Mazzolani F M，et al.，2010. Seismic analysis of a SFT solution for the Messina Strait crossing[J]. Procedia Engineering，4：303-310.

Mayoral J M，Argyroudis S，Castañon E，2016. Vulnerability of floating tunnel shafts for increasing earthquake loading[J]. Soil Dynamics and Earthquake Engineering，80：1-10.

Mazzolani F M，Faggiano B，Martire G，2010. Design aspects of the AB prototype in the Qiandao Lake[J]. Procedia Engineering，4：21-33.

Mazzolani F M，Landolfo R，Faggiano B，et al.，2008. Structural analyses of the submerged floating tunnel prototype in Qiandao Lake （PR of China）[J]. Advances in structural engineering，11（4）：439-454.

Melchers R E，Moan T，Gao Z，2007. Corrosion of working chains continuously immersed in seawater[J]. Journal of Marine Science and Technology，12（2）：102-110.

Moe G，Arntsen Ø，Hoen C，2001. VIV analysis of risers by complex modes[C]//The Eleventh International Offshore and Polar Engineering Conference，June 17-22，2001，Stavanger，Norway. Cupertino：International Society of Offshore and Polar Engineers.

Moonesun M，Ghasemzadeh F，Korol Y，et al.，2017. Effective depth of regular wave on submerged submarines and AUVs[J]. International Robotics & Automation Journal，2（6）：208-216.

Morison J R，Johnson J W，Schaaf S A，1950. The force exerted by surface waves on piles[J]. Journal of Petroleum Technology，2（5）：149-154.

Muhammad N，Ullah Z，Choi D H，2017. Performance evaluation of submerged floating tunnel subjected to hydrodynamic and seismic excitations[J]. Applied Sciences，7（11）：1122.

Nayfeh A H，Mook D T，2008. Nonlinear oscillations[M]. New York：John Wiley & Sons.

Norwegian Maritime Directorate，1991. Regulation 20 December 1991 No.878 on concerning stability，watertight subdivision and watertight/weathertight closing means on mobile offshore units[Z].

Oey H L，Currie I G，Leutheusser H J，1975. On the double-amplitude response of circular cylinders excited by vortex shedding[C]//Proceedings of the 4th International Conference on Wind Effects on Buildings and Structures. Cambridge London：Cambridge University Press：233-240.

Oka S，Kumamoto N，Inoue K，et al.，1999. Elastic response analysis method for floating bridges in waves[J]. Mitsubishi Juko Giho（Japan），36（5）：234-237.

Pacheco B M，Fujino Y，Sulekh A，1993. Estimation curve for modal damping in stay cables with viscous damper[J]. Journal of Structural Engineering，119（6）：1961-1979.

Païdoussis M P，Price S J，de Langre E，2010. Fluid-structure interactions：Cross-flow-induced instabilities[M]. Cambridge：Cambridge University Press.

Palix E，Willems T，Kay S，2010. Caisson capacity in clay：VHM resistance envelope-Part 1：3D FEM numerical study[J]. Frontiers in Offshore Geotechnics （ISFOG 2010）.

Panayides S，Rouainia M，Osman A，2010. Numerical investigation of the behaviour of suction caissons in structured clays[M]//Frontiers in Offshore Geotechnics II. Boca Raton：CRC Press：777-782.

Parkinson G，1989. Phenomena and modelling of flow-induced vibrations of bluff bodies[J]. Progress in Aerospace Sciences，26（2）：169-224.

Qiu L C，2007. Numerical simulation of transient hydroelastic response of a floating beam induced by landing loads[J]. Applied Ocean Research，29（3）：91-98.

Randolph M，Gourvenec S，2017. Offshore geotechnical engineering[M]. London：CRC press.

Sakurai S，1996. Submerged floating tunnel proposed to connect kansai，kobe airports[J]. Tunnelling and Underground Space Technology，11（4）：511-514.

Sato M，Kanie S，Mikami T，2007. Structural modeling of beams on elastic foundations with elasticity couplings[J]. Mechanics Research Communications，34（5-6）：451-459.

Sato M，Kanie S，Mikami T，2008. Mathematical analogy of a beam on elastic supports as a beam on elastic foundation[J]. Applied Mathematical Modelling，32（5）：688-699.

Seo S，Sagong M，Son S，2015. Global response of submerged floating tunnel against underwater explosion[J]. KSCE Journal of Civil Engineering，19（7）：2029-2034.

Shiotani S，2001. Numerical estimation of ship-generated wave pattern[C]//The 11th International of shore and Polar Engineering Conference，June 17-22，2001，Stavanger，Norway. [S.l.]：International Society of Offshore and Polar Engineers.

Skejic S，Daum S，Greve M，2017. On the added resistance of underwater vehicles in close proximity to regular waves[C]//Proceeding of Warship 2017：Naval Submarines & UUVs. 14-15 June 2017，Bath，UK.

Skop R A，Balasubramanian S，1997. A new twist on an old model for vortex-excited vibrations[J]. Journal of Fluids and Structures，11（4）：395-412.

Skop R A，Griffin O M，1973. A model for the vortex-excited resonant response of bluff cylinders[J]. Journal of Sound and Vibration，27（2）：225-233.

Sorensen R M，1997. Prediction of vessel generated waves with reference to vessels common to the upper Mississippi River system[R]. [S.l.：s.n.].

Srinil N，Zanganeh H，2012. Modelling of coupled cross-flow/in-line vortex-induced vibrations using double Duffing and van der Pol oscillators[J]. Ocean Engineering，53：83-97.

Stabile G，Matthies H G，Borri C，2018. A novel reduced order model for vortex induced vibrations of long flexible cylinders[J]. Ocean Engineering，156：191-207.

Stanish K，Hooton R D，Pantazopoulou S J，1999. Corrosion effects on bond strength in reinforced concrete[J]. ACI Structural Journal，96（6）：915-921.

Stephens R I，Fatemi A，Stephens R R，et al.，2000. Metal fatigue in engineering[M]. 2nd ed. New York：John Wiley &

Sons.

Strouhal V, 1878. Über eine besondere Art der Tonerregung[J]. Annalen der Physik, 241（10）: 216-251.

Sun S N, Chen J Y, Li J, 2009. Non-linear response of tethers subjected to parametric excitation in submerged floating tunnels[J]. China Ocean Engineering, 23（1）: 167-174.

Sun S N, Su Z B, 2016. Hydrodynamic pressure on submerged floating tunnel under the P-wave[J]. Applied Mechanics and Materials, 858: 125-130.

Tagata G, 1977. Harmonically forced, finite amplitude vibration of a string[J]. Journal of Sound and Vibration, 51（4）: 483-492.

Tamura Y, 1981. Wake-oscillator model of vortex-induced oscillation of circular cylinder[J]. Journal of Wind Engineering, 1981（10）: 13-24.

Tariverdilo S, Mirzapour J, Shahmardani M, et al., 2011. Vibration of submerged floating tunnels due to moving loads[J]. Applied Mathematical Modelling, 35（11）: 5413-5425.

The British Standards Institution, 2015. Guide to fatigue design and assessment of steel products: BS 7608: 2014+A1: 2015[S]. London: The BSI Standards Limited.

Time C W, 1996. Submerged floating tunnels: A concept whose time has arrived[J]. Tunnelling and Underground Space Technology, 11（4）: 505-510.

Trim A D, Braaten H, Lie H, et al., 2005. Experimental investigation of vortex-induced vibration of long marine risers[J]. Journal of Fluids and Structures, 21（3）: 335-361.

Uenaka K, Kitoh H, Sonoda K, 2008. Concrete filled double skin tubular members subjected to bending[J]. Steel and Composite Structures, 8（4）: 297-312.

Venkataramana K, Yoshihara S, Toyoda S, et al., 1996. Current-induced vibrations of submerged floating tunnels[C]//The Sixth International Offshore and Polar Engineering Conference, May 26-31, Los Angeles, California, USA. Cupertino: International Society of Offshore and Polar Engineers.

Wang E, Xiao Q, 2016. Numerical simulation of vortex-induced vibration of a vertical riser in uniform and linearly sheared currents[J]. Ocean Engineering, 121: 492-515.

Wang X H, Liu X L, 2004. Modelling effects of corrosion on cover cracking and bond in reinforced concrete[J]. Magazine of Concrete research, 56（4）: 191-199.

Wang Y, Chen W M, Lin M, 2007. Variation of added mass and its application to the calculation of amplitude response for a circular cylinder[J]. China Ocean Engineering, 21（3）: 429-437.

Williamson C H K, Govardhan R, 2008. A brief review of recent results in vortex-induced vibrations[J]. Journal of Wind engineering and industrial Aerodynamics, 96（6-7）: 713-735.

Wood K N, 1976. Coupled-oscillator models for vortex-induced oscillation of a circular cylinder[D]. Vancouver: University of British Columbia.

Wu X, Ge F, Hong Y, 2010. Effect of travelling wave on vortex-induced vibrations of submerged floating tunnel tethers[J]. Procedia Engineering, 4: 153-160.

Wu X, Ge F, Hong Y, 2012. A review of recent studies on vortex-induced vibrations of long slender cylinders[J]. Journal of Fluids and Structures, 28: 292-308.

Wu Z, Mei G, 2017. Dynamic response analysis of cable of submerged floating tunnel under hydrodynamic force and earthquake[J]. Shock and Vibration, 2017: 1-14.

Xiang Y Q, Chao C F, 2012. Vortex-induced dynamic response analysis for the submerged floating tunnel system under the effect of currents[J]. Journal of Waterway, Port, Coastal, and Ocean Engineering, 139（3）: 183-189.

Xiang Y，Lin H，Chen Z，et al.，2019. Cross-flow and torsion coupled dynamic response of submerged floating tunnel under the action of ocean current[J] Journal of Physics：Conference Series. IOP Publishing，1168（2）：022056.

Xiang Y，Yang Y，2017. Spatial dynamic response of submerged floating tunnel under impact load[J]. Marine Structures，53：20-31.

Xie J，Xu J，Cai S，2011. A numerical study of the load on cylindrical piles exerted by internal solitary waves[J]. Journal of Fluids and Structures，27（8）：1252-1261.

Yan H，Yuan Y，Yu J，2016. Fatigue reliability analysis of cable considering corrosion[J]. Procedia Engineering，166：127-135.

Yuan Z，Man-Sheng D，Hao D，et al.，2016. Displacement response of submerged floating tunnel tube due to single moving load[J]. Procedia Engineering，166：143-151.

Zdravkovich M M，1981. Review and classification of various aerodynamic and hydrodynamic means for suppressing vortex shedding[J]. Journal of Wind Engineering and Industrial Aerodynamics，7（2）：145-189.

Zhang H Q，Li J C，2007. Wave loading on floating platforms by internal solitary waves[M]//New trends in fluid mechanics research. Berlin，Heidelberg：Springer，Berlin，Heidelberg：304-307.

Zhang J S，Zhang Y，Jeng D S，et al.，2014. Numerical simulation of wave-current interaction using a RANS solver[J]. Ocean Engineering，75：157-164.

Zhang L，Chen W，Zheng Z，2010. Controlling parameter for wave types of long flexible cable undergoing vortex-induced vibration[J]. Procedia Engineering，4：161-170.

Zhang N，Xia H，Guo W，et al.，2010 Vehicle-bridge interaction analysis of heavy load railway[J]. Procedia Engineering，4：347-354.

Zhang S，Wang L，Hong Y，2010a. Structural analysis and safety assessment of submerged floating tunnel prototype in Qiandao Lake （China）[J]. Procedia Engineering，4：179-187.

Zhang S，Wang L，Hong Y，2010b. Vibration behavior and response to an accidental collision of SFT prototype in Qiandao Lake （China）[J]. Procedia Engineering，4：189-197.

Zhou X J，Wang J H，Luo G，2012. Study on reliability of submerged floating tunnel with single span under vortex-induced vibration[J]. Advanced Materials Research，446-449：2168-2171.

Zou Z L，Hu P C，Fang K Z，et al.，2013. Boussinesq-type equations for wave-current interaction[J]. Wave Motion，50（4）：655-675.

6　悬浮隧道物理模型试验及关键问题

本章讨论悬浮隧道物理模型试验及关键问题，包括相似准则、水动力试验、移动荷载试验、风浪试验、地震试验、管体水弹性试验。悬浮隧道物理模型试验国内外研究文献较少，本章给出了一些新的试验方向，如移动荷载试验、管体水弹性试验，并介绍了可供借鉴的一些试验方法和案例。

6.1　相 似 准 则

水下悬浮隧道工程的设计与建设，需要了解并掌握海洋环境动力要素对水下悬浮隧道的作用，以及预测水下悬浮隧道的存在对海洋环境的影响。对这类问题，理论计算分析手段通常难以获得较为满意的结果，现今的数值模拟技术对计算机性能要求较高，并且相关可靠算法仍在发展当中，因而物理模型试验仍是解决这些复杂工程技术问题的首要途径。水动力试验可以在小尺度条件下，较精确地复演海洋上的风、浪、流等动力要素，从而可能获取动力要素与水下悬浮隧道的相互作用规律，获得特定海洋环境中工程建设所需的相关数据及工程完建后的预期影响。

开展物理模型试验时，模型的尺寸越接近原型实物，试验结果越符合实际。然而模型过大会导致试验费用增加、试验效率降低。因此在开展物理模型试验时，通常需要在原型实物尺寸的基础上按一定的比例缩小，制作模型实物，缩小的比例即是模型比尺，由于模型与原型尺寸不一致，产生了模型与原型的相似问题（严恺和梁其荀，2002）。

相似率是物理模型试验的基础，要求模型与原型的几何形状、运动形态、作用力都相似（Goda，2010）。其中几何相似要求模型和原型的任意对应尺寸之比为常数（长度比尺）；运动相似要求模型和原型的任意对应质点的运动迹线满足几何相似关系，并且任意对应质点通过相对应的距离所需的时间之比为常数（时间比尺）；作用力相似要求模型和原型任意对应质点上具有相同性质的作用力，即要求模型与原型对应的各类作用力方向一致且比值为常数（作用力比尺）。

在经典力学范畴内讨论力学相似问题时，模型与原型均应满足牛顿第二定律：

$$\left(\frac{Ft}{Mu}\right)_p = \left(\frac{Ft}{Mu}\right)_m = \text{常数} \qquad (6\text{-}1)$$

式中，下标 p 表示原型值；下标 m 表示模型值；F 表示任意作用力；t 表示特征时间；M 表示特征质量；u 表示特征运动速度。当质量 M 用密度与体积乘积（$M=\rho l^3$）代替时，式（6-1）可转化为

$$\left(\frac{F}{\rho l^2 u^2}\right)_p=\left(\frac{F}{\rho l^2 u^2}\right)_m=Ne \tag{6-2}$$

式中，ρ 表示水密度（针对以水为介质的工程问题）；l 表示特征长度；无量纲参数 Ne 称为相似准数或牛顿相似准数。式（6-2）可称为牛顿相似律，该式指出当两个几何相似体系（p 和 m）的 Ne 数相等时，其运动规律相似。在经典力学领域，牛顿相似律是判断两个体系运动规律相似性的普遍定律，适用于作用在体系上的任何不同性质的力。

作用于悬浮隧道上的外力多种多样，如重力、黏性力、弹性力、阻力和压力等。考虑不同的外力为主要作用力，代入式（6-2）中时，可以得到不同的相似准则，如重力相似准则（或称弗劳德数相似）、雷诺相似准则（黏性力相似）、弹性相似准则（柯西数相似）等。

6.1.1　重力相似准则

重力表达式为 $F_G=Mg$，将其代入式（6-2）中，得到重力相似条件：

$$\left(\frac{gl}{u^2}\right)_p=\left(\frac{gl}{u^2}\right)_m=Ne_1 \tag{6-3}$$

定义弗劳德数 $Fr=u^2/gL$，则重力相似条件式（6-3）可改写为弗劳德相似：

$$(Fr)_p=(Fr)_m \tag{6-4}$$

定义长度比尺为

$$\lambda=\frac{l_p}{l_m} \tag{6-5}$$

在重力环境中，模型与原型的重力加速度相等，即重力加速度比尺 $\lambda_g=1$，将其代入重力相似条件式（6-3），并结合长度比尺式（6-5）推算出满足重力相似准则时的速度比尺为

$$\lambda_u=\sqrt{\lambda} \tag{6-6}$$

根据时间与长度和速度的关系 $t=l/u$，结合长度比尺式（6-5）和速度比尺式（6-6）推算出时间比尺为

$$\lambda_t=\sqrt{\lambda} \tag{6-7}$$

将长度比尺式（6-5）和速度比尺式（6-6）代入式（6-2）中可以推算出作用力比尺为

$$\lambda_F = \lambda_\rho \lambda^3 \tag{6-8}$$

在水动力模型试验中，作用力主要由水提供且模型与原型均处于水环境中（不改变流体介质），可以近似认为模型与原型的密度保持不变，即密度比尺 $\lambda_\rho = 1$，将其代入式（6-8）得到水动力模型试验中的作用力比尺为

$$\lambda_F = \lambda^3 \tag{6-9}$$

因此，在重力环境及水环境中（$\lambda_g = 1$，$\lambda_\rho = 1$），重力相似准则要求原型、模型体系中的长度物理量、时间物理量、作用力物理量的比值依次满足式（6-5）、式（6-7）、式（6-9）。其中长度比尺式（6-5）根据试验目的和试验条件选取，其余物理量比尺可以根据量纲分析推算得到（Chakrabarti，1994）。

6.1.2 雷诺相似准则

根据牛顿内摩擦定律，黏性力可表示为

$$F_v = \mu A\left(\frac{\mathrm{d}u}{\mathrm{d}y}\right) \tag{6-10}$$

式中，μ 表示水体的动力黏性系数；A 表示特征面积可以由特征长度替换（$A = l^2$）；$\mathrm{d}u / \mathrm{d}y$ 表示流速梯度可以由特征速度和特征长度比值替代（u/l）。将黏性力表达式（6-10）代入牛顿相似律式（6-2）中，提取特征参数，得到黏性力相似条件：

$$\left(\frac{\mu}{\rho u l}\right)_p = \left(\frac{\mu}{\rho u l}\right)_m = Ne_2 \tag{6-11}$$

定义雷诺数 $Re = \rho u l / \mu$，可将黏性力相似条件式（6-11）改写为雷诺数相似：

$$(Re)_p = (Re)_m \tag{6-12}$$

在水动力模型试验中，若模型与原型所处水环境不变（不改变流体介质），则可以近似认为模型与原型的密度和动力黏性系数均不发生改变（$\lambda_\rho = 1$，$\lambda_\mu = 1$），结合长度比尺式（6-5）和黏性力相似条件式（6-11）中，推算出满足雷诺相似准则的速度比尺为

$$\lambda_u = \frac{1}{\lambda} \tag{6-13}$$

根据时间与长度和速度的关系 $t = l / u$，结合长度比尺式（6-5）和雷诺相似准则的速度比尺式（6-13）推算出时间比尺为

$$\lambda_t = \lambda^2 \tag{6-14}$$

将长度比尺式（6-5）和雷诺相似准则的速度比尺式（6-13）代入牛顿相似律式（6-2）推算出作用力比尺：

$$\lambda_F = 1 \tag{6-15}$$

因此，在水环境不变的情况下（$\lambda_\rho = 1$，$\lambda_\mu = 1$），雷诺相似准则要求原型、模型体系中的长度物理量、时间物理量、作用力物理量的比值依次满足式（6-5）、式（6-14）、式（6-15），其中长度比尺式（6-5）根据试验目的和试验条件选取。其余物理量比尺可以根据量纲分析推算得到。

6.1.3 弹性相似准则

弹性力可表示为

$$F_E = EA\varepsilon \tag{6-16}$$

式中，E 表示结构选用材料的特征弹性模量；ε 表示结构的特征相对变形量，假定变形量的比尺等于几何比尺，则 $\lambda_\varepsilon = 1$。将弹性力表达式（6-16）代入式（6-2）中，提取特征参数，得到弹性力相似条件：

$$\left(\frac{E\varepsilon}{\rho u^2}\right)_p = \left(\frac{E\varepsilon}{\rho u^2}\right)_m = Ne_3 \tag{6-17}$$

定义柯西数 $C_y = \rho u^2 / E$，由 $\lambda_\varepsilon = 1$，可将弹性力相似条件式（6-17）改写为柯西数相似：

$$(C_y)_p = (C_y)_m \tag{6-18}$$

此处不考虑水环境的影响，单独讨论结构的弹性相似问题，弹性力相似条件式（6-17）中的 ρ 代表结构自身的密度，为消除歧义，采用 ρ_s 表示。模型中结构密度和材料特性可根据试验目的和试验条件选取，结构的密度比尺和材料弹性模量比尺分别用 λ_E 和 $\lambda_{\rho s}$ 表示，代入弹性力相似条件式（6-17）中推算速度比尺：

$$\lambda_u = \sqrt{\lambda_E / \lambda_{\rho s}} \tag{6-19}$$

进一步推算出弹性相似要求的时间比尺与作用力比尺如下：

$$\lambda_t = \lambda \sqrt{\lambda_{\rho s} / \lambda_E} \tag{6-20}$$

$$\lambda_F = \lambda_E \cdot \lambda^2 \tag{6-21}$$

因而，假定变形量的比尺等于几何比尺（$\lambda_\varepsilon = 1$），弹性相似准则要求原型、模型体系中的长度物理量、时间物理量、作用力物理量的比值依次满足式（6-5）、式（6-20）、式（6-21），其中长度比尺式（6-5）、材料弹性模量比尺 λ_E 及结构密度比尺 $\lambda_{\rho s}$ 结合试验目的和试验条件选取，其余物理量比尺可以通过量纲分析推算得到。

6.1.4 各种相似准则之间的关系

水动力物理模型试验中考虑的相似准则通常为重力相似准则、雷诺相似准则、弹性相似准则，其他相似准则如考虑音速流动的马赫数相似和考虑表面张力的韦伯相似等均不在此处考虑。相似准则条件汇总如表 6-1 所示。

表 6-1　相似准则条件汇总

	重力相似准则	雷诺相似准则	弹性相似准则
作用力相似条件	$\left(\frac{gl}{u^2}\right)_p=\left(\frac{gl}{u^2}\right)_m$	$\left(\frac{\mu}{\rho ul}\right)_p=\left(\frac{\mu}{\rho ul}\right)_m$	$\left(\frac{E\varepsilon}{\rho u^2}\right)_p=\left(\frac{E\varepsilon}{\rho u^2}\right)_m$
长度比尺	λ		
重力加速度比尺 λ_g	1	1	1
密度比尺 λ_ρ	1	1	$\lambda_{\rho s}$
动力黏度比尺 λ_μ	1	1	—
变形量比尺 λ_ε	—	—	1
弹性模量比尺	—	—	λ_E
速度比尺 λ_u	$\sqrt{\lambda}$	$1/\lambda$	$\sqrt{\lambda_E/\lambda_{\rho s}}$
时间比尺 λ_t	$\sqrt{\lambda}$	λ^2	$\lambda\sqrt{\lambda_{\rho s}/\lambda_E}$
作用力比尺 λ_F	λ^3	1	$\lambda_E\cdot\lambda^2$

水下悬浮隧道处于海洋环境中，受到的主要作用力为重力，因而开展水下悬浮隧道水动力相关物理模型试验需要满足的首要相似准则为重力相似准则，模型与原型物理体系需要同时满足重力相似条件式（6-3）。

通常重力条件及水环境介质不可更换，因而存在（$\lambda_g=1$、$\lambda_\rho=1$、$\lambda_\mu=1$），结合长度比尺式（6-5）和重力相似准则下的速度比尺式（6-6），推算出：

$$(Re)_p=\lambda^{\frac{3}{2}}(Re)_m \tag{6-22}$$

式（6-22）与黏性力相似条件式（6-11）矛盾，雷诺相似准则不成立。因此，在重力环境和水介质条件均不改变的前提下（$\lambda_g=1$、$\lambda_\rho=1$、$\lambda_\mu=1$），重力相似准则与雷诺相似准则是不可调和的，不能同时满足。

根据 Morison 方程（Morison et al.，1950）可知，水体对水中结构物（如悬浮隧道）的作用可以简化为惯性力和拖曳力，其中惯性力系数 C_M 和拖曳力系数 C_D

受无量纲的 Keulegan-Carpenter 数（$KC = ut/l$）和雷诺数 Re 影响。在重力相似准则下，模型与原型的 KC 数自然相等（可通过量纲分析得到），由式（6-22）可知雷诺数不相等，因此在模型试验中获得的水体对水中结构物的作用力结果不能直接应用到原型中。另外，水流经过悬浮隧道后可能产生涡泄现象，涡的特征参数如施特鲁哈尔数受雷诺数影响，因而满足重力相似准则后，由于模型与原型的雷诺数不相等，模型试验中模拟的涡结果也不能直接应用到原型中（Chakrabarti，1994）。

假定变形量的比尺等于几何比尺（$\lambda_\varepsilon = 1$），考虑重力相似准则和弹性相似准则能同时满足，结合重力相似条件下的速度比尺式（6-6）和弹性相似准则下的速度比尺式（6-19）得到：

$$\lambda_E = \lambda_{\rho s} \lambda \tag{6-23}$$

上式即为重力相似准则下的弹性相似条件。

若不改变模型材料与原型材料的弹性模量，取 $\lambda_E = 1$，则满足重力相似准则下的弹性相似条件式（6-23）可改写为

$$\lambda_{\rho s} = \frac{1}{\lambda} \tag{6-24}$$

根据量纲分析由式（6-24）可以推算出质量比尺与作用力比尺为

$$\lambda_M = \lambda_F = \lambda^2 \tag{6-25}$$

在水环境中，作用力的相似需要满足式（6-9），这是由于模型与原型的水介质不可替换，使得 $\lambda_\rho = 1$，进而根据重力相似条件推算得到的。水环境中重力相似条件式（6-9）与式（6-25）矛盾，不能同时满足。在水环境中重力相似条件下，为使水中的作用力比尺与结构的作用力比尺保持一致，结构密度比尺需要满足 $\lambda_{\rho s} = 1$，此时根据重力相似准则下的弹性相似条件式（6-23）可得到：

$$\lambda_E = \lambda \tag{6-26}$$

因此，在重力和水环境中，假定变形量的比尺等于几何比尺，若结构的密度比尺 $\lambda_{\rho s} = 1$ 且弹性模量比尺满足式（6-26），则重力相似准则与弹性相似准则能同时达到。然而实践中，满足弹性模量条件式（6-26）的材料通常是难以找到的，即使能找到满足弹性模量相似的材料，由于模型与原型材料的不同，泊松比及剪切力也可能无法模拟准确（林皋和林蓓，2000），导致模型试验结果不能准确反映实际物理规律。林皋和林蓓（2000）认为根据试验目的不同及试验中重点关注的作用力和力作用影响的不同，可以采用不同的技巧，调整相似率策略，侧重模拟主要的作用力及其影响，而不需要严格满足所有的相似率。

（编写：周卓炜）

6.2 水　动　力

本节介绍悬浮隧道管体的绕流试验和波浪对悬浮隧道作用试验的试验流程。

6.2.1 悬浮隧道管体绕流试验方法

准确地预报不同断面形式的悬浮隧道的流场特征和水流荷载，对悬浮隧道断面设计有较为重要的意义。5.15 节详细介绍了规范公式方法计算悬浮隧道的水流力、计算流体动力学方法预报其流场特性和水流荷载等内容。本节主要从模型试验的角度，介绍如何测量悬浮隧道管体在水流中的受力和流场形态。模型试验可以在拖曳水池、水槽或风浪流水池中进行，具体介绍如下。

（1）拖曳水池模型试验

进行拖曳水池模型试验的目的是测得悬浮隧道的阻力和绕流场①。常见拖曳水池布置见图 6-1，拖曳水池尺寸较大，如中国船舶科学研究中心拖曳水池尺寸长宽深为（474m×7.5m/14m×7m）；拖曳水池内通常配有拖车、造波机和消波板等水动力试验设备，借助电测阻力仪等传感器测量水中或水面物体的阻力。模型试验要求拖车在试验范围内能够实行无级调速，速度平稳，因此对拖车导向轨道的平整度、安装使用精度都有着较高要求。

为了避免池壁和池底的影响，同时考虑尺度效应，试验模型的尺寸通常为 3～6m。试验通常测得的是模型所受力和力矩随拖车车速变化的曲线。为了获得水面或水下结构物精细流场空间信息及流动特性，可采取粒子图像测速（particle image velocimety，PIV）技术（李茂华和龚杰，2015；陈虎等，2016；张军等，2008）记录在瞬态时刻下的空间点速度分布等信息。

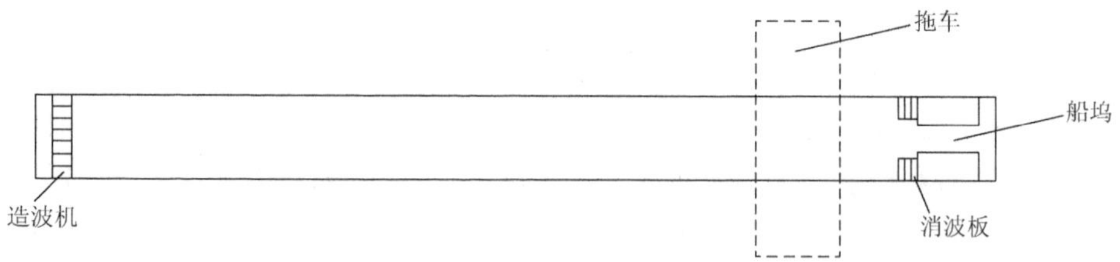

图 6-1　拖曳水池布置

由于悬浮隧道位于水深 30～50m，进行悬浮隧道绕流试验时，可以忽略兴波阻力的影响，采取黏性阻力相似定律，即雷诺数 Re 相似：

① 各国主要拖曳水池介绍见 www.ittc.info。

$$Re = \frac{\rho v L}{\mu} \tag{6-27}$$

在进行模型阻力到实际阻力换算时，可以采取剩余阻力相似的原则（郝亚平，1991；王德胜等，1998）。将模型的总阻力 R_{tm} 分为两部分：一部分为摩擦阻力 R_{fm}，与雷诺数有关；另一部分为黏压阻力和兴波阻力等合并后统称为剩余阻力 R_{rm}。模型剩余阻力 $R_{rm} = R_{tm} - R_{fm}$，R_{tm} 由拖曳试验可以得到，模型 R_{fm} 和实际 C_{fs} 的摩擦阻力可以通过 ITTC-57 公式（6-28）得到。按照剩余阻力相似 $R_{rm} = R_{fm}$，可以求得实际尺度下的总阻力系数 $C_{ts} = C_{fs} + R_{rm}$。

$$C_f = \frac{0.075}{(\lg Re - 2)^2} \tag{6-28}$$

（2）水槽模型试验

水槽模型试验能再现实际水流、波浪情况，能够进行各种水流、波浪与结构物相互作用的试验研究。水槽尺寸远比拖曳水池尺寸小，常见水槽尺寸见表 6-2。

表 6-2　常见水槽尺寸

水槽单位	水槽尺寸
德国汉诺威大学	110m×1m×1.2m
新加坡国立大学	38m×0.9m×0.9m
英国诺丁汉大学	15m×0.2m×0.5m
挪威科技大学	13m×0.6m×1m
重庆交通大学国家内河航道整治工程技术研究中心（李倩，2017）	12m×0.25m×0.25m
交通运输部天津水运工程科学研究院	456m×5m×（8～12）m

水槽模型试验布置见图 6-2，主要包含水流控制系统、试验模型等。水流控制系统包括控制流量的流量计、监测水位的水位计、水泵等设备。入口放置整流格栅，让模型来流更为平稳。模型试验时，控制水流达到一定流速后，将模型放在

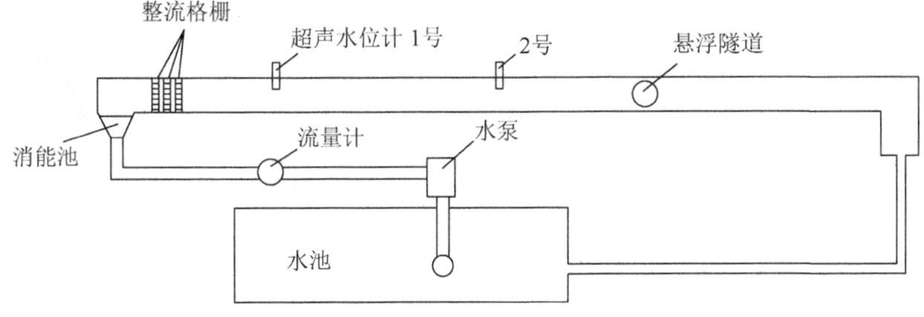

图 6-2　试验水槽布置

合适的深度及测量窗口位置。李倩（2017）为了减小水槽两侧玻璃对模型的影响，模型缩尺比取 1∶648。现有研究中，多采取波浪水槽试验研究悬浮隧道管节在波浪下的运动和载荷特性，其中 Seo 等（2015）的缩尺比取 1∶148。

（3）风浪流水池试验

风浪流水池的功能主要是测量海洋工程结构物在风浪流作用下的响应和载荷等信息，世界上已建海洋工程常见风浪流水池尺寸见表 6-3。

表 6-3　常见风浪流水池尺寸

水池单位	水池尺寸
美国海军泰勒研究中心	79.3m×73.2m×6.1m
荷兰船舶研究院	45m×36m×（0～10.5）m
挪威海洋工程研究中心	80m×50m×（0～10）m
美国近海技术研究中心	45.7m×30.5m×5.8m
上海交通大学	50m×30m×（0～5）m
交通运输部天津水运工程科学研究院（李焱等，2019）	44m×40m×1m

在海洋工程水池进行模型试验时，缩尺比的选择需要综合考虑模型大小、造波机能力、造流设施能力、水池尺度等因素，通常模型缩尺比范围为 1∶60～1∶70。如果悬浮隧道使用水域的实际流速较高，受限于水池造流设施的能力，模型试验时可以考虑选择较大的模型。风浪流水池布置见图 6-3，通常配有流速仪（测量水流速度和方向）、浪高仪（测量瞬时波面升高）、六自由度运动测量仪（测量六自由度运动）、载荷测量仪器（单分力、三分力、四分力等力传感器）。模型加工制作完成后，还需要依次调节模型的重量、重心、转动惯量，以保证与实际结构物

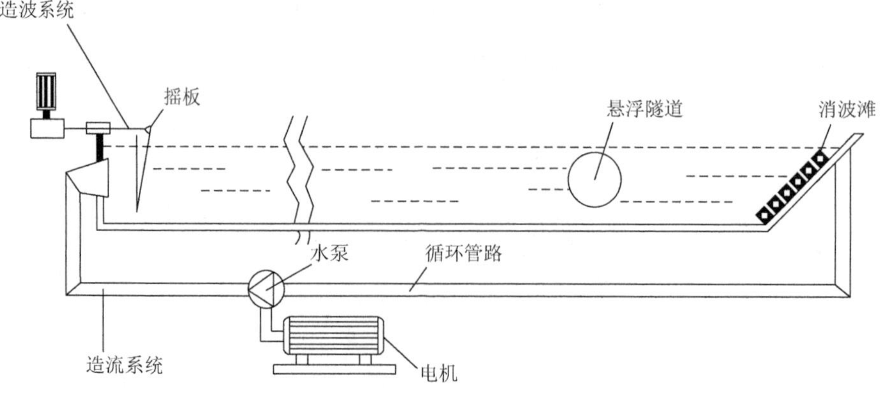

图 6-3　海洋工程水池

的质量相似和质量分布相似。最后测量得到规则波、不规则波、水流等环境数据；模型运动与载荷等各种响应的数据。交通运输部天津水运工程科学研究院悬浮隧道试验水池最大可模拟水深100m、浪高20m、流速3m/s的水域环境①。天津大学的波流水池的尺寸为21.6m×5m×1m，刘学嘉（2018）借助波流水池的振动台试验装置开展了地震-波浪-水流联合作用下深水桥墩的动态响应研究，研究了水流作用对深水桥墩地震响应的影响，其中水流流速分别为0.1m/s、0.2m/s和0.3m/s。

通常可以在海洋工程水池内开展悬浮隧道的水流作用试验研究，模型缩尺比范围一般为1∶60～1∶70，如果悬浮隧道所在的实际水域流速较高，进行模型试验时可能需要考虑选择较大的模型，减小尺度效应的影响。通过试验测量得到规则波、不规则波、水流等环境数据；悬浮隧道模型运动与载荷等各种响应的数据。在风浪流水池开展试验研究时，可以考虑采用PIV技术测量系统，精确地测量示踪粒子的位移、捕捉瞬态流动区域瞬态流场，获得精细流场空间信息及流动特性。

6.2.2　波浪对悬浮隧道作用的试验模拟

悬浮隧道可能处于波流环境中，波浪荷载是设计悬浮隧道的主要控制荷载，它影响着悬浮隧道的安全性和稳定性，5.5.1节详细介绍了波浪作用的原理和从计算角度研究波浪对悬浮隧道作用的方法，本节主要介绍开展波浪对悬浮隧道作用的试验研究的方法。

一般在波浪水槽内进行波浪对悬浮隧道作用的模型试验研究。图6-4显示了

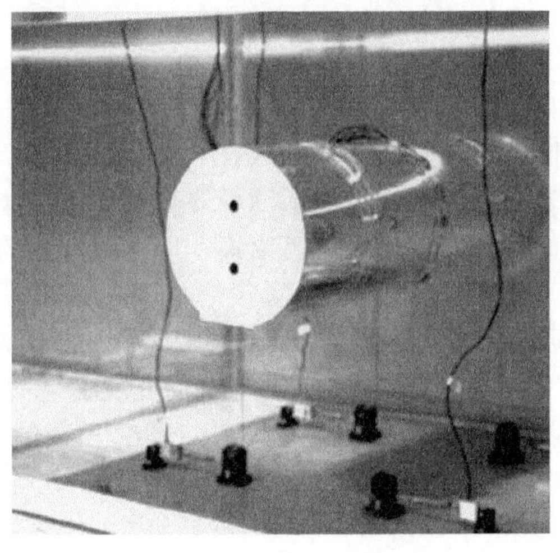

图6-4　波浪水槽试验

① 详情请见 http://www.tkyhj.com。

悬浮隧道静止放置于二维波浪水槽中的情形（Oh et al.，2013），为保证试验过程中可以较为直观地观测试验效果，水槽采用双层有机玻璃和钢板材料建造；悬浮隧道节段模型材料采用塑胶材料制作而成，节段模型的两端设置工程塑料隔板，防止渗水；节段模型的锚索采用不锈钢丝，通过粘接在模型管体上的索眼构件与模型相连：考虑边界效应的影响，管段两端与双层有机玻璃边界距离预留的一定的自由流场空间（王广地，2008）；试验测得波浪的波高、周期等参数，以及管段的位移、速度等参数。

表 6-4 为各个学者进行水槽试验时所采取的模型缩尺比。在水槽中开展波浪对悬浮隧道管段的作用时，重力是主要作用力，模型应按照重力相似准则设计，即模型与原型之间满足弗劳德数相等，其中 L 是模型特征长度，V 是波浪速度。

$$Fr = \frac{V^2}{gL} \tag{6-29}$$

表 6-4　模型缩尺比

研究文献	缩尺比
（Oh et al.，2013）	1∶100
（Kunisu et al.，1994）	1∶62.17
（Li et al.，2018）	1∶60
（王广地，2008）	1∶100

20 世纪 90 年代，日本的学者开展了波浪水槽中的试验研究，Kunisu 等（1992）在二维的波浪水槽里面进行波浪对悬浮隧道的作用研究，并通过势流方法（BEM 方法）进行波浪力的计算，与试验值进行验证；Oh 等（2013）通过在进行同类型的波浪水槽试验时，研究了改变波浪条件、水深、浮重比等参数带来的影响。研究内容侧重两个方面：一是在波浪水槽中寻找悬浮隧道在波浪作用下最适合的锚链布置形式；二是得到悬浮隧道的位移、速度随波浪的波高、周期等参数变化的关系。

开展试验方法研究波浪对悬浮隧道运动影响时得到的结论，与数值方法计算时（见 5.5.1 节）得到结论基本一致。通过试验研究发现：波浪载荷可以认为是惯性力与阻力之和，测量发现阻力比惯性力小很多；悬浮隧道的波浪载荷由波数和波高决定，波数取决于波频和水深；波浪载荷受波高影响最大（Seo et al.，2015）；悬浮隧道的纵摇和纵荡占主导，并且幅值随着波高和周期线性变化（Oh et al.，2013）。

在研究不同的锚链布置形式后，发现带垂直锚链的悬浮隧道在恶劣海况下波动剧烈，而带 W 形双锚链的悬浮隧道相对更为稳定（Seo et al.，2015）。Kunisu 等（1994）根据交通状况研究了两种不同配置的悬浮隧道（一种是包含 4 车道，直径为 11.4m；另一种包含 4 车道和 2 铁道，直径为 23m）；研究了三种不同的锚链布置形式，包括垂直支撑、混合水平垂直支撑和倾斜支撑（图 6-5）；发现 C 型锚链方式布置时，悬浮隧道在波浪下的运动位移最小。锚链的张力与波高和周期成正比；随着水深的增加而减小，随着浮重比的减小而减小（Oh et al.，2013）。B 型和 C 型布置方式易出现突张力（snap load），但是可以通过增加悬浮隧道的浮力来控制其大小。国内也有学者通过模型试验方法研究了悬浮隧道的不同截面形状（椭圆、多角形和圆形）在不规则波下的受力和运动特性，发现多角形的垂直方向波浪力增加量最大；垂向波浪力大于水平方向波浪力（Li et al.，2018）。

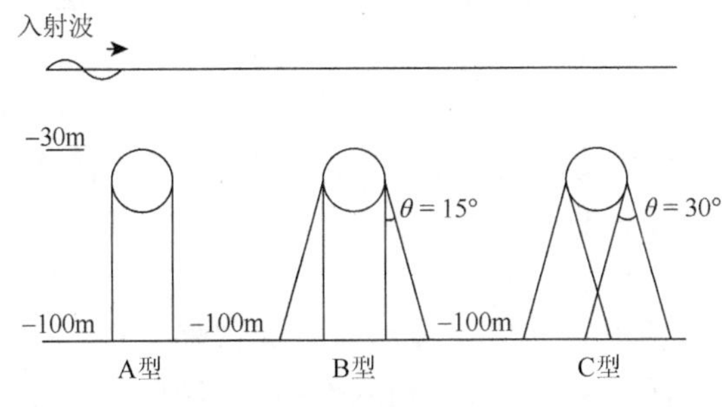

图 6-5　不同锚链布置形式

本节介绍了如何在波浪水槽中开展波浪对悬浮隧道作用的研究。试验时，根据实际水槽的宽度，模型缩尺比取 1∶60～1∶100；模型与原型之间满足弗劳德数相似；试验测得管段的位移、速度随波浪的波高、周期等参数变化的关系。在波浪水槽中能够寻找悬浮隧道在波浪作用下最适合的锚链布置形式和最佳的横截面形式。但是二维波浪水槽试验没有考虑悬浮隧道纵向长度带来的影响，不能真实反映实际海况中悬浮隧道的运动特征，需要在风浪流水池中研究波浪对整体悬浮隧道的影响。为了模拟真实波浪、水流等条件下悬浮隧道整体结构体系的动力响应，中交悬浮隧道工程技术联合研究组（中交港珠澳大桥岛隧工程项目总经理部）牵头开展拉索式悬浮隧道结构行为机理研究水池试验，当前试验的第一阶段正在交通运输部天津水运工程科学研究院进行①。

（编写：陈进）

6.3　移动荷载试验

悬浮隧道需要考虑的偶然荷载有极端的波浪、水流、海啸、地震、冲击荷载

① 详情请见 http://www-main.tjftz.gov.cn/。

等，但这些荷载发生的概率比较低。悬浮隧道主要是为交通服务的，所以对悬浮隧道而言，交通荷载是最常见的荷载形式之一。虽然与其他极端环境荷载相比，交通荷载引起的管体振动相对较小，但是长时间、周期性的交通荷载容易引起悬浮隧道发生疲劳损坏或共振现象。所以研究悬浮隧道与车辆之间的相互作用具有重要意义。

研究悬浮隧道与车辆之间相互作用的方法有：原型观测、建立数值模型和物理模型试验。由于世界上还没有建成一条真正意义上的悬浮隧道，所以原型观测方法目前还无法实施。目前许多专家学者通过建立数值模型的方法进行了悬浮隧道在交通荷载作用下运动响应的研究（Lin et al.，2018；Jiang and Liang，2016；Yuan et al.，2016；Tariverdilo et al.，2011），得到了一些有意义的结果，但是数值结果还有待进一步的验证。目前还未见到关于悬浮隧道在移动荷载作用下的物理模型试验。本节将介绍移动荷载对浮桥、桥梁及路面作用的物理模型试验，为悬浮隧道在移动荷载作用下的试验提供参考。

浮桥同样依靠自身重力与水的浮力达到平衡，与悬浮隧道具有相似之处。所以浮桥的移动荷载试验对悬浮隧道移动荷载的试验研究具有重要的参考价值。Fu 和 Cui（2012）进行了浮桥在移动荷载作用下的物理模型试验，同时建立有限元数值模型。模型试验在上海交通大学海洋工程国家重点试验室进行。模型比尺 1∶10，模型中浮桥长 10.05m，小车长 0.45m，重 50kg，通过钢绞线由伺候电机驱动沿着浮桥匀速直线运动。浮桥是由 15 个刚性模块非线性连接组成的，模块之间的连接部分不承受弯矩，在数值模型中连接处的处理方式如图 6-6 所示。模型试验布置如图 6-7 所示。在每个模块左右舷的中心位置布置位移传感器，取两个传感器的均值作为该模块中心线的位移。试验中模型小车车速有三组，分别为 0.95m/s、1.9m/s、2.85m/s。

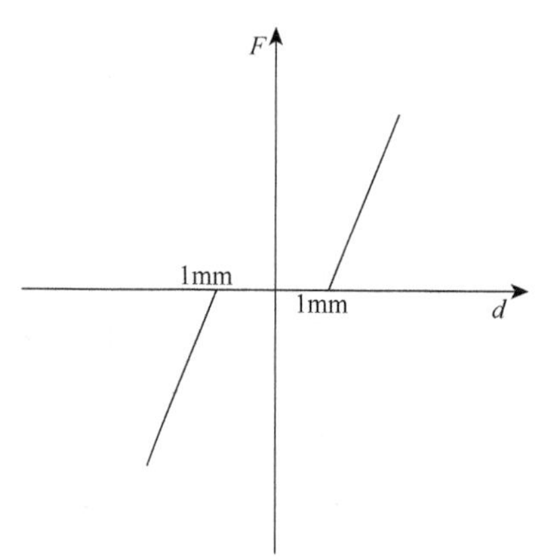

图 6-6　非线性连接受力-变形曲线

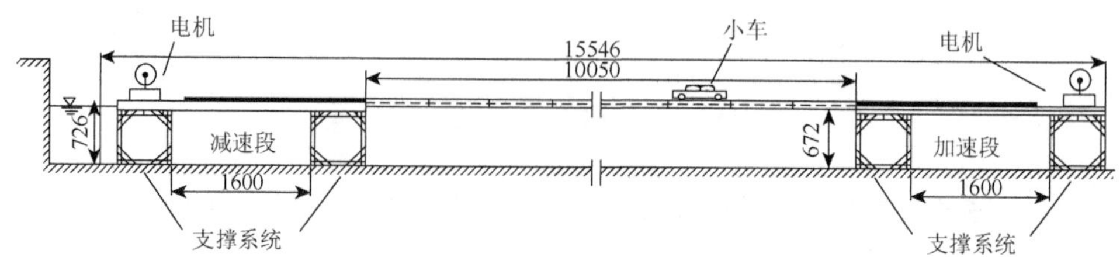

图 6-7　模型试验布置图（单位：mm）

数值计算结果与物理模型试验静力分析结果表明，数值模型的连接段处理是有效的。动力分析结果表明连接段的非线性性质对浮桥的动力响应具有重要影响，尤其对浮桥向上运动的影响。

桥梁与悬浮隧道均是跨越复杂地形、地貌的车辆通行方式，可以参考桥梁模型试验中模型布置方式、试验小车制作及试验步骤等方面的内容。Chang 等（2012）通过桥梁和车辆相互作用模型试验，进行了伪静态损伤识别方法的可行性研究。模型桥梁由两端引桥及一段主桥组成，材料为钢材，弹性模量 $E=210\times10^9$Pa，模型布置及截面形状如图 6-8 所示。小车由质量块和弹簧构成，通过对质量块和弹簧的调节可以使小车产生不同的震动模式，小车通过钢绞线由电机驱动沿着桥梁面板上的导轨匀速直线行驶。在主梁长度方向上 1/4、2/4、3/4 截面处布置加速度传感器。试验开始前测试桥梁的自振频率和阻尼。试验中采用三种不同小车、两种车速（0.93m/s、1.63m/s），共 6 种工况组合。陈锋（2007）对复杂桥梁移动荷载识别进行了系统研究。模型布置与 Chang 等（2012）类似，不同之处在于桥梁面板纵向上贴 PVC 条保证小车直线行驶。试验前采用静力加载方式测量模型梁的实际刚度，对应变及速度测量进行标定。之后对模型梁进行模态分析，主要步骤包括：确定分析方法；测点的确定和传感器的布置，为了得到连续的高阶模态，敲击点数目应多于分析模态阶数的 3 倍；示波及采样；传递函数分析；模态分析。

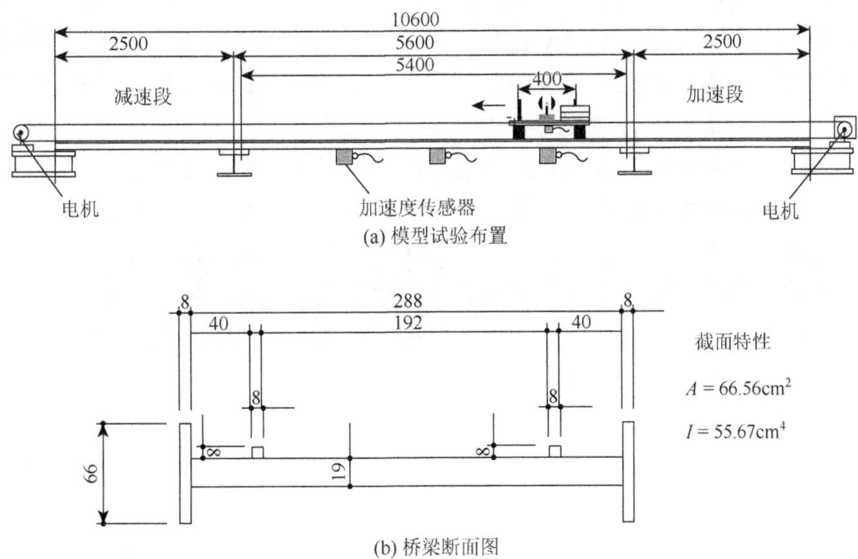

(a) 模型试验布置

(b) 桥梁断面图

图 6-8　桥梁-车辆相互作用模型（单位：mm）

车辆对悬浮隧道的荷载还可能存在以下两种形式：①车辆在行驶过程中，可能会发生交通事故使悬浮隧道遭受车辆的冲击荷载；②悬浮隧道受到的恒载包括重力、浮力和缆索拉力，由于缆索拉力分段布置，导致长度方向上受力并不均匀，使悬浮隧道沿长度方向上产生周期性的变形。当汽车匀速行驶在这种具有周期性不平整路面时，就会产生简谐激振力。当此激振力频率与悬浮隧道某阶振动频率一致时，可能会产生较大的运动响应。陈恩利等（2014）关于路面在车辆简谐激励和冲击激励的物理模型试验值得借鉴。车辆模型包含谐振源车辆模型及 1/4 车辆模型。谐振源车辆模型由四轮小车、调速电机和可旋转的质量块组成。质量块旋转时产生的离心力就可以对路面提供简谐激励。1/4 车辆模型由质量块、阻尼、弹簧、车轮等组成。路面由钢制路面板和弹簧支撑结构组成。在路面上设置一个障碍物来模拟车辆对路面的冲击激励。试验中通过钢丝绳将伺候电机与模型车辆连接起来，牵引其匀速行驶。通过自由衰减试验、抗弯刚度测试测定系统模态频率、振型、阻尼等参数，为数值仿真提供数据。模型试验通过谐振源车辆模型研究路面在不同速度、不同简谐激励频率作用下结构的动力响应；通过 1/4 车辆模型研究车辆对路面在冲击激励下结构的运动响应。

余岭和陈震（2007）、余佳代等（2017）、慧杨等（2018）分别基于预处理共轭梯度法（preconditioned conjugate gradient method，PCGM）、反向（back propagation，BP）神经网络技术、人工神经网络（artificial neural network，ANN）进行桥梁荷载识别，并进行了车-桥模型动力试验。除某些试验参数外、试验步骤及过程与上文提到的基本相同，在此不一一赘述。

目前，关于悬浮隧道在移动荷载作用下动力响应的数值模型较多，但尚未发现物理模型试验相关论文，关于悬浮隧道移动荷载模型试验采用何种相似准则就更加稀少了。由于柔性管道受弹性力与惯性力较大，并且悬浮隧道变形时还应考虑管体与水体之间的相互作用，所以悬浮隧道进行移动荷载物理模型试验时需要满足重力相似及弹性相似。关于相似理论的讨论具体可参考 6.1 节及 6.5 节。

在模型试验中应考虑以下问题：考虑车-悬浮隧道-波浪或水流之间的相互影响；由于路面不平会引起车辆行驶过程中产生简谐激振力，应考虑悬浮隧道在不同简谐激振频率下的运动响应；模型试验中应考虑车辆撞击力的影响；若悬浮隧道弯曲，还应考虑离心力的影响。

（编写：曾繁旭）

6.4 风　　浪

浮筒式悬浮隧道一部分结构在水面之上（图 6-9），当环境风荷载较大时，浮筒可能遭受比较大的风荷载。风的静力效应会使悬浮隧道发生整体的偏移，从而改变悬浮隧道的整体受力状态。由于悬浮隧道长径比较大，应对脉动风速作用下引起的动力响应进行评估。此外，风还会激励海浪，使浮筒式悬浮隧道受风、浪联合作用的影响。波浪试验的介绍见 6.2 节。由于风-浪-悬浮隧道之间耦合作用十分复杂，对风、浪联合作用进行物理模型试验研究是一种有效的手段。本节将根据相关规范及文献介绍如何开展浮筒式悬浮隧道在风、浪联合作用下的模型试验。

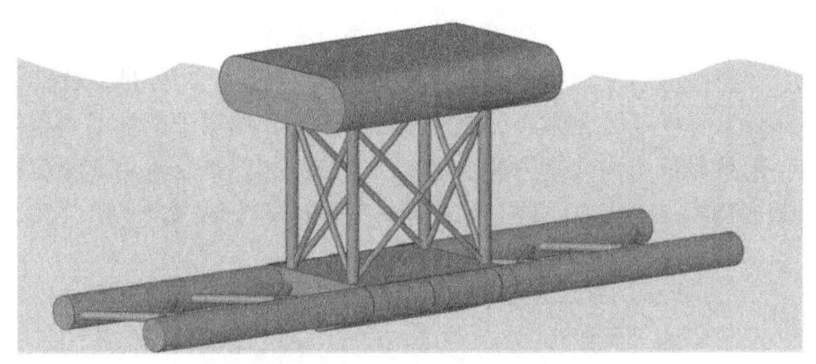

图 6-9　浮筒式悬浮隧道示意图

6.4.1　风洞试验

风的脉动特性包括紊流强度、紊流积分尺度和紊流脉动风速谱等。所以在进行风洞试验时应对剪切流特性及紊流结构进行控制，否则试验误差可达 40%（王勋年，2002）。进行模拟自然风特性条件下的风洞试验时，如有风观测资料，应按基于此风速资料得到上述风的特征参数进行风场模拟。当无实测资料时，风场模拟可按照《公路桥梁抗风设计规范》（JTG/T 3360-01—2018）（以下简称“抗风规范”）中的要求进行模拟。

为模拟结构所处风场的风剖面，风洞试验宜在可模拟大气边界层的风洞中进行（抗风规范），风剖面比尺应与几何比尺保持一致。风剖面测点数量不应少于 10 个，并且应覆盖建筑物的高度范围，各测点平均风速值与目标曲线的相对误差应小于 5%，紊流度绝对偏差小于 0.02。风剖面模拟完成后，应对风场的横向均匀性进行检验（《建筑工程风洞试验方法标准》（JGJ/T 338—2014），以下简称“风洞试验标准”）。在风场率定时，还应对紊流积分尺度和紊流脉动风速谱进行校验。风洞试验中，大气边界层风场的模拟方法有：自然形成法、主动模拟法和被动模拟法，目前国内多采用被动模拟法，付晓（2017）对这三种方法做了详细的介绍。

风洞模型试验的其他要求：应根据试验目的分别在均匀流场和紊流场中进行；风洞试验中，阻塞比宜小于 5%，不应超过 8%；模型几何缩尺比宜和湍流积分尺度缩尺比相近；气动弹性模型试验中风速不宜小于 5m/s；测压试验及测力试验风速不宜小于 8m/s；应根据结构物的外形选择多个风向角进行试验，选择的风向角间隔不应大于 15°。

6.4.2　相关文献处理方法

目前还未见到浮筒式悬浮隧道进行风、浪联合作用试验，下面介绍浮桥及水中桥墩的风、浪联合试验以供参考。麓興一郎等（2007）对弹性浮桥进行了节段模型振动试验，试验研究了单风、单波浪及风 + 浪作用下浮桥的动力相应规律，风、浪方向与桥轴向成角分别为 90°、75°。上部结构的端部采用非线性系泊装置模拟浮桥的整体刚度，模型试验布置如图 6-10 所示。模型缩尺比 1∶50，试验开

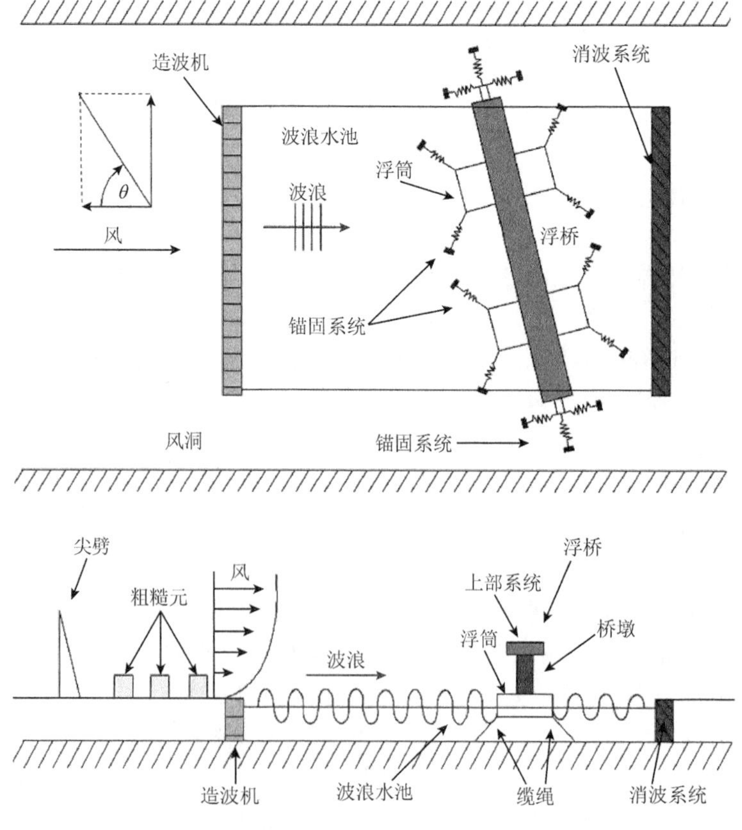

图 6-10　浮桥在风、浪联合作用下模型试验布置

始前测试了浮桥的自振频率并与理论值进行对比。模型波周期0.5～2s，波高8.16～15.58mm，模型风速1～10m/s。柏晓东（2018）在哈尔滨工业大学风洞与浪槽联合实验室开展了桥塔结构在风-浪联合作用下的模型试验。由于波浪以重力为回复力，所以模型试验中应采用重力相似及刚度相似。暂时忽略雷诺差异带来的影响。模型由提供刚度的铝合金内芯与提供气动外形的有机玻璃节段外壳构成，在铝芯周围配重使其满足重力相似准则。模型试验工况包括两种水深，每种水深下分别进行单风、单浪和风-浪联合试验。试验开始前先测定结构在空气中和水中的自振频率，以此来检验模型是否按照相似率模拟了原型结构。首先由造波机生成指定的波浪，待单浪场发展稳定以后开动风机，当风-浪联合场稳定后开始采集数据。

6.4.3 小结

浮筒式悬浮隧道在风、浪联合作用下的模型试验中，重力和弹性占主导，所以模型试验应该满足重力相似和弹性相似（具体可参考6.1节和6.5节），这样会造成模型与原型雷诺数不同，王勋年（2002）总结大量试验成果，认为雷诺效应的影响可以忽略。“风洞试验标准”中建议对于雷诺数较为敏感的建筑物，应采取增加模型表面粗糙度等措施减小雷诺效应带来的影响。

由于实验室尺寸的限制，较难进行悬浮隧道整体气动弹性模型试验。可参考麓興一郎等（2007）的做法进行节段模型振动试验，通过在端部设置弹簧模拟悬浮隧道的整体刚度，通过此种方法近似模拟三维结构。

上述学者在模型实验中得到了一些有意义的结论。麓興一郎等（2007）试验结果表明波浪对浮桥运动影响明显大于风的作用，风、浪联合作用时，浮桥在风的作用下向下风侧产生一个定常的位移，波浪使浮桥在定常位置波动。柏晓东（2018）认为桥塔在单风作用下结构响应比单浪和风-浪联合作用下的结果小。风-浪联合作用时，结构响应呈现出多频率形态，并且其此时结构的最大运动响应幅值比单浪作用下的小。刘海源等（2015）针对跨海大桥桥塔结构在风、浪、流共同作用下进行了桥塔弹性物理模型试验，结果表明，对于结构基地反力与塔尖位移而言，风的作用起主导作用。Fjeld（2012）采用DNV-RP-C205计算浮筒式悬浮隧道所受的风荷载。计算结果表明，与其他荷载相比，风荷载可忽略不计。可见，在风浪联合作用中，风荷载对运动响应的贡献大小与结构形式有关。应根据具体的结构形式及环境荷载确定是否需要进行风、浪联合作用模型试验。

（编写：曾繁旭）

6.5 地 震 试 验

地震又称地动、地振动，是地壳快速释放能量导致的振动。地震发生时会释放出大量的能量，具有极大的破坏力，虽然悬浮隧道不与地面直接接触，地震仍然会通过缆索和水体的间接作用使悬浮隧道产生较为剧烈的运动响应，威胁结构的安全。所以，对悬浮隧道进行地震作用下的运动响应研究具有十分重要的意义。

目前主要通过数值方法研究悬浮隧道在地震作用下的运动响应，但数值模型的简化较多，数值结果有待进一步试验验证。由于地震-悬浮隧道-水体之间的相互作用激励十分复杂，所以有必要开展悬浮隧道在地震作用下的多尺度物理模型试验（项贻强等，2017）。本节将从模型相似理论、地震波的输入及试验方法步骤介绍如何开展悬浮隧道在地震作用下的模型实验研究。

6.5.1 悬浮隧道地震模型相似比尺的研究

由于受振动台尺寸及承载力等条件的限制，一般试验为缩尺试验，所以相似理论在振动台试验设计中尤为重要，振动台试验结果的有效性取决于模型结构与原型结构的相似程度，如果处理得当，就可以根据试验获得更多关于真实结构动力特性和动力响应方面有用的信息，从而获得更多接近于实际的试验结果：水下桩墩结构振动台试验模型设计既要考虑结构本身的相似设计，又要考虑动水压力的影响（柳春光等，2012）。

Li 等（2013）利用水下振动台测试柔性水下管道受竖向地震波时的运动响应。由于柔性管道受弹性力和惯性力影响较大，所以应满足柯西相似准则。

$$\lambda_t^2 = \lambda^2 \lambda_\rho \lambda_E^{-1} \tag{6-30}$$

式中，λ_t 为时间比尺；λ 为几何比尺；λ_ρ 为密度比尺；λ_E 为刚度比尺。

地震不但通过缆索影响管体振动，还会影响水体的运动而间接地对管体运动产生影响，所以模型试验中应该考虑动水效应的影响。由于重力控制着水体的运动和自由表面的位置，所以模型试验还应满足弗劳德相似准则。

$$\lambda = \lambda_t^2, \quad \lambda_v = \lambda^{0.5} \tag{6-31}$$

式中，λ_v 为速度比尺。

此外，还需考虑水体对管体振动的影响，在不计水体压缩性影响的条件下，保持作用于管体上的动水压力相似，要求在原型与模型中，液体密度与材料密度的比值相等（林皋和林蓓，2000），即

$$\frac{\rho_{m1}}{\rho_{m2}}=\frac{\rho_{p1}}{\rho_{p2}} \tag{6-32}$$

式中，ρ_{m1}、ρ_{m2}分别表示模型中液体密度、材料密度；ρ_{p1}、ρ_{p2}分别表示原型中液体密度、材料密度。由于悬浮隧道在原型和模型中所在环境周围液体均为水，所以原型和模型材料密度相同，即

$$\lambda_\rho=1 \tag{6-33}$$

将$\lambda_\rho=1$带入式（6-30）和式（6-31）中，得

$$\lambda_E=\lambda \tag{6-34}$$

在模型试验中，选择一种同时满足式（6-33）和式（6-34）的材料是一件十分困难的事情。对于悬浮隧道这种串联多自由度系统而言，可只保持管体长度方向的几何相似，放松对管体截面形状的相似，只保持截面的刚度相似（林皋和林蓓，2000）。由于悬浮隧道运动响应主要表现为弯曲变形，可得如下相似关系：

$$\lambda_\rho\cdot\lambda_A\cdot\lambda\cdot\lambda_v\cdot\lambda_t^{-2}=\lambda_I\cdot\lambda_E\cdot\lambda_u\cdot\lambda^{-3} \tag{6-35}$$

$$\lambda_t^2=\lambda_\rho\cdot\lambda^4\cdot\lambda_E^{-1}\cdot\lambda_r^{-2} \tag{6-36}$$

式中，λ_A为截面面积比尺；λ_I为截面惯性矩比尺；λ_r为惯性半径比尺，其中$r^2=I/A$。这种为了满足截面刚度相似而修正截面尺寸的模型为变态模型（柳春光等，2012）。根据刚度相似原则确定好材料及截面形状、尺寸后，通过配重使其满足式（6-33）。值得注意的是，若考虑管体整体绕轴线旋转，在模型配重过程中，除了要满足式（6-33）外，还应考虑配重块的安装位置，使其满足沿管体轴向的转动惯量相似。

6.5.2 地震波输入

《建筑抗震试验规程》（JGJ/T 101—2015）中，加速度时程曲线可以选用实测强震数据，还可以根据不同拟建场地的反应谱特征拟合人工地震波。地震加速度反应谱的选取可参考《公路桥梁抗震设计细则》（JTG/T B02-01—2008）（以下称为“抗震细则”）。当采用实测数据作为模型输入时，宜选用与设定地震级别、距离相近的实测地震数据，通过时域调整，使其与“抗震细则”中地震加速度谱相容，采用人工拟合地震波时，地震波持续时间不少于试体基本周期的10倍。作为模型地震波输入时，应对原型地震波做如下处理：根据模型相似理论中时间比尺的要求压缩时间轴，根据试验振动强度的要求对峰值进行调整。

由于地震具有较大的随机性，所以模型试验中设计的加速度时程不得少于3组，并且应保证同方向的任意两组加速度时程相关系数的绝对值小于0.1。当选用3组

时程波进行模型试验时，应选取 3 组试验中最大值作为最终分析结果；当采用 7 组时程波进行模型试验时，可取 7 组试验的平均值作为最终结果。

下面介绍相关文献在进行地震台试验时选取的地震波。刘学嘉（2018）在开展了深水桥墩水下振动振动台试验，模型试验中采用三种实测地震波：①El Centro 波，1940 年发生在美国加利福尼亚州南部，震级 7.1 级，是人类记录的第一个完整的地震波，为短周期地震波，加速度时程曲线及频谱特性曲线如图 6-11 所示；②Loma Prietia 波，1989 年发生在美国，震级 7.1 级，为短周期地震；③ChiChi 波，1999 年发生在中国台湾，震级 7.6 级，为长周期地震。孙胜男（2008）在悬浮隧道地震响应模型试验中，输入的地震波为正弦波及两个人工波，地震波方向包括水平方向和竖直方向。柳春光等（2012）在水下桥墩地震响应模型试验中，地震设计烈度为 8 度，地震波采用调整幅值的 El Centro 波，最大水平加速度幅值 $2m/s^2$。赖伟等（2006）在桥墩地震动水效应模型试验中，地震波采用软土场地地震记录的天津波和 Loma Prietia 波，卓越频率分别为 7.0Hz 和 9.5Hz。为研究低频振动对桥墩的影响，还输入了频率为 0.316Hz 的正弦波。Yang 等（2011）在研究悬索桥磁流变阻尼器的减震效果试验中，地震波采用平胜大桥地震波、El Centro 波和 Taft 波，最大加速度分别为 0.236g、0.342g 和 0.176g。Li 等（2013）认为地震时地面振动是随机的，频率成分十分复杂，很难找到水动力和随机振动之间的关系，所以在水下管道地震模型试验中输入水平方向和竖直方向的正弦波。

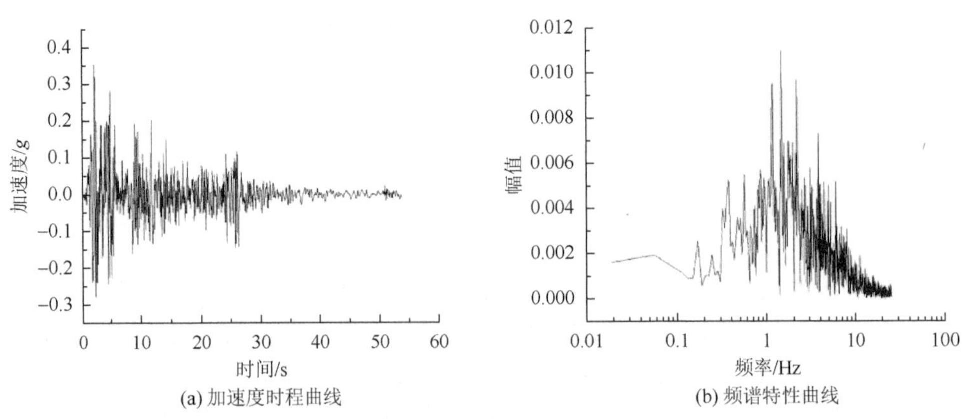

(a) 加速度时程曲线　(b) 频谱特性曲线

图 6-11　El Centro 波

6.5.3　试验步骤及方法

《建筑抗震试验规程》中规定，在加载之前应宜采用白噪声激振法测量试体的动力特性。白噪声频段应能覆盖试验中关注的试体自振频率，加速度幅值 0.5～

$0.8m/s^2$，有效持续时间不少于 120s。为测定弹性、非弹性及破坏阶段的试验试体的动力响应，振动台试验应分级加载，并且每次测定结束后均应采用白噪声激振法测试结构自振频率的变化。

模型试验中应测量试体的加速度、速度、位移和应变等参数。加速度传感器宜布置在加速度较大的部位。在试件底部布置加速度传感器以校验台面的运动。位移传感器宜采用非接触式位移计，并布置在变形较大的位置；当采用非接触式位移计时，应保证仪器架具有足够的刚度。

下面结合相关文献介绍悬浮隧道在地震作用下的试验步骤。孙胜男（2008）首次进行了悬浮隧道地震响应模型试验研究，真实模拟了地震激励条件下悬浮隧道与水体之间的相互作用。模型试验在大连理工大学海岸和近海工程国家重点实验室进行，激振装置采用大型电液伺服控制水下地震模拟系统。系统由水下振动台、中心控制系统、驱动系统和水池组成。水池长 15m、宽 7.4m、最大水深 1m。为了防止水平振动时引起的波浪在水池两端的反射，在长边两端安装消能网。水下振动台主要技术参数如表 6-5 所示。模型相似条件采用重力相似与刚度相似，几何比尺为 50。

表 6-5 水下振动台主要技术参数

特征	说明	特性	说明
振动方向	水平＋竖向＋摇摆	最大水平加速度	1.0g
控制模式	数字控制字	最大竖向位移	±50mm
振动台最大载重	10t	最大竖向速度	±35cm/s
最大水平位移	±75 mm	最大竖向加速度	0.7g
最大水平速度	±50cm/s	工作频率	0.1～50Hz

试验中测量管体加速度、管体及锚索应变、管体上的水压力。试验地震波加载分三个阶段进行：①采用白噪声激励测量结构自振频率；②输入与悬浮隧道同频率的正弦波，研究悬浮隧道在共振时的响应，并检验模型是否存在缺陷；③输入人工波，研究悬浮隧道的动力响应规律。

综上，目前关于悬浮隧道在地震条件下的物理模型试验较少，为学习更多经验，更好地指导进行悬浮隧道在地震条件下的物理模型试验，还可参考水下柔性管道（Li et al.，2002，2013；董汝博，2008）及水中桥墩在地震作用下的物理模型试验研究（柳春光等，2012，2013；赖伟等，2006；刘学嘉，2018）。

（编写：曾繁旭）

6.6 管体水弹性试验

悬浮隧道、浮桥这类细长体类的水中结构物，在不均匀水流或波浪的作用下会发生弹性变形，因此必须考虑此类结构物的水弹性问题；即考虑波浪或水流所引起的结构体弹性变形及结构体弹性变形对流体作用的影响。研究悬浮隧道水弹性问题的文献较少，但是水弹性问题不是一个新的问题，在设计浮桥、高速船舶和超大型浮体时，都必须考虑这个问题。

本节主要介绍水弹性问题的模型试验研究方法，迄今为止，很少有学者开展悬浮隧道水弹性问题的模型试验研究。主要原因有两个：一是试验条件的问题，悬浮隧道长细比大，为了准确地反映水流和波浪对悬浮隧道的影响，需要在满足重力相似的前提下，尽可能减小雷诺数的差别，所以模型的尺度要足够大；考虑模型试验时水流、波浪需要足够的空间充分发展，确保模型不能受到水池边界的影响，需要足够大的水池来保障足够大的缩尺比。二是成本问题，建造一个弹性体模型的成本会远高于建造一个刚体模型。

尽管关于悬浮隧道水弹性模型试验问题的研究较少，在设计浮桥、高速船舶和超大型浮体时，水弹性的模型试验已经被广泛地研究，本节介绍超大型浮体、浮桥及高速船的水弹性模型试验的流程及主要结论，希望能够对将要开展悬浮隧道水弹性模型试验研究的研究人员有所借鉴启发。

（1）浮桥的水弹性试验

Oka 等（1999）对日本梦洲—舞洲浮桥模型进行了模型试验研究。图 6-12 是测试时所用的浮桥模型，模型缩尺比为 1∶40，模型桥面板是一根铝制弹性梁，底部靠两个浮筒来支撑，梁两端通过螺旋弹簧来锚固，桥内部设置平衡质量块，来保持质量分布与实际情况一致。模型试验在 Nagasaka 研发中心的操纵性水池进行，水池参数为 160m×30m×3.5m，水池拥有造波设备，能够改变水深。

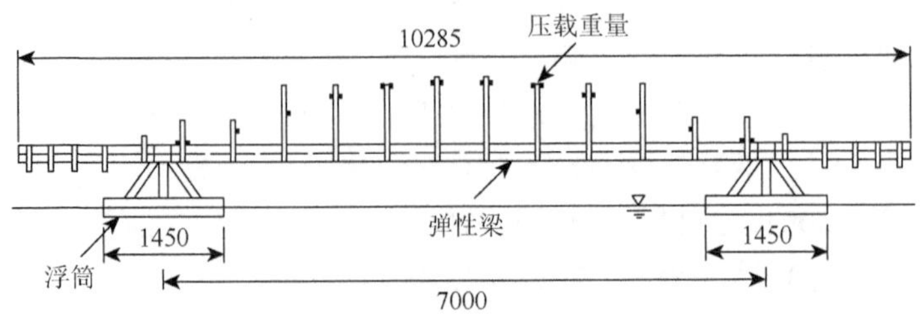

图 6-12 浮桥模型（单位：mm）

开展浮桥模型试验时改变水深、锚链刚度、波浪方向、波高等参数，测试了规则波和不规则波的影响，不规则波时采取 BM 谱进行分析。图 6-13 是规则波和不规则波下横荡、升沉、纵摇结果，根据不规则波下浮桥中部和两端的横向位移变化，可以看到梁的中部水平位移最大，这也是由结构物的弹性引起的。根据浮桥中部和两端的升沉和纵摇位移变化趋势，可以看到浮桥两端的纵摇最大，这主要是由斜浪引起，浮筒两端的纵摇相位不同。

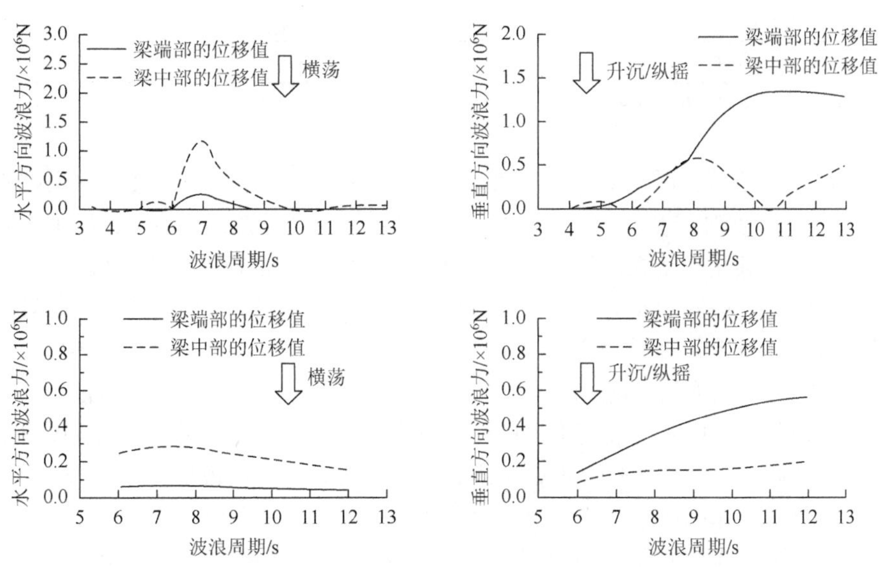

图 6-13　规则波和不规则波下横荡、升沉、纵摇结果

上方两图为规则波结果，下方两图为不规则波结果

（2）高速船舶的水弹性试验

船舶在高速航行时由于波浪激励会发生抨击、甲板上浪等瞬态响应，在设计的前期阶段，应采取理论分析方法和模型试验方法评估高速船舶在考虑水弹性问题时的运动、应力分布、外载荷、波激振动、疲劳等性能，为结构设计、船舶设计优化提供参考，确保船体的可靠性与安全性。

1）集装箱船水弹性试验研究

Drummen（2008）对一艘 4400TEU 集装箱船船模开展了试验研究。该船实际尺寸见表 6-6，为了避免水池两侧池壁的反射波浪影响模型试验，试验模型应该不能超过 7m，进行试验时缩尺比选为 1∶45。Newman（1977）认为船舶在波浪中航行时，黏性阻力会远小于惯性力，此时采取 *Fr* 相似更为合适，也就意味着保持惯性力、重力一致。

表 6-6　4400TEU 集装箱船实际尺寸

参数	实际尺度	模型尺度
全长/m	294.01	6.53
垂线间长度/m	280.98	6.24
船宽/m	32.26	0.72
设计吃水/m	10.78	0.26
最大航行速度/kn	23	—
排水量/m^3	—	841.2
纵向重心位置/m	—	–0.09

注：1kn = 1.852km/h = 0.514444m/s。

进行水弹性试验时，必须保证加工模型具备一定柔度。通常会使用两种弹性模型：一种是全弹性模型，另一种是分段弹性模型。全弹性模型能够较好地反映真实情况，但是其花费较大，建造一个全弹性模型的难度也较大；CSSRC 曾建造了一个全弹性模型（Wu et al., 2003）。分段弹性模型分为两种：一种是龙骨（backbone）模型，另一种是弹簧模型。弹性龙骨模型的优势在于刚度连续、分布均匀，较为方便地测量龙骨上的变形，Ciappi 等（2003）设计了一个可调刚度的弹簧模型，可以很方便地调整刚度以获得较为准确的一阶固有模态，测量发现模型分成两段时能够较为准确地测量船体总弯矩，但是考虑抨击问题时，最好将模型分为三段或四段。

在进行集装箱船船模水弹性试验时，模型由四段刚体分段组成，通过三个弹性旋转弹簧连接，模型能够较好地模拟实船前三阶弹性固有模态。分段模型见图 6-14，各个分段的参数见表 6-7。模型的中性线高度保持与实船的一致。各个分段之间保持 10mm 的间隔，保证相互之间不会碰撞，这个间隙通过一个橡胶薄膜实现船模水密。

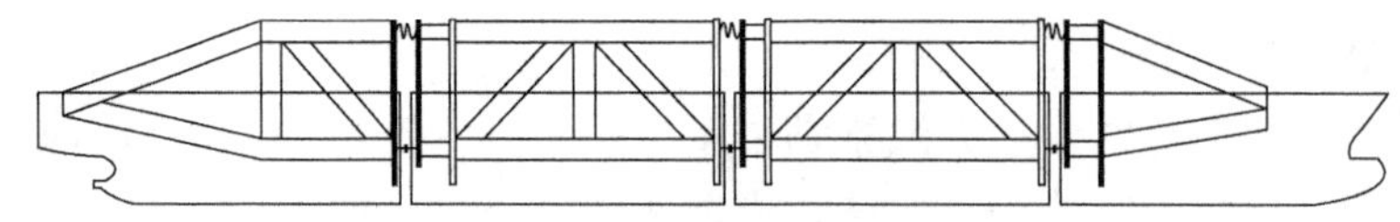

图 6-14　集装箱船分段模型示意

表 6-7　各个分段的物理参数

参数	分段一	分段二	分段三	分段四	整体
M/kg	82.1	277.9	327.9	153.3	841.2
LCG/m	–2.26	–0.89	0.54	2.13	0.09
VCG/m	0.44	0.25	0.23	0.35	0.28
I_{55} / (kg · m^2)	491.0	351.7	122.1	717.7	1682.4

弹簧连接示意图见图 6-15，每个弹簧由两个刚性弹簧和两个柔性弹簧组成。通过调节两个柔性弹簧的位置，可以改变整个弹簧连接的刚度。两个弹簧连接之间的水平方向距离保持为 20mm，保证二者不会相互碰撞。为了保持模型的阻尼为线性化，弹簧梁和弹簧都是由钢制成，两侧的支撑三角板由铝制成。支撑三角板不参与载荷的传递，分段之间的载荷靠弹簧传递。每个分段模型内部框架由铝材制成，确保整个框架的自然频率不会影响所测量的频率。

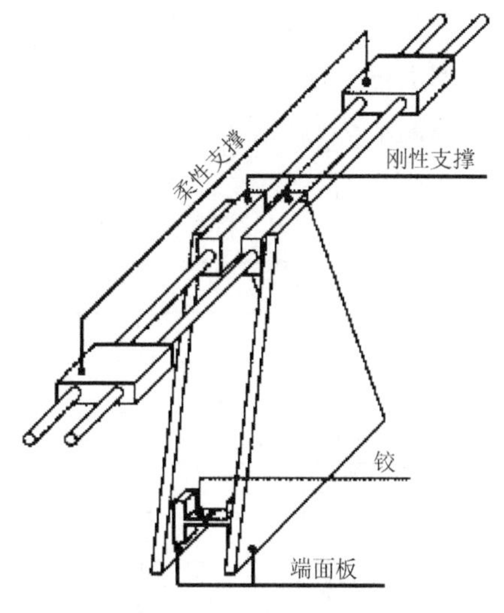

图 6-15　弹簧连接

试验的目的是为了评估波浪引起的船体振动及结构疲劳损坏。模型在多个规则波、不规则波下进行拖曳试验，测试非线性、水弹性对垂向弯矩的影响。为了激发模型的线性、二阶、三阶模态，遭遇频率 ω_e 与波浪频率 ω_s 必须满足式（6-37）。试验时，通过测量多组不同波浪参数下的结果，发现了发生结构共振时所对应的波浪频率：

$$\omega_e = \frac{\omega_s}{i}(i=1,2,3) \tag{6-37}$$

2）高速船抨击载荷的水弹性试验

Tang 等（2018）在水池内开展了模型试验研究，研究一个刚性的船模和一个弹性的船模在规则波下水弹性问题，测得船模的运动规律和垂向弯矩。对比两个船模的试验结果发现：弹性对船体的升沉和垂荡运动影响较小；弹性与波高和航速成正比；弹性主要影响高频分量，对低频分量的影响较小；当波浪遭遇频率与船体一阶固有频率相近时，易发生高频抨击。

Jiao 等（2018）对一艘船模进行了分段模型试验，目的是为了测试抨击、甲板上浪等现象所引起的瞬态冲击载荷。模型采取弗劳德数相似，缩尺比为 1∶50，模型尺度与实际尺度参数见表 6-8。建造模型时，同时考虑了几何相似、动力相似、运动相似和垂直振动模态相似等相似原则。分段模型通过一根弹性刚性龙骨连接成为一个整体，刚性龙骨被设计成多个变化的横截面连接，目的是为了满足模型垂向弯曲振动模态的自振频率和纵向刚度分布（图 6-16）。各个分段之间的间距为 15mm，分段之间的间隙通过橡胶实现水密，各个分段上面的波浪力和抨击载荷通过安装在龙骨上的应变装置测量，船模由纤维增强塑料（fiber reinforced plastic，FRP）制作而成。模型试验在哈尔滨工程大学的拖曳水池内进行，水池尺寸为 108m×7m×3.5m，试验的波长（λ/L）包括 0.4、0.6、0.8、0.9、1.0、1.1、1.2、1.5、2.0、

2.5。为了验证试验结果，在哈尔滨工程大学的综合性海洋工程水池内针对同样的模型进行了规则波、不规则波下的试验，也在航空工业特种飞行器研究所（605 所）的高速水动力水池进行了相同模型的拖曳试验。

表 6-8　模型尺度与实际尺度参数

参数	实际尺度	模型尺度
缩尺比	1∶1	1∶50
全长/m	313	6.26
水线长/m	292	5.84
型宽/m	39.5	0.79
深度/m	25.5	0.51
吃水深度/m	10	0.20
排水量/m^3	71875	0.575

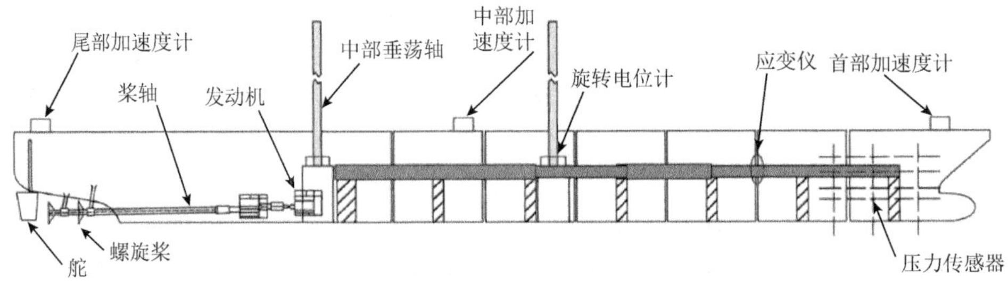

图 6-16　船模分段模型设备安装示意图

Kim 等（2012，2014）对一艘 10 000TEU 集装箱船模开展了水弹性试验研究，模型的缩尺比为 1∶60，模型与实际尺度的参数见表 6-9。模型试验在 MOERI/KORDI 海洋工程水池进行，模型由内部的一根主龙骨和 6 个模型分段组成，试验时布置了 4 根锚链，刚度为 78.456N/M（图 6-17）。试验测量了一、二、三阶共振频率下的弯矩、扭矩和运动幅值响应算子，图 6-18 为扭矩和垂向弯矩随频率变化的趋势。

表 6-9　10 000TEU 集装箱船模型与实际尺度的参数

参数	实际尺度	模型尺度
尺寸	1∶1	1∶60
L_{OA}/m	336.641	5.611
L_{BP}/m	321	5.350
宽度/m	48.400	0.807

续表

参数	实际尺度	模型尺度
高度/m	27.200	0.453
吃水深度/m	15.000	0.250
KM/m	23.296	0.388
GM/m	2	0.033
KG/m	21.296	0.355
LCG from AP/m	152.495	2.542
k_{xx} /m	19.073	0.318
k_{yy} / m	77.228	1.287
k_{zz} / m	77.228	1.287
T_{roll} / m	29.500	3.808

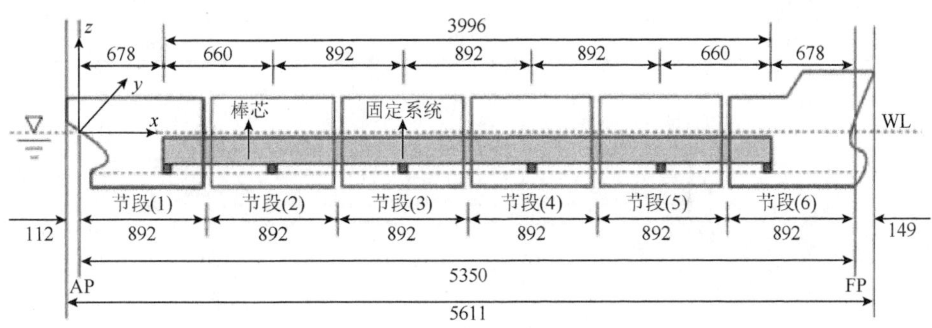

图 6-17 10 000TEU 集装箱船模分段模型示意图（单位：mm）

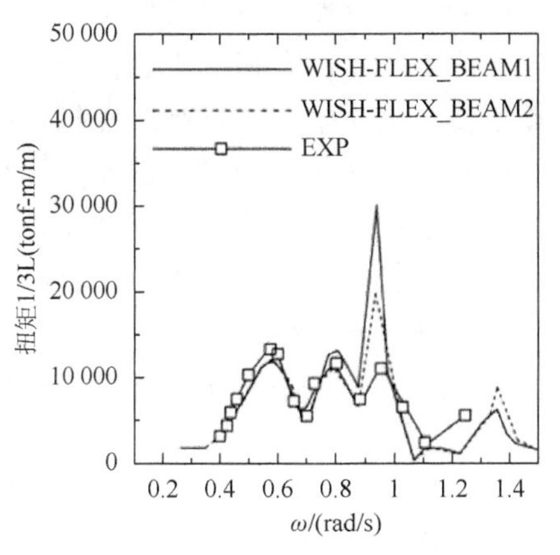

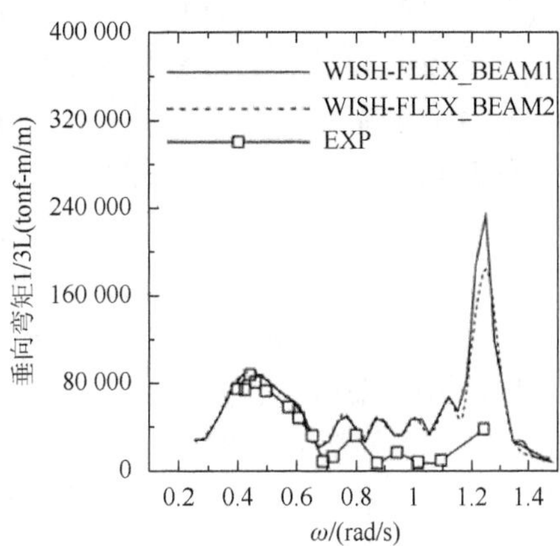

图 6-18 扭矩和垂向弯矩随频率变化

Marón 和 Kapsenberg（2014）为了研究大尺寸船舶在波浪中的激振和抨击，在波浪水池中对一艘集装箱船模开展了分段模型试验研究，表 6-10 为模型尺度和实际尺度参数对比，图 6-19 显示了集装箱船模分段模型，模型分 6 段，缩尺比为 1∶80，材料采取 FRP，平均厚度为 3mm。

表 6-10　集装箱船参数

参数	实际尺度	模型尺度
垂线间长度/m	333.44	4.168
总长/m	349	4.363
型宽/m	42.8	0.535
排水量	125604t	239.3kg
吃水深度/m	13.100	0.164
型深/m	27.300	0.341
KG/m	19.019	0.238
GM/m	2.280	0.029

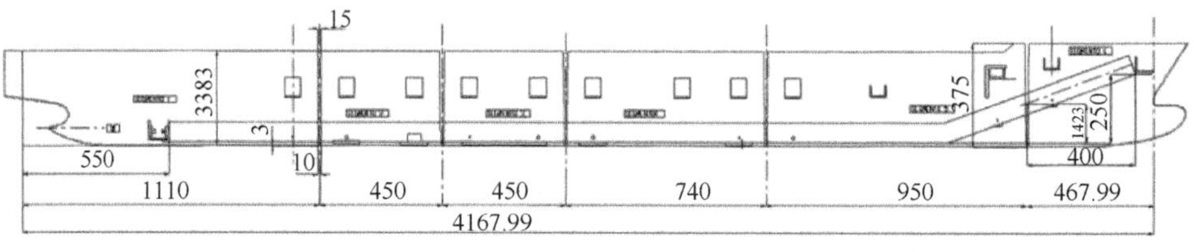

图 6-19　集装箱船模分段模型示意图（单位：mm）

首先对弹性体船模进行自振分析，确定其 4 个共振振型，通过模态分析确定 6 个分段的分段点的位置为 St 5.3、St 7.5、St 9.6、St 13.2 和 St 17.8，表 6-11 显示了具体的结果。各个分段通过弹性梁来连接，弹性梁的垂直高度保持足够低，使其剪力中心保持与实船相同的位置。为了方便安装各种测量仪器，选择铝制梁，相邻分段之间的基线距离保持为 10mm，主甲板上的间距保持为 15mm。选取合适的距离对于分段之间力的传递相当重要，留有的间距大小对垂直和水平弯矩的传递影响较小，间距的大小对全船的剪力、扭矩影响较大。模型试验在 CEHIPAR 船舶动力学试验水池内进行，该水池拥有造波机和平面运动机构装置，能够进行耐波和操纵性试验研究，该水池尺寸为 150m×30m×5m，造波机能够造规则波和不规则波（周期为 0.5～5s，波高超过 1m）。试验时测试在规则波和不规则波、中等海况条件下的船体的抨击和激振、疲劳分析、波浪增阻等现象。

表 6-11 模态分析结果

模式	变形	干频率/Hz	湿频率/Hz
1	1 节点扭转	0.37	0.35
2	2 节点扭转 2 节点水平弯曲	0.56	0.51
3	2 节点垂直弯曲	0.67	0.47
4	3 节点扭转 2 节点垂直弯曲	0.99	0.90
5	4 节点扭转 3 节点垂直弯曲	1.36	1.24
6	3 节点垂直弯曲	1.38	0.98

（3）超大型浮体水弹性试验

Lee 等（2015）通过直接耦合方法求解内部带有液舱的浮体的水弹性问题。在海洋工程水池内进行了 FPU 制作的浮体模型的水弹性试验，模型尺度见表 6-12，模型在水池中的布置见图 6-20。试验水深 1.5m，试验模型的最低的弹性模态为扭转模态 $w = 15.66$rad/s，最初的二十阶晃荡的自振频率范围为 4.95～19.22rad/s。模型试验测试了波浪频率 ω（4.3rad/s、5.3rad/s、6.2rad/s、7.4rad/s、8.4rad/s、9.5rad/s、10.2rad/s、12.2rad/s 和 15rad/s），以及三个浪向（0°、45°、90°）组合工况下结构应力、弯曲变形、扭转角度、运动幅度等参数。

表 6-12 浮体的水弹性模型尺寸

参数	模型尺度
长度（L）/m	2.4
宽度（W）/m	0.4
高度（H）/m	0.2
厚度（t）/m	0.003
吃水深度（d）/m	0.08
杨氏模量（E）/GPa	2
水箱 1（$L_t \times W \times h_l$）/m^3	0.6×0.4×0.1
水箱 2（$L_t \times W \times h_l$）/m^3	0.4×0.4×0.1

（4）悬浮隧道水弹性试验总结

本节介绍浮桥、高速船舶及超大型浮体的水弹性试验的流程及主要结论，旨在对悬浮隧道的水弹性问题的模型试验研究有所启发，在开展悬浮隧道水弹性试验时，可能需要重点研究的问题总结如下。

①悬浮隧道处于水深为 30～50m，波长较长的波浪会对悬浮隧道产生作用，非均匀水流作用也会让悬浮隧道产生非均匀受力。由于隧道属于超大型细长体，波浪作用的不均性能否产生水弹性，是否能够对隧道产生明显的扭转和剪切；非

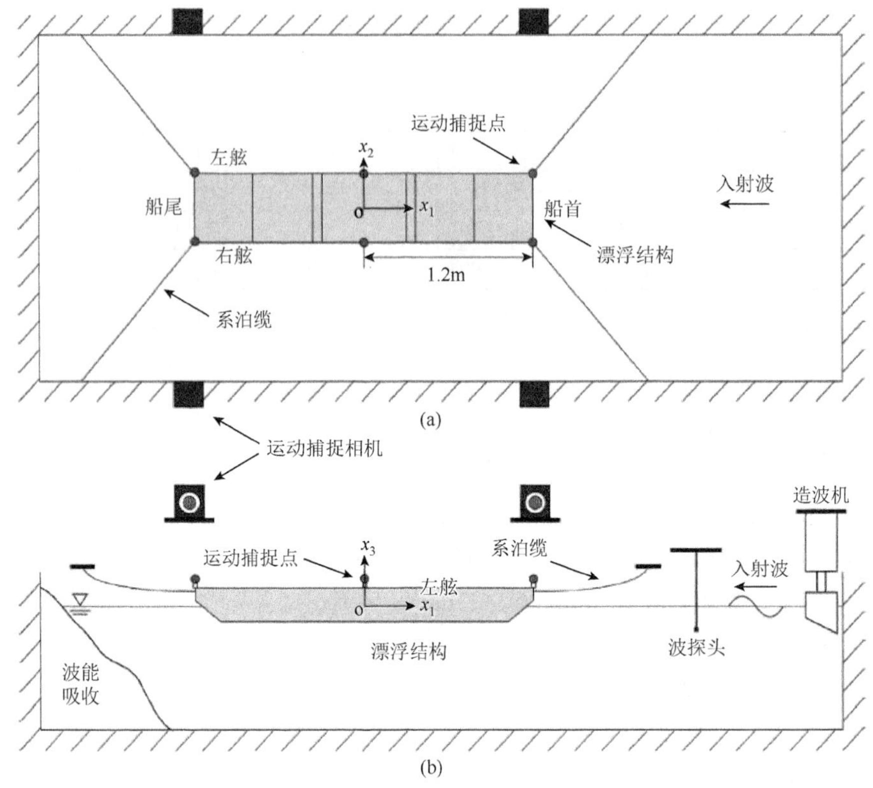

图 6-20　超大型浮体分段模型试验示意图

均匀水流作用能否引起悬浮隧道的扭转，产生水流导致的水弹性问题，这都属于亟待重点研究的问题。

②在水池进行物理模型试验时，应该按照弗劳德数相似来模拟波浪对隧道的作用，同时充分考虑 *Re* 的影响来确定水流对隧道的影响，与此同时还要保证悬浮隧道振动模态相似；那么进行水弹性的物理模型试验时应该采取何种相似准则，或者针对特定问题来选取不同的相似准则。

③与刚体相比，考虑水弹性时，结构物的扭转模态、垂向弯矩、垂向剪力会出现较大变化，而这几个参数与悬浮隧道的设计指标存在较大关系，因此研究时应该重点考虑。

④现阶段尚无悬浮隧道水弹性模型试验数据，可借鉴浮桥、高速船舶和超大型浮体进行水弹性模型试验的方式，采取分段弹性模型试验或全弹性模型试验。采取数值预报悬浮隧道的水弹性问题可以采取结合有限元方法与势流方法的全耦合方法或两阶段法求解，为模型试验结果提供可靠的参考值。

（编写：陈进）

参考文献

柏晓东，2018. 风浪流数值模拟与风-浪联合作用下桥塔动力响应研究[D]. 哈尔滨：哈尔滨工业大学.

陈恩利，刘永强，赵进宝，2014. 移动荷载作用下路面动力响应试验研究[J]. 振动与冲击，33（16）：62-67.

陈锋，2007. 复杂桥梁结构移动荷载识别的理论与试验研究[D]. 天津：天津大学.

陈虎，梁云芳，高雷，等，2016. 国外舰船流场测试及可视化技术研究[J]. 舰船科学技术，38（11）：1-7.

戴遗山，段文洋，2008. 船舶在波浪中运动的势流理论[M]. 北京：国防工业出版社.

董汝博，2008. 多点地震动作用下海底悬跨管道非线性分析[D]. 大连：大连理工大学.

付晓，2017. 重力相似体系下群柱风速比尺的试验研究[D]. 大连：大连理工大学.

郝亚平，1991. 船舶性能试验技术[M]. 北京：国防工业出版社.

慧杨，李奉阁，闫维明，等，2018. 基于 ANN 和动应变的梁桥移动荷载识别及试验[J]. 振动、测试与诊断，（2）：15.

赖伟，王君杰，韦晓，等，2006. 桥墩地震动水效应的水下振动台试验研究[J]. 地震工程与工程振动，（6）：164-171.

李茂华，龚杰，2015. 三维 PIV 应用于船舶精细流场测试研究进展[J]. 中国舰船研究，10（1）：58-67.

李倩，2017. 基于高频 PIV 技术浅水域船底水流结构及其阻力特性研究[D]. 重庆：重庆交通大学.

李焱，陈汉宝，高峰，等，2019. 复杂水流作用下船舶系泊条件试验分析[J]. 港口科技，（2）：24-28.

林皋，林蓓，2000. 结构动力模型试验的相似技巧[J]. 大连理工大学学报，40（1）：1-8.

刘海源，耿宝磊，彭程，2015. 风浪流作用桥塔弹性模型试验研究[J]. 水道港口，36（6）：461-466.

刘学嘉，2018. 水流作用对深水桥墩地震响应影响模型试验研究[D]. 天津：天津大学.

柳春光，孙国帅，韩亮，等，2012. 桥梁水下桩墩结构振动台模型试验相似律验证[J]. 地震工程与工程振动，32（04）：13-18.

柳春光，孙国帅，张士博，等，2013. 深水桩墩结构振动台试验及地震响应预测分析[J]. 大连理工大学学报，53（1）：114-120.

孙胜男，2008. 悬浮隧道动力响应分析[D]. 大连：大连理工大学.

王德胜，徐国英，刘西侠，1998. 两栖车辆模型拖曳试验阻力与实车阻力的换算[J]. 装甲兵工程学院学报，（3）：73-77.

王广地，2008. 波流作用下悬浮隧道结构响应的数值分析及试验研究[D]. 成都：西南交通大学.

王勋年，2002. 低速风洞试验[M]. 北京：国防工业出版社.

项贻强，陈政阳，杨赢，2017. 悬浮隧道动力响应分析方法及模拟的研究进展[J]. 中国公路学报，30（1）：69-76.

严恺，梁其荀，2002. 海岸工程[M]. 北京：海洋出版社：570-619.

余佳代，王赞芝，王丹，等，2017. 基于动应变识别桥梁移动荷载[J]. 国防交通工程与技术，15（5）：9-14.

余岭，陈震，2007. 桥梁移动荷载识别的不适定性及其试验研究[J]. 振动与冲击，（12）：6-9.

张军，张志荣，朱建良，等，2008. 拖曳水池随车式 PIV 测量不确定度分析研究[C]//第二十一届全国水动力学研讨会暨第八届全国水动力学学术会议暨两岸船舶与海洋工程水动力学研讨会文集：1024.

中华人民共和国交通部，2001. 波浪模型试验规程：JTJ/T 234—2001 [S]. 北京：人民交通出版社.

中华人民共和国交通运输部，2018. 公路桥梁抗风设计规范：JTG/T 3360-01—2018[S]. 北京：人民交通出版社.

中华人民共和国住房和城乡建设部，2014. 建筑工程风洞试验方法标准：JGJ/T 338—2014[S]. 北京：中国建筑工业出版社.

中华人民共和国住房和城乡建设部，2015. 建筑抗试验规程：JGJ/T 101—2015[S]. 北京：中国建筑工业版社.

中华人民共和国交通运输部，2008. 公路桥梁抗震设计细则：JTG/T B02-01—2008[S]. 北京：人民交通出版社.

麓興一郎，新里英幸，宇都宮智昭，他，2007. 風・波を同時に受ける浮体橋の動的応答に関する風洞内水槽実験[C]//土木学会論文集 A，63（1）：206-219.

Brancaleoni F，Castellani A，d'Asdia P，1989. The response of submerged tunnels to their environment[J]. Engineering Structures，11（1）：47-56.

Chakrabarti S K，1994. Offshore structure modeling[M]. Singapore：World Scientific Publishing Co. Pte. Ltd.

Chang K，Kim C，Kawatani M，2012. Feasibility investigation for a bridge damage identification method through moving vehicle laboratory experiment[J]. Structure and Infrastructure Engineering，10（3）：328-345.

Ciappi E，Dessi D，Maiani R，2003. Slamming and whipping response analysis of a fast monohull via segmented model tests[C]//Proceedings Hydroelasticity in Marine Technology，Oxford，UK：143-153.

Drummen I，2008. Experimental and numerical investigation of nonlinear wave-induced load effects in containerships considering hydroelasticity[D]. Trondheim：Norwegian University.

Fjeld A，2012. Feasibility study for crossing Sognefjorden[R]. [S.l.]：Reinertsen Olav Olsen Group.

Fu S，Cui W，2012. Dynamic responses of a ribbon floating bridge under moving loads[J]. Marine Structures，29（1）：246-256.

Goda Y，2010. Random seas and design of maritime structures[M]. 3rd ed. Singapore：World Scientific Publishing Co. Pte. Ltd.

Jiang B，Liang B，2016. Study on the main influence factors of traffic loads in dynamic response of submerged floating tunnels[J]. Procedia Engineering，166：171-179.

Jiao J，Zhao Y，Ai Y，et al.，2018. Theoretical and experimental study on nonlinear hydroelastic responses and slamming loads of ship advancing in regular waves[J]. Shock and Vibration，2018：ID 2613832.

Kim J H，Kim Y，Kang B C，et al.，2012. Ship springing analysis for very large container ship[J]. International Journal of Offshore and Polar Engineering，22（3）：217-224.

Kim J H，Kim Y，Korobkin A，2014. Comparison of fully coupled hydroelastic computation and segmented model test results for slamming and whipping loads[J]. International Journal of Naval Architecture and Ocean Engineering，6（4）：1064-1081.

Kunisu H，2010. Evaluation of wave force acting on submerged floating tunnels[J]. Procedia Engineering，4：99-105.

Kunisu H，Fujii T，Mizuno Y，et al.，1992. The Study of Submerged floating tunnel characteristic under the wave conditions[C]//Proceedings of Civil Engineering In The Ocean. Japan Society of Civil Engineers，8：487-492.

Kunisu H，Mizuno S，Mizuno Y，et al.，1994. Study on submerged floating tunnel characteristics under the wave condition[C]//International Society of Offshore and Polar Engineers. The Fourth International Offshore and Polar Engineering Conference. Osaka，Japan，April 10-15.

Lee K H，Cho S，Kim K T，et al.，2015. Hydroelastic analysis of floating structures with liquid tanks and comparison with experimental tests[J]. Applied Ocean Research，52：167-187.

Li Q，Jiang S，Chen X，2018. Experiment on pressure characteristics of submerged floating tunnel with different section types under wave condition[J]. Polish Maritime Research，25（S3）：54-60.

Li X，Li M，Zhou J，2013. Experimental study of the hydrodynamic force on a pipeline subjected to vertical seabed movement[J]. Ocean Engineering，72：66-76.

Li X，Liu Y，Zhou J，et al.，2002. Experimental study on free spanning submarine pipeline under dynamic excitation[J]. China Ocean Engineering，4：537-548.

Lin H，Xiang Y，Yang Y，et al.，2018. Dynamic response analysis for submerged floating tunnel due to fluid-vehicle-tunnel interaction[J]. Ocean Engineering，166：290-301.

Marón A，Kapsenberg G，2014. Design of a ship model for hydro-elastic experiments in waves[J]. International Journal of Naval Architecture and Ocean Engineering，6（4）：1130-1147.

Morison J R，Johnson J W，Schaaf S A，1950. The force exerted by surface waves on piles[J]. Journal of Petroleum Technology，2（05）：149-154.

Newman J N，1977. Marine Hydrodynamics[M]. Cambridge：MIT Press.

Oh S H，Park W S，Jang S C，et al.，2013. Physical experiments on the hydrodynamic response of submerged floating tunnel against the wave action[C]//Proceedings of the 7th International Conference on Asian and Pacific Coasts（APAC 2013）. Bali，Indonesia，September 24-26：582-587.

Oka S，Kumamoto N，Inoue K，et al.，1999. Elastic response analysis method for floating bridges in waves[J]. Mitsubishi Juko Giho（Japan），36（5）：234-237.

Seo S，Mun H，Lee J，et al.，2015. Simplified analysis for estimation of the behavior of a submerged floating tunnel in waves and experimental verification[J]. Marine Structures，44：142-158.

Tang Y，Sun S，Jin K，et al.，2018. A segmented ship model：Experimental research on hydroelastic effect of a large ship in wave[C]//ASME 2018 37th International Conference on Ocean，Offshore and Arctic Engineering. June 17-22，Madrid，Spain：V07BT06A025.

Tariverdilo S，Mirzapour J，Shahmardania M，et al.，2011.Vibration of submerged floating tunnels due to moving loads[J]. Applied Mathematical Modelling，35（11）：5413-5425.

Wu Y S，Chen R Z，Lin J R，2003. Experimental technique of hydroelastic ship model[C]//Hydroelasticity in marine Technology：131-142.

Yang M，Chen Z，Hua X，2011. An experimental study on using MR damper to mitigate longitudinal seismic response of a suspension bridge[J]. Soil Dynamics and Earthquake Engineering，31（8）：1171-1181.

Yuan Z，Man-sheng D，Hao D，et al.，2016. Displacement response of submerged floating tunnel tube due to single moving load[J]. Procedia Engineering，166：143-151.

7 悬浮隧道施工

世界范围内悬浮隧道施工的详细研究较少。本章一方面介绍已有悬浮隧道施工文献，另一方面讨论或借鉴近似工程包括沉管隧道、浮桥、漂浮式风电，并且将施工内容分为管体制造、浮运及安装、锚固基础施工、接岸接头与最终接头分别讨论。

7.1 概　　述

悬浮隧道是一种新型的跨越方案，在过去的 100 多年里，悬浮隧道从概念阶段迈入了研究阶段，近年来，关于悬浮隧道的研究成果越来越多，但截至目前，世界仍然没有任何一个国家或地区有建成悬浮隧道的案例。在文献调研期间，笔者发现针对悬浮隧道施工方面研究的文献很少，涉及的也多数是概念性方案的简单设想，主要作为对研究的完整性补充。

跟沉管隧道类似，悬浮隧道纵向上可能分为若干管节，管节间采用“接头”连接。根据类似近海复杂工程的经验，多数研究者认为，悬浮隧道施工可参考沉管隧道所采用的施工方法，然而海洋环境、地质条件等环境因素对施工方法的选择影响较大。王华（1994）认为悬浮隧道施工可分为管段施工法和逐步下水法。其中管段施工法主要是指隧道管节在船坞中制造并封闭两端，起浮后运至现场与已安装的管节连接起来的方法；逐步下水法主要指将隧道管节制造后从接岸端逐段推出，直至到达海峡对岸的方法。另外，Statens（2017）在挪威 Sognefjorden 海峡浮筒式悬浮隧道设计方案中，提出了整体浮运安装法，即悬浮隧道各管节在船坞中制造，逐节浮运至邻近隧址的临时系泊点，在临时系泊点将管节对接安装成隧道分段，然后将隧道分段拼装成整体，最后将隧道整体浮运至隧址安装到位。

管段施工法总体可分为：管节制造、浮运安装、锚固系统施工、接岸段施工等；逐步下水法类似于桥梁施工中的“顶推法”，即在接岸部位设置滑道，当每节管节预制完成并与前一节段预应力连接后，将管节向前推出，直至到达对岸，在连续推出期间，采用浮筒或缆索对隧道水下悬浮部分进行稳定性控制；整体浮运安装法总体上与管段施工法类似，区别在于管节对接安装在临时系泊点进行，最后才将拼装成整体的隧道浮运至隧址进行安装。环境对三种施工方法的影响分析如表 7-1 所示。

表 7-1 环境对三种工法的影响分析表

工法	水深	距离	接岸条件	海洋条件
管段施工法	无影响	无影响	无影响	影响有限
逐段下水法	无影响	有影响	影响有限	影响有限
整体浮运安装法	无影响	有影响	影响有限	有影响

（编写：宋奎）

7.2 管节制造

管节制造可采用“干坞法”或“工厂法”进行，该方法在沉管隧道管节预制施工中较为成熟，在施工过程中，通常将每个管节分为若干段制造，如港珠澳大桥岛隧工程沉管隧道标准管节长 180m，由 8 个长 22.5m 的节段通过预应力张拉连接成整体。管节预制时，结构尺寸控制、大型预埋件安装精度控制、钢筋笼全断面安装和变形控制、大体积混凝土控裂、大型沉管顶推等是施工过程中的关键控制点。

兰利敏（1994）对沉管隧道的发展、类型特点等进行了介绍，对管节的建造、沉放安装等施工技术进行了分析探讨。主要针对混凝土管段隧道和钢壳管段隧道相关技术进行了分析和比较，表明混凝土管段隧道在欧洲发展较为成熟，而美洲主要热衷于钢壳管段隧道。毛剑峰和邓涛（2013）对沉管隧道管节预制方法进行了归纳，分析了固定干坞法、移动干坞法、工厂法等施工工艺，并结合典型工程案例进行了探讨。

李超等（2012）通过优选原材料、配置低热低收缩混凝土、控制混凝土原材料温度、碎冰加冷却水拌合混凝土、设置自动养护系统等关键措施的应用，对港珠澳大桥全断面浇筑沉管裂缝控制技术进行了有效管理，避免了施工期危害性裂缝的出现。尹海卿（2014）对港珠澳大桥岛隧工程沉管工厂法预制的预制厂规划、流水化钢筋施工生产线、大型液压模板系统、混凝土搅拌及供应系统、混凝土温控及养护系统、管节顶推系统等施工关键技术和专用装备进行了分析介绍。李凯凯等（2015）结合港珠澳大桥岛隧工程工厂法沉管预制中端钢壳、钢剪力键、OMEGA 止水带预埋件、混凝土剪力键预埋件、中埋式可注浆止水带、波纹管、拉合装置预埋件、测量塔预埋件、人工预埋件等安装施工，对预埋件加工、安装时机、创新型反力架设置等方面进行了分析总结。冯伟等（2015）对工厂法沉管预制的钢筋笼自身刚度、钢筋绑扎台架刚度及稳定性、钢筋笼顶推变形、钢筋笼体系转换变形等方面进行了分析探讨，提出了一系列有效控制措施，使得港珠澳大桥沉管隧道钢筋笼安装精度和变形得到了有效控制。林巍等（2018b）结合港珠澳大桥岛隧工程 76 000t 管节多点式分段顶推施工，对顶推方式选择、摩擦力、竖向支撑等关键问题进行了探讨，并对顶推时机的把握、支撑体系转换、顶推过程监控与纠偏、曲线管节的适应、顶推力的监测与分析等关键控制点进行了分析。

项贻强等（2016）认为悬浮隧道管节预制可主要参考沉管隧道施工，主要难点在于截面尺寸精度控制、管节防水性能（裂缝控制，推荐高性能纤维混凝土）、控制大体积混凝土水化热的措施。Kawade 和 Meghe（2015）认为水下悬浮隧道的概念是基于应用于浮桥和离岸结构技术，其施工大多类似于沉管隧道，比如，首先在干船坞中分段建造管道，然后将其浮运到施工现场，并在密封的情况下将其沉入到位。

综上，悬浮隧道管节预制施工在施工方法和关键技术等方面很大程度上可借鉴沉管隧道管节预制。工厂法管节预制能很好地控制施工质量，以保证结构的防水性和耐久性，也能稳定地控制预制施工工期。但就施工生产线而言，其对施工场地有一定的要求；干坞法管节预制在管节较少时有一定的经济优势，但在管节较多时，其由于施工天气、已完成管节出坞而暂停预制等因素，施工工期无法有效控制。另外，悬浮隧道在结构断面设计上可能会有圆形、椭圆形、多边形等断面形式，针对不同的断面形式，须进一步研究预制工艺的匹配。港珠澳大桥岛隧工程沉管预制厂平面布置如图 7-1 所示。

图 7-1　港珠澳大桥岛隧工程沉管预制厂平面布置（王强，2016）

（编写：宋奎）

7.3 浮运及安装（顶推）

（1）管节浮运

待管节预制并舾装完成后，对坞内进行灌水起浮，管节绞移到坞口后与安装驳连接，海洋环境下安装驳的选择主要为双驳杠吊法、双体船杠吊法和自身平台骑吊法。管节出坞后可采用拖轮湿拖方案，浮运期间应配备足够数量和功率的拖轮，以应对复杂的海洋环境，确保在各种情况下都能有效地控制管节姿态。

（2）管节系泊

在管节浮运至安装区域时组织系泊，而双驳杠吊法系泊布缆方式一般采用18点对称布缆，按功能分为三类（含4条吊缆，8条系泊缆，6条安装缆），吊缆索通过滑轮组系统与管顶吊点连接，系泊缆直接与海床上的锚锭连接，安装缆通过管节顶面设置的绞缆盘和导缆器与海床上的锚锭连接。双驳杠吊法布缆方式示意图如图7-2所示。在环境复杂的情况下采用双体船扛吊法布锚方式，以土耳其博斯普鲁斯海峡沉管隧道为例的布缆方式如图7-3所示。在水深较深的环境时，传统的静力系泊无法进行，需考虑动力系泊工艺。

（3）管节安装（顶推）

管段施工法在管节系泊完成后组织管节安装，安装驳控制管节并沉放到指定的深度，连接缆索后去除压载物，使荷载从安装驳转移到锚固系统上，实现受力体系转换，然后通过液压联接器将新管节牵引就位，进行永久接头施工。

根据接岸条件等因素，逐步下水法可分为管节逐段制造下水和管节预先制造逐段下水两种施工方式。管节逐段制造下水主要是管节预制在接岸桥台上进行，当管节预制完成后，与前一段预应力连接并进行顶推；管节预先制造逐段下水的

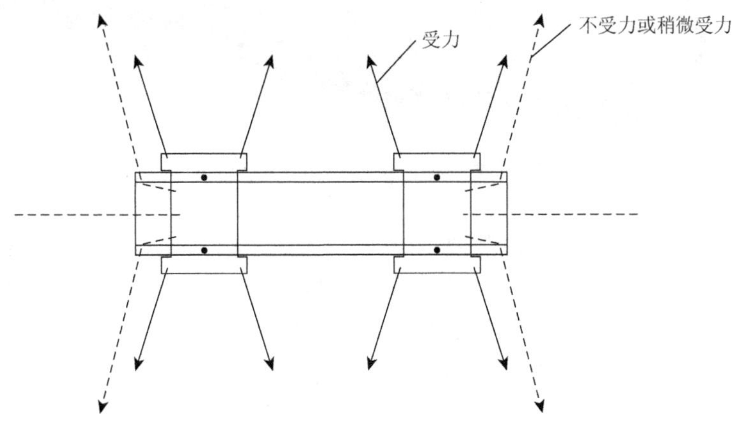

图7-2 双驳杠吊法布缆方式示意图（王强，2016）

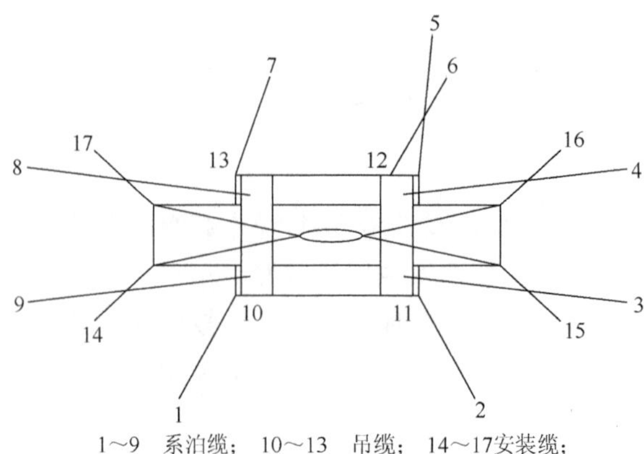

图 7-3　博斯普鲁斯海峡沉管隧道为例的布缆方式（王强，2016）

管节制造与“干坞法”类似，管节在推出船坞中降到临时基础上，排干船坞水后将管节与前一段预应力连接并进行顶推。逐步下水法在管节向前顶推过程中，隧道水下悬浮段的临时浮筒或临时缆索支撑是关键问题，需要确保管节在水中处于控制之下。管节逐段制造下水示意图如图 7-4 所示，管节预先制造逐段下水示意图如图 7-5 所示。

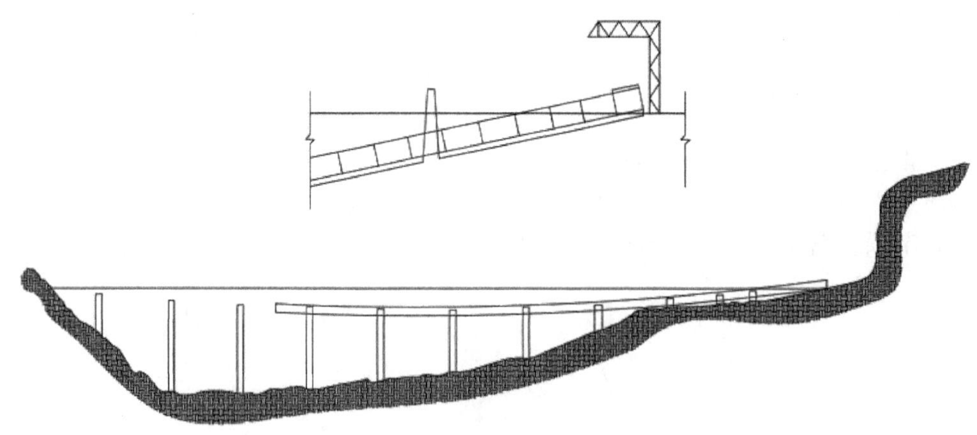

图 7-4　管节逐段制造下水示意图（王华，1994）

王华（1994）认为缆索安装要考虑对称同步安装，以防在施工期给管节带来额外的荷载，缆索对称同步安装示意图如图 7-6 所示；认为施工运营期间的监测是必要的，包括环境、结构及各个部件的位移和材料动态等；部分构件设计寿命较短，施工运营期间需要考虑定期检查、检修或更换方案；由于锚固系统提供的支撑力比沉管隧道的地基支撑力弱得多，在管节动态对接和永久接头施工时需要着重考虑。

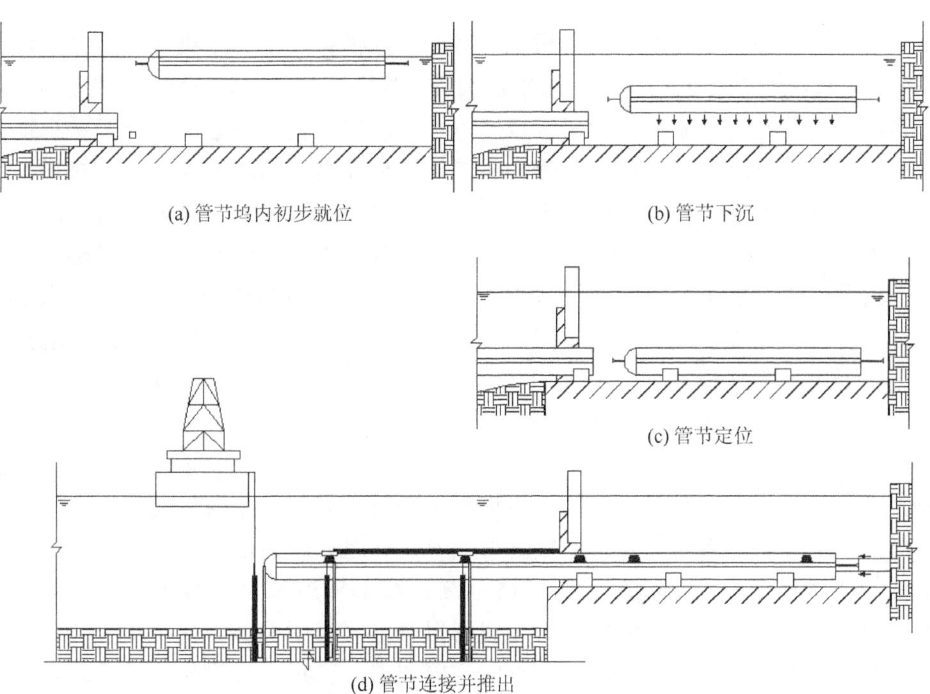

(a) 管节坞内初步就位

(b) 管节下沉

(c) 管节定位

(d) 管节连接并推出

图 7-5 管节预先制造逐段下水示意图（王华，1994）

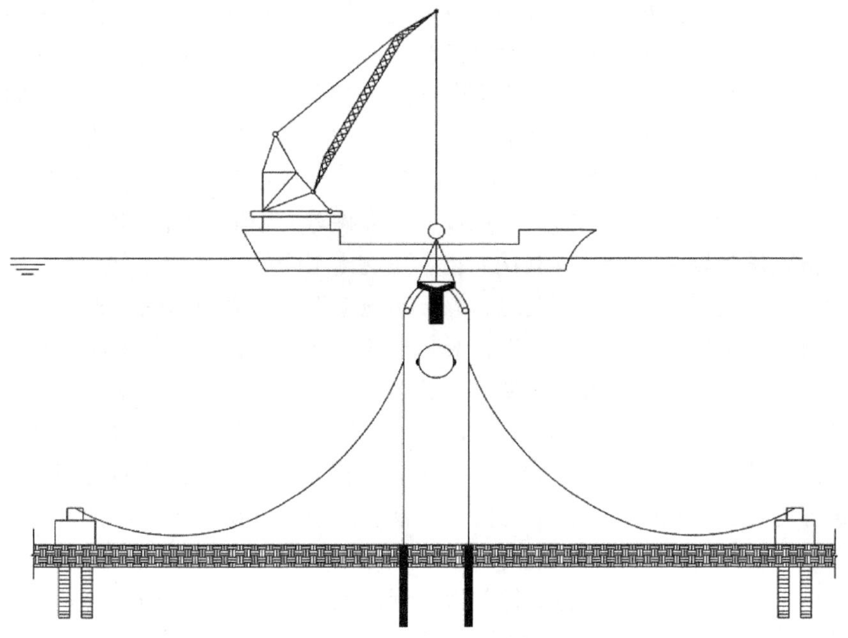

图 7-6 缆索对称同步安装示意图（王华，1994）

尹海卿（2014）对港珠澳大桥沉管隧道起浮横移、研发精细化作业窗口管理系统、沉管浮运存在的技术难点及解决措施、外海沉管系泊、深水无人沉放系统、沉管浮运安装专用设备等施工关键技术进行了总结分析。王强（2016）系统地分析了港珠澳大桥沉管隧道浮运、静力系泊、沉放安装过程中的关键施工技术，包括对管节沉放方法、管节定位技术、管节压载技术、管节测控技术等沉管沉放关键技术进行了系统梳理，调查研究了各类沉放施工方案，针对外海沉管隧道的特点提出了优先考虑采用的管节沉放方法；对管节对接中的导向定位技术、水下拉合技术、水下压接技术、精确定线调位技术等进行了研究，提出了外海沉管沉放对接关键技术的推荐方案。林巍等（2018a）在港珠澳大桥沉管隧道出坞、拖航、系泊与沉放准备的实践中，针对安装计划的合理制定、管节出坞注意事项、管节浮运拖轮配置、管节与安装船的连接方式、浮运导航系统的开发、其他保障措施、横流定位、锚抓力试验等关键技术点进行了剖析，并总结了应对复杂系统与控制风险的三个理念：系统的冗余、预演与试验、利用天时与地利。林巍等（2018c）从沉管隧道线形控制的角度对沉管隧道高程线形管理和平面线形管理进行了分析，并通过贯通测量、端钢壳测量、线形拟合方式对平面线形进行了预测，探讨了通过端钢壳平面方向纠偏、通过导向装置纠偏、通过贯通测量后千斤顶纠偏、利用尾缆与定位系统纠偏等纠偏方法。然而由于预应力的作用、水压力的作用对管节长度影响较小，但不能被忽略。其在港珠澳大桥沉管隧道施工线形管理实践中认识到的特点为：可调节的导向装置以提高管节对接端的精度；管节的定位；测量本身及其与测量有关的工程设计工艺装备均被导入线形管理的风险管理。

Grantz（2010）在水平拱形悬浮隧道案例中提出索塔作为悬浮隧道竖向支撑的方案，索塔构造主要由下部钢筋混凝土结构和上部钢桁架结构组成，塔顶部采用法兰与悬浮隧道管节连接，示意图如图 7-7 所示。建议在悬浮隧道管节对接前，可对索塔塔身增加正浮力的方式（如添加浮力罐等）使其更加稳定，在对接完成后使塔身充满水以消除浮力。其认为沉管隧道施工中始终保持三个水密舱壁以确保安全的规则同样适用于悬浮隧道。该方案施工阶段示意图如图 7-8 所示。张科乾（2011）以千岛湖悬浮隧道为例，对悬浮隧道结构设计分析与健康监测进行了深入探讨，建议悬浮隧道开展主要监测的内容为：结构在正常环境与交通条件下营运的物理和力学状态、内部空气状况、非结构构件和附属设施的工作状态、结构构件耐久性、环境条件等，并提出了相关监测的具体方案。项贻强等（2016）认为悬浮隧道管节运输安装主要分为浮沉法和增量下水法，无论何种方法，当管节处于设计位置时，应及时锚固，对于浮沉法，可直接安装永久锚索，而对于增量下水法，首先采用临时锚固或浮筒以确保隧道稳定，安装完毕后，采用永久锚固；认为管节安装水下精确对接非常困难，施工时管节或处于悬臂状态，容易受恶劣天气、洋流等影响导致整体不稳定；由于环境作用引起的持续振动会干扰施工过程中对悬浮隧道的监测和控制；他认为设计、施工、维护规范的建立具有重要意义。Eidem 等（2017）对挪威横跨 Digernessund 峡湾长 677m 的悬浮隧道进行了设计和施工研究，根据地质条件，评估了三种可能的施工方法：①结构分三段安装，在两侧接岸段施工完成后进行中间段施工，如图 7-9 所示；②结构分两段安装，先施工短侧接岸段，然后通过另一侧接岸端牵引安装第二段，如图 7-10 所示；③单段安装，在岸段使用或者不使用围堰，如图 7-11 所示。

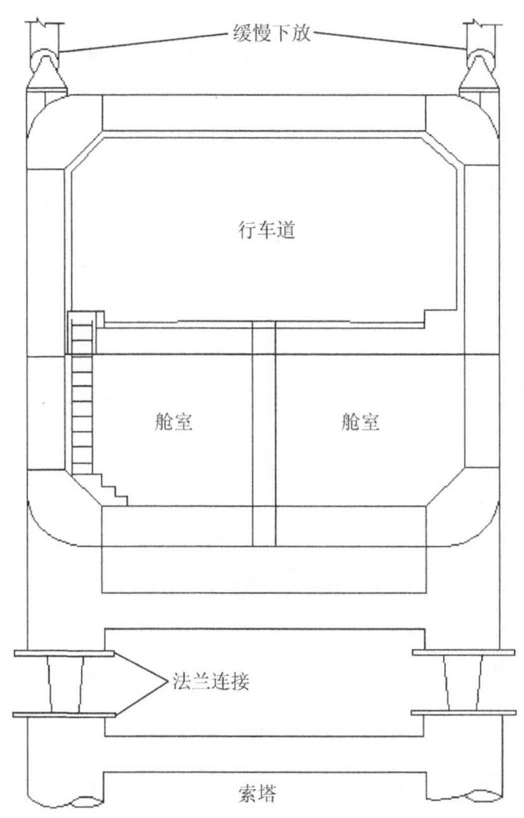

图 7-7 索塔顶部采用法兰与悬浮隧道管节连接示意图（Grantz，2010）

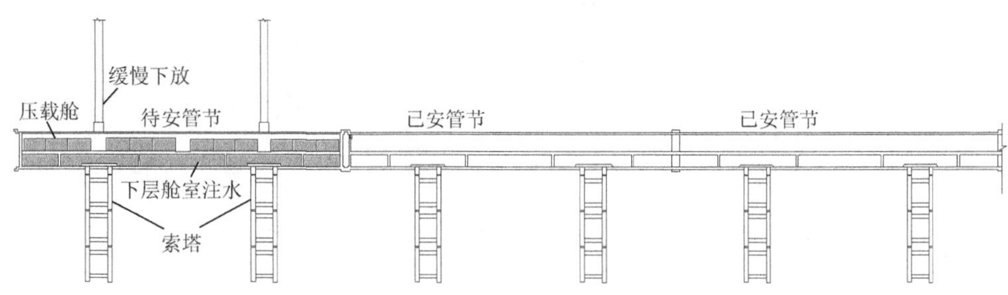

图 7-8 管节索塔支撑施工阶段示意图（Grantz，2010）

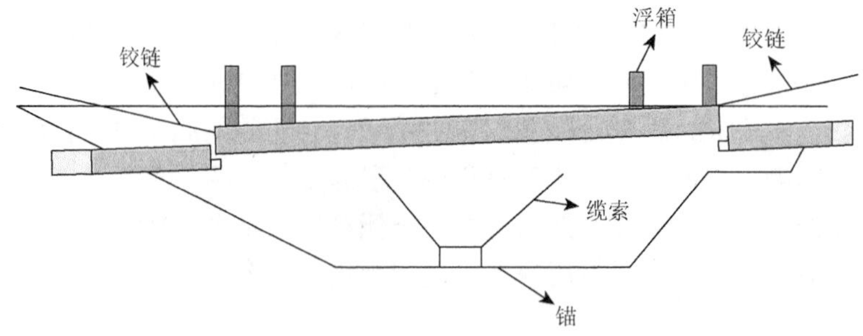

图 7-9　结构分三段安装示意图（Eidem et al.，2017）

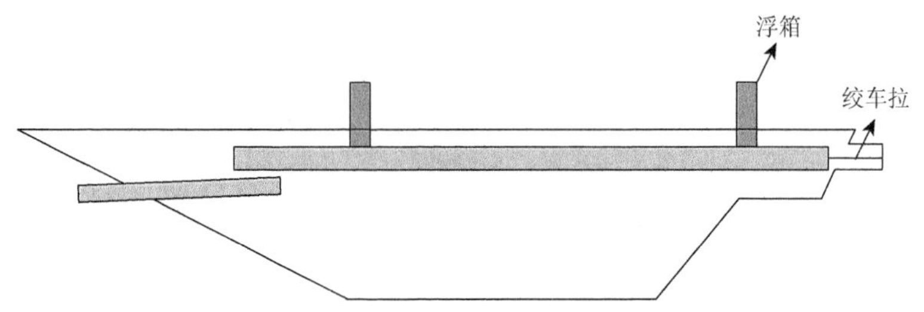

图 7-10　结构分两段安装示意图（Eidem et al.，2017）

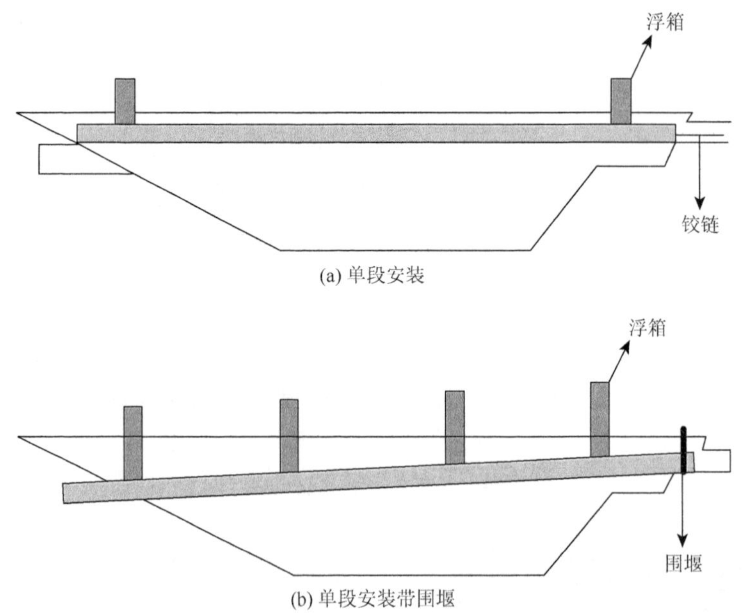

图 7-11　结构单段安装（带围堰和不带围堰）示意图（Eidem et al.，2017）

综上，悬浮隧道浮运、系泊、沉放安装作业在施工方法和关键技术上可一定程度参考沉管隧道。悬浮隧道在运输和安装作业中还需进一步研究解决的施工技术难题有：①在深水峡湾区域建造悬浮隧道时，沉管隧道常用的静力系泊并不适用，须进一步研究动力系泊技术；②异形管节在复杂海洋环境下的浮运稳定性需进一步研究；③悬浮隧道已安管节受海洋环境等影响会有一定的运动，如何在动态条件下完成管节高精度对接需要进一步研究，包括对接后的接头加固处理等；④在施工过程中和运营维护阶段缆索张力的高精度调节技术研究；⑤管节动态对接防护装置研究；⑥逐步下水法顶推技术研究；⑦逐步下水法顶推期间，隧道水中悬浮段稳定性控制技术研究；⑧缆索、浮筒等部分构件设计寿命短于主体结构时，其检查、检修或更换方案需要进一步研究；⑨悬浮隧道的线形管理技术研究；⑩悬浮隧道施工及检修维护等专用装备研究，水下遥控、水下机器人等智能化技术研究；⑪施工运营期间的监测、养护等方案需进一步研究等。

（编写：宋奎）

7.4 锚固基础施工

锚固基础施工可以在浮桥、漂浮式风力发电、漂浮式海洋平台等类似近海工程中获得可能的方法。可能适用于悬浮隧道的锚固基础形式主要为桩锚、重力锚、吸力锚、拖曳锚等，其中桩锚主要是利用打桩锤或其他钻入手段将中空的钢管深埋入海床土中，利用钢管外侧表面和海床土之间的摩擦来抵抗锚泊张力，其适用范围较广；重力锚是最早开始使用的锚泊基础形式，主要靠材料自身重量、锚和海床土之间的摩擦作用来抵抗锚泊张力，一般用于浅海区域；吸力锚适用于深水系泊系统，主要用于黏土地质，也可以用于细沙或颗粒层，能承受很高的系泊索的水平和垂向载荷，其中吸力桩锚一般为钢质圆柱形筒体结构，底部敞开，顶部封闭。安装时，首先是把吸力桩下降到海底，靠自重使筒的下缘嵌入底质，然后不断地抽去吸力桩内的水，使筒体内部压力下降。内外压力差产生的垂直向下的压力作用在筒体顶部，使筒体不断地被压入土中，直至筒体内的水全部抽光，贴紧底质为止。拖曳嵌入式锚是目前最常见的一种锚泊基础形式，通过将锚全部或部分埋入海床中，其可以抵抗较大的水平荷载，而承受竖向荷载的能力较差，主要适用于悬链式锚泊定位系统。支承墩锚固基础施工可采用预制安装的方法进行，在预制场地完成制造后运至现场安装，安装时采用“测量塔”法以便于更好地定位。

WSDOT（2017）介绍了穿越美国华盛顿湖的 SR520 浮桥和着陆项目，该浮桥全长 7708ft[①]，是世界上最长的浮桥，采用了重力锚、拖曳锚和桩锚三种锚固基

① ft 为英尺，$1ft = 3.048\times10^{-1}m$。

础，重力锚在施工时先在陆地或驳船上预制好沉箱，然后运至施工现场采用浮吊进行安装，沉箱就位后填充块石或混凝土以获得足够的重量；拖曳锚采用吊装法在安装完成后进行上部回填压重；桩锚采用钻孔后沉放并灌注混凝土的形式。三种锚固基础立面布置示意如图 7-12 所示。

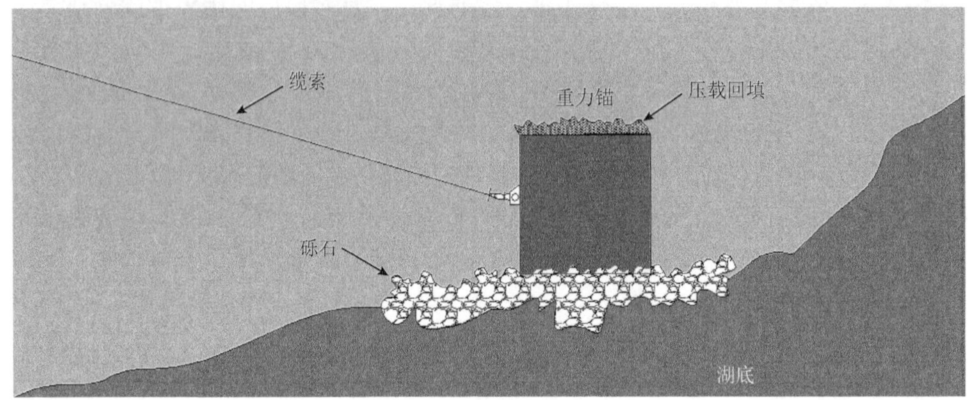

(a) 重力锚基础立面示意图

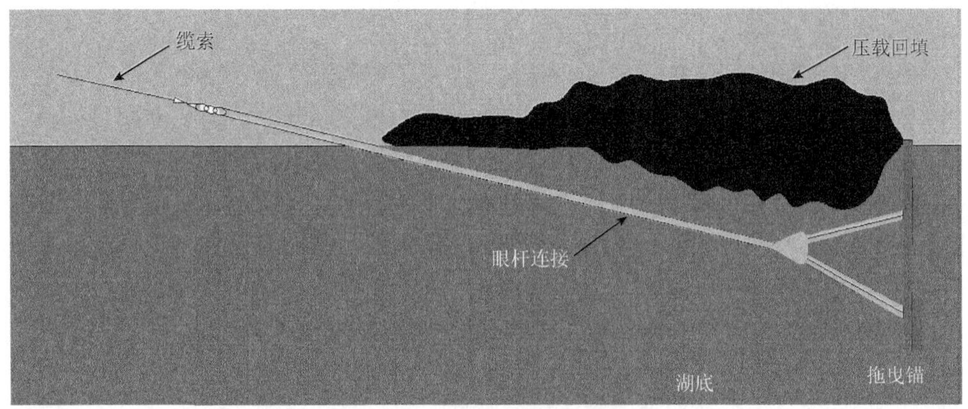

(b) 拖曳锚基础立面示意图

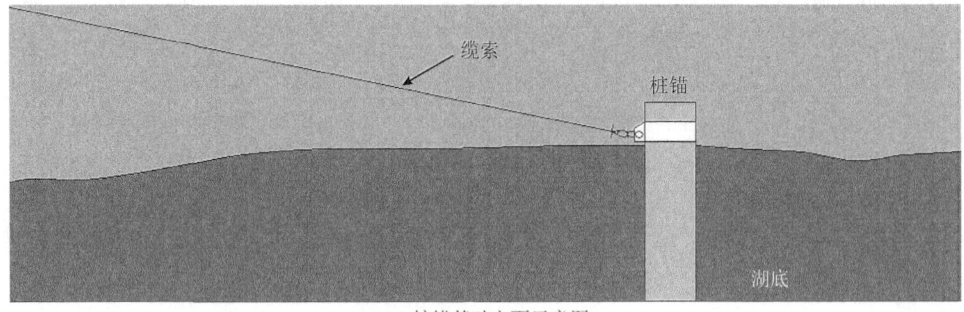

(c) 桩锚基础立面示意图

图 7-12　三种锚固基础立面布置示意图（WSDOT，2017）

王华（1994）介绍了可能用于悬浮隧道锚固系统的重力锚头、打入桩和钻孔锚头，认为锚固基础的选择取决于现场地质条件，并对重力锚头、基底桩锚头、固定的支撑墩等施工工艺进行了分析。

综上，悬浮隧道锚固系统基础施工方法和关键技术一定程度上可参考海洋工程锚固基础施工，具体需根据实际环境和地质情况而定。在缆索安装、精调及运营期间的维护和更换等方面可参考的经验相对较少，需要进一步研究。

（编写：宋奎）

7.5 接岸结构与最终接头施工

悬浮隧道接岸段施工方法的选择主要取决于设计要素和环境条件，比如，管段施工法在硬质地质条件下可采用“收集室”法施工，而软质土条件下采用“围堰法”施工，但无论如何，岸端的接口需要提前在干施工条件下完成。逐步下水法是从岸端往海侧延伸的，其接岸段施工无须特殊考虑。

在悬浮隧道施工中，若最终接头在海洋中间某个位置，则其对接需要协调考虑其两端安装面的动态对接，并且锚索或浮筒的支撑相对较弱，这对复杂的海洋状况下精确安装和接头永久性施工显得十分困难。因此建议最终接头位置选择和施工与接岸结构一同考虑。王华（1994）认为在岩石接岸地质条件下，可采用“收集室”法或“混凝土塞”法，并对两种接岸结构施工方法进行了简要介绍，对土壤等地质条件，需要在接岸部位对围堰中的地质进行混凝土固化处理，以提供稳定的支撑力。王强（2016）从沉管隧道最终接头水下混凝土法、临时围堰干作法、水下止水板法、终端块体法、V 型块体法、Key 管节法等施工工法进行了详细分析，并分析了在海洋环境下的优劣势。

林鸣等（2017）分析了实现水下整体式主动止水的最终接头新技术的研究开发过程，从设计概念、构造设计、施工步骤、钢结构加工、钢结构运输、隔舱填充、舾装、安装、永久焊接与注浆、最终接头与管节的一体化技术分析等全方面进行了深入剖析，水下整体式主动止水最终接头新技术使得最终接头施工在海上作业时间短、主动止水、可逆、线形可控，优势明显，大幅降低了复杂的海洋环境中工程的投资、工期与风险，在港珠澳大桥沉管隧道中的成功应用效果十分显著。

综上，悬浮隧道接岸结构施工和最终接头施工方法和关键技术也许能一定程度地借鉴沉管隧道施工工艺。在接岸结构和最终接头施工中后续仍然需要进一步研究的技术难点有：①接岸结构与水中悬浮结构的管节刚度顺利过渡问题；②逐步下水法接岸部位止水问题；③悬浮隧道接岸结构如何结合最终接头施工的方法问题等。

（编写：宋奎）

7.6 小　结

从悬浮隧道施工文献总体情况来看，关于悬浮隧道施工的文献资料绝大多数来源于沉管隧道、浮桥、漂浮式海上风电、海洋平台等方面的研究成果，但没有任何验证性的说明，也没有针对悬浮隧道施工更详细研究的文献。

根据多数研究者近海工程复杂工程中的经验，认为部分成果是可能直接用于悬浮隧道施工中的，如管节预制施工技术、管节浮运与系泊、锚固基础施工技术等。而部分类似工程的研究技术成果需要根据悬浮隧道的特点进行优化并论证后才能实施，还有部分施工工艺或装备由于无先例可循而需要开发。

总而言之，悬浮隧道施工方法的选择很大程度上取决于所处的环境。未来要实现悬浮隧道的成功建造，需要进行更多施工方法和施工技术的研究。

（编写：宋奎）

参考文献

冯伟，戴书学，李凯凯，2015. 工厂法预制沉管钢筋笼变形控制[J]. 中国港湾建设，35（7）：14-17.

兰利敏，1994. 沉管隧道与悬浮隧道（2）——第三章 沉管隧道的施工技术[J]. 隧道译丛，（8）：47-64.

李超，王胜年，王迎飞，等，2012. 港珠澳大桥全断面浇筑沉管裂缝控制技术[J]. 施工技术，2012，41（22）：5-8.

李凯凯，李誉文，冯伟，2015. 预制沉管大型预埋件精确安装技术[J]. 中国港湾建设，35（11）：98-101.

林鸣，林巍，刘晓东，等，2017. 整体式主动止水最终接头技术及其与沉管管节的一体化[J]. 中国港湾建设，37（11）：1-11.

林巍，林鸣，花田幸生，等，2018a. 沉管隧道管节出坞、拖航、系泊与沉放准备关键问题[J]. 水道港口，39（S2）：49-53.

林巍，王晓东，董政，等，2018b. 沉管隧道 76000 吨管节多点式分段顶推[J]. 水道港口，39（S2）：43-48.

林巍，尹海卿，林鸣，等，2018c. 沉管隧道线形管理[J]. 水道港口，39（S2）：66-73.

毛剑峰，邓涛，2013. 沉管隧道管节预制方法综述[J]. 交通科技，（6）：79-82.

王华，1994. 沉管隧道与悬浮隧道（6）——第六章[J]. 现代隧道技术，（12）：26-45.

王强，2016. 外海沉管沉放对接施工技术应用研究[D]. 广州：华南理工大学.

尹海卿，2014. 港珠澳大桥岛隧工程设计施工关键技术[J]. 隧道建设，34（1）：60-66.

张科乾，2011. 悬浮隧道结构设计分析与健康监测[D]. 杭州：浙江大学.

Ahrens D，1997. Chapter 10 submerged floating tunnels—a concept whose time has arrived[J]. Tunnelling and Underground Space Technology，12（2）：317-336.

Eidem M，Minoretti A，Xiang X，et al.，2017. Basic design for a submerged floating tube bridge across the digernessundet[C]//39th IABSE Symposium-Engineering the Future，September 21-23，2017，Vancouver，Canada. 3018-3024.

Grantz P E W C，2010. Conceptual study for a deep water，long span，submerged floating tunnel（SFT）crossing[J]. Procedia Engineering，4：61-70.

Kawade A B，Meghe S P，2015. Submerged floating tunne[Z/OL]. https://www.engineeringcivil.com/submerged-floating-tunnel.html.

Statens vegvensen，2017. Teknologidagene 2018：Coastal highway route E39 submerged floating tube bridges（SFTB）[Z].

WSDOT，2017. SR 520 Floating bridge and landings project：Building the world's longest floating bridge[Z].

Xiang Y，Yang Y，2016. Challenge in design and construction of submerged floating tunnel and state-of-art[J]. Procedia Engineering，166：53-60.

后　记

对视科研——在攻关组第一阶段工作中所感

在调研过程中发现问题，在解决问题过程中提升自我。

我得知珠海成立了悬浮隧道结构与设计方法研究攻关组，那时我正在天津试验团队协助阳博士开展悬浮隧道整体物理模型试验。尹总传阅了一份文件给我学习，我打开一看，一份悬浮隧道研究分类分项图。整个版面主体分五块，涵盖了作用、试验、计算、准则和构造参数，大类下又具体细分，大大小小划出了 60 多个专题，我第一感受是震撼，是谁有这么大能耐竟能整理出如此细致的研究导览？看到落款更是吃惊，做出这份导览的人不过区区数人。敬佩之感油然而生。

半个月后，我来到珠海，真真见到了这几位能人，不曾想竟和我是同龄人，这大大出乎我的意料。后有幸参加了这些能人里陈进博士关于悬浮隧道涡激运动的窗口会报告及孙南昌关于悬浮隧道地震研究相关的报告，学到很多。他们是在专心致志做一件事，每天上午学习汇总，下午围绕专题报告交流，晚上加班加点总结，一整天的时间都投入其中，我感到羡慕，这样的办事风格，任何事，能成！

后有幸能加入这个小组，能成为其中的一员，感到挺幸运的，全天候全身心地投入到一件事中去，对视科研，一种使命感和一种成就感开始慢慢汇入了心底。

受陈进博士窗口会报告的启发，我选择专攻悬浮隧道缆绳的涡激振动问题。当时没经验，内心想着一个小小的专题而已，两天不出三天就能搞定。然而读了 10 篇、20 篇文献，感觉云里雾里的完全没抓住核心。而后反复阅读、思考，还是没抓住门道，随着阅读的深入，却发现知识盲点越来越多，然后开始从文献中找文献，从知识盲点里找新知，小小的一个专题做了一个星期。

紧接着，我转向锚固基础问题的研究，组长林巍推荐了一本澳大利亚教授写的关于海洋地质的书。我也是自诩看过数百篇学术论文，读过数十本学术专著的书呆子，然而这本书里的每一页对我而言都是新奇的，都有新知，咬咬牙花了三天时间囫囵读了个大概，进入大脑的也就一些模糊的片段。这样一本专著，学生是要花一个学期的学时，配合讲课和练习才能学通透的，而我能分配的仅有最多一周时间，而且还得兼顾处理别的专题，时间紧迫，我将初期调研存入脑子的些许片段写下来，开始有针对地重新阅读核心章节，每读一遍，感悟就多一分，认知也多一点，反复阅读最核心最紧要的地方，把新知与旧知整理到一起，寻找内在的关联，从而获得更深层次的认识，其他还存在的困惑通过进一步查找阅读相关文献来补充。

悬浮隧道研究相关文献调研工作极为繁杂，压力大，需要有一定的调研方法，采用死脑筋的阅读整理方式半年一年都不一定能完成。幸而我们是一个团队，我们拥有实践中整理出的梳理文献方法。

7 月 15 号截稿日的晚上有个小插曲，各位组员的成果基本整理完成，只等小组“秘书长”梁恩彤验收，此时组员曾繁旭和刘傲祥带来了坏消息，秘书长不认可我们之前的文稿样式，要求集体重调，理由是打印出来太难看。原以为工作已经结束，只好硬着头皮拿出稿件一点一点修正格式，此时已是夜里 9 点，办公室中央空调停供，珠海 7 月的热浪一点一点向我们袭来。自行调完格式，组员们还自发相互校核起来，我也请了邹威帮忙校核格式，然而提交终稿的时候我还是被秘书长批了一通，公式里的字体与正文里的字体有些许差异，不仔细看完全看不出来，结果秘书长一眼发现，把我的稿件退回要求重修。顶着浑身热汗反复修改，终于搞定了格式，准备合稿，按理组员可以回去了，可是大家都想看到成稿出来，都守在秘书长身边盯着她工作，时间就这么一分一秒过去，汗水已经湿透全身，合稿过程中又发现一些格式不对的地方，只好重新修正，重新合稿。最终，两百多页的成稿出来啦！此时，组长林巍还不忘一页一页翻过去，检查有没有排版错误，确认无误后，我们终于舒了口气，此时已过凌晨一点。

我们是一个优秀的团队，这里有专业的科研人员，有工程师和咨询师，有在校研究生和大学生，我们有专注探究问题因果的年长博士，有思维鲜活充满干劲的年轻“95 后”，有爱挑毛病的“强迫症”……我们不畏惧任何艰难，相信我们能做到最好。更重要的是，我们的背后有林总、尹总和一批协助人员帮我们处理琐事，这才让我们心无旁骛，能把每一分钟都有效地投入到工作中，由衷感谢他们的支持与帮助！

悬浮隧道相关研究是极新的，“需要发挥想象力”，组长林巍说。想象力从哪里来，我认为想象力从旧知而来，从旧知与新知的碰撞中来。在参与结构与设计方法研究攻关组的近一个月里，我读了近百篇文献，学了至少四门课，以我所学旧知与这段时间所获新知整理出了 6 个专题项，撰写文稿两万余字，而这只是团队成果的一小部分。攻关组的第一阶段工作已圆满完成，以此篇做结。接下来我们将迎接更大的挑战，在这个团队里，我觉得，我可以！

周卓炜 大连理工大学海岸及近海工程专业 博士研究生

悬浮隧道水动力学研究

悬浮隧道的设计和研究是一个全新的方向，目前尚无可指导的实践理论或已建成的工程案例。这对我们而言，既是机遇也是挑战，挑战在于悬浮隧道的设计和研究的许多细分方向甚至找不到可参考借鉴的成熟方法，机遇在于我们现在所做的任何一项深入研究工作都有可能树立行业标杆、引领行业发展。

我之前专业方向是海洋工程水动力，在面对隧道设计、桥梁结构、海岸工程试验等研究方向时，还是感受到了知识的匮乏。我夜以继日地努力学习隧道、结构、设计等以前完全没有接触过的相关领域知识，另外尽力把超大型浮体、高速船舶水弹性、结构物绕流、内波等各个海洋工程领域的科研方法引入到悬浮隧道的设计分析当中。

创作是“字字诛心，句句断肠”，需要有机地融合前人的研究成果，梳理出自己对研究领域的看法，然后通过讲故事的方式娓娓道来。终于我完成了第一阶段的研究成果中水动力章节的部分内容的撰写，尽管成果还需要进一步优化，需要精心打磨后进一步地完善，但是这份成果是对自己在岛隧工程项目部生活的一段日子最好的纪念。

在我撰写水动力相关章节过程中，感谢团队成员给予我的帮助：和我讨论研究方向，帮助审稿提出修改意见，绘制文中的插图，调整格式，等等。这期间我在沉管隧道、桥梁结构、模型实验等方面都学到很多知识，与团队成员的交流让我受益匪浅。

经过第一阶段的写作、学习，我们对第二阶段的工作量和目标有了逐步清晰的认识。虽然第二阶段任务艰巨，而且可预见的困难很大，但是我相信只要我们齐心协力，充分发挥团队的力量，问题都会一个个克服。相信在我们的共同努力之下，最终能够做出一套成熟的悬浮隧道的设计方案。

陈进 中交第二航务工程局有限公司技术中心海洋工程室 博士

在未知中的足迹

打开笔记本首页，攻关组的第一次会议时的场景历历在目，当时参会人员虽然只有 4 名，对于“悬浮隧道”这个未知领域的壮志雄心初现。正所谓“沉舟侧畔千帆过，病树前头万木春”，短短一周团队就集聚了桥梁结构、海洋工程等各个专业领域的人才，大家为了一个共同的理念目标进行激烈的头脑风暴，不断贡献自己的力量。

从无到有，从模糊的概念想法到具体的实践理论，在这攻关的日日夜夜，我们并非仅仅考虑把这本著作撰写完成，最重要的是在不断编辑与审阅的过程，在探索这个未知的领域不断吸收营养，成长为一位既需要“异想天开”，但又必须“实事求是”的理想主义型人才。

在中国，乃至全世界，不缺乏敢想与敢做的人，而我们将科学结合想与做，将我们有限的能力和力量都投掷在国内的悬浮隧道事业当中来！

阿姆斯特朗登月时曾说：“对于我个人来说，这是一小步；对于全人类来说，是一大步。”希望这本著作在世界悬浮隧道的事业也能起到前进一小步的作用！

梁恩彤　中交第四航务工程局有限公司　工程师

所有的胜利，都是有备而来

在正式提交第一阶段研究成果的时候，我内心是非常激动和兴奋的，“千淘万漉虽辛苦，吹尽狂沙始到金”，此刻，我才真正地明白，原来所有的胜利都是有备而来！

在攻关的日日夜夜里，大家都朝着一个目标努力，每天的状态犹如高考前夕一般，不敢有丝毫懈怠。攻关组在章节撰写前，对国内外近600篇（其中英文近500篇）文献进行严格筛选、补充和分类整理，集思广益，细分各个章节；在撰写过程中，对章节内容进行严格把关，反复提炼、修改和总结，确保每个章节内容的质量，最后汇总成稿！在这一系列的过程中，攻关组精诚合作、携手共赢，每个人都全身心地投入其中，贡献着自己的力量和智慧！我们不知道最终的结果如何，可我们依然愿意将青春和热血奉献在悬浮隧道事业中！

有志者事竟成，破釜沉舟，百二秦关终属楚；苦心人天不负，卧薪尝胆，三千越甲可吞吴！前辈们留下的至理名言，时刻激励着我们勇敢前行！

孙南昌　中交第二航务工程局有限公司技术中心智能监控部　工程师

每天进步一点点

人生成功的过程，是一个连续不断努力的过程，是一个不断坚持、不断超越的过程。千里之行，始于足下；不积跬步，无以至千里；不积小流，无以成江海。从学校走到企业，遇到新的平台、新的挑战。我开始接到任务的时候，感觉这个目标太遥远了，甚至不相信自己能够完成，尤其是写文章方面，在学校也较少练习。但是不能因为自己而耽误了团队的前进，文章写得少就从现在开始写，况且我还处在这样优秀的团队。万事开头难，但只有克服困难才能进步。终于在组内成员的帮助下，完成了我的工作。

一步登天做不到，但一步一个脚印能做到；一鸣惊人做不到，但一股劲可以做好一件事；一下成为天才不可能，但每天进步一点点有可能。66 个调研方向，每人分到的有十几个，有些领域是之前从来都没有接触到的，相当于从零开始。每天都会面临新的问题，有时会不知所措，但最终我们都坚持了下来。我坚信，只要这样每天进步一点点，一切都会同量变转化为质变，只要这样你就会从现实的此岸迈向成功的彼岸！

曾繁旭 大连理工大学海岸及近海工程专业 博士研究生

一群可爱的人

在这本著作出来的时候，也不过是我在攻关组实习的第 10 天，我参与的不多，大概只能称为见证者。刚开始，我感觉到迷茫，对自己工作定位不清，有时还会犯下错误。我明白我的短板也清楚地知道自己能力的不足，我一直在适应，一直在学习。在这段时间里，感谢大家的帮助和鼓励。我唯有努力认真地工作，来回报大家对我的信任。在这种良性循环下，我成长了，也见证了攻关组成果的诞生。站在巨人的肩膀上，我了解到更多有关悬浮隧道的内容，学习了更多的技能。我很荣幸能够成为攻关组的一员，是攻关组的成员给予我成长进步的空间，让我第一次那么真切地感受到科研人员的艰辛和可爱。他们都是一群怀揣相同的梦想，并愿意为此付出青春的人，是一群对国家有崇高的敬意和回报之心的人，他们都是一群可爱的人。他们用自己的努力和成果给我上一节意义非凡的课，让我明白爱家主义精神——为国家奋斗且甘愿隐姓埋名之人。

陈淑莹 北京理工大学珠海学院 视觉传达设计师

无人区的探索

从来没有想过在大三的暑假里能有这样的机会可以和这般优秀的团队日日夜夜只为了共同的一个目标挑灯奋战，甚至没有想过哪怕力量薄弱如我，仍有可以像这般拼尽全力贡献力量的机会。我们之间有阅历的区分，有年龄的差距，有专业领域的分界，可我也同时惊讶于这一切一切不可跨越的差异在我们所为之共同奋斗的目标面前都显得那般微不足道，当然，我们珍惜所有的不一样，因为它让我们每个人都显得那般的独一无二。

在许多人的眼里，要做出这样的成果，其中充斥着太多的“不可能”，有太多的质疑、困阻，有不可言说的压力，更有来自世界各地关注的目光。当终稿提交，第一份成果摆放在面前的时候，我无法和你言说那样的骄傲与自豪！翻阅着这项成果，昔日的点滴历历在目，“我们做到了！”在前路漫漫的无人区，为中国插上了第一支旗帜！

我把手放在心口，虔诚地希望，这份答卷，您能读懂它的含义。

吴静丽　北京理工大学珠海学院　视觉传达设计师

团队的力量

经过艰苦奋斗，团队终于完成了第一阶段的任务。一开始我们自己也不敢相信我们能完成，我们的成员来自五湖四海，对彼此也不甚熟悉，之前对悬浮隧道的很多相关知识也没有涉及。但我们不是孤军奋战，我们是一个团队，当我们朝着同一个目标奋进时，没有什么能阻挡我们。

团队成立之初，我们就竖立了明确的目标，将调研任务合理分配，发挥每个人的特长。后续我们不断完善团队机制，第一是建立团队工作手册，能更好地指导工作；第二是建立决策反馈机制，让团队不断完善；第三是建立人才培养机制，有利于团队和个人更长远的发展。一个优秀的群体，可以提高你的认知水平，打开你的眼界，激发你的潜力，并调动你的积极性，从而让你走得更远。

团队的力量是巨大的。当有人遇到不懂的问题我们互相讨论，互相解决。当有人出了一节成果时，我们会及时与团队所有成员分享，让大家了解这部分知识，同时根据大家的意见对这部分内容进行修改完善。当有人生活上碰到问题时，我们会互相帮助，主动分担任务。同时我们还拥有一个强大的后勤团队，为我们提供强有力的后勤保障，没有他们无微不至的关怀我们也不能这么快成功。

团队出凝聚力，出生产力，出战斗力，团队可以战胜艰难险阻，创造人间奇迹！

刘傲祥　大连元堃海洋科技有限公司　设计师

合抱之木，生于毫末

SDJT 攻关组经过奋战，如期完成了第一阶段文献调研工作，并且汇总形成了这本书，这是件鼓舞人心的事情。第一阶段的攻关过程中，每天我都能清晰地感受到组员和团队的成长。同事们每天一起讨论，互帮互助，共同进步，正因为这种团队精神第一阶段才能顺利完成。现在的我们就像初生的树苗，在悬浮隧道这片少有人烟的领域里，每天疯狂地探索，汲取养分。“合抱之木，生于毫末”，不久的将来，我们这些小树苗，也会长成参天之木，形成一片森林，为悬浮隧道设计的研究发展撑起一片天空。第一阶段的结束只是开始，后面将会面临更多难题的挑战。我们无所畏惧，因为我们已经在这片土地扎根。

邹威 中交公路规划设计院有限公司 助理研究员

在变化中创造永恒的价值

我们的世界，冰川消融，海平面上升，全球局势动荡，新行业产生，老行业没落与消亡。有位作家写过，时代的列车滚滚向前，我们在车上生存，经过的不过是几条熟悉的街道，却在漫天火光中各自惊心动魄。而现实是，时代的列车并非匀速前进，而是加速前进，当下的我们是否仍有赖以生存的准则？

有。那就是，在变化中创造永恒的价值。

唇亡齿寒。时代需要我们做满足社会需求的、利于多数人的、经得起推敲的、经得起时间检验的、可复制、可追溯、实用的工作。我们需要确保国家的强大，才能实现个人的目标。如果我们将目标寄托于个人得失，即便有所得，我们的快乐将是短暂、微弱的；如果我们将目标寄托于伟大事业，寄托于团队辉煌愿景的实现，当那一天到来，我们的快乐将是强烈、永久的。

罗素说，生命应像一条河流，从涓涓细水，受制于两旁的河岸，到奔涌向前，翻过巨石，穿越瀑布。渐渐地，河道变宽，堤岸远去，河水流动地愈发平静。最后，我们融入了大海，毫无痛苦地失去自我。庄子说，烛薪会燃尽，火却永远地传了下去。

过去的知识、技能、经验需要谨慎对待，因为有可能助力成功，也可能阻碍前进。我们需要足够的智慧来辨识，找到最适宜前进的道路。智慧来自勤奋实践与终生学习，也来自倾听。尤其在这个日新月异时代，我们越发需要沉下心来倾听团队的声音，听到声音背后的集体智慧。1 座隧道加上另 1 座，等于 2 座；1 篇论文加上另 1 篇论文，等于 2 篇。然而，1 个思想加上另 1 个，却很可能等于 3 个或 5 个思想。一个人可以走很远，一群人才能走到最远。

林巍 中交悬浮隧道结构与设计方法研究攻关组组长 公规院高级工程师